Philosophische Praxis 7

Christiane Bender

Zeitenwende

Der Krieg gegen die Ukraine
und eine Politik der Verantwortung
in der Tradition Max Webers

Die Deutsche Nationalbibliothek verzeichnet diese Publikation in
der Deutschen Nationalbibliografie; detaillierte bibliografische
Daten sind im Internet über http://dnb.d-nb.de abrufbar.

ISBN 978-3-98572-073-6 (Print)
ISBN 978-3-98572-074-3 (ePDF)

Onlineversion
Nomos eLibrary

1. Auflage 2024
© Nomos Verlagsgesellschaft, Baden-Baden 2024. Gesamtverantwortung für Druck
und Herstellung bei der Nomos Verlagsgesellschaft mbH & Co. KG. Alle Rechte, auch
die des Nachdrucks von Auszügen, der fotomechanischen Wiedergabe und der Über-
setzung, vorbehalten. Gedruckt auf alterungsbeständigem Papier.

Vorwort

Die Beiträge in diesem Sammelband sind – mit einer Ausnahme – nach Beginn des russischen Angriffskriegs gegen die Ukraine entstanden. Ich habe darin versucht, meine Erschütterung und mein Entsetzen über das auch als ferne Beobachterin schwer zu ertragende Geschehen durch Forschung und Aufarbeitung von Entwicklungen in den hier dokumentierten Erkenntnisprozess zu überführen. Dieser ungeheuerliche Tabubruch der russischen Führung richtet unermessliches Leid in der Ukraine an und kostet viele Opfer. Menschen sterben oder werden verwundet im Kampf gegen die Invasoren und bei der Unterstützung ihrer Soldaten durch zivile Dienste. Der Aggressor zerstört rücksichtslos die Lebensgrundlagen der ukrainischen Bevölkerung in den Städten und auf dem Land und zwingt ihr durch häufige Bombardements eine Existenz in Angst und Schrecken auf. Unbarmherzig und gnadenlos bestraft das autoritäre und sich nun totalitär entwickelnde Russland die Ukrainer dafür, dass sie ihre Träume von einem freiheitlichen „Way of Life" in Europa Schritt für Schritt verwirklichten. Der Krieg wird vermutlich lange andauern. Die fragile, auf den Erhalt des Friedens und der Freiheit gerichtete europäische Ordnung erodiert. Werden die Deutschen, die seit Langem stolz auf ihre europäische Gesinnung sind, Verantwortung übernehmen, zusammen mit den Bündnispartnern in der EU und der NATO dem ukrainischen Volk zur Seite stehen und seinen verzweifelten Kampf um seine Souveränität unterstützen?

Die Regierungserklärung von Bundeskanzler Olaf Scholz zur Zeitenwende gab mir Zuversicht. Die Tragweite der russischen Invasion für die weltweite Gefährdung der Friedensordnung wurde von Scholz erkannt. Er erklärte die Solidarität Deutschlands mit der Ukraine und leitete programmatisch einen gravierenden, vor allem energie-, außen- und sicherheitspolitischen Wechsel ein, um dem hereinbrechenden Unheil zu begegnen. Eine berufsbedingt notorische Skepsis blieb mir dennoch erhalten, denn ich stellte mir die Fragen: Warum benötigte ausgerechnet Deutschland eine „Zeitenwende" in der Politik? Wird die Politik in der Lage sein, ihre Ankündigungen zu realisieren? Wo stehen wir gegenwärtig? In den Beiträgen zu diesem Sammelband formuliere ich meine Antworten auf diese Fragen.

Seit Langem, von 2001 bis 2019 als Lehrende an der Helmut-Schmidt-Universität/Universität der Bundeswehr Hamburg, habe ich die Entwicklung von Gesellschaft und Politik in Deutschland kritisch beobachtet. In Deutschland wurde zu lange verdrängt, dass das erreichte Niveau von Frieden und Freiheit nicht selbstverständlich ist, sondern des Schutzes vor möglichen Bedrohungen bedarf, die europa- und weltweit von Feinden des Friedens und der Freiheit ausgehen. Eine politische Kultur des offenen Dialogs und des Wissensaustauschs über Szenarien und Strategien einer wirksamen Sicherheitspolitik fehlten. Gelegentlich wurde schon der Versuch, den Begriff der Sicherheit als soziologisch relevante Kategorie zu thematisieren, als Beitrag zur „Militarisierung" der Gesellschaft aufgefasst. Im kollektiven Gedächtnis wurde weitgehend verdrängt, dass die Beendigung des Kalten Kriegs nicht nur durch die 1969 begonnene Entspannungspolitik zustande kam, sondern auch durch die auf Abschreckung beruhende Sicherheitspolitik des Westens, an der die Bundesrepublik erheblichen Anteil hatte.

Ich empfand es als eine herbe Enttäuschung, dass 2014 dem Einmarsch der „grünen Männer" im Donbass und der völkerrechtswidrigen Annexion der Krim sowohl von großen Teilen der politischen Klasse als auch von Experten in meinem Umfeld Verständnis entgegengebracht wurde. Zwar setzte sich die deutsche Regierung aktiv für eine Verhandlungslösung ein – was besonders zu würdigen ist. Aber sie brachte wenig Verständnis dafür auf, dass die Fortsetzung der Kriegshandlungen schon nach den Minsker Verhandlungen 2014/15 zu einer sehr bedrohlichen Lage für die Ukraine führte. Für die ukrainische Bevölkerung begann der Krieg nicht erst im Februar 2022, sondern bereits acht Jahre vorher.

Da in Deutschland das Verständnis dafür, was eine verantwortungsvolle Politik auf dem Gebiet der Sicherheit zu leisten hat, nach dem Fall der Mauer allmählich in Vergessenheit geriet, erschien es mir wichtig, hierzu einige grundsätzliche Überlegungen anzustellen. Dazu zog ich Max Webers berühmten Vortrag „Politik als Beruf" heran. In der Öffentlichkeit wird daraus häufig zitiert, wenn es um die Beurteilung geht, welche Eigenschaften einen Politiker für die Politik qualifizieren. Übersehen wird allerdings, dass Weber dabei die Verfügung der Politik über die Mittel der Gewaltsamkeit in den Mittelpunkt stellt. Mein Interesse richtete sich daher auch auf die Zeitenwende 1918/19 als Hintergrund von Webers Überlegungen. Ich stelle einen Zusammenhang zwischen dem Text, dem Autor und seinem Kontext her. Fachgrenzen zwischen Soziologie, Politik- und Geschichtswissenschaft habe ich dabei bewusst überschritten. Weber betrieb eine vergleichende Kulturwissenschaft, die es auch ermöglicht, Kontinuitätslinien in der Geschichte zu identifizieren. Er vergleicht gelegentlich „historische Individuen" miteinander, ohne sie gleichzusetzen. Vergleiche tragen dazu bei, Gemeinsamkeiten und Unterschiede zu benennen. Mein Lieblingstext in diesem Buch ist daher der Beitrag „Zur Regierungserklärung des Bundeskanzlers (Olaf Scholz), zum Vortrag eines Klassikers (Max Weber) und zur Rede eines (ehemaligen) Bundespräsidenten (Joachim Gauck)".

Den hier publizierten neun Beiträgen liegen Forschungsarbeiten zugrunde, die ich seit April 2022 in unterschiedlichen Formaten zur Diskussion (Podcasts, Internetbeiträgen, Interviews, Vorträgen, Tagungen, Gesprächen) gestellt und darüber weiterentwickelt habe. Dadurch variiert der Stil zwischen den Texten. Bestimmte Schlüsselereignisse und soziohistorische Rekonstruktionen, die m. E. von zentraler Bedeutung für die Darstellung der einschlägigen Zusammenhänge sind, greife ich immer wieder auf. Sie beantworten meine Frage, warum ausgerechnet in Deutschland eine Zeitenwende als Neuausrichtung von Politik und Gegenwartsverständnis so dringend nötig wurde. Zweifellos sind die damit verbundenen Analysen zur Aufklärung noch unzureichend und verweisen auf weiteren Forschungsbedarf.

Da die Beiträge in kurzem Abstand zu den Geschehnissen geschrieben wurden, handelt es sich um „Momentaufnahmen", die von neuen Entwicklungen und Erkenntnissen immer wieder eingeholt werden. Eine größere zeitliche Distanz böte den Vorteil, die Deutung der Ereignisse im weiteren historischen Verlauf einbeziehen zu können, die Perspektiven der beteiligten Akteure und Zeitzeugen transparenter zu machen und die eigenen Rekonstruktionen im Zusammenhang alternativer wissenschaftlicher Zugänge zu reflektieren.[1] Meine Arbeiten sind somit ein Produkt der Zeitenwende: vorläufig, perspektivisch und bisweilen emotional. Aber das Ringen um ein

---

1 Max Weber (1864-1920) hat sich aus guten Gründen bei geschichts-, kultur- und sozialwissenschaftlichen Analysen für eine strenge Methodologie eingesetzt. Sie ermöglichte es, vom 20. Jahrhundert an, dem Zeitalter der Ideologien, bis heute, den Objektivitätsanspruch von sozialwissenschaftlichen Analysen transparent und nachvollziehbar überprüfen zu können und dadurch zwischen zugrundeliegendem Wertbezug und methodisch erzeugten Forschungsergebnissen zu unterscheiden. Davon hängt der wissenschaftliche Erkenntniswert der Forschung ab. Von diesem Erkenntniswert einer Forschungsarbeit profitieren auch Rezipienten, die persönlich von anderen Werten ausgehen. Webers Hinterlassenschaft enthält – und das sollte beachtet werden – viele Texte mit einem starken Wertbezug, die er als engagierter Zeitgenosse verfasst hat, aber vor allem auch Texte, die methodisch angelegt sind und dadurch seiner Leserschaft die Unterscheidung zwischen Erkenntniswert und Wertbezug ermöglichen. Im Zuge der Zeitenwende 1918/1919 verfasste er journalistische Arbeiten. In „Politik als Beruf" gesteht er dem Journalismus eine gewisse Kongenialität zur Aufklärung zu.

angemessenes Verständnis von Geschichte und Gegenwart der Zeitgenossen prägt die Zukunftschancen der nächsten Generation. Als Dokument eines erwachten Problembewusstseins, dem vor der Zeitenwende kaum Aufmerksamkeit geschenkt wurde, steht diese Publikation in einer Reihe neuer Veröffentlichungen.[2]

In meinem Buch geht es überwiegend um die Erörterung von Sachverhalten, für die eine ausdrückliche Hervorhebung, ob sie über Männer oder Frauen in die Welt gelangen, von sekundärer Bedeutung ist. Daher verwende ich zumeist das generische Maskulinum, auch wenn es um die Darstellung von Trägerschichten dieser Sachverhalte oder Gedanken geht. Insofern damit eher analytische Kategorien als die Tätigkeiten konkreter Individuen bezeichnet werden, wird auf das Gendern verzichtet.

Hamburg, im Dezember 2023   Christiane Bender

---

2 Vgl. Wolfgang Ischinger: *Welt in Gefahr. Deutschland und Europa in unsicheren Zeiten.* Berlin 2018; Sabine Adler: *Die Ukraine und wir. Deutschlands Versagen und die Lehren für die Zukunft.* Berlin 2022; Rüdiger von Fritsch: *Welt im Umbruch. Was kommt nach dem Krieg?* Berlin 2023. Joachim Gauck und Helga Hirsch: *Erschütterungen. Was unsere Demokratie von außen und innen bedroht.* München 2023.

Inhaltsverzeichnis

Einleitung

Das Modell des demokratischen Rechtsstaats, das in vielfältigen historischen Erscheinungsformen historisch umgesetzt wurde, ist eine großartige Erfindung. Es beruht auf dem Grundkonzept, den Bürgern aufgrund einer geltenden Rechtsordnung optimale Freiheiten für ihre Lebensführung und Selbstverwirklichung zu gewähren, legt ihnen aber zugleich die Pflicht auf, sich an Gesetze zu halten, auf Übergriffe und die Ausübung von Gewalt gegen ihre Mitmenschen zu verzichten. Halten die Bürger sich nicht daran, müssen sie mit Bestrafung und Freiheitsentzug rechnen. Zu beachten ist: Im Rechtsstaat handelt auch der Staat innerhalb des ihm vorgegebenen Rechts. Er darf sich bei der Anwendung seiner Gewaltmittel nicht darüber hinwegsetzen. Gewaltenteilung bedeutet, dass die Judikative die staatliche Ausübung des Gewaltmonopols durch die legislativen und exekutiven Verfassungsorgane begrenzt und kontrolliert.

Der demokratische Rechtsstaat hat neben den Organen, die unmittelbar mit der Vermeidung von Rechtsbrüchen befasst sind, viele vorgängige Möglichkeiten, vor allem durch die Institutionen des Bildungs- und Wohlfahrtsstaats, den Bürgern ein freiheitliches Leben zu ermöglichen. Im Gegenzug kann er aber auch von ihnen erwarten, dass sie sich im Rahmen der Gesetze friedlich verhalten und ihre Interessen durch Teilnahme an Wahlen und/ oder durch Mitarbeit in Parteien und Verbänden zum Ausdruck bringen. In der föderal-subsidiären Gesellschaft Deutschlands sind die Möglichkeiten breit gefächert, dem Bürgerwillen freiheitlich und friedlich Geltung zu verschaffen. Zerstörerischen Kräften wird mit den Mitteln des Rechtsstaats entgegengewirkt.

Der demokratische Rechtsstaat löst damit das Grundproblem der Menschen, ihre individuelle Existenz nur in der Gemeinschaft erhalten zu können. Sie lernen, vorhandene Aggressionspotenziale der eigenen Verhaltenskontrolle zu unterwerfen. Indem der Rechtsstaat die Menschen vor dem Recht des Stärkeren schützt, Machtungleichheiten kontrolliert und ausbalanciert, trägt er zur Verbesserung ihrer Existenz in Freiheit und Frieden bei.

Nach dem russischen Angriff auf die Ukraine wird überdeutlich, dass ein ähnlich erfolgreiches Funktionssystem, wie es der demokratische Rechtsstaat auf nationaler Ebene in der Einhegung von Gewalt darstellt, auf internationaler Ebene nicht existiert. Im Laufe der Geschichte hat es viele Versuche gegeben, nach Kriegen neue gewaltsame Ausbrüche zwischen Staaten und Völkern zu vermeiden. Sie erklärten ihre Bereitschaft, sich an geltendes Recht in Form von vertraglichen Vereinbarungen zu halten und auf Übergriffe und Angriffskriege zu verzichten. Die Einhegung von Gewalt durch Bündnisse zwischen Ländern zur Befriedung ehemaliger Streitigkeiten ist seit der Antike bekannt.

Die europäische Geschichte ist von solchen Initiativen und deren Scheitern geprägt. Nach dem Ende des Zweiten Weltkriegs und dann nach dem Ende des Kalten Kriegs ist in Europa viel dafür getan worden, eine Kultur der Freiheit und des Friedens auf zwischenstaatlicher Ebene zu schaffen und eine regel- oder wertebasierte Ordnung zu etablieren. Wie die vielen Kriegsschauplätze der Gegenwart zeigen, sind die internationalen Institutionen und Instrumente, die die staatlichen Akteure zur Einhaltung dieser Ordnung veranlassen, jedoch nicht durchsetzungsfähig genug. Diese Ordnung – im Zentrum steht die Geltung des Völkerrechts, ergänzt durch zusätzliche Verträge und Abkommen – beruht vor allem auf dem Verbot von Angriffskriegen, dem Gebot der Unverletzlichkeit der Grenzen souveräner Staaten und der Lösung von Konflikten durch Verhandlungen und Diplomatie. Es sind vor allem die Rechtsstaaten, die sich nach dieser regel- oder wertebasierten Ordnung richten. Sie erkennen darin ihr eigenes Politik- und Staatverständnis wieder. So ist es laut Art. 26 Abs. 1 des Grundgesetzes der Bundesrepublik Deutschland verfassungswidrig, die Führung eines Angriffskriegs vorzubereiten. Autoritäre Länder halten sich dagegen nur so lange an das Völkerrecht, solange es ihrem Machtkalkül nützt.

Eine herausragende Bedeutung kommt den zwischenstaatlichen Bündnissen (vor allem UNO, EU, NATO) zu, die nach dem Zweiten Weltkrieg gegründet wurden. Sie leisten einen Beitrag, ihre Mitglieder zu stärken, sie zur Einhaltung der Regeln zu ermutigen und dadurch Krisen und Kriege zu verhindern. Sie tragen zur Erhaltung des Friedens bei, zum Schutz bedrohter Staaten, zur Förderung regionaler Maßnahmen bei der Bewältigung von Krisen, zur Etablierung einer Kultur der wechselseitigen Anerkennung zwischen Staaten, zur Vermeidung nationalistischer Politik und der Herausbildung vielfältiger Formen von zwischenstaatlicher Vernetzung und Kooperation zugunsten der jeweiligen Bevölkerungen, deren Lebensqualität davon erheblich profitiert hat. Die Ukraine hat die Mitgliedschaft in der EU und in der NATO im Februar 2019 zum Staatsziel mit Verfassungsrang erhoben.

Aus der durch institutionelle Verträge abgesicherten Kultur des Friedens haben sich in Europa grenzüberschreitende Beziehungen der Verlässlichkeit, des Erfahrungsaustauschs, des Vertrauens, der Freundschaft und des Handels zum gegenseitigen Nutzen entwickelt. Viele Menschen haben hierdurch ihren Lebensradius erweitert. Bündnisorganisationen verfügen über zahlreiche Sanktionsmittel, um auch potenzielle Abweichler zur Regelbefolgung zu veranlassen. Aber letztlich können sie den Ausbruch von Kriegen nicht verhindern.

Bleibt also nur eine neue Rüstungsspirale beziehungsweise ein neues Wettrüsten? Für Deutschland bedeutet diese Entwicklung eine Zeitenwende, die schwer zu verkraften sein wird. Aber die Signale von Verteidigungsminister Boris Pistorius mit der Forderung nach „Kriegstüchtigkeit" und „Wehrhaftigkeit" der deutschen Gesellschaft und des Staates zeigen in diese Richtung und bedeuten ein gravierendes Umdenken und ein Setzen neuer Prioritäten. Bisher galt Aufrüstung als Schritt zur Erhöhung der Eskalation von Gewalt. Nun, nachdem die Ukraine trotz der Abgabe ihrer Nuklearwaffen angegriffen wurde, herrscht ein enormer Druck, durch gezielte Maßnahmen zur Herstellung der Verteidigungsfähigkeit eine neue Sicherheitsordnung zu etablieren. In Deutschland nimmt die Zeitenwende zwei Jahre nach der Regierungserklärung des Kanzlers Fahrt auf. Eine Politik der Verantwortung? Die Beiträge dieses Sammelbandes beschäftigen sich mit Facetten dieser Zeitenwende.

Der erste Beitrag „Die Rückkehr von Geschichte und Politik" widmet sich auf assoziative Weise verschiedenen Aspekten des Begriffs der Zeitenwende als einer besonderen Phase der Realitätswahrnehmung. Aufgrund der Regierungserklärung des Kanzlers zur Zeitenwende und der damit eingeleiteten Neuausrichtung der deutschen Politik haben sich große Teile der Bevölkerung und der Medien diesen Begriff zum Verständnis der Gegenwart zu eigen gemacht. Unter Einbeziehung persönlicher Erfahrungen führe ich aber einige Beispiele der Ablehnung von Zeitzeugen an, um nachzuvollziehen, welche immense Bedeutung diese Zäsur für Deutschland hat. Teilweise besteht Desinteresse. Es wird jedoch auch Zustimmung zum Vorgehen des russischen Präsidenten geäußert. Vor allem diejenigen, die unbeirrt davon ausgingen, dass künftig Offenheit, Freundschaft und Abrüstung die Beziehungen der europäischen Völker und Staaten zu Russland prägen würden und nicht Grenzen, Misstrauen und Aufrüstung, wurden durch Putins Angriffskrieg gegen die Ukraine in ihrem Welt- und Selbstverständnis verunsichert. Sie ringen gegenwärtig um Orientierung. Die pazifistischen Strömungen innerhalb der Generation der „Babyboomer" (geboren zwischen 1955 und 1969), die sich ein „Nie wieder Krieg"[1] zur Aufgabe gestellt hatten, scheiterten. Es lag an ihrem von einem Wunschdenken bestimmten Politikverständnis. Erst mit der Zeitenwende traten irreführende Überzeugungen und Gewohnheiten des Denkens und Handelns deutlich identifizierbar zutage. Angesichts einer veränderten Weltlage, mit der die wenigsten Politiker gerechnet haben, wird einem bewusst, welche Vorkehrungen unterlassen wurden. Zu spät! Die gegenwärtigen Herausforderungen in einer Phase der Ungewissheiten sind schwer zu bewältigen. In Politik und Kultur finden Kämpfe um die Deutungshoheit statt, es geht um politischen Einfluss und kulturelle Aufmerksamkeit. Die Geschichtlichkeit der Welt wird deutlich, in der es eine Zeit *davor* gab und eine Zeit *danach* gibt. Den Politikern und der Politik wird ein neuer Gestaltungsraum geboten, die Berechenbarkeit der Handlungsfolgen nimmt ab. In der Zeitenwende kommt es mehr denn je auf eine verantwortungsbewusste Politik an.

Der zweite Beitrag „Der Angriffskrieg gegen die Ukraine – Hintergründe und das Ende langgehegter Illusionen" beruht auf der Rekonstruktion des Beginns des russischen Angriffskriegs gegen die Ukraine als Antwort auf die Fragen: Was geschah am 24. Februar 2022, und wie konnte es dazu kommen? Darüber sprach ich auf einer internationalen Tagung am Inter-University Center (IUC) in Dubrovnik zwei Monate nach dem schockierenden Geschehen. Die zugespitzte Situation vor Kriegsbeginn mit den russischen Truppenbewegungen an der ukrainisch-belarussischen Grenze wird hier skizziert. Obwohl die getarnte und doch deutlich erkennbar russisch geführte Okkupation der Gebiete im Donbass und die völkerrechtswidrige Annexion der Krim nur knapp acht Jahre zurücklagen und die kriegerischen Konflikte seitdem dort nicht zur Ruhe kamen, wurde in Deutschland Entwarnung gegeben, es handele sich *bloß* um Drohgebärden. Amerikanische Hinweise wurden ignoriert. In dieser Haltung kam die gesinnungsethische Facette einer politischen Kultur in Deutschland zum Ausdruck nach dem Motto „Was nicht sein darf, kann auch nicht sein".

Der Angriff erschien wie ein böser Traum, aus dem man nicht aufwachen konnte, weil er Realität war. Unermessliches menschliches Leid, Ster-

---

1 Die Forderung „Nie wieder Krieg" geht auf eine Lithographie von Käthe Kollwitz zurück, die seit 1924 bei Massendemonstrationen der Antikriegsbewegung in der Weimarer Republik benutzt wurde. Die Losung wurde in der Bundesrepublik von der Protestbewegung gegen die Gründung der Bundeswehr aufgenommen. Sie wurde auch variiert mit „Nie wieder Faschismus" und wird bis heute immer wieder verwendet, vielfach auch zu anderen Themen mit „Nie wieder".

ben und Fluchtbewegungen aus der Ukraine begannen, aber auch Kampf, Zusammenhalt und Appelle um Unterstützung. Der russische Großangriff setzte sich erbarmungslos fort. Aber die Ukraine hielt tapfer stand. Exemplarisch werden in diesem Beitrag entscheidende Vereinbarungen und Vertragswerke angeführt, die, einst von den Repräsentanten der Sowjetunion beziehungsweise der Russischen Föderation unterzeichnet, nun gebrochen wurden. Mit jedem weiteren Tag des Kriegs wurde deutlich, dass dieses von einem aggressiven Regime geführte Russland nicht mehr Teil einer künftigen Friedenordnung sein wird. Mit Präsident Wolodymyr Selenskyj wird die ukrainische Bevölkerung von einer durch Stimme und Auftreten überzeugenden Persönlichkeit vertreten, die, medial geschult und hervorragend beraten, das Schicksal der Ukraine im Bewusstsein der Weltöffentlichkeit wachhält. Seine leidenschaftlichen Ansprachen trugen und tragen weltweit zum Abbau von Ressentiments und Aufbau von Solidarität mit seinem Land bei. Deutschland stand nun offiziell im Zwielicht. Vieles, wie beispielsweise die Fixierung auf Russland, insbesondere in der Energiepolitik, das Verhalten in der NATO, die zögerliche Unterstützung der Ukraine mit Waffen, wurde Deutschland angelastet. Klare, illusionslose Worte der Außenministerin Annalena Baerbock und vor allem die Regierungserklärung des Bundeskanzlers am 27. Februar 2022 wurden weltweit begrüßt. Das Schlüsselwort „Zeitenwende" zur Einleitung einer neuen Politik ermöglichte es, endlich den Blick nach vorn zu richten. Scholz stellte klar, dass die Sicherheitskräfte nicht an den Rand der Gesellschaft gehören, sondern in deren Mitte. Sie sind zur Erhaltung von Frieden und Freiheit in Europa unverzichtbar. Olaf Scholz hatte mit seiner Regierungserklärung Verantwortung und Führung im Sinne Max Webers übernommen.

Die politische Umsetzung eines derart einschneidenden Paradigmenwechsels braucht jedoch Zeit: einerseits aufgrund von demokratischen Verfahren, andererseits aufgrund von parteipolitischen Einflüssen und pazifistischen Dispositionen eines Großteils der Bevölkerung. Politische Verantwortung zu übernehmen bedeutet, die Zeichen der Zeit zu erkennen, Führungsstärke zu zeigen und schwierige Entscheidungen zu treffen. Es bedeutet in der Demokratie aber auch, die Mehrheit der Bevölkerung zu überzeugen. Zeitenwenden sind zu meistern und gegen langgehegte und verbreitete Ansichten und Absichten von Teileliten durchzusetzen.

In dem Beitrag werden übliche Meinungen über den „russischen Freund" mit dessen Realpolitik konfrontiert. Diese Meinungen und die daran angepasste Politik trugen, so die These, mit dazu bei, dass die NATO als eine Organisation, die einen hohen Stellenwert für die Erhaltung des

Friedens zwischen ihren Mitgliedern und auf ihrem Gebiet hat, in eine Krise geriet, die fast zu ihrer Spaltung geführt hätte. Die erneute Stärkung des Engagements der Bundeswehr in der NATO gehört, so wird zum Abschluss dieses Teils argumentiert, zu den zentralen Aufgaben für eine verantwortungsethisch begründete Politik der Zeitenwende.

Der dritte Beitrag „Tragödien am Ende der Friedensphase", essayistisch geschrieben, geht von der These einer sich ausbreitender Bedrohung des Weltfriedens aus: Die Ukraine kämpft mutig gegen den russischen Aggressor, um ihre Souveränität und Freiheit zu verteidigen, während weitere Mächte, die dem freiheitlichem Gesellschaftsmodell feindlich gegenüberstehen, zunehmend auf eine Schwächung der Widerstandsfähigkeit der westlichen Welt durch multipolare Krisen und Kriege hoffen. In dieser Situation erweisen sich die internationalen Hüter des Friedens, die Staatenbündnisse, als reformbedürftig.

Der umfangreiche vierte Beitrag „Max Webers Politik der Verantwortung –Hintergründe und Aktualität" behandelt vor allem die Kategorien Gesinnungs- und Verantwortungsethik, die auch heute noch für die Qualifizierung von politischer Führung verwendet werden. Sie basieren auf Webers Vortrag „Politik als Beruf". Er hielt ihn nur kurze Zeit nach Scheidemanns Ausrufung der Republik nach dem Ende des Ersten Weltkriegs und vor Beginn einer neuen Zeit mit Friedrich Ebert als Reichspräsidenten. Auf der Grundlage einer parlamentarisch-demokratischen Verfassung wurden die noch vorhandenen traditionellen Privilegien der Herrschaftsform des Adels beseitigt. Weber skizziert in seinem Vortrag die Grundsätze einer Ethik der Verantwortung, die er, idealtypisch und historisch vergleichend, für das Handeln eines modernen, die künftige Politik in Deutschland prägenden Politikers entwirft.

Der Beitrag zeigt die Aktualität von Webers Überlegungen auf. Als „alte" Heidelbergerin liegt mir Max Weber sehr am Herzen. Er ist ein Klassiker der Soziologie, dessen Überlegungen und Erkenntnisse auch heute noch aktuell sind. Besonders beachtenswert sind seine Grundgedanken zum Verständnis von Politik, Macht und Herrschaft, Verantwortung und Führung. Außerdem wird deutlich, dass sich die Zeitenwenden 1918/1919 und 2022/2023 historisch zwar unterscheiden, aber die Beschäftigung mit den Ereignissen der damaligen Zeit trägt bis heute zu einem vertieften Verständnis deutscher Politik bei. Politik als bloße Machtpolitik zu begreifen, lehnte Max Weber entschieden ab.

Die Auseinandersetzung mit Webers Text bietet die Chance, ein allgemeines Verständnis von zentralen, sehr klar und fasslich formulierten Begriffen der Politik (Gewalt, Macht, Staat, Herrschaft) und der politischen Soziologie kennenzulernen, die zur Beurteilung des politischen Handelns in der Gegenwart nützlich sind. Er betont, dass das Monopol legitimer physischer Gewaltmittel das zentrale staatliche Merkmal ist. Daher kommt den führenden Repräsentanten eines Staates die Aufgabe zu, die ihnen gegebene Macht nicht zu missbrauchen, sondern sie zum Schutz und zur Sicherheit des Gemeinwesens verantwortlich auszuüben. Max Weber hat in „Wirtschaft und Gesellschaft" immer wieder auf die Herausforderung des amorphen Charakters von Macht und damit auf die Gefahren der Entstehung von zerstörerischer Gegenmacht hingewiesen, die auch, so gebe ich zu bedenken, rechtsstaatlich legitimierte Ordnungen mit ihrem Herrschaftsgefüge zu Fall bringen können.

Der neue Politikertypus, den Weber damals als Führungsfigur der kommenden parlamentarischen Demokratie konzipiert – Max Weber hat hier vor allem die Position des Reichspräsidenten im Blick –, bedarf seiner Meinung nach auch einer sozialpsychologischen Qualifikation. Politisch verantwortlich zu handeln, bedeutet für ihn, dass Politiker Folgen und Folgen von Folgen von Macht und Gegenmacht in die von ihnen propagierten und umzusetzenden Handlungsstrategien einbeziehen müssen. Nachvollziehbar ist auch seine Abgrenzung zur Gesinnungsethik: Ein noch so sehr moralisch gebotenes Handeln – sein Beispiel dafür ist der damalige Pazifismus – hat moralwidrige Konsequenzen, weil die realen Machtverhältnisse und die Folgen einer solchen Politik unberücksichtigt bleiben. Ich zeige auf, dass die Begriffe „Macht um ihrer selbst willen", Gesinnungs- und Verantwortungsethik von Max Weber anhand seiner Betrachtung von realen politischen Strömungen seiner Zeit gebildet wurden und gerade deshalb uns Heutigen noch immer Aufschluss über unsere politische Kultur geben. Die Aktualität von Webers Überlegungen zeige ich im letzten Kapitel dieses Beitrags auf, in dem ich die drei politischen Führungsstile, die Weber in seinem Vortrag darstellt, auf die Politik in Deutschland (seit Angela Merkel) anwende.

Dem fünften Beitrag „Erosion von Autorität in Bildung und Sozialisation?" liegt ein Vortrag auf der Tagung „Charakter-Haltung-Habitus" am Zentrum für Militärgeschichte und Sozialwissenschaften der Bundeswehr in Potsdam (ZMSBw) im April 2019 zugrunde. Meine These lautet, dass es den an der Sozialisation beteiligten Institutionen und ihrem Personal immer weniger gelingt, die Vermittlung der Bildungsgüter nachhaltig zu sichern. Bedenklich dabei ist: Sozialisation ist die Kernaufgabe jeder Gesellschaft zur Sicherung ihrer Zukunftsfähigkeit. Von der Sozialisation hängt es ab, ob die Selbstbestimmung der Nachkommen in Übereinstimmung mit dem institutionellen, wertebasierten gesellschaftlichen Gerüst und dem impliziten Vertrag zwischen den Generationen aufrechterhalten und weiterentwickelt wird.

Rekonstruktiv verweise ich auf gravierende Veränderungen innerhalb der Sozialisationsentwicklung nach dem Zweiten Weltkrieg bezüglich des Selbstverständnisses und des Autoritätsverhaltens der verantwortlichen Akteure. Untersucht man die Erziehungs-, Lehr- und Führungsstile der Babyboomer-Generation, so lassen sich idealtypisch Züge eines Laissez-faire-Stils identifizieren. Anders als Weber es in seiner Ethik der Verantwortung herausgearbeitet und von den Führungskräften erwartet hat, die ihnen verliehene Macht durch Autorität in verantwortliches Handeln umzusetzen, wird Macht in vielen sozialisatorischen Interaktionen lediglich „verdrängt", etwa wenn auf Leistungskontrollen verzichtet wird. Macht verschwindet damit nicht, sie wird aber unterlaufen, so etwa durch Vortäuschung einer Leistung. Außerdem entsteht der Effekt, dass Bildungsdefizite auf den jeweiligen Stufen der Sozialisation an die nachfolgenden Einrichtungen weitergegeben werden. Damit geht ein Autoritätsverlust einher, und schon früh beginnt ein Ansehensverlust, gepaart mit dem Verhalten, sich Argumenten gegenüber zu verschließen und der politischen Klasse später kein Vertrauen mehr entgegenzubringen und/oder sich einem autoritären Gegenentwurf zur Funktionsweise der Demokratie gegenüber empfänglich zu zeigen.

Eltern, die sich für ihre Söhne in Vorbereitung auf die Aufgaben als künftige Familienernährer eine ergänzende, dichtere Sozialisation wünschten, sorgten einst dafür, dass diese Wehr- oder Zivildienst leisteten. Mit den Jahren ging das Interesse der Gesellschaft an der Wahrnehmung militärischer Schutz- und Sicherheitsaufgaben durch die Bundeswehr zurück. Die Aussetzung der Wehrpflicht und des Zivildiensts 2011 kam zustande, nachdem die Politik davon ausging, dass Landesverteidigung nach der Wiedervereinigung obsolet geworden sei. Das Argument einer fehlenden Wehrgerechtigkeit kam gelegen. Die Erfahrung zeigt nun, was einmal ausgesetzt wurde, lässt sich nur schwer reaktivieren.[2]

---

2 Grundsätzliche Überlegungen zum Bildungsbegriff, zum Konzept der Wehrpflicht und ein kritischer Blick auf die Ausbildung von Offizieren siehe: Christiane Bender: „Bildung und Freiheit. Grundsätzliches zur Ideengeschichte des Bildungsbegriffs und Anmerkungen zur Ausbildung von Offizieren an der Helmut-Schmidt-Universität (HSU)", in: Angelika Dörfler-Dierken/Christian Göbel (Hrsg.), *Charakter – Haltung – Habitus. Persönlichkeit und Verantwortung in der Bundeswehr*. Wiesbaden 2022, S. 291-317.

Diese rekonstruktive Betrachtung ist gegenwärtig besonders wichtig, da die Politik der Zeitenwende für die Bundeswehr zu bedenken hat, dass die Armee ihre klassischen Milieus, aus denen sie ihr Personal (u. a. aus dem Adel) rekrutierte, verloren hat. Demnach gilt es, auf lange Sicht eine forcierte Schutz- und Sicherheitspolitik ohne Entfremdung zwischen Gesellschaft und Militär zu etablieren. Die Einführung einer allgemeinen, geschlechterübergreifenden Dienst- bzw. Wehrpflicht mit einem Schwerpunkt in der politischen Bildung ist daher nachvollziehbar, bei den nachfolgenden Generationen Verständnis für die künftigen Herausforderungen der Zeitenwende zu wecken. Die gegenwärtige Restrukturierung der Bundeswehr muss sich vor allem auf ihre Fähigkeit konzentrieren, die Kernfunktionen der Landes- und Bündnisverteidigung zu erfüllen. Künftig kann es dennoch geboten sein, die Aufhebung der Aussetzung der Wehrpflicht in Betracht zu ziehen, um geeignetes Personal aus der Mitte der Gesellschaft zu generieren, aber auch umgekehrt: um der Bundeswehr wieder ihr selbstverständliches Ansehen als gesellschaftliche Organisation im Dienst des Gemeinwohls zurückzugeben.

In den nächsten Beiträgen werden Facetten der Zeitenwende in kurzen, prägnanten Texten verdeutlicht. Im sechsten Beitrag „Zur Regierungserklärung des Bundeskanzlers (Olaf Scholz), zum Vortrag eines Klassikers (Max Weber) und zur Rede eines (ehemaligen) Bundespräsidenten (Joachim Gauck)", Vorlage zu einem Podcast mit dem „Hamburger Abendblatt", wird die tragische Ironie der Geschichte beschrieben, dass ein politisch machtarmer deutscher Bundespräsident bereits 2014, kurz vor der völkerrechtswidrigen Besetzung der Gebiete Luhansk und Donezk und der Annexion der Krim, zu mehr Verantwortungsübernahme in der deutschen Sicherheits-, Verteidigungs- und Außenpolitik aufgerufen hat. Seine Grundsatzrede zur deutschen Außen- und Sicherheitspolitik wurde im Ausland viel beachtet, hierzulande jedoch zunächst nahezu überhört.

Max Weber hatte die Aufnahme der Position eines machtvollen, überparteilichen Reichspräsidenten in die neue Verfassung empfohlen. Auch sein Bestreben, Macht zu begrenzen, aber dennoch durch Direktwahl des Reichspräsidenten dessen Einfluss und Legitimität zu betonen, bildet den Hintergrund für seine Überlegungen zum charismatischen Führungsverhalten des Politikers in einer Spitzenposition. Bundeskanzler Olaf Scholz sieht sich als Kanzler in der verantwortungsethischen Tradition. Seine Aufgaben, die Unterstützung der Ukraine im Kampf gegen den russischen Aggressor in Deutschland und im Bündnis der solidarischen Staaten zu festigen, werden allerdings durch die politischen Machtverhältnisse in seiner

Partei gebremst und durch die Defizite in der Bündnis- und Landesverteidigung, die die Vorgängerregierung zu verantworten hat und der er als
Finanzminister angehörte, erschwert.

Der siebte Beitrag „Thomas Hobbes und Max Weber – Politik als Herrschaft über die Gewaltmittel", Vorlage zu einem Vortrag am Inter-University
Centre Dubrovnik (IUC) 2023, diskutiert an Hobbes' Modellüberlegung
die Problematik, den Kriegszustand zwischen Menschen zu unterdrücken.
Dazu wird der folgende Vertrag geschlossen: Der Staatssouverän („Leviathan") übernimmt es als seine zentrale Aufgabe, den Krieg zu beenden
und den Frieden zu schützen. Im Gegenzug dazu treten die Bürger ihre
Fähigkeit, sich selbst gewaltsam zu verteidigen, an den Staat ab. Von
Hobbes führt eine Argumentationslinie zu Webers Definition des Staats
als legitimer Monopolist der Gewaltmittel. Da es einen mit Gewaltmonopol
ausgestatteten und den einzelnen Staaten übergeordneten Weltstaat nicht
gibt, muss es nun in Hinblick auf die gegenwärtige, von multipolaren
Kriegen und Konflikten geprägte Weltlage um eine Reform der Organe und
Organisationen der Weltgemeinschaft gehen.

Der achte Beitrag „Zeitenwende – auch ein Ende tradierter Geschlechterstereotypen?", mein Vortrag am Zentrum für Militärgeschichte und Sozialwissenschaften der Bundeswehr (ZMBw) im November 2022, bezieht
sich auf die Bedeutung von Frauen in traditionellen Männerdomänen
wie in denen der inneren und äußeren Sicherheit. Sozialmoralisch hoch-
bewertet wird die Berufstätigkeit von Frauen im Bereich des Sozial- und
Wohlfahrtsstaats. Finanziell zwar nicht angemessen entlohnt, zollt die Gesellschaft diesen Tätigkeiten symbolisch Anerkennung, wie beispielsweise
während der Pandemie, als Krankenschwestern und Pflegekräfte für ihren
unermüdlichen Einsatz mit Beifall bedacht wurden. Diesen Beifall haben
aber auch die Frauen verdient, die nicht im Bereich der sozialen Dienste,
sondern im Bereich der inneren und äußeren Sicherheit tätig sind. Innere,
äußere und soziale Sicherheit sind für den Frieden als Grundlage eines
funktionierenden Rechts- und Sozialstaats von sozialmoralisch gleichrangi-
ger Bedeutung. Daher sollte den Diensten der inneren und äußeren Sicherheit die gleich hohe sozialmoralische Wertschätzung entgegengebracht werden. Darin besteht eine zentrale Voraussetzung, Frauen für die Bundeswehr
zu gewinnen und die Bundeswehr als Organisation wieder in der Mitte der
Gesellschaft zu verankern.

Der abschließende neunte Beitrag „Zeitenwende – Tragödie und Zuversicht" betrachtet die sich inzwischen abgezeichneten Krisen- und Kriegsschauplätze. Aggressoren wie Russland, China und der Iran nutzen die

Schwäche des Westens aus. Ihr gemeinsamer Feind sind die USA. Die Zeit drängt. Deshalb geht es darum, Gegenmaßnahmen in Angriff zu nehmen, dabei Prioritäten zu setzen und die Bevölkerung nicht im Unklaren zu lassen, sondern sie von den zu bewältigenden politischen Aufgaben zu überzeugen. Ein „Marshall-Plan" für die Ukraine beispielsweise sollte schon bald auf den Weg gebracht und umgesetzt werden. Der Wiederaufbau der Ukraine könnte das Land mit Wohlstand, Freiheit und Frieden für den geleisteten Widerstand belohnen.

I. Die Rückkehr von Geschichte und Politik

Die Regierungserklärung, die der deutsche Bundeskanzler Olaf Scholz am Sonntag, dem 27. Februar 2022, abgab, stieß in der deutschen Bevölkerung spontan auf Zustimmung.[1] Drei Tage nach Beginn des russischen Angriffskriegs gegen die Ukraine stellte der Kanzler als Reaktion auf dieses erschütternde Ereignis den Begriff der Zeitenwende in das Zentrum seiner Ausführungen.[2] Mit medialer Unterstützung avancierte der Begriff zum Schlüsselbegriff der an diesem Tag eingeleiteten Wende der Politik in Deutschland.[3] Das Entsetzen, welches Scholz über das vom Präsidenten der Russischen Föderation Wladimir Putin befohlene militärische Vorgehen zum Ausdruck brachte, dazu die Solidarität mit den Angegriffenen und seine Besorgnis über die massive Bedrohung, ja Zerstörung der europä-

---

1 Vgl. Köcher, Renate: „Regieren im Ausnahmezustand", in: „FAZ-Monatsbericht" vom 24.03.2022, Institut für Demoskopie Allensbach. Darin heißt es: „...der Rückhalt für den neuen Kanzler wächst. Anfang Februar waren lediglich 23 Prozent der Bevölkerung mit der Politik von Olaf Scholz einverstanden; zu diesem Zeitpunkt gab es erhebliche Kritik und Zweifel an einer entschlossenen Führung der durchaus heterogenen Koalition. Seit dem Ausbruch des Ukraine-Krieges ist der Rückhalt für Olaf Scholz und seinen politischen Kurs von 23 auf 38 Prozent gestiegen. ...vielen ist bewusst, dass die bemerkenswerten Kurskorrekturen der Koalition und die Neupositionierung, die Olaf Scholz in seiner denkwürdigen Rede vom 27. Februar 2022 vornahm, nicht das Ergebnis eines parteipolitischen Willensbildungsprozesses waren, sondern im engsten Kreis beschlossen wurden. Rund die Hälfte der Bevölkerung stellt der Regierung in der Ukraine-Krise ein gutes Zeugnis aus, nur jeder Dritte zieht eine kritische Bilanz. Überdurchschnittlich wird der Kurs der Regierung von den Anhängern der SPD und besonders der Grünen gestützt. Dies zeigt, dass der Kurswechsel, der Ukraine Waffen zu liefern, die Anhänger der Koalitionsparteien, in denen pazifistische Strömungen stark waren und teilweise noch sind, keineswegs verstört hat – im Gegenteil. Auch die Ankündigung, massiv in die Verteidigungsfähigkeit des Landes zu investieren, wird von der Mehrheit der Anhänger der Regierungskoalition unterstützt, insbesondere von den Anhängern von SPD und FDP."
2 Die Gesellschaft für deutsche Sprache e. V. hat den Begriff der Zeitenwende mit Bezug auf die Regierungserklärung von Bundeskanzler Scholz zum Wort des Jahres 2022 gekürt. „Der russische Überfall auf die Ukraine markiert eine Zeitenwende. Er bedroht unsere gesamte Nachkriegsordnung."
3 Zwar verwendete Olaf Scholz ihn schon früher für die Beschreibung einer „neuen deutschen Wirklichkeit" in Deutschland, das zum „Hoffnungsland" für ankommende Flüchtlinge geworden ist, aber diesbezüglich setzte sich der Begriff nicht durch. Vgl. Olaf Scholz: *Hoffnungsland. Eine neue deutsche Wirklichkeit.* Hamburg 2017.

ischen und internationalen Sicherheitsordnung entsprach dem Gefühl der meisten Menschen im Lande. Auch die Erläuterung der Konsequenzen für die Politik der Ampelkoalition, darunter die angekündigten Waffenlieferungen an die Ukraine – ein offener Tabubruch mit den offiziell gültigen Leitlinien, keine Waffen in Krisengebiete zu liefern[4] –, die Verstärkung der Ausrichtung der deutschen Sicherheitspolitik auf die Bündnis- und Landesverteidigung, die Sanktionspolitik gegen Russland und die Forcierung der energiepolitischen Wende überzeugten viele Zeitgenossen und Zeitgenossinnen. Die Beurteilung seitens der Bevölkerung, wer den Krieg letztlich verursacht habe und wie darauf zu reagieren sei, blieb dennoch strittig. Auch Erwartungen, wie weitreichend die in Angriff genommene Politik der Zeitenwende gehen sollte, verliefen in verschiedene Richtungen. Mit Erleichterung wurden die im Laufe der Zeit abgegebenen Stellungnahmen seitens der Regierung aufgenommen, dass Deutschland und seine Bündnispartner es vermeiden würden, Kriegspartei zu werden.

Friedrich Merz, der Vorsitzende der CDU/CSU-Bundestagsfraktion und Oppositionsführer, sicherte dem Kanzler die politische Unterstützung seiner Fraktion bei der Umsetzung der Politik zu. Das Entscheidende war für die meisten Bürger, dass der Kanzler versprach, Führungsverantwortung für eine engagierte, aber gemäßigte Politik zu übernehmen. Damit schuf er Vertrauen und sorgte für Beruhigung. Der Begriff der Zeitenwende brachte demnach eine zwar etwas oberflächliche, aber weithin zustimmungsfähige Lagebeurteilung auf den Punkt. Olaf Scholz dürfte sich damals über den Beifall und Jubel, den er in und von den Medien erhielt, gefreut haben. Noch mehr schmeichelte ihm wohl das große Lob der Repräsentanten der Bündnisorganisationen (EU und NATO) und der Oberhäupter europäischer und transatlantisch verbündeter Länder.

1. Deutschland in der Zeitenwende

Mit der Zeit veränderte sich jedoch das Bild einer entschlussfähigen Regierung, die sich auf den Konsens der Bevölkerung über längere Zeit hinweg stützen konnte. Innerhalb der Ampelkoalition und der Opposition richteten sich die Forderungen vermehrt darauf, die Verteidigungsfähigkeit der Ukraine durch zügige Waffenlieferungen zu stärken. Innerhalb der deut-

---

4 Waffenlieferungen gab es früher schon nach Bosnien-Herzegowina, in die Türkei, nach Saudi-Arabien, an die Peschmerga im Irak, in den Südsudan und nach Israel.

schen Bevölkerung wuchs das Gefühl einer wachsenden Bedrohung, die das grausame Wüten der russischen Truppen mit einer kaum vorstellbaren Rücksichtslosigkeit gegenüber der ukrainischen Zivilbevölkerung auslöste. Die Sorgen der umliegenden Staaten wurden endlich auch in Deutschland wahrgenommen. Hierzulande nahmen die Ängste vor einer nuklearen Eskalation zu, nachdem Putin offen mit dem Einsatz von Atomwaffen gedroht hatte. Öffentliche Kommentare unterschieden sich in der Einschätzung der Rolle, die Deutschland einnehmen sollte, um den Krieg zu beenden: Die einen forderten die Regierung auf, alles Erdenkliche zu tun, damit Verhandlungen zustande kommen, und bei Waffenlieferungen eher zurückhaltend zu verfahren; die anderen betonten, dass die Entscheidung für die Aufnahme von Verhandlungen vor allem von dem angegriffenen Land, von der Ukraine, auszugehen habe und dass Deutschland die benötigten Waffen zur Verfügung stellen sollte, damit Russland seinen Angriffskrieg nicht gewinnt und die Ukraine ihren Verteidigungskrieg nicht verliert.

Der Kanzler beanspruchte, seine Richtlinienkompetenz für das Ressort der Verteidigungspolitik zur Geltung zu bringen. Aber gerade in diesem zentralen Bereich der angekündigten Politik der Zeitwende wurde eine dort vorherrschende Strategielosigkeit von Jahrzehnten offenbar. Es fehlten offensichtlich konkrete Pläne mit Zielen, Prioritätensetzungen und Koordinaten. Riesige Defizite in der An- und Beschaffung geeigneter und ausreichender Waffensysteme, in der Funktionalität von Abläufen, in der Ausstattung und in der Kommunikation mit der Öffentlichkeit wurden Monat für Monat deutlicher.[5] Verteidigungsministerin Christine Lambrecht, deren Expertise nicht auf dem Gebiet der Sicherheitspolitik lag, scheiterte daran, angesichts der massiven Probleme die Politik der Zeitenwende umzusetzen. Wertvolle Zeit ging verloren, die strategische (Neu)Ausrichtung der Streitkräfte auf Landes- und Bündnisverteidigung beschleunigt in Angriff zu nehmen. Unklar blieb, ob Deutschland die Verpflichtungen im NATO-Bündnis wie angekündigt erfüllen und damit verlorenes Vertrauen zurückgewinnen würde. Zudem: Würde Deutschland die von seinen europäischen und transatlantischen Partnern erwartete Zuverlässigkeit einbringen und sukzessive eine Führungsrolle bei der Unterstützung der Ukraine einnehmen? Die Frage blieb unbeantwortet. Russlands Angriffskrieg gegen die

---

5 Es ist auffällig, dass in der gesamten Bevölkerung, bis auf wenige Insider, kaum Wissen vorhanden ist, worin eine Sicherheitsarchitektur im umfassenden und engeren Sinn besteht. Das dazu benötigte strategische Denken ist fremd geworden – trotz der vielen Politikberater und Politikberaterinnen, die von der Politik und in der Öffentlichkeit in Anspruch genommen wurden.

Ukraine ging währenddessen mit unverminderter Härte weiter, auch gegen die Zivilbevölkerung.

Dennoch, trotz aller Zögerlichkeiten, wird der Begriff der Zeitenwende zum Verständnis der Gegenwart ein Leitbegriff in der Bundesrepublik Deutschland bleiben. Er hält das Bewusstsein wach, dass die Politik nicht verharren darf, sondern daran zu messen ist, ob sie eine Wende zur Anerkennung der Realitäten herbeiführt. In der Außen- und Verteidigungspolitik heißt das, zu einem nachhaltigen Frieden in Europa beizutragen, der die jetzt vom Krieg betroffene Ukraine und weitere von Russland bedrohte mittel- und osteuropäische Länder mit einbezieht. Traurig ist, dass es erst dieses von Russland angezettelten brutalen Kriegs gegen die Ukraine bedurfte, damit Deutschland erkannte, dass es mit seiner Energie- und Außenpolitik einen autoritären Herrscher im Kreml unterstützte, der die Rechte seiner souveränen Nachbarstaaten nicht respektiert und der auf revanchistische Weise eine neue europäische Ordnung ohne Frieden und Freiheit herbeiführen will.

Der auf Lambrecht folgende Verteidigungsminister Boris Pistorius (SPD), vorher Innenminister in Niedersachsen, führte nur wenige Wochen nach seinem Amtsantritt (17. Januar 2023) die Beliebtheitsskala des politischen Personals in Deutschland an.[6] In weiten Kreisen hat nun ein Umdenken über die Bedeutung von Sicherheit, Verteidigung und Militär stattgefunden. Erlaubt sei dennoch die Frage: Ist es nachhaltig? Es ist Aufgabe der Politik, dafür zu sorgen.

Andere Sichtweisen und eine bedrückende Meinung

Die Orientierungsfunktion des Begriffs der Zeitenwende wurde nicht überall angenommen, wie die Wiedergabe einiger Gespräche in alltäglichen Situationen zeigt. Darin wird sowohl ein geringes Interesse am Kriegsgeschehen deutlich als auch das Täter-Opfer-Verhältnis vor dem Hintergrund vermutlich lebenslanger und vielleicht sogar „ererbter" feindseliger Gefühle gegen die USA umgekehrt. Diesen Gesprächen liegen zeitnah angefertigte Erinnerungsprotokolle und Notizen zugrunde. Die geäußerten Einstellungen erscheinen typisch für bestimmte kulturell geprägte Milieus:

---

6 Boris Pistorius erhielt als amtierender Bundesminister der Verteidigung Ende Juni 2023 eine Bewertung von 1,8 und erzielte damit zum Zeitpunkt der Erhebung die beste Bewertung, Olaf Scholz hingegen nur eine 0,2. Alle anderen Politiker kassierten Minusbewertungen (Noten für deutsche Spitzenpolitiker, veröffentlicht von Statista Research Department am 30.06.2023).

1. Im Frühsommer 2022 unterhielt ich mich mit einer jungen Politikwissenschaftlerin, die über „Framing in der politischen Kommunikation" an einer renommierten Universität forschte. Ich gratulierte ihr, dass sie wohl seit Langem keine gelungenere Regierungserklärung gehört habe, in der ein zentraler Begriff, der Begriff der Zeitenwende, in einer Regierungserklärung so viele Themen einrahmt wie dieser. Interessant sei doch, wie dieser Begriff zugleich Erkenntnis-, Orientierungs- und Handlungsanleitungsfunktionen erfülle und eine kommunikative Brücke zwischen einem Politiker, den Abgeordneten des Bundestags, den Parteien und der Wählerschaft schlage. Das sei einem sonst so wenig begnadeten Redner wie Olaf Scholz immerhin gelungen!

Die junge Wissenschaftlerin entgegnete mit irritiertem Blick, dass in dem von ihr erforschten Milieu akademisch gebildeter junger Leute, die sich mit Klimapolitik befassen, die Rede als verfehlt und „völlig belanglos" betrachtet würde. Man könne erst dann von einer Zeitenwende sprechen, wenn eine vollständige Umstellung auf erneuerbare Energien gelungen wäre. Ich bemerkte kleinlaut, dass es sich nicht bloß um die Rede eines beliebigen Politikers gehandelt habe, sondern um eine für unser Land verbindliche Regierungserklärung über die weitere Sicherheits-, Außen-, Energie- und Bündnispolitik, die uns alle betrifft, unabhängig von unseren eigenen politischen Vorlieben. Außerdem bedeute Krieg erhebliche Zerstörungen der Umwelt, beispielsweise durch Verminung des Bodens, und Stillstand in der Umweltpolitik. Die junge Wissenschaftlerin betonte noch einmal, dass der Begriff der Zeitenwende in ihren Befragungen als unangemessen angesehen werde. Dafür interessiere sich im Angesicht der bevorstehenden Umweltkatastrophen niemand. Dieser Position schließe auch sie sich an.

2. Schon wenige Tage später empörte sich eine ukrainische Kollegin, deren Familie aus der Gegend von Luhansk im Donbass stammt, dass die Deutschen so bedeutungsvoll von ihrer Zeitenwende sprächen. Das erstaune sie. Die meisten Ukrainer erlebten mit der russischen Besetzung die Zeitenwende schon seit März 2014. Seitdem finde dort, wo ihre Familie wohnt, kein normales Alltagsleben mehr statt. Erwachsene ängstigten sich, dass sie oder ihre Kinder von Russen deportiert und Letztere dann zur Adoption freigegeben würden. Immer wieder flackerten Kämpfe auf, die viele Opfer auf Seiten der ukrainischen Bevölkerung forderten. Nun sei bei den dort lebenden älteren Menschen, die die russische Besatzung bisher hingenommen haben, ein Wandel eingetreten, künftig auf keinen Fall zu Russland gehören zu wollen.

3. Eine schwedische Soldatin berichtete mir, dass man sich in Schweden und Finnland über die deutsche Befindlichkeit wundere, in einer besonderen Zeitwende zu leben. In Skandinavien sei die russische Bedrohung seit Langem spürbar und habe bereits zu erheblichen sicherheitspolitischen Konsequenzen geführt. Es gebe seit Jahren starke Befürchtungen, Russland könne neben den vielen Cyberattacken versuchen, Grenzkonflikte mit den skandinavischen Nachbarn zu provozieren. Auch die baltischen Nachbarn fühlten sich nicht erst seit dem 24. Februar 2022 von Russland bedroht. Schweden und Finnland rüsteten schon lange ihre Armeen besser aus. Schweden hatte die Wehrpflicht im Jahr 2010 ausgesetzt, sie 2017 aber wieder eingeführt, diesmal auch für Frauen. Seit 1994 sind beide Länder Teil des NATO-Programms *Partnership-for-Peace (PfP)*. Gemeinsame Übungen werden seit Jahren durchgeführt.

Kurz nach der russischen Invasion haben beide Länder im März 2022 den Antrag auf Beitritt in die NATO gestellt und damit für ihre Länder eine Zeitenwende eingeleitet.[7] Die Aufgabe der Neutralität und damit des Charmes von Friedfertigkeit bedeutet im Selbstverständnis dieser Länder eine gewaltige Zäsur, eine Zeitenwende hin zu einem neuen Lebensgefühl. Für Schweden geht damit eine 200-jährige und für Finnland eine 80-jährige Neutralitätskultur zu Ende. Neue Verpflichtungen kommen auf diese beiden Länder zu und die Gefahr, irgendwann einmal im Bündnisfall ein angegriffenes NATO-Land mit Truppen zu unterstützen und Kriegspartei zu werden. Aber diese Länder erhalten als NATO-Mitglieder auch die Gewissheit, bei künftigen Sicherheitsbedrohungen Bündnispartner an ihrer Seite zu haben.[8]

4. Ein völlig andere Meinungsbild bekundeten Einwohner in einem kleinen Dorf in Südfrankreich: Dort war man im Sommer 2022 vor allem damit beschäftigt, die ökonomischen Einbußen während der Corona-Pan-

---

7 Dadurch könnte sich Russland erst recht provoziert fühlen, obwohl die NATO, wie in diesem Buch so häufig wiederholt wird, ein Verteidigungs- und kein Angriffsbündnis ist. Aber es geht nicht um Tatsachen, es geht um den nahezu ungehemmten Willen zur Macht. Man stelle sich einmal vor, die Länder, etwa die baltischen Staaten, die in der Begehrlichkeitszone von Putin und seiner Gefolgschaft liegen, würden ihm zufallen und ihre Kultur, das freiheitliche Leben, die rechtsstaatliche Kontrolle, um die in manchen mittel- und osteuropäischen Ländern noch gerungen wird, die wohlfahrtsstaatlichen Einrichtungen, die Medienvielfalt, der Zugang zu Konsum, letztlich die Selbstbestimmung des eigenen Lebens etc. würden dann der Willkür des Diktators unterliegen. Wer würde dort noch leben und bleiben wollen?

8 Am 4. April 2023 trat Finnland der NATO bei. Der Beitritt Schwedens steht unmittelbar bevor.

demie zu kompensieren und den allmählich wieder eintreffenden Touristen so viel Entspannung wie möglich zu bieten. Die Zeitenwende, ausgelöst durch die russische Invasion in die Ukraine, die drohende Eskalation, die in Deutschland so sehr befürchtete Gefahr eines Atomwaffen-Einsatzes und dritten Weltkriegs, die Antwort der westlichen Länder darauf, ihre Verteidigungsbereitschaft zu erhöhen und den Kampf der Ukraine gegen den russischen Aggressor zu unterstützen, diese Themen wurden nur selten oder gar nicht angesprochen. Ein ungetrübtes Sicherheitsgefühl im Schutz der eigenen Atommacht herrschte vor. Zwar ließ man in Gesprächen an der Innenpolitik des französischen Präsidenten Macron „kein gutes Haar", aber in der Außenpolitik vertraue man ihm vollends, dass er dem russischen Präsidenten dessen Grenzen aufzeige.

5. Am Morgen des 24. Dezember 2022 saß ich im ICE von Hamburg nach München neben einer freundlichen, adrett gekleideten Dame. Mit ihrem Kater auf dem Schoss, der mich gelegentlich mit einem müden Blick[9] musterte, wirkte sie auf mich sympathisch. Wir kamen ins Gespräch und plauderten angeregt. Trotz meines ängstlichen Vorbehalts gegen die Unberechenbarkeit tierischer Lebewesen übernahm ich sogar einige Betreuungsaufgaben und tat alles, um das Wohl des Katers in der vollbesetzten Bahn zu steigern. Bis Hannover war es eine kurzweilige Zugfahrt zu dritt.

Schlagartig änderte sich die heitere Gesprächsatmosphäre, als ich anmerkte, dass wir auf dem Weg zu einem sicherlich friedlich verlaufenden Heiligabend seien, während das Leben der Menschen in der Ukraine durch Angriffe russischer Drohnen bedroht werde. Viele Wohnungen in Kiew würden weder über ausreichend Strom noch Wärme verfügen, das Sterben der Menschen in diesem Krieg nehme kein Ende. Sichtlich empörte sich die Dame daraufhin: Das geschähe den Ukrainern recht. Sie hätten es nicht anders verdient, da sie Russland im Interesse und mithilfe der USA seit Langem unterwanderten. Gut, dass sich Putin endlich dagegen gewehrt habe und – sie sagte wortwörtlich: „losgeschlagen" habe. Und sie fügte ihre Hoffnung hinzu, dass er den Krieg gewinne. Ich war bestürzt, fassungslos. Als ich meinen Schock überwunden hatte, erwiderte ich, dass doch seitens des Westens alles getan wurde, um Russland freundschaftlich in gemeinsame Beziehungen einzubinden. Die Ukraine sei seit der Auflösung der Sowjetunion ein souveräner Staat, der das Recht habe, einen eigenen Weg zu gehen. Sie entgegnete, es sei doch klar, dass die Krim und der Donbass

---

9 Der Blick schien zu sagen: Was strengst du armes Menschenkind dich an, es ist doch vergeblich. Als ob Arthur Schopenhauer sich in einen Kater verwandelt hätte!

zu Russland gehörten. „Aber nicht nach den Verträgen, die die Ukraine und Russland miteinander geschlossen haben", antwortete ich.

Empört warf sie mir eine einseitige Wahrnehmung vor: Der Westen habe die Schwäche der Sowjetunion ausgenutzt und Russland gezwungen, die Ukraine als eigenen Staat anzuerkennen und ihre Anrechte auf die Krim abzugeben. Ich hielt die *Belowescher Vereinbarungen* (1991) über das Ende der Sowjetunion und die staatliche Unabhängigkeit der Ukraine, Weißrusslands (heute Belarus) und der Russischen Föderation dagegen. Bei meiner Gesprächspartnerin war der Kalte Krieg im Kopf noch nicht vorüber, denn nach ihrer Meinung wurde Jelzin damals vom Westen bestochen. Wie kann man jemanden überzeugen, der offensichtlich andere Geschichtsbücher gelesen hat? Allerdings gibt es in Deutschland die verbreitete Sicht auf die Regierungszeit Jelzins, dass da nur Chaos geherrscht habe. Dabei wird jedoch übersehen, dass durch diesen Vertrag die Sowjetunion, unter deren Regime viele Staaten litten, an ihr Ende gelangt war und ein Neuanfang für viele Staaten möglich wurde.

Ich wies nun darauf hin, dass die Ukraine ihre Atomwaffen an Russland abgegeben habe. Als Gegenleistung habe Russland der Ukraine Sicherheitsgarantien zugesagt. Ich dachte dabei an das *Budapester Memorandum* (1994). Darin verpflichteten sich Russland, die USA und Großbritannien, die Souveränität und territoriale Integrität der Ukraine zu achten, wenn diese ihre Nuklearwaffen abgäbe. Darauf erwiderte die Dame, nicht Russland, sondern die Ukraine habe Russland zuerst bedroht, und fuhr fort: Die EU und Deutschland schädigten, ja bekämpften Russland und seine Bevölkerung unentwegt, vor allem durch immer schärfere Sanktionen. Und die amerikanisch beherrschte NATO habe alle Länder in Russlands Nachbarschaft besetzt. Endlich habe Putin begonnen, sich zu wehren. Der Krieg sei längst überfällig gewesen, und er werde mit einem Sieg abgeschlossen werden. Die russische Bevölkerung wolle nicht mehr unter dem Westen leiden.

Mit letzter Kraft versuchte ich dagegenzuhalten: Die NATO sei keine Organisation, die ein Land angreife, sondern ein Verteidigungsbündnis. Es sei die Souveränität der mittel- und osteuropäischen Länder, ihre Bündnispartner selbst zu wählen. „Warum Probleme durch Gewalt und Krieg und nicht durch Verhandlungen lösen?", fragte ich und fuhr fort, dass die sowjetische Führung dem Verzicht auf Gewaltandrohung und -anwendung zugestimmt habe, darunter in der *Charta von Paris* (1990). Dort hatte sich die Union der Sozialistischen Sowjetrepubliken wie alle KSZE-Staaten nach dem Ende des Kalten Kriegs dafür ausgesprochen, dass in einem neuen

Europa keine Gewalt gegen souveräne Staaten angewandt oder angedroht wird. All mein Reden konnte die Dame nicht überzeugen.

Die Gespräche um uns herum verstummten, Mitreisende schauten zu uns herüber, vor allem ich wurde mit unverständlichen Blicken bedacht. Unser Streitgespräch wurde wohl als lästig wahrgenommen. Immerhin war es der Morgen von Heiligabend. Ich hatte das Bedürfnis, der Dame das Geld für den mir spendierten Kaffee zurückzugeben, unterließ es aber. Immer wieder fragte ich sie: „Warum sucht Putin nicht den Weg von Verhandlungen?" Ihre Antwort: „Weil er in Minsk über den Tisch gezogen wurde. Mit den Sanktionen soll die Bevölkerung in die Armut getrieben werden." Ich verwies auf das vormalige große Engagement Deutschlands, mit Russland Handel zu treiben und dort zu investieren. Die meisten SPD-Funktionäre betrachteten Putin als guten Freund. So ging das Gespräch auf der Strecke von Hannover bis Frankfurt weiter. Dann stieg ich aus. Wir gaben einander die Hand und wünschten uns gutes Ankommen und frohe Weihnachten. Der Kater öffnete gelegentlich seine müden Augen mit bedauerndem Blick.

Nach einigem Durchatmen auf dem Bahnsteig war ich erleichtert. Wir hatten beide die Formen der Höflichkeit und des Respekts gewahrt, auch wenn es mir schwerfiel. Vielleicht war dabei der Anblick des in empörungsfreier Gleichmut seine Augen öffnenden und schließenden Katers hilfreich, mich zu beruhigen. Kein Mensch sollte erwarten, dass der andere so denkt wie man selbst. Auch nicht in Zeiten großer Notlagen. Das Verständnis der Zeitenwende kann nicht als selbstverständlich vorausgesetzt werden. Zuzuhören, sich mit den Meinungen anderer auseinanderzusetzen und im Gespräch zu bleiben, ist wichtig. Ähnlich schwierige Gespräche lagen mit engen Freunden aus der evangelischen Kirche noch vor mir. Wie wohltuend, dass der Pfarrer an Heiligabend die Menschen in der Ukraine in seine Fürbitten einschloss. Selbstverständlich ist das nicht.

2. Epochenumbrüche – Diskontinuität und Kontinuität

Der Begriff der Zeitenwende wird bei Wikipedia definiert als „das Ende einer Epoche und der Beginn einer neuen Zeit". Diese Definition bezieht sich auf historische Umbrüche von größeren Einheiten wie Gesellschaften, Kulturen oder Staaten. Vorausgesetzt wird, dass sowohl „das Ende einer Epoche" als auch „der Beginn einer neuen Zeit", etwa durch Verweise auf folgenreiche Neuordnungen, hinreichend voneinander abzugrenzen ist. Ein gutes Beispiel für eine solche Zeitenwende ist der 9. November 1918 in Berlin.[10] Am Morgen erklärte der amtierende Reichskanzler Prinz Max von Baden eigenmächtig die Abdankung des Kaisers, gegen 14 Uhr rief dann Philipp Scheidemann die Republik aus.[11] Damit waren Tatsachen geschaffen worden, die weder von den Revolutionären noch von den Monarchisten korrigiert wurden. Innerhalb eines knappen Jahres trat die Weimarer Republik an die Stelle der ehemaligen Monarchie. Eine Zeitenwende fürwahr.

Aber bis zum heutigen Tag wird darüber gestritten, wie viele revolutionäre oder reformerische Veränderungen im Vorfeld der Ereignisse im November 1918 und während der folgenden Monate bis zur endgültigen Verabschiedung der Weimarer Verfassung tatsächlich stattfanden.[12] Lief alles mehr oder weniger geplant ab (M. Rainer Lepsius) oder beherrschten kaum vorhersehbare gesellschaftliche Eruptionen (Robert Gerwarth) die Szene? Oder war die Chance einer nachhaltigen Neuordnung verpasst worden (Sebastian Haffner)? Wie viel Kontinuität der alten Ordnung blieb in der neuen Ordnung erhalten, und welche neuen Regeln wurden institutionalisiert und führten zu neuen Orientierungen für die politischen Akteure und für die Bürger? Wurden in der Zeitenwende 1918/1919 schon die Weichen für ihr Ende gestellt? Wie knüpfen die Heutigen daran an? Wird das verantwortliche Vorgehen von Friedrich Ebert gewürdigt oder wird ihm angelastet, nicht die Revolution betrieben zu haben? Beide Sichtweisen sind bis heute verbreitet.

---

10 Diese Zeitenwende, der historische Kontext von Max Webers Vorstellung seiner politischen Ethik der Verantwortung, wird im Kapitel zu Max Weber ausführlicher behandelt.

11 Die Linke würdigt noch immer Karl Liebknecht, der am 9. November 1918 die „freie sozialistische Republik Deutschland" ausrief, der zum Jahreswechsel 1918/19 die KPD mitgründete und deren Mitglieder und Mitläufer sich gegen den Kurs Scheidemanns und Eberts richteten, die parlamentarische Republik auf friedliche Weise zu errichten.

12 Vgl. M. Rainer Lepsius: „Machtübernahme und Machtübergabe. Zur Strategie des Regimewechsels 1918/19 und 1932/33", in: ders., *Demokratie in Deutschland*. Göttingen 1993, S. 80-94. Hier wird besonders klar die These formuliert, dass es sich 1918/19 um keine Revolution, sondern um eine geregelte, vertraglich abgesicherte „Stabsübergabe" zwischen Teileliten handelte. Die These der verpassten Revolution vertrat Sebastian Haffner: *Von Bismarck zu Hitler. Ein Rückblick*. München 1987. Die Debatte, ob während des Jahreswechsels 1918/19 eine Revolution oder ein Reformprozess stattgefunden hat, entflammt bis heute immer wieder. Pars pro Toto verweise ich auf die Deutung der Ereignisse als Revolution auf Robert Gerwarth: *Die größte aller Revolutionen. November 1918 und der Aufbruch in eine neue Zeit*. München 2019.

Aspekte des Hegelschen Geschichtsverständnisses

Solange es Geschichtsforschung geben wird, so lange werden solche Fragen nach der Kontinuität und Diskontinuität historischer Entwicklungen aufgeworfen werden. Seit G. W. F. Hegel ist die Interpretation bereits abgelaufener Geschehnisse als Gegenstand von bewusstseins- und deutungsabhängigen Entwicklungen üblich. Deren nachträgliche Aufarbeitung erfolgt aus dem Wissen um die Bedeutung der Ereignisse für den weiteren Verlauf der Geschichte, der damals von den Akteuren nicht vorausgesagt werden konnte. Aus *der* Geschichte sind inzwischen viele Geschichten geworden, manchmal werden nur noch „Narrative"[13] herausgegriffen. Die Erforschung von Geschichte wird immer auf Kontinuitäten und Diskontinuitäten, auf „Verstrickungen" zwischen Überlieferung und Neuem stoßen.[14]

Nichts Geschichtliches ist daher jemals abgeschlossen, solange es Teil des menschlichen Bewusstseins ist und Aneignungen durch neue Betrachtungen möglich sind. Die Kultur der Erinnerung wird, solange die Menschheit existiert, ihren Blick auf zurückliegende Ereignisse richten und dabei nach Kontinuitäten und Diskontinuitäten des Verlaufs fragen und Stellung dazu nehmen. Es geht dabei immer um die Frage: Wer sind wir, die Heutigen in ihrer Gegenwart, und welche Bedeutung hat die Vergangenheit

---

13 Wikipedia definiert „Narrativ" als Bezeichnung für eine sinnstiftende Erzählung. In der Politik geht es aber nicht um „Erzählungen", sondern um Tatsachenbehauptungen, die zur begründenden Argumentation von Politik herangezogen werden. Dem kann man rational mit Gegenargumenten widersprechen. Wenn Politik aus Erzählungen und Gegenerzählungen besteht, ist ein rationaler, auf Behauptungen und Gegenbehauptungen beruhender Diskurs sinnlos. Im Englischen wird zwischen „fiction" und „non-fiction" unterschieden. Das macht mehr Sinn. Erzählungen fallen unter Fiktion, Tatsachenbehauptungen beanspruchen wahr zu sein und nicht fiktiv. Sie können widerlegt werden, Erzählungen nicht.

14 Vgl. Frank Bösch: *Zeitenwende 1979. Als die Welt von heute begann*. München 2019. Bösch wendet den Begriff der Zeitenwende in seinem Buch als Sammelbegriff für die Darstellung weltweiter Schlüsselereignisse (wie die Iranische Revolution, den Einmarsch sowjetischer Truppen in Afghanistan, den AKW-Unfall in Harrisburg, die zweite Ölkrise, den NATO-Doppelbeschluss etc.) an. Tatsächlich waren alle von Bösch genannten Krisen und Aufbrüche von besonderer Bedeutung für die weitere Entwicklung in den jeweiligen Ländern und zeitigten dort erhebliche Folgen. Zwar ist Bösch zuzustimmen, dass durch die von ihm genannten Ereignisse Zeitenwenden in den jeweiligen Ländern in Gang gesetzt wurden, aber es kam zu keiner einheitlichen Politik der Zeitenwende. Die Ereignisse liegen auf sehr verschiedenen Ebenen, eine gemeinsame politische Reflexion und Antwort konnte es daher nicht geben. Der russische Angriffskrieg erzwingt dagegen auf vielen Ebenen politische Reaktionen und stellt ein Schlüsselereignis für das Ende einer politischen Ära der Abrüstung als Beitrag zum Erhalt des Friedens dar.

(im gewählten Beispiel: der 9. November 1918) für unser Selbstverständnis innerhalb von Staat und Gesellschaft? Dass die Deutung vergangener Ereignisse und die Deutung der Gegenwart untrennbar miteinander verknüpft sind, belegen die anhaltenden Kontroversen um historische Schuldfragen und die Identitäts- und Interessenpolitik von Gruppen, die daraus ihre gesellschaftlichen Ansprüche an Berücksichtigung, Aufmerksamkeit und Anerkennung ableiten.

Viele Zeitgenossen der „Generation Französische Revolution" (beispielsweise Hegel, Hölderlin, Beethoven) hofften darauf, dass aus dem mit der Revolution und ihrer Erklärung der Menschenrechte erlangten Freiheits- und Selbstbewusstsein ein Identitätsverständnis moderner Menschen erwachsen würde, welches künftig seine Objektivität in einem entsprechenden Rechtsstaat erhält.[15] G. W. F. Hegel wird unterstellt, dass er damit ein „Ende der Geschichte" postuliert habe. Aber das wird vielfach missverstanden. Sein Verständnis von Geschichte im Zusammenhang seiner Philosophie, die „ihre Zeit" in Gedanken fasst, bezieht sich darauf, dass die Erkenntnis der Freiheit des Menschen nach einer langen kulturellen Entwicklung mit den Idealen der Französischen Revolution ihren politischen und philosophischen Ausdruck gefunden hat. Er ging davon aus, dass diese Ideale auch dann Geltung beanspruchen würden, wenn die weitere staatliche Entwicklung (etwa in Frankreich oder in Preußen) keineswegs diesen Idealen entspräche. Hegel kritisierte die nachfolgenden französischen Verhältnisse heftig. Er ging also nicht davon aus, dass dieses Bewusstsein in Form von Freiheits- und Menschenrechten überall die Rechtsgrundlage aller realhistorisch existierenden politischen Systeme bilden und die Realgeschichte dadurch an ihr Ende gelangen würde.

Aber Hegel unterstellte, dass das in der Französischen Revolution von 1789 zum Ausdruck gekommene Selbstbewusstsein des Menschen, sich als ein zur Freiheit und damit zur Selbstbestimmung befähigtes Wesen zu betrachten, historisch in die Welt eingetreten ist und aus der Geschichte nicht mehr verschwinden würde. Er unterstellte damit nicht, dass zu seiner Zeit oder in naher oder ferner Zukunft sich *alle* Menschen in ihrem Selbstverständnis als freie Wesen erkennen würden. Die Geschichte und

---

15 Vgl. Christiane Bender: „Das ‚in seine besonderen Kreise gegliederte Ganze'. G. W. F. Hegels Sicht auf Staat und Gesellschaft", in: *Jahrbuch Politisches Denken*, Bd. 30, 1/2020, S. 83-101, sowie Christiane Bender: „Hegels Beitrag zum Verständnis von Familie, Gesellschaft und Staat im Deutschland der Gegenwart, in: Michael Spieker et al. (Hrsg.): *Sittlichkeit. Eine Kategorie moderner Staatlichkeit?* Baden-Baden 2019, S. 215-250.

die Geschichten zwischen den Mächtigen, die den Menschen die Freiheit nehmen, sie selbst zu sein, und den Menschen, die sich dagegen wehren, schienen auch schon zu Hegels Zeiten an kein Ende zu kommen. Immer wieder erneut werden weltgeschichtlich Zeitenwenden beim „Fortschritt im Bewusstsein der Freiheit" und bei der Umsetzung dieses Anspruchs in die Geschichte von Staaten, Regionen, Bevölkerungen erforderlich. Aber mit nüchternem Blick betrachtet sind auch immer wieder Rückschritte zu diagnostizieren.

Der Angriffskrieg gegen die Ukraine ist ein fürchterlicher zivilisatorischer Rückschritt, welcher der Ukraine auf ihrem Weg in eine moderne, freiheitliche Gesellschaft aufgezwungen wurde. Das Selbst- und Freiheitsbewusstsein des ukrainischen Volkes ist jedoch gestärkt worden.

In der Geschichte geht es nach wie vor darum, dass sich die Menschen als zur Freiheit und damit zur Selbstbestimmung befähigte Wesen begreifen. Um von dieser Freiheit individuell und mit ihren Gemeinschaften Gebrauch zu machen, benötigen sie rechtsstaatliche Grundlagen, die ihnen Freiheit gewähren. Und für dieses Anliegen ist die Solidarität der Weltgemeinschaft erforderlich. Die Bevölkerung in der Ukraine hat ihr Freiheitsbewusstsein bereits im Widerstand gegen die Herrschaft der Oligarchen im eigenen Land zum Ausdruck gebracht, beispielsweise mit den Protesten auf dem Maidan und der Absetzung des russlandfreundlichen Viktor Janukowitsch. Sie hat ihren Wunsch nach rechtsstaatlicher Ordnung in ihrer Verfassung überzeugend dokumentiert. Schrittweise wurde und wird in der Ukraine ein Rechtsstaat nach westlichem Vorbild etabliert. Menschenwürdige Verhältnisse ohne Freiheit im Sinne der Freiheits- und Menschenrechte sind undenkbar. Diese Einsicht ist das Resultat der Geschichte.

Das Missverständnis, dass alle Mächtigen und ihre Bevölkerungen dieses Bewusstsein „im Grunde" teilen, ist eine Ursache des Problems, mit dem es die Bewältigung der gegenwärtigen Zeitenwende zu tun hat. Wie weit die Repräsentanten des Nachfolgestaats der ehemaligen Sowjetunion, der Russischen Föderation, davon entfernt sind, die Freiheits-, Selbstbestimmungs- und Menschenrechte zu respektieren, wurde in der notwendigen Tragweite kaum zur Kenntnis genommen; zu spät und zu zögerlich wurden daraus entsprechende politische Schlussfolgerungen gezogen.[16] Die Deutschen er-

---

16 Viele soziale Bewegungen und Milieus waren hierzulande fest davon überzeugt, dass in der Russischen Föderation zwar keine „lupenreine" Demokratie herrscht, dass aber die Freiheits- und Menschenrechte der Systemkritiker akzeptiert würden und ihre Regierung doch so wertgebunden handeln würde, dass für sie ein militärischer

leben daher eine Zeitenwende, in der ihr Bewusstsein irritiert und herausgefordert wird. Ob es sich wandelt? Ob die dazu benötigte Selbstaufklärung nachhaltig erfolgt, wer weiß es? Die Zeitzeugen eines großen Kriegs mitten in Europa können nicht wissen, was die Zukunft bringt: Kann es absehbar zu einer neuen zwischenstaatlichen Ordnung kommen, in der die Staaten ihre Souveränitätsrechte gegenseitig freiwillig anerkennen? Oder wird ein neuer Kalter Krieg die Zukunft Europas und der Weltgemeinschaft bestimmen? Der heiße Krieg in der Ukraine wird eine Ermutigung für andere kriegswillige Akteure sein, ihr unseliges Glück über Eroberungen auf dem Schlachtfeld zu suchen, um eine Schwächung der bisherigen Hüter des Friedens herbeizuführen.

Das besonnene Handeln von Politikern ist unter den Bedingungen großer Ungewissheit und nahezu unüberschaubar vieler Risiken gefordert. Die Frage nach der Verantwortung für die Entwicklung der jüngsten Vergangenheit wird bereits in der Gegenwart einer Zeitenwende gestellt, aber der gegenwärtige Handlungsdruck ist groß und erfordert viel Kraft, sodass wenig Zeit für die Aufarbeitung bleibt. Die Beantwortung der Frage, „Wie konnte es so weit kommen?", wird an die nächste Generation weitergegeben.

Zeitenwende - ein Konstrukt von Zeitgenossen

Der Begriff der Zeitenwende verweist auf Ereignisse, die zu einer Zäsur, einer Unterbrechung von Abläufen und Ordnungen führen wie Kriege, Konflikte, Krisen - Handlungen, woran individuelle und kollektive Akteure (Staaten, soziale Gruppen, Politiker, Anführer) beteiligt sind. Wie jedes historische Ereignis (die Französische Revolution mit dem Sturm auf die Bastille, die Novemberrevolution am Ende des Kaiserreichs, die Wiedervereinigung Deutschlands) beginnen tiefgreifende Wandlungsprozesse zunächst raum-zeitlich begrenzt. Im Zentrum der Ereignisse und ihrer Auswirkungen reißt die Kontinuität der Organisation und Ordnung des Lebens

---

Überfall auf einen souveränen Staat, der sich auf dem besten Weg zu einer hochmodernen demokratischen Gesellschaft befand, ausgeschlossen wäre, und dass deshalb keine auf Krieg in Europa bezogene Strategie entwickelt werden müsste. Allerdings gab es auch eine bewusste Ignoranz: Große Teile der Bevölkerung waren schon auf die Zunahme autoritärer Tendenzen aufmerksam geworden. Im Bundestag scheiterte der Antrag der Fraktion Bündnis 90/Die Grünen zur „Kurskorrektur in der Russlandpolitik", obwohl viel Bedenkliches in den Reden geäußert wurde, siehe Deutscher Bundestag, Drucksache 19/29313 vom 10.06.2021, https://www.bundestag.de/dokumente/textarchiv/2021/kw23-de-russlandpolitik-843426.

plötzlich ab. Zumeist hat es mit der Androhung und/oder Anwendung von Gewalt zu tun. Wird sie nicht eingedämmt, kommt es zur Entfesselung weiterer Gewalt. Welche konkrete Rolle spielen die staatlichen Sicherheitsorgane, auf welcher Seite stehen sie? Haben sie Chancen, die Normalität aufrechtzuerhalten oder wiederherzustellen, versagen sie oder laufen sie zu den Angreifern über? Sind sie Teil des Problems? Von der Beantwortung dieser Fragen hängt der Fortgang ab, ob es tatsächlich zu einer Wende kommt oder die vorhandene Ordnung wiederhergestellt wird. Aber auch gescheiterte Umbruchsversuche behalten zumeist ihren „Sprengstoff" in der Erinnerung der Nachkommen an den Widerstand gegen die Unterdrückung oder an die Gewalttaten gegen Rechtsstaaten.

Wird die Normalität des Alltagslebens unterbrochen, steigt die Gefahr, dass die Betroffenen ihr Leben verlieren. Es beginnt eine Geschichte von Opfern und Tätern, Verlierern und Gewinnern, Beteiligten und Unbeteiligten, Zeitzeugen und Beobachtern, bewussten Ignoranten und Menschen, die noch nie oder nur sehr entfernt etwas davon gehört haben.[17] Auf die Ereignisse richten sich die Hoffnungen der einen und die panischen Ängste der anderen. Auch erschütternde Ereignisse werden perspektivisch erlebt. Für die einen überwiegen Gefühle, gar die Vorfreude, an den Eroberungen teilzuhaben oder die langerhoffte Revolution zu erleben, die anderen verzweifeln daran, wie die eigene geliebte Alltagswelt in Trümmer zerfällt. Die Phase der Zeitenwende in ihrem Zentrum zu erfahren, kann bedeuten, dass die Gegenwart zu einer Vergangenheit ohne Zukunft wird und dass das eben noch gesicherte Wissen, wie man (gut) lebt und überlebt, nicht mehr weiterhilft. Unsicherheit und Ungewissheiten dominieren, Mächtige verlieren ihre Macht, und ob den neuen Machthabern Vertrauen entgegengebracht werden kann, ist ungewiss. Kalte Kriege werden heiß und heiße Kriege erkalten im Angesicht der Zerstörung. Die Geschichte eines Landes, einer Bevölkerung, von Menschen wird unterbrochen, bricht ab. Aber zugleich gilt auch: So viel Geschichte war nie. Kräfte des Bewahrens und der Zerstörung treffen aufeinander.[18]

---

17 Der ukrainische Präsident Wolodymyr Selenskyj kritisierte Verzögerungen bei Waffenlieferungen an sein Land. Angesichts einer erwarteten neuen Offensive russischer Truppen bedeute dies „eine Erlaubnis für Russland, das Leben von Ukrainern zu nehmen", sagte Selenskyj in einer seiner täglichen Videoansprachen. (Tagesschau vom 18.04.2022).

18 Alexis de Tocqueville gehört zu den Autoren, die die Revolutionen, vor allem die Französische Revolution, entmythologisiert haben. Die alten Mächte konnten sich nach einer Phase wieder erneuern, Reformen wären ohne Revolution auch zustande

Überkommene Vorstellungen, Gewohnheiten und Regeln, an denen sich die Menschen *davor*,[19] vor dem Ereignis eines Bruchs oder gar eines Zusammenbruchs geordneter Abläufe, orientiert haben, verlieren an Geltung und Funktion. Für Zeitgenossen, die die Gegenwart einer solchen für die Schicksale von Menschen gravierenden Zäsur miterleben oder die möglicherweise zu deren Opfern oder Tätern gehören, ist die Zukunft ungewiss.

Ebenso ist in einer Zeit von Wende und Wandel ungewiss, welche Ordnungs- und Orientierungsmuster *danach* oder *künftig* das Leben prägen werden. Wenn ein Ereignis für viele unvermutet und plötzlich Aufmerksamkeit auf sich zieht, freudig begrüßt (wie der Fall der Mauer am 9. November 1989) oder erschüttert wahrgenommen wird (wie der Beginn des russischen Angriffskriegs gegen die Ukraine am 24. Februar 2022), herrscht für die Zeitzeugen Ungewissheit über die Zukunft. Das Handeln von Akteuren wird – wie auch zuvor – von ihren Interessen und Ideen bestimmt, aber mit dem Zerfall von institutionalisierten Ordnungen nehmen die Risiken zu. Die beabsichtigten oder unbeabsichtigten Konsequenzen für die Lebensbedingungen von unmittelbar oder mittelbar betroffenen Menschen sind dann erheblich. Dass geltende Ordnungs- und Orientierungsmuster friedlich oder – wie meistens in der Geschichte – mit Gewalt außer Kraft gesetzt werden, provoziert Gegenkräfte und Gegengewalt. Die Gewalt, die Akteure eingesetzt haben, um ihre Interessen und Absichten durchzusetzen, wird von den Gegnern ebenfalls aufgeboten, um sich zu wehren und *ihre* Welt zu erhalten. Wie lange währt die Zeitenwende, die Zeit von Unsicherheit und Ängsten? Sehr belastend ist, dass die Zeitzeugen es nur vermuten, aber nicht wissen können. Wie sieht eine verantwortliche Politik angesichts solcher Risiken des Handelns gegenwärtig aus?

---

gekommen. Vgl. Alexis de Tocqueville: *Der alte Staat und die Revolution*. München 1978.

19 Thomas Mann verweist im „Vorsatz" seines Romans „Der Zauberberg" auf die Zeitenwende, die zwischen dem Vorgang des Erzählens der Geschichte durch den Erzähler, dem „raunenden Beschwörer des Imperfekts", und den Ereignissen liegt, die vom Erzähler erzählt werden. „Sie spielt, oder, um jedes Präsens geflissentlich zu vermeiden, sie spielte und hat gespielt, ehedem, in den alten Tagen, der Welt vor dem großen Kriege, mit dessen Beginn so vieles begann, was zu beginnen wohl kaum schon aufgehört hat." Im Sanatorium Berghof in Davos, wohin sich die Hauptfigur Hans Castorp zurückzieht, wird zunächst alles getan, um dem schleichenden Einfluss der Zuspitzung von Herrschaftsansprüchen, des militärischen Drills, der ideologischen Zurichtung und der Leistungsbesessenheit zu entfliehen, aber dann kommt doch der Einberufungsbefehl. Was aus Hans Castorp im Krieg geworden ist, lässt der Autor offen. Thomas Mann begann mit den Vorarbeiten zu seinem Roman 1913, d. h. schon vor dem Ersten Weltkrieg, beendete ihn aber erst 1924.

Jede Zeitenwende hat *ihre* besondere Vorgeschichte, die sich erst im Laufe der Zeit auf- und entdecken, erschließen und deuten lässt. Absichten und Handlungen von Akteuren, oftmals verbunden mit „bestem Wissen und Gewissen", erscheinen durch das auslösende Ereignis für andere, involvierte oder abseitsstehende Beobachter in einem neuen Licht. Aus der Perspektive einer Zeitenwende wird das Selbstverständnis vieler Akteure fragwürdig, oftmals sogar unglaubwürdig. Ihre Handlungen werden zu Vorgeschichten, in denen Hinweise auf kommendes Unheil zu lange ignoriert werden. Zu berücksichtigen ist, dass in der Zeitenwende die Machtkämpfe um die Deutung der Wende und ihre Vorgeschichte offen ausbrechen. Wo vor Kurzem noch fraglose Gewissheit über den Lauf der Welt bestand, wird in der Zeitenwende deren Perspektivität und Relativität deutlich. Das Gefühl, auf der „richtigen" Seite der Geschichte gestanden zu haben, geht verloren. Die Bürger beginnen zu fragen: Wie verantwortlich haben die politischen Akteure vor der Zeitenwende gehandelt?

In diesem Sinne ist der Begriff der Zeitenwende, der die Zeitdiagnose in Deutschland gegenwärtig prägt, selbst ein Resultat perspektivischer Wahrnehmung. Er bringt die Erschütterung der Deutschen über ein Ereignis zum Ausdruck, mit dem die Mehrheit der Bevölkerung und der politischen, ja sogar der militärischen Klasse nicht gerechnet hat. Die Wahrnehmungen und Warnungen der Bevölkerung der baltischen Staaten und vor allem der Ukraine, deren Gebiete bereits im Jahr 2014 völkerrechtswidrig okkupiert wurden, sind von der Politik hierzulande zu lange ignoriert worden. Die Verarbeitung der zurückliegenden Entwicklung wird die künftige europäische Geschichte der einzelnen Länder und die heranwachsende(n) Generation(en) noch lange beschäftigen.

In der Gegenwart der Zeitenwende ist unklar, ob in der Geschichte und Gesellschaft Wandel und Wende als Prozess „schöpferischer Zerstörung" so ausgehen, wie der österreichische Ökonom Joseph A. Schumpeter die produktiven Umbrüche beschrieb, die in modernen dynamischen Gesellschaften zu deren Alltag gehören.[20] Menschen, die im Laufe ihrer Lebensgeschichte den sozialen Wandel begrüßt und/oder durchlitten haben,

---

20 Joseph A. Schumpeter (1883-1950) gilt neben John Maynard Keynes als einer der herausragenden ökonomischen Denker der ersten Hälfte des 20. Jahrhunderts. Er sah in der Funktionsweise, neue Produkte zu erzeugen und Innovationen zu prämieren, eine begrüßenswerte Eigenschaft des Marktes. Wenn niemand an einer Erfindung Interesse hat, wird sie auch nicht umgesetzt oder als Produkt nachgefragt. Zugleich ist der Markt offen und bereit, Neulingen Zutritt zu gewähren, was vom Staat und von der Politik nicht unbedingt gilt. Marxisten war er verhasst, weil diese nur

liegt die Frage am Herzen: War es wert, das Bekannte und Vertraute zu vernichten?[21] Alle Beurteilungen des zeitlichen Verlaufs finden innerhalb eines geschichtlichen Kontexts statt und erweisen sich als vorläufig. Dieses Verständnis der Relativität von Annahmen über historische Geschehnisse trifft immer zu, in einer Phase des verdichteten Wandels kommt den Zeitgenossen zumeist jedoch die Geschichtlichkeit aller politischen Handlungen besonders zu Bewusstsein.

Können die Probleme, die mit den eingetretenen Veränderungen verbunden sind und erneute Veränderungen erfordern, gelöst werden? Die nächsten Generationen, so viel scheint heute schon gewiss, werden mit den gegenwärtigen Umbrüchen und deren Folgen und Folgenfolgen konfrontiert werden. Wer ein gutes Leben erfahren hat, der möchte es bewahren, schützen und die Grundlagen dafür an seine Nachkommen weitergeben.

3. Nachkriegsordnung und Ende des Kalten Kriegs

Nach dem größten, durch den Nationalsozialismus herbeigeführten Zivilisationsbruch der deutschen Geschichte hat sich die nach dem Zweiten Weltkrieg entstandene Bundesrepublik Deutschland dazu bekannt, nach der Weimarer Republik noch einmal eine demokratische Ordnung in Deutschland zu wagen. Die Aufarbeitung der nationalsozialistischen Verbrechen, die Integration in die Funktionsweise einer modernen Demokratie und Wirtschaft und der europäische Weg der Versöhnung trugen mit dazu bei, dass die Blaupause für eine neue Gesellschaft, nämlich das am 23. Mai 1949 als vorläufige Verfassung verabschiedete Grundgesetz, den Alltag der Menschen immer mehr prägte. Die Umsetzung dieses rechtlichen Rahmens mit seinem impliziten Gesellschaftsmodell zur Verwirklichung von freiheitlichen Grundwerten, rechts- und sozialstaatlichen Normen und föderalen und subsidiären Gliederungen war attraktiv genug, dass es immer wieder gelang, Kritiker aus allen Richtungen politisch einzubinden und friedliche Lösungen zur Beilegung von innergesellschaftlichen Konflikten zu finden. Die überwiegende Mehrheit der deutschen Bevölkerung sieht im Grund-

---

eine durch Klassenkampf herbeigeführte Revolution als erstrebenswerte Veränderung propagierten.

21 Es ist das Gefühl, aus dem heraus Johann Wolfgang von Goethe im „Faust" Mephistopheles sagen lässt: „Ich bin der Geist, der stets verneint! Und das mit Recht; denn alles, was entsteht, ist wert, daß es zugrunde geht;"

gesetz mit seinen Grundrechtsgeboten die Basis für ein friedliches und freiheitliches Zusammenleben.

Dem starken Wunsch, der von der in der repressiven DDR-Diktatur lebenden Bevölkerung im Zuge ihrer friedlichen Revolution geäußert wurde, Teil dieser westlichen Gesellschaft zu werden, an deren Grundrechten zur Gestaltung eines guten Lebens und einer demokratischen Politik zu partizipieren und daran mitzuwirken sowie von den Wohlstandsgewinnen der sozialen Marktwirtschaft zu profitieren, wurde nur allzu gern entsprochen.[22] Insgesamt betrachtet war die Wiedervereinigung ein außergewöhnlicher Prozess, ein *Epochenwandel* vom Kalten Krieg zum Frieden zwischen West und Ost, in dem ein gesamtes Gesellschaftsmodell einschließlich ihres alles überstülpenden autoritären Staatsapparats verschwand. Dadurch und mit dem Zerfall der Sowjetunion kristallisierte sich für die hiesige Bevölkerung für eine gewisse Zeit europaweit eine Friedensperspektive heraus. Heute wissen wir, dass wir der Vision eines ewigen europäischen Friedens nicht hätten trauen dürfen.[23]

Innenpolitisch hat Deutschland viele soziale, ökonomische und kulturelle Veränderungen durchlaufen. Das auf Geltung der Verfassungsgrundsätze beruhende Gesellschaftsmodell des Grundgesetzes hat sich bewährt. Art. 1 GG: „Die Würde des Menschen ist unantastbar. Sie zu achten und zu schützen ist Verpflichtung aller staatlichen Gewalt" und Art. 20 GG, der die Gliederung des Bundes in Länder und deren grundsätzlich Mitwirkung bei der Gesetzgebung regelt – Bestimmungen, die einer *Ewigkeitsklausel* unterliegen und die Grund-, Freiheits- und Schutzrechte der Bürger betreffen, werden von der überwiegenden Mehrheit der Bevölkerung im Alltagsleben auf selbstverständliche Weise befolgt.

---

22 Bewegend sind die Erzählungen von Joachim Gauck, als er das erste Mal an einer freien Wahl teilnahm. Siehe Joachim Gauck: „‚Ich habe eine Wahl!' Diktaturerinnerung in der Demokratie", in: Ulrike Poppe, Rainer Eckert/ Ilko-Sascha Kowalczuk (Hrsg.): *Zwischen Selbstbehauptung und Anpassung. Formen des Widerstandes und der Opposition in der DDR*. Berlin 1995, S. 403; auch Joachim Gauck: *Winter im Sommer – Frühling im Herbst: Erinnerungen*. München 2009. An seine Beiträge zu einer Politik der Verantwortung, etwa an seine Rede als Bundespräsident für die Bildung des „Münchner Konsenses" (2014), wird weiter unten noch einmal erinnert.

23 In den nächsten Teilen wird auf diese Phase immer wieder rekurriert, denn sie stellt in der deutschen Binnenperspektive eine eher glückliche Phase dar, deren Fehleinschätzungen uns heute zu schaffen machen. Noch nüchterner hat G. F. W. Hegel die Weltgeschichte beurteilt: „Die Weltgeschichte ist nicht der Boden des Glücks. Die Perioden des Glücks sind leere Blätter in ihr."

Diesen Frieden weiterhin auf die vom Grundgesetz gebotene freiheitliche Weise zu erhalten, darum geht es auch in der krisenhaften Phase der Gegenwart, der Zeitenwende. Gegenwärtig geht es in allen liberalen Gesellschaften darum, ihre demokratischen, rechts- und wohlfahrtsstaatlichen Entwicklungen, die für sie zu den Bedingungen eines friedlichen und freiheitlichen Zusammenlebens gehören, nicht preiszugeben. In Deutschland nehmen die Ängste in der Bevölkerung zu. Alle freiheitlich orientierten Staaten werden ihre Abwehrkräfte, ihre Fähigkeiten zur Resilienz verstärken müssen. Und dafür wird eine neue Politik benötigt. Eine Politik, die künftig wirksame Maßnahmen zum Schutz und zur Sicherheit des Erreichten ergreifen muss.

Erhalt des Friedens durch Ordnung und Organisation

Immer wieder, besonders nach Kriegen, wurde versucht, die Erfahrung, dass friedliche Formen des innergesellschaftlichen Zusammenlebens für das Überleben von Menschen und für ihr gutes Leben basal sind, auf die Ebene der Beziehungen zwischen Völkern und Staaten zu übertragen. Nach Kolonialismus, Nationalismus, Imperialismus, Eroberungskriegen und dem Vernichtungskrieg, den das nationalsozialistische Deutschland geführt hatte, wurden die Vereinten Nationen als eine von der Weltgemeinschaft anzuerkennende Institution zur Wahrung des Weltfriedens und der internationalen Sicherheit gegründet. Im Jahr 1945 schlossen sich 51 Gründungsmitglieder zusammen, um den Friedenswillen zwischen den Völkern und Staaten zum Ausdruck zu bringen, zu denen – interessant zu wissen – die Sowjetunion, die Weißrussische Sozialistische Sowjetrepublik und die Ukrainische Sozialistische Sowjetrepublik gehörten; die Sowjetunion verfügte damals über drei Stimmen in der Vollversammlung.[24]

Auch in der *Charta der Vereinten Nationen*, dem Gründungsdokument und zentralen Dokument des Völkerrechts, geht es darum, eine friedliche Ordnung zwischen den Staaten als existenzielle Grundlage zu erhalten und zu erweitern, die es ermöglicht, dass Menschen nicht nur überleben, sondern ein gutes Leben in Freiheit führen können. Die Bindung der „Staatenlenker" der Weltgemeinschaft an den völkerrechtlich verankerten Regel- und Wertekanon sollte die Zerstörung von Lebensgrundlagen und

---

24 Von April bis Juni 1945 kamen bei der Konferenz von San Francisco 50 Staaten zusammen, um die UN-Charta fertigzustellen und zu verabschieden. Die Unterzeichnung des 51. Gründungsmitglieds Polen wurde nach der dortigen Regierungsbildung nachgeholt.

die Tötung von Menschen durch zwischenstaatliche Gewaltkonflikte und Kriege verhindern.

Im Mittelpunkt der völkerrechtlichen Intention zur Erhaltung und zum Ausbau des Friedens zwischen Staaten und Völkern stehen die Anerkennung der Souveränität von Staaten und das Verbot, anderen Staaten Gewalt anzudrohen oder Gewalt gegen sie anzuwenden. Die Institution, die ein Monopol des legitimen Einsatzes von Gewaltmitteln zur Befriedung (etwa bewaffnete „Blauhelme") besitzt, ist der Sicherheitsrat der Vereinten Nationen. Nun, nach Ausbruch des völkerrechtswidrigen russischen Angriffskriegs, ist er „lahmgelegt", handlungsunfähig.[25] Das Vetorecht der ständigen Mitglieder, von Russland in Anspruch genommen, verhindert im Sicherheitsrat die Verabschiedung von Resolutionen zur Verurteilung des Kriegs und zur Entsendung von Schutztruppen. Der russische Großangriff muss als Zäsur zur Reform der Vereinten Nationen begriffen werden, wenn das Völkerrecht seine bislang durchgesetzte Geltung zur Erhaltung des Friedens nicht gänzlich verlieren soll. Eine Friedensordnung benötigt handlungsfähige Hüter.

Die Europäische Union wurde als ein den Frieden bewahrendes und förderndes Projekt nach zwei verheerenden Weltkriegen entwickelt und vorangetrieben. Versöhnung und Bildung freundschaftlicher Beziehungen

---

25 Dennoch stimmt es zuversichtlich, dass sich in ihrer Verurteilung der russischen Kriegshandlungen gegen die Ukraine eine überwältigende Mehrheit der dort repräsentierten Mitgliedsstaaten in der UN-Vollversammlung, abgehalten im März 2022, einig war. „Bei einer weiteren Sondersitzung der Generalversammlung der Vereinten Nationen zur Ukraine verurteilte am 12. Oktober 2022 die internationale Staatengemeinschaft mit der Resolution A/ES-11/L.5,Territorial integrity of Ukraine: defending the principles of the Charter of the United Nations' die Annexion der Regionen Donezk, Cherson, Luhansk und Saporischschja durch Russland. 143 der 193 Mitgliedsstaaten stimmten für die Resolution, 35 Staaten enthielten sich (darunter China, Indien, Südafrika und Pakistan), zehn Staaten nahmen an der Abstimmung nicht teil, und fünf Staaten stimmten dagegen. Damit konnte die Anfang März 2022 erstmals geschmiedete Allianz der Staatengemeinschaft gegen den Aggressor Russland aufrechterhalten werden. In der ersten Sondersitzung am 2. März 2022 hatten 141 Staaten den Angriff Russlands auf die Ukraine verurteilt. Auch damals standen nur vier Staaten Russland zur Seite." Internetquelle: Andrea Ellen Ostheimer: „Der Block gegen Russland steht weiterhin. Sondersitzung der 77. Generalvollversammlung zur Ukraine", Konrad Adenauer Stiftung, Länderberichte vom 12.10.2022.
Am 23. Februar 2023 wurde erneut eine Resolution der UN-Vollversammlung beschlossen, die Russland aufforderte, seine Truppen aus der Ukraine zurückzuziehen. Wiederum stimmten 141 Staaten für den Aufruf, 32 Staaten (darunter China und Indien) enthielten sich, 7 Staaten (Russland, Belarus, Nordkorea, Eritrea, Mali, Nicaragua, Syrien) stimmten dagegen (Tagesschau vom 23.02.2023).

zwischen ehemaligen Kriegsgegnern, die Vertiefung von Übereinstimmungen auf höchsten politischen Ebenen, die wirtschaftlichen Verflechtungen, die Einführung des Euro als Währung von derzeit 20 Staaten, die Förderung von Mobilität und gemeinsamen Projekten, die Steigerung der Attraktivität von Reisen, Austausch- und Stipendienprogrammen sowie die Erweiterung vieler Chancen des wechselseitigen länderübergreifenden Kennenlernens (auch mithilfe der neuen Medien) und Verstehens nahmen sukzessive Fahrt auf. Diese Entwicklung trug mit dazu bei, dass die nachwachsenden Generationen heute über eine selbstverständliche (Teil-)Identität als Europäer verfügen. Nach der Wiedervereinigung beschleunigten sich die europäischen Vernetzungen und ebneten den Weg für die Entstehung einer europäischen Großgesellschaft, deren Bevölkerung sich mittlerweile an eine Gleichzeitigkeit von nationalstaatlichen und europäischen Arrangements gewöhnt hat und sich eine nationalstaatlich geschlossene Lebensweise kaum noch vorstellen kann. Eine rein europäische Lebensweise allerdings auch nicht. In vielen Ländern besteht die Hoffnung, dass diese Zeitenwende einen Impuls für die EU setzt, Reformen zügig voranzutreiben und die Länder Osteuropas willkommen zu heißen.

Deutschland in seiner europäischen Mittellage profitierte erheblich von der bisherigen Entwicklung in Europa. Es fühlte sich auch aufgrund seiner ökonomischen Stärke, der Anerkennung und Aufarbeitung seiner Vergangenheit und seiner auf Frieden und Ausgleich beruhenden Außenpolitik bestätigt. Eine Wende der Wende, ein Rollback, schien für immer ausgeschlossen, der „ewige Frieden" schien keine „bloße" Hoffnung mehr zu sein, sondern vermeintliche Realität. Verdrängt wurde jedoch, dass auch in Deutschland die EU zwar als ergänzendes Integrationsprojekt zur Befriedung zwischenstaatlicher Konflikte, aber auch – und teilweise zu Recht – als ein Projekt von Eliten wahrgenommen wird. EU-Fehlentscheidungen stoßen oftmals auf heftige Kritik in der Bevölkerung der Mitgliedsländer, auch in Deutschland. Zudem ist mit Großbritannien ein dringend benötigter Partner ausgeschieden, der – trotz aller Sperenzien – über ein erhebliches ökonomisches, politisches und kulturelles Kapital verfügt, das die Politik Deutschlands in der EU produktiv ergänzt hat. Großbritannien fungiert zudem als Brücke in die angelsächsische Welt. Der Brexit bedeutet eine Schwächung des Zusammenhalts der europäischen Staatengemeinschaft. Aber Deutschland hat sich in den letzten zehn Jahren in einigen Politikfeldern, wie in der Flüchtlings- und der Energiepolitik, nicht an europäische Vorgaben und Wünsche gehalten, sondern für sich eine

Sonderrolle eingeräumt, die bei der Bevölkerung in Großbritannien die Entscheidung für den Brexit vermutlich gefördert hat.

„Die EU muss immer wieder neu die Kraft finden, die zentralen Verspre-chen der europäischen Einigung, wie Frieden, Demokratie, Sicherheit und Wohlstand für ihre Bürgerinnen und Bürger zu erfüllen und greifbar zu machen."[26] Die EU weist bislang so gut wie keine staatenübergreifende Sicherheitsarchitektur, etwa bei der Datenspeicherung und -übertragung, auf. Viele Mitgliedsstaaten sind Cyberangriffen auf Kritische Infrastruktu-ren ausgesetzt. Es wäre wünschenswert, dass die Europäische Union eine aktive Rolle für die Erhaltung des Friedens durch eine enge Zusammen-arbeit mit der NATO übernimmt. Ansätze zum Ausbau einer eigenen Ver-teidigungsfähigkeit sind zwar vorhanden, aber gering. Ein rascher Aufbau ist keine realistische Option. Sie sollte sich daher auf die außermilitärischen Aspekte einer europäischen Sicherheitsarchitektur konzentrieren. Auch das gehört zur Zeitenwende.

Bislang hängt, da die Ansätze zur Ausbildung einer europäischen Vertei-digungsfähigkeit noch „in den Kinderschuhen stecken", die Sicherheit der europäischen Staaten nach wie vor von der NATO und damit vom Beitrag der USA zu deren administrativen Etat ab.[27] Die deutsche Öffentlichkeit konzentrierte sich während der Amtszeit von Donald Trump magisch auf die Idiosynkrasien dieses amerikanischen Präsidenten. Alte Ressentiments gegen die USA im Stile einer pubertären Abnabelung bei gleichzeitiger Beibehaltung einer kindhaften Fürsorgeempfänger-Haltung gegenüber dem finanzkräftigen Familienoberhaupt verdeckten, dass Deutschland seit 1991 (Zwei-plus-Vier-Vertrag) ein souveräner Staat ist und daher mehr Verant-wortung in der NATO übernehmen müsste. Dabei ist der Öffentlichkeit entgangen, wie sehr die Reduktion der Fähigkeiten zur Landes- und Bünd-nisverteidigung in der Bundeswehr bei vielen mittel- und osteuropäischen Ländern, denen die Zunahme der Bedrohung durch Russland seit Jahren bewusst war, das Vertrauen in die deutsche Politik schwächte. Musste erst ein Krieg in Europa ausbrechen, damit man hierzulande einsah, dass sich die Illusionen gegenüber dem „lupenreinen Demokraten" Wladimir Putin

---

26 Bundesministerium für Wirtschaft und Klimaschutz: „Europäische Wirtschaftspoli-tik", *Plattform Industrie 4.0*, https://www.plattform-i40.de/Redaktion/DE/Dossier/eu ropaeische-wirtschaftspolitik.html.

27 General a. D. Lothar Domröse brachte diesen Sachverhalt, hier sinngemäß von mir wiedergegeben, in der „Phönix-Runde" zum Ausdruck, dass die USA ca. 70 Prozent der Geldmittel und 70 Prozent der Ausstattung aufbringen und 70 Prozent der Opfer von NATO-Einsätzen zu verzeichnen haben.

(so Gerhard Schröder 2004) nicht erfüllen würden und dass ein viel höheres Maß verantwortlichen Handelns für eine europäische und transatlantische Sicherheitspolitik geboten ist?

4. Zusammenhalt in Zeiten der Bedrohung und des Kriegs

Allein anhand der Beobachtung von Putins aggressivem Vorgehen in Grosny und Aleppo müsste hierzulande doch klar gewesen sein, dass diesem Präsidenten einer atomaren Weltmacht, der sich an Versprechen, Verträge, Abkommen, Völkerrecht nur so lange hält, solange ihm dieses Verhalten nützt, kein Vertrauen entgegengebracht werden darf. Dennoch wurden in Deutschland nur geringe Anstrengungen unternommen, sicherheitspolitische Strategien zu erarbeiten, um gegebenenfalls militärisch gewappnet zu sein. Verantwortlich handeln heißt aber, auf den Worst Case vorbereitet zu sein.

Wie bereits erwähnt, sprach Bundeskanzler Olaf Scholz in seiner Regierungserklärung drei Tage nach der russischen Invasion in die Ukraine von einer Zeitenwende sowie einer Neuausrichtung der Außen- und Sicherheitspolitik und ließ die Bürger an der Einleitung einer neuen Politik teilhaben. Die Politik der Zeitenwende beruht auf Tabubrüchen und Kehrtwenden. Ob sie gelingt, ist fraglich. Diejenigen, die bislang eine völlig andere Putin-Deutung betrieben haben und die innerhalb der Babyboomer-Generation stark verankert sind, mobilisieren trotz der Medienberichte über die leidende ukrainische Bevölkerung gegen Scholz' Pläne – auch innerhalb seiner Partei. Ob es funktioniert, ist fast zwei Jahre nach Kriegsbeginn ungewiss. Man möge (in Abwandlung eines Zitats von Jean Paul) bedenken, dass viele einflussreiche Akteure hierzulande Illusionen über Russland als ein Paradies betrachten, das ihnen ein Dauerwohnrecht gewährt.[28]

Seit Beginn des Angriffskriegs gegen die Ukraine wird die ehemalige Bundeskanzlerin, Dr. Angela Merkel, immer wieder nach ihrer Sicht auf den russischen Aggressor gefragt. Dabei betont sie jedes Mal, dass sie sich über seine Kriegsbereitschaft keine Illusionen gemacht habe. Sie habe deshalb zusammen mit dem französischen Staatspräsidenten Nicolas Sarkozy beim NATO-Treffen in Bukarest 2008 aus Angst, Putin reagiere sofort mit Krieg, die Forderung anderer NATO-Partner nach einem raschen Beitritt

---

28 Frei nach Jean Paul: „Erinnerung ist das einzige Paradies, aus dem man nicht vertrieben werden kann."

der Ukraine zur NATO trotz amerikanischer Befürwortung abgelehnt. Wenig verständlich ist dann allerdings, dass sie ihre Besorgnis nicht mit der deutschen Öffentlichkeit teilte. Wenig verständlich ist auch, dass sie (auch noch nach der völkerrechtswidrigen Annexion der Krim und der Besetzung der Donbass-Regionen) die einseitige Abhängigkeit von russischem Gas falsch eingeschätzt und dazu beigetragen hat, dass diese Abhängigkeit in den Jahren 2014 bis zum Ende ihrer Regierungszeit im Dezember 2021 noch verstärkt wurde.[29]

Sozialdemokratische Teileliten geben ihre Illusionen nicht auf, dass allein die sozialdemokratische Entspannungspolitik zum Ende des Kalten Kriegs geführt, und Entspannung und „gute Verbindungen" zur russischen Führung den Frieden aufrechterhalten hätten. Verbreitet ist immer noch die Auffassung, dass die Sowjetunion und die DDR ein sozialistisches Programm in der Tradition von Karl Marx und seiner Vision von einer besseren kommunistischen Welt verfolgt hätten, welches sie jedoch nicht vollenden konnten und in deren Nachfolge sich jetzt Russland und China befänden. Mit dieser Sicht ziehen Strömungen der Linken den autoritär-aggressiven Weg ehemals sozialistisch-kommunistischer Systeme immer noch dem ihrer Meinung nach kapitalistischen „American Way of Life" der USA vor.

Großmachtphantasien des Autokraten und Ohnmacht des Volkes

Die Führungen von Staaten wie Russland, China und des Iran haben ein rein instrumentelles Verhältnis zu Verabredungen, Verträgen, Abkommen. Sie erkennen Freiheits- und Menschenrechte nicht an und haben kein Problem damit, die eigene Bevölkerung oder die anderer Länder für ihren Machterhalt zu opfern. Sie setzen imperialen Machtgewinn absolut, führen einen geheimen Krieg durch organisierte Unterwanderung im In- und Ausland gegen „Abweichler" und fühlen sich dazu vollkommen im Recht. Sie sind daher unberechenbar, vor allem spüren sie keinerlei Verpflichtungen gegenüber ihren Bevölkerungen, gegenüber anderen Staaten oder ihren Vertragspartnern, die sie bremsen könnten. Sie sind bereit, die innen- und außenpolitische Ausübung ihrer Macht mit Gewalt und Terror durchsetzen. Lediglich eine starke Gegenmacht kann sie „in die Knie zwingen". Warum hat sich Putin in diese Richtung entwickelt? Und warum wurde das hierzulande nicht wahrgenommen?

---

29 In den weiteren Beiträgen, insbesondere am Ende des Weber-Kapitels, wird die Politik Angela Merkels problematisiert.

Der ehemalige KGB-Offizier Putin strebte nach dem Zerfall der Sowjetunion eine Wiederherstellung des ehemaligen russischen Imperiums an, musste aber erleben, dass viele Länder der ehemaligen Sowjetunion sukzessive ein neues, freiheitliches und an modernen Lebensformen ausgerichtetes Gesellschaftsmodell anvisierten und das auch – wie die drei baltischen Staaten – in Kontakt mit den früheren Feinden in gemeinsamen Bündnissen erfolgreich realisierten. Die Ukraine erkämpfte sich, erkennbar in den Protesten auf dem Maidan, den Weg dorthin und löste sich von den russischen Bindungen. Putin hingegen bewegte sich zunehmend auf einem autoritär-diktatorischen Weg, Modernisierung, Gewährleistung eines guten und sicheren Lebens durch Einhaltung rechtsstaatlicher Normen und Erhöhung des Lebensstils seiner Bevölkerung interessierten ihn immer weniger.

Warum sollten ihm Menschen in ein russisches Großreich freiwillig folgen? Immer mehr Länder (beispielsweise Ukraine, Georgien, Republik Moldau) wandten sich von Russland ab. Auch in Belarus haben 2020 viele mutige junge Menschen für die Anerkennung der Wahlergebnisse und für Rechtsstaatlichkeit demonstriert. Die Proteste wurden niedergeschlagen, deren Protagonisten verhaftet und verfolgt. Es ist aber hoffentlich nur eine Frage der Zeit, bis sich große Teile der Bevölkerung erneut gegen die Diktatur erheben werden. Ein Diktator wie Putin, der seiner Bevölkerung aus Angst vor Machtverlust im Land keine Freiheit bietet, kann auch die Bevölkerung anderer Staaten nicht für ein neues Staatenbündnis gewinnen. Einen als „militärische Spezialoperation" getarnten Krieg zu führen, erschien für ihn und seine Clique die Lösung zu sein: In solchen Situationen gilt eine politisch abweichende Meinung der Bevölkerung als Landesverrat, kommt es zu einer ideologischen Aufrüstung seiner Großmachtbestrebungen. Die Ursachen der ökonomischen Krise jedoch werden nicht der eigenen Misswirtschaft, sondern dem Feind angelastet. Putin taktierte, wann der günstigste Moment dafür sei, rechnete mit der Schwäche und Uneinigkeit der Gegner und schlug zu. Warum haben vor dieser Entwicklung hierzulande lediglich nur wenige nachdenkliche, mit Dissidenten-Gruppen seit Jahrzehnten in Kontakt stehende engagierte Politiker, etwa aus den Reihen von Bündnis 90/Die Grünen, gewarnt?

In vielen mittel- und osteuropäischen Staaten herrscht die Überzeugung, dass Putin versuchen würde, wäre er bei seinen Kriegshandlungen erfolgreich, weitere Staaten des ehemaligen Warschauer Pakts, wie Polen und Rumänien, wieder in seinen Einflussbereich einzugliedern. Sogar von den ostdeutschen Bundesländern war jüngst die Rede. Das europäische Friedensprojekt würde wieder „eingemauert". Ein neuer Kalter Krieg bräche aus, und viele Länder müssten dauerhaft in Abwehrstellung stehen, um nicht unter sein revisionistisches Protektorat zu geraten. Der europäische Traum, dass nachwachsende Generationen im Glücksgefühl eines dauerhaften Friedens aufwachsen können, wäre vollständig ausgeträumt. Das Leben in vielen europäischen Ländern würde zurückfallen in die Weltkriegszeit.

Wird Deutschland die Kraft zu einer Politik der Zeitenwende über einen längeren Zeitraum aufbringen und dabei den Reformstau im Lande beheben, den Krisen am Arbeitsmarkt, hervorgerufen durch den Fachkräftemangel und den demographischen Wandel, begegnen und die Energiewende umsetzen? Wird die deutsche Gesellschaft ihre Resilienz wiedergewinnen? Wird sie ein neues Sicherheitsdenken durch den Einsatz geeigneter Technologien gegenüber den hybriden Attacken der verdeckten Kriegsführung, der Datenmanipulation, der Zerstörung von Kritischen Infrastrukturen auf den Weg bringen? Experten weisen darauf hin (Achtung Ironie), dass die Behörden hierzulande aufgrund der komplexen rechtlichen Bestimmungen zur Datensicherheit vor der Implementierung eigener übergreifender Sicherheitsstrukturen gewappnet seien, aber sie seien nicht gewappnet gegen feindliche Störungen, die sich nicht um Rechtsgrundlagen scheren.

Gelingen Qualifizierungsoffensiven, die zu einer besseren Übereinstimmung von Sozialisation, Bildung und Berufsanforderungen führen? Werden die Ziele, die ukrainische Armee im Abwehrkampf gegen die russische Invasion angemessen zu unterstützen, umgesetzt? Offene Fragen, offene Zukunft. Aber verantwortlich gehandelt werden muss jetzt dennoch. Dazu braucht es ein neues Verständnis von Politik, eine Politik der Zeitenwende. Und das kann nur eine verantwortungsethisch begründete Politik sein.

Verantwortungsethisch ist es geboten, dass in die Politik der Zeitenwende auch andere gesellschaftliche Bereiche, die in der Vergangenheit so manche Resilienzdefizite erkennen ließen, etwa die sozialen Dienste im Gesundheits- und Bildungswesen, einbezogen werden. Bei der Betrachtung der basisnahen sozialstaatlichen und bildungsstaatlichen Einrichtungen, vorwiegend Frauendomänen, ist nicht zu erkennen, dass die Senkung der Verteidigungsausgaben im letzten Jahrzehnt dazu geführt hat, dass von der erzielten „Friedensdividende" profitiert wurde. Sowohl bei den Diensten im Sozial- und Bildungswesen als auch in der Bundeswehr handelt es sich um sozialmoralisch gebotene Tätigkeiten von Individuen mit besonderen Fähigkeiten und um Persönlichkeiten. Mit einer allgemeinen Dienstpflicht könnte dieses Verständnis in der Gesellschaft wieder verwurzelt werden, im Interesse der großen Herausforderungen und Verantwortung, die auf Deutschland zukommen.

II. Der Angriffskrieg gegen die Ukraine – Hintergründe und das Ende langgehegter Illusionen

Der russische Angriffskrieg gegen die Ukraine stellt eine Verletzung der völkerrechtlichen Grundlagen dar, die geschaffen wurden, um Frieden zwischen den Staaten in Europa und weltweit herzustellen, zu erhalten und zu festigen. Für die Androhung oder Anwendung von Gewalt gegen einen souveränen Staat gibt es keine Legitimität. Der russische Aggressor nannte zu Beginn seiner als „militärische Spezialoperation" verharmlosten Kriegshandlungen verleumderische Ziele, die „drogensüchtige" Ukraine zu „entnazifizieren" und die dort lebende Russisch sprechende Bevölkerung vor einem bevorstehenden Genozid zu bewahren.[1] Die von ihm beabsichtigte Vereinigung zweier angeblich russischer „Brüdervölker" werde daher von der ukrainischen Bevölkerung höchst willkommen geheißen.[2] Der anhaltenden Osterweiterung durch die von den Amerikanern gesteuerte NATO und der somit permanenten Bedrohung der Sicherheit der Russischen Föderation müsse Einhalt geboten werden.

Mit diesen auf Lügengespinsten beruhenden Rationalisierungen seines brutalen Vorgehens entlarvte sich der russische Präsident als autoritärer Herrscher, der sich in seinen Machtphantasien eine ukrainische Bevölkerung vorstellt, die nicht selbstbestimmt für sich entscheiden könne. Er denunziert sie als unselbstständiges Opfer von feindlichen Mächten, obwohl

---

1 In dem Aufsatz „Über die historische Einheit der Russen und Ukrainer" stellt Putin die Existenzberechtigung der Ukraine als eigene Nation infrage. Viele Autoren haben diesen Text referiert und interpretiert, darunter Andreas Kappeler: „Revisionismus und Drohungen", in: OSTEUROPA, 71. Jg., 7/2021, S. 67-76, https://zeitschrift-osteuropa .de/site/assets/files/37313/oe210706.

2 Am 17. März 2023 hat der Internationale Strafgerichtshof (IStGH) in Den Haag gegen den russischen Präsidenten und gegen die russische Kinderrechtsbeauftragte Marija Lwowa-Belowa Anklage wegen des Vorwurfs der illegalen Deportation von Kindern aus den russisch besetzten Gebieten erlassen. Beweise lägen vor, dass (ca. 16.000) ukrainische Kinder nach Russland verschleppt und dort zwangsadoptiert wurden. In verschiedenen Untersuchungen wurde von Deportationen in sechsstelliger Höhe gesprochen. Da die Ukraine ihre Zustimmung zur Untersuchung freigegeben hat, konnte der Sachverhalt eingehend untersucht werden. Putin wird nun als mutmaßlicher Kriegsverbrecher weltweit gesucht. Inzwischen liegen von vielen Menschenrechtsorganisationen Untersuchungen zu Menschenrechtsverletzungen im Laufe der russchen Kriegshandlungen vor.

er es ist, der ihre gewaltsame Entmündigung plant, um sie seiner neo-imperialen Machtpolitik zu unterwerfen.[3]

Aber er täuscht sich: Die Ukraine befindet sich nicht auf dem Weg der Unterwerfung, sondern auf einem Weg der Stärkung des Bewusstseins ihrer Souveränität und Selbstbestimmung: Die Verabschiedung einer präsidial-parlamentarischen Verfassung (1996) und die Änderung der Verfassung vom Februar 2019 , mit der, wie bereits erwähnt, die Ukraine die Mitgliedschaft in der EU und in der NATO zum Staatsziel mit Verfassungsrang erhoben hat, markieren zwei Etappen auf dem Weg, die ehemals sowjetische und dann russische Bevormundung zu überwinden und eine Zukunft im transatlantischen Militärbündnis und in der europäischen Gemeinschaft demokratischer Staaten zu erreichen. Die Ukraine ist gewillt, wie sie es mit der „Orange Revolution" 2004 ankündigte und auf dem Maidan 2013/14 weltweit wahrnehmbar zum Ausdruck brachte, die benötigten Schritte zur Reform und Überwindung des innenpolitischen Einflusses Russlands zu gehen.[4] Nun ist sie gezwungen, nicht nur ihre Regionen, sondern auch ihren Willen zur Unabhängigkeit und zur Souveränität über ihr gesamtes Territorium mit Waffen zu verteidigen.

Wladimir Putin hingegen missachtet seit 2014 mit der völkerrechtswidrigen Okkupation der Oblaste Luhansk und Donezk und der Krim und vollends mit dem Beginn der Invasion in der Nacht vom 23. auf den 24. Februar 2022 schamlos die auf Verständigung, Kooperation und friedliche

---

3   In Kenntnis der Geschichte des Ringens um die Souveränität und die gemeinsame Identität der ukrainischen Bevölkerung nach dem tragischen Verlauf ihrer Geschichte, zuletzt im 20. Jahrhundert, ist die Infamie dieser russischen Rhetorik umso verächtlicher. Vgl. die Darstellung des nationalsozialistischen und stalinistischen Terrors, dem die Ukraine ausgesetzt war bei Timothy Snyder: *Bloodlands. Europa zwischen Hitler und Stalin*. München 2010. Siehe außerdem die engagierte Darstellung der ukrainischen Geschichte bei Karl Schlögel: *Entscheidung in Kiew. Ukrainische Lektionen*. München 2015. Besonders tragisch und dennoch in Deutschland lange Zeit übersehen ist das Leiden der ukrainischen Bevölkerung durch den Holodomor, siehe dazu Anne Applebaum: *RED FAMINE. Stalin's War on Ukraine*. New York 2017. Außerdem die Beiträge von Katja Petrowskaja, Serhij Zhadan, Timothy Snyder u. a. in: Juri Andruchowytsch, *EUROMAIDAN. Was in der Ukraine auf dem Spiel steht*. Berlin 2014.

4   Die Maidan-Proteste richteten sich gegen die damalige ukrainische Regierung, die das Assoziierungsabkommen mit der EU nicht unterzeichnen wollte. Für Interessierte, die nicht so weit in die Geschichte des Landes zurückgehen wollen, sei auf die Internetseiten mit den Chroniken der Bundeszentrale für politische Bildung verwiesen, die das innenpolitische Ringen um die gesetzlichen Grundlagen zur Beseitigung der undemokratischen Relikte (etwa das Gesetz zur „Deoligarchisierung") schon Monate vor dem 24. Februar 2022 dokumentieren.

Konfliktbewältigung angelegten Verträge, Vereinbarungen und Gepflogenheiten, die zur europäischen Welt des Miteinanders von freiheitlich orientierten Staaten gehören. Die Ukraine war als Ukrainische Sozialistische Sowjetrepublik (USSR) bereits im Oktober 1945 den Vereinten Nationen beigetreten und hatte diese Welt des Friedenserhalts durch Zusammenarbeit in multilateralen Organisationen unterstützt.[5] Putin verhöhnte die Welt der Kooperation und friedlichen Konfliktlösungen durch Verständigung, als er sich zur Rechtfertigung seines Handelns auf Art. 51 der UN-Charta, dem „naturgegebenen Recht zur individuellen oder kollektiven Selbstverteidigung", berief. Welche Verdrehung von Tatsachen durch einen Täter, der sich der Welt als Opfer präsentiert! Die Ukraine, nicht Putin, kann beanspruchen, sich auf dieses Recht zu beziehen:

„Diese Charta beeinträchtigt im Falle eines bewaffneten Angriffs gegen ein Mitglied der Vereinten Nationen keineswegs das naturgegebene Recht zur individuellen oder kollektiven Selbstverteidigung, bis der Sicherheitsrat die zur Wahrung des Weltfriedens und der internationalen Sicherheit erforderlichen Maßnahmen getroffen hat. Maßnahmen, die ein Mitglied in Ausübung dieses Selbstverteidigungsrechts trifft, sind dem Sicherheitsrat sofort anzuzeigen; sie berühren in keiner Weise dessen auf dieser Charta beruhende Befugnis und Pflicht, jederzeit die Maßnahmen zu treffen, die er zur Wahrung oder Wiederherstellung des Weltfriedens und der internationalen Sicherheit für erforderlich hält."[6] (UN-Charta, Artikel 51)

Das brutale Vorgehen gegen die ukrainische Bevölkerung und der weitere Kriegsverlauf verdeutlichten den entsetzten Zeitgenossen, dass ein rasches Einhegen des Kriegs auf dem Wege von Diplomatie und Verhandlungen in absehbarer Zeit nicht zu erzielen sein würde. Dabei lief die Reise- und Gesprächsdiplomatie zunächst auf Hochtouren, und Angebote des ukrainischen Präsidenten kamen auf den Tisch.[7] Die Ukraine sah sich aber nach

---

5 Die Ukrainische Sozialistische Sowjetrepublik war 1945 eines der ersten 51 Gründungsmitglieder der UNO, die sich auf eine gemeinsame Vorstellung von einer friedlichen Nachkriegsordnung für Europa und weltweit einigten. Die Sowjetunion verfügte damals mit der Ukraine und Weißrussland (heute Belarus) über 3 Stimmen.

6 Charta der Vereinten Nationen, https://unric.org/de/charta/.

7 Wolodymyr Selenskyj war noch im März 2022 bereit, bei Verhandlungen mit Putin einen neutralen Status der Ukraine zu akzeptieren.
Vgl. das eindrucksvolle Interview Volodymyr Zelensky, Big interview for CNN (2022) News of Ukraine, https://www.youtube.com/watch?v=cQO7ij2IIxE.

dem Scheitern ihrer Verhandlungsangebote und nach der Erschütterung durch das brutale Vorgehen der russischen Armee gezwungen, ihr Land, ihren Staat und ihre Gesellschaft auf unbestimmte Zeit militärisch zu verteidigen. Die westliche Staatengemeinschaft erklärte – auch im eigenen Interesse – ihre Solidarität.

An der Institutionalisierung einer weltweiten Friedensordnung mit einem grundsätzlichen Verbot der Anwendung und Androhung von Gewalt wurde nach dem Zweiten Weltkrieg sukzessive gearbeitet. Sie erhielt einen unerwarteten Aufschwung durch die Wiedervereinigung Deutschlands, das Ende des sowjetischen Imperiums und des Kalten Kriegs. Europa bekam die Chance, eine besonders nachhaltige Friedensordnung zu schaffen. Es gelang, dass sich ehemalige Gegner in West und Ost auf der Grundlage völkerrechtlicher Verträge zu Partnern entwickelten, die auf vielen gesellschaftlichen Ebenen und in eigens für den Erhalt des Friedens gegründeten Organisationen vertrauensvolle Beziehungen miteinander eingehen konnten (etwa um Konflikte beizulegen oder Bedrohungen wie dem islamistischen Terrorismus zu begegnen).[8] Nun ist dieses Projekt mit seinen Friedensvisionen, partnerschaftlichen Bindungen und völkerrechtlichen Bestimmungen zwischen der Russischen Föderation und den europäischen Staaten gescheitert. Der russische Angriffskrieg hat einen Kulturkreis fruchtbarer Beziehungen, gemeinsamer Interessen und Ideen weitgehend vernichtet und an dessen Stelle Gewalt, Tod, Verwüstungen, Verbrechen und für viele Menschen, vor allem für die ukrainische Bevölkerung, ein Leben in Angst, Leid und Ungewissheit gesetzt.

Zivilisationsbruch, Zerstörung der europäischen und globalen Friedensordnung, umfassende und tiefgreifende Zäsur, Krise, Katastrophe – mit diesen Begriffen versuchen Zeitgenossen, das schwer zu ertragende Geschehen, allen voran das unermessliche Leid der ukrainischen Bevölkerung, zu erfassen.

---

8 Als weltweit agierende Organisation gehört dazu die UNO, als ein zur Verteidigung und Abschreckung von Angriffskriegen gegründetes transatlantisches Bündnis die NATO, die über Stufen zur Zusammenarbeit gegründete EU, außerdem die KSZE und dann die OSZE. Eine weitere Organisation ist der auf Anregung Amerikas nach dem Zweiten Weltkrieg gegründete Europarat, in den Vertretungen der Parlamente der Einzelstaaten entsandt und europäische Projekte in einer parlamentarischen Versammlung und in verschiedenen Ausschüssen verabschiedet werden. Eine gute Gelegenheit für Austausch, Anregung und Gemeinschaftsgeist. Die Ukraine wurde 1995 Mitglied des Europarats, Russland 1996. Nach der russischen Okkupation der Ostukraine verlor Russland sein Stimmrecht und trat nach Beginn des Angriffskriegs aus.

In seiner Regierungserklärung drei Tage nach der Invasion Russlands verwendete Bundeskanzler Olaf Scholz den Begriff der Zeitenwende zur Analyse der Konsequenzen des Angriffskriegs nicht nur für Deutschland, sondern auch für die Weltgemeinschaft. Die deutsche Bevölkerung erhielt damit Orientierung. Er brachte mit ungewohnt klaren Worten seine Bestürzung zum Ausdruck, beschrieb die katastrophalen Auswirkungen des Kriegs für die Ukraine, für die europäische und internationale Staatengemeinschaft und den hohen Preis, den die Bevölkerung für die Bewahrung ihrer Souveränität zahlt. Solidarität mit der Ukraine, die Unterstützung ihrer Fähigkeiten, sich mithilfe von deutschen Waffenlieferungen gegen den russischen Aggressor zu verteidigen, und die strategische Zeitenwende in der Energie-, Außen- und Sicherheitspolitik liegen, so überzeugte der Kanzler, im deutschen Interesse: „Putin darf nicht gewinnen". Vielfach wiederholte er diesen Satz in öffentlichen Stellungnahmen nach seiner Regierungserklärung. Das Tabu der deutschen Außenpolitik, keine Waffen in Krisengebiete zu liefern, wurde offiziell und so folgenreich wie nie zuvor gebrochen.[9] Die Mehrheit der Bevölkerung begrüßte die Regierungserklärung und die eingeschlagene Zeitenwende. Der überwiegende Teil der Anhänger der Ampelkoalition und sogar der oppositionellen CDU/CSU unterstützte den skizzierten Politikwechsel des Kanzlers.

Schon bald wurden in weiten Kreisen der Öffentlichkeit Fragen gestellt, ob Deutschland seine Rolle, eine führende und voranschreitende Kraft des europäischen Friedensprojekts zu sein, in der Vergangenheit ausreichend wahrgenommen habe, was von dem Verhältnis zu Russland auf der Grundlage der Politik „Wandel durch Annäherung" bleibe und welche sicherheitspolitische Rolle Deutschland zu spielen „beabsichtige". Einige einflussreiche Meinungsführer, die nicht bereit waren, liebgewonnene Denkgewohnheiten aufzugeben, sahen ein zentrales Versäumnis der westlichen Politik darin, Putin politisch nicht genügend eingebunden und dadurch „gekränkt" zu haben. Seinen Sicherheitsinteressen sei zu wenig entsprochen worden, und man habe Russland einem „Vorrücken" des Westens und der NATO bis an seine Grenzen ausgesetzt.[10]

---

9 Diese Ankündigung wird in weiteren Beiträgen zur Regierungserklärung des Kanzlers aufgegriffen (siehe auch Fn. 6 in der Einleitung).

10 Vgl. Klaus von Dohnanyi: *Nationale Interessen. Orientierung für deutsche und europäische Politik in Zeiten globaler Umbrüche.* München 2022. Auch in diesem Buch wird, wie schon von großen Teilen der Eliten bereits in der Weimarer Republik und dann auch von der Nomenklatura der DDR, in der Rolle Amerikas und seiner Europapolitik die Ursache für die Spannungen in Europa gesehen. Nun sieht Klaus

Solche Versuche der Rechtfertigung des Angriffskriegs als russische Selbstverteidigung und als Kritik an der Politik der USA und der NATO wurden vor allem von Mitgliedern der Partei Die Linke geäußert, aber nicht nur dort, sondern auch in vielen dezidiert linken und rechten Milieus, die bis heute dem Modell der Aufteilung der Staatengemeinschaft in Einflusszonen von Großmächten anhängen. Sie haben nicht begriffen, dass die internationalen Staatengemeinschaften sich gerade darum bemühen, eine solche Welt und Denkweise zu überwinden.[11] Repräsentanten einer eher gegenteiligen Position beklagen, dass vor allem die deutsche Außen- und Sicherheitspolitik über längere Zeit ignoriert habe, dass die russische Führung eine unmittelbare Gewaltandrohung und -anwendung als Mittel zur Durchsetzung ihrer zunehmend autoritär agierenden Herrschaft innen- und außenpolitisch ausgeübt und sich immer weniger an den Ideen und Institutionen des europäischen Friedensprojekts orientiert habe. Kritisch wurde und wird gefragt, warum in Deutschland ein geradezu „blindes" und im Grunde unverantwortliches Vertrauen in der Sicherheitspolitik vorherrschte, in der die Lehren der Vergangenheit missachtet wurden, dass nämlich, wenn der Frieden nicht durch eine wahrnehmbare Verteidigungsbereitschaft geschützt wird, er auch nicht vor Gewaltandrohung und -anwendung von Akteuren gesichert ist, die erkennen lassen, dass ihr Medium die Politik der „Macht um ihrer selbst willen" (Max Weber) ist.

Von dieser Sichtweise aus werden erhebliche Defizite der deutschen Sicherheitspolitik offenbar – Defizite, die in der Vergangenheit bei verschie-

---

von Dohnanyi in der angeblich durch die USA veranlassten NATO-Osterweiterung die Ursachen der russischen Abkopplung vom europäischen Friedensprojekt. Die von ihm erwähnten Zusagen während der Zwei-plus-Vier-Verhandlungen, dass der NATO keine mittel- und osteuropäischen Länder beitreten sollten, gibt es nicht und kann es gar nicht gegeben haben, weder entspräche das dem Nordatlantikvertrag von 1949 noch dem Selbstbestimmungsrecht der mittel- und osteuropäischen Staaten. Um eine lange Argumentation kurz zu machen: Mit der Übernahme einer starken sicherheitspolitischen Verantwortung für Europa durch Deutschland und Frankreich hätte sich der Wunsch von Dohnanyi, die amerikanische Führungsrolle in Europa abzuschwächen, erfüllen lassen. Nun sind aber die mittel- und osteuropäischen Länder, die sich vom imperialen Denken Russlands bedroht fühlen und die nicht zur russischen Einflusszone gehören wollen, wie Polen und die baltischen Länder, außerdem die Republik Moldau, Georgien und die Ukraine, den USA dankbar, dass sie noch als selbständige Länder existieren. Und Deutschland könnte ebenfalls dankbar dafür sein.

11 Auch wenn in Europa nicht zentralistische, sondern föderale Modelle ein lange Tradition haben, so gibt es auch historisch immer wieder Versuche, zentralistische Machtapparate zu institutionalisieren.

denen Anlässen auf Kritik europäischer Nachbarstaaten, der EU und besonders innerhalb der NATO stießen. Der ehemalige Generalinspekteur der Bundeswehr, Klaus Naumann, bringt das Versäumnis folgendermaßen zum Ausdruck: Man hätte den Frieden zwar nicht „gegen Putin", aber „vor Putin" schützen und sichern müssen. Nach dem 24. Februar 2022 wurde diese Auffassung nicht nur aus den Kreisen des Militärs hörbar, denen lange Zeit so gut wie gar keine Stimme in der Öffentlichkeit eingeräumt wurde, sondern auch aus vielen Teilen der Bevölkerung.

1. Kultur des Friedens und des Rechts durch Verträge und Abkommen – nun Makulatur?

Im Folgenden werden zunächst wichtige Vertragswerke zusammengetragen und vorgestellt, die für die europäische Friedensordnung von herausragender Bedeutung sind und eine Grundlage bilden, um den Zerstörungsgrad zu ermessen, aber auch um Orientierung zu geben, worauf eine künftige Friedens- und Sicherheitsordnung nicht wird verzichten können. Dazu gehört das Verbot der Gewaltanwendung und -androhung als Grundpfeiler einer zwischenstaatlichen, europäischen und weltweiten Friedensordnung. Bereits mit der völkerrechtswidrigen Okkupation der Krim und der Gebiete Luhansk und Donezk verstieß die Russische Föderation gegen die völkerrechtlichen Verträge, an die sie sich einst gebunden hatte. Diese Verstöße wurden von der Völkergemeinschaft nicht ernst genug genommen. Für den eroberungswilligen Putin erschienen daher die Risiken eines weiteren aggressiven völkerrechtswidrigen Vorgehens kalkulierbar und schreckten ihn nicht ab.

Im Anschluss daran geht es um die Rekonstruktion einiger Aspekte der Planung und Systematik der grausam durchgeführten Tathandlung und um die Motivlagen des Täters. Wie konnte es zu einer Haltung des Wegsehens und der Beruhigung im Angesicht einer innen- und außenpolitisch eskalierenden Politik seitens der russischen Führung kommen? Die vom Kanzler ausgerufene Zeitenwende und damit zwangsläufig die Suche nach Erklärungen, insbesondere hinsichtlich einer Aufarbeitung der „Nach-Mauer-Periode" (Timothy Garton Ash), wird inzwischen in vielen Publikationen und öffentlichen Diskussionen behandelt, steht aber noch am Anfang einer seriösen geschichts- und sozialwissenschaftlichen Forschung. Da es um Politik und um Politiker geht, die noch im Amt sind und über Deutungsmacht verfügen, wird es nicht leicht sein, vorherrschende und liebgewonnene Tabus und Gewissheiten zu überwinden und eine sicherheitspolitische Wende einzuleiten. Die Überwindung der Illusionen, die hierzulande jahrzehntelang gehegt wurden, erfordert eine neue Sicht auf den „russischen Freund". Dadurch treten die merkwürdige Ignoranz und Verkennung der realen Machtverhältnissen zutage. Politische Weichenstellungen während der Zeitenwende entscheiden darüber, wie weit die Zerstörung der Friedensordnung reichen wird, und damit über das Lebensglück der Menschen, die derzeit den Kampf um die Wiederherstellung des Friedens führen müssen.

Charta der Vereinten Nationen

Wladimir Putin, der Präsident der Russischen Föderation, befahl in der Nacht zum 24. Februar 2022 seinen in Belarus aufgestellten Truppen den völkerrechtswidrigen Angriffskrieg gegen die Ukraine. Das wichtigste Dokument des Völkerrechts, die *Charta der Vereinten Nationen*, verbietet die Androhung und Anwendung von Gewalt zwischen Staaten. 193 Mitglieder erkennen heute die Charta als völkerrechtliche Grundlage, als eine Art gemeinsamer Verfassung an. Das bedeutet allerdings nicht, dass sie von den Mitgliedern auch konsequent befolgt würde.

In den Unterpunkten von Kapitel 1 Artikel 1 der UN-Charta werden die *Ziele* und *Grundsätze* benannt, denen die Mitglieder zugestimmt haben:

„1. den Weltfrieden und die internationale Sicherheit zu wahren und zu diesem Zweck wirksame Kollektivmaßnahmen zu treffen, um Bedrohungen des Friedens zu verhüten und zu beseitigen, Angriffshandlungen und andere Friedensbrüche zu unterdrücken und internationale Streitigkeiten oder Situationen, die zu einem Friedensbruch führen könnten, durch friedliche Mittel nach den Grundsätzen der Gerechtigkeit und des Völkerrechts zu bereinigen oder beizulegen;
2. freundschaftliche, auf der Achtung vor dem Grundsatz der Gleichberechtigung und Selbstbestimmung der Völker beruhende Beziehungen zwischen den Nationen zu entwickeln und andere geeignete Maßnahmen zur Festigung des Weltfriedens zu treffen;
3. eine internationale Zusammenarbeit herbeizuführen, um internationale Probleme wirtschaftlicher, sozialer, kultureller und humanitärer Art zu lösen und die Achtung vor den Menschenrechten und Grundfreiheiten für alle ohne Unterschied der Rasse, des Geschlechts, der Sprache oder der Religion zu fördern und zu festigen;

4. ein Mittelpunkt zu sein, in dem die Bemühungen der Nationen zur Verwirklichung dieser gemeinsamen Ziele aufeinander abgestimmt werden."

In den Unterpunkten von Kapitel 1 Artikel 2 geht es um die Bestimmung der *Grundsätze* des Verhaltens, denen im Kontext von Okkupation und Angriffskrieg eine besondere Aufmerksamkeit zukommt:

„1. Die Organisation beruht auf dem Grundsatz der souveränen Gleichheit aller ihrer Mitglieder.
2. Alle Mitglieder erfüllen, um ihnen allen die aus der Mitgliedschaft erwachsenden Rechte und Vorteile zu sichern, nach Treu und Glauben die Verpflichtungen, die sie mit dieser Charta übernehmen.
3. Alle Mitglieder legen ihre internationalen Streitigkeiten durch friedliche Mittel so bei, daß der Weltfriede, die internationale Sicherheit und die Gerechtigkeit nicht gefährdet werden.
4. Alle Mitglieder unterlassen in ihren internationalen Beziehungen jede gegen die territoriale Unversehrtheit oder die politische Unabhängigkeit eines Staates gerichtete oder sonst mit den Zielen der Vereinten Nationen unvereinbare Androhung oder Anwendung von Gewalt.
5. Alle Mitglieder leisten den Vereinten Nationen jeglichen Beistand bei jeder Maßnahme, welche die Organisation im Einklang mit dieser Charta ergreift; sie leisten einem Staat, gegen den die Organisation Vorbeugungs- oder Zwangsmaßnahmen ergreift, keinen Beistand.
6. Die Organisation trägt dafür Sorge, daß Staaten, die nicht Mitglieder der Vereinten Nationen sind, insoweit nach diesen Grundsätzen handeln, als dies zur Wahrung des Weltfriedens und der internationalen Sicherheit erforderlich ist.
7. Aus dieser Charta kann eine Befugnis der Vereinten Nationen zum Eingreifen in Angelegenheiten, die ihrem Wesen nach zur inneren Zuständigkeit eines Staates gehören, oder eine Verpflichtung der Mitglieder, solche Angelegenheiten einer Regelung auf Grund dieser Charta zu unterwerfen, nicht abgeleitet werden; die Anwendung von Zwangsmaßnahmen nach Kapitel VII wird durch diesen Grundsatz nicht berührt."[12]

Noch im Januar 2022 unterzeichneten Russland, die USA, China, Großbritannien, Frankreich mit den weiteren ständigen Mitgliedern des UN-Si-

---

12 Zitiert nach Charta der Vereinten Nationen, Kapitel 1: Ziele und Grundsätze, https://unric.org/de/charta/.

cherheitsrats eine gemeinsame Erklärung zur Nichtweiterverbreitung von Atomwaffen. Die Erklärung bekräftigt die „Absicht zur Abrüstung, Kontrolle und zum Atomwaffensperrvertrag". Kurze Zeit später verletzte Putin die basalen Grundsätze der UN und drohte mit dem Einsatz von Nuklearwaffen.[13] Der Sicherheitsrat der UN nimmt ein begrenztes Gewaltmonopol für die Organisation wahr. Seine fünf ständigen und zehn nichtständigen Mitglieder können „Maßnahmen bei Bedrohung oder Bruch des Friedens und bei Angriffshandlungen" in die Wege leiten. Voraussetzung dafür ist allerdings die einstimmige Beschlussfassung aller Mitglieder, ohne von ihrem Vetorecht Gebrauch zu machen. An Russlands Veto scheiterte jedoch die Verurteilung des Überfalls auf die Ukraine und somit die Einleitung von Maßnahmen.

Charta von Paris

Nach dem Ende des Kalten Kriegs wurde am 21. November 1990 die *Charta von Paris für ein neues Europa* als Schlussdokument der KSZE-Sondergipfelkonferenz von 32 europäischen Staaten unterzeichnet, darunter von der Union der Sozialistischen Sowjetrepubliken (UdSSR), von Kanada und den USA. Nach dem Ende der Teilung Europas wurde in diesem Dokument der Wille festgehalten, ein neues Zeitalter einzuleiten, das auf friedlicher Kooperation von „befreundeten" Staaten beruht und die Menschenrechte, Demokratie und Rechtsstaatlichkeit in ihren Ländern umsetzt. In ihren Beziehungen untereinander sollten sie sich vom Willen zum Friedenserhalt, zur Einheit und Kooperation leiten lassen. Viele Gremien und Ausschüsse zur Förderung von Austausch und Beratung wurden eingerichtet. In der *Charta von Paris* heißt es:

> „In Übereinstimmung mit unseren Verpflichtungen gemäß der Charta der Vereinten Nationen und der Schlußakte von Helsinki erneuern wir unser feierliches Versprechen, uns jeder gegen die territoriale Integrität oder politische Unabhängigkeit eines Staates gerichteten Androhung oder Anwendung von Gewalt oder jeder sonstigen mit den Grundsätzen oder Zielen dieser Dokumente unvereinbaren Handlung zu enthalten. Wir erinnern daran, daß die Nichterfüllung der in der Charta der Vereinten Nationen enthaltenen Verpflichtungen einen Verstoß gegen das

---

13 „Ukraine. Chronik: 24. Februar bis 1. März 2022, Ukraine-Analyse 265". Bundeszentrale für politische Bildung, https://www.bpb.de/themen/europa/ukraine-analysen/nr-265/506913/chronik-24-februar-bis-1-maerz-2022.

Völkerrecht darstellt. Wir bekräftigen unser Bekenntnis zur friedlichen Beilegung von Streitfällen. Wir beschließen, Mechanismen zur Verhütung und Lösung von Konflikten zwischen den Teilnehmerstaaten zu entwickeln."[14]

Die Regelungskompetenz dieser Gremien im Sinne der *Charta von Paris* in der KSZE-Nachfolgeorganisation *Organisation für Sicherheit und Zusammenarbeit in Europa (OSZE)* wurde bereits durch die Kriege auf dem Gebiet des früheren Jugoslawiens herausgefordert. Trotzdem gingen von dieser Charta und der OSZE viele Impulse für Kooperationen, Treffen und Koordinationen gemeinsamen Vorgehens aus. Dabei ist besonders zu würdigen, dass hier politische Repräsentanten ehemals verfeindeter Blöcke zusammenarbeiteten.

Belowescher Vereinbarungen

Im Zuge ihrer „Singenden Revolution",[15] in der sie nach langer Zeit wieder ihre eigenen Hymnen sangen und sich nicht mehr an den von der Sowjetunion verordneten Liederkanon gebunden fühlten, hatten die baltischen Staaten sukzessive freie Wahlen durchgeführt, ihre eigene staatliche Souveränität hergestellt und erlangten 1990 ihre Unabhängigkeit von der Sowjetunion. Weitere Republiken folgten ihnen, darunter im August 1991 die Ukraine und Weißrussland, das sich danach in Belarus umbenannte. Die Sowjetunion verlor zunehmend die Legitimation, als übergeordnete Einheit für ihre Staatengemeinschaft zu fungieren. Boris Jelzin, der aus der herrschenden Partei (KPdSU) ausgetreten war, trat im Juni 1991 als erster frei gewählter russischer Präsident sein Amt an und vollzog den letzten Schritt: Mit den *Belowescher Vereinbarungen* vom 8. Dezember 1991 wurde der von Russland, der Ukraine und Weißrussland unterzeichnete Gründungsvertrag der UdSSR aus dem Jahr 1922 aufgelöst. Die Sowjetunion hörte als Subjekt internationalen Rechts auf zu existieren. Stattdessen wurde ein neues Staatengebilde beschlossen: die Gemeinschaft Unabhängiger Staaten (GUS).[16] Erstunterzeichner der Vereinbarungen waren Boris Jelzin (Russische Föderation RSFSR), der am Tag der Ratifizierung des Abkommens

---

14 Charta von Paris für ein Neues Europa vom 21.11.1990, https://www.bundestag.de/res ource/blob/189558/21543d1184c1f627412a3426e86a97cd/charta-data.pdf.

15 Als „Singende Revolution" wird die Periode der nationalen Bewegungen im Baltikum 1987 bis 1991 und des gewaltlosen Kampfes um die Wiedererlangung der staatlichen Unabhängigkeit bezeichnet (Quelle Wikipedia).

16 All das geschah sehr zum Ärger von Michail Gorbatschow, der an der Sowjetunion festhalten wollte. Aber wie er sinngemäß selbst feststellte: „Wer zu spät kommt, den

die Russische Föderation ins Leben rief, Stanislaw Schuschkewitsch (Belarus) und Leonid Krawtschuk (Ukraine). Wichtig ist, dass die *Belowescher Vereinbarungen* die Anerkennung der Souveränität der Mitgliedsstaaten enthalten.

"We, the leaders of the Republic of Belarus, the RSFSR and Ukraine, Noting that the talks on the drafting of a new Soviet Treaty have become deadlocked and that the de facto process of withdrawal of republics from the Union of Soviet Socialist Republics and the formation of independent States has become a reality. Noting that the short-sighted policy of the centre has led to a profound economic and political crisis, to the breakdown of production and to a catastrophic drop in the living standards of practically all strata of society. Bearing in mind the growing social tension in many regions of the former Union of Soviet Socialist Republics, which has led to conflicts between nationalities with à heavy toll of victims, Recognizing our responsibility to our peoples and the world community and the pressing need for the practical implementation of political and economic reforms, Proclaim the establishment of the Commonwealth of Independent States concerning which the parties have signed an agreement on 8 December 1991. The Commonwealth of Independent States comprising the Republic of Belarus, the RSFSR and Ukraine is open for accession by all States members of the Union of Soviet Socialist Republics, as well as by other States sharing the purposes and principles of this agreement. The States members of the Commonwealth intend to pursue a policy of strengthening international peace and security. They undertake to discharge the international obligations incumbent on them under treaties and agreements entered into by the former Union of Soviet Socialist Republics, and are making provision for joint control over nuclear weapons and for their non-proliferation. S. Shushkevich (*Belarusian Supreme Soviet Chairman*), B. Yeltsin (Pres-

---

bestraft das Leben." (Gorbatschow schrieb später in seinen Memoiren, das Zitat sei in einem Vier-Augen-Gespräch mit Honecker gefallen. „Das Leben verlangt mutige Entscheidungen. Wer zu spät kommt, den bestraft das Leben", will der Kreml-Chef den mächtigsten Mann der DDR ermahnt haben. Fest steht dagegen, dass er vor dem SED-Politbüro gesagt hat: „Wenn wir zurückbleiben, bestraft uns das Leben sofort." Boris Jelzin ist leider in Deutschland unterschätzt worden, und Michail Gorbatschow wird überschätzt. Gorbatschow war Jelzin, der ihn während des August-Putsches gerettet hatte, nicht wohlgesonnen, siehe: Boris Jelzin, *Aufzeichnung eines Unbequemen*, München 1990.

ident of the Russian Federation (RSFSR)), L. Kravchuk (President of Ukraine), Minsk, 8 December 1991."[17]

Der ehemalige Generalsekretär des ZK der KPdSU (März 1985 bis August 1991) und Präsident der Sowjetunion (März 1990 bis Dezember 1991), Michail Gorbatschow, trat am 25. Dezember 1991 verärgert von seinem Amt zurück. Das Gebilde Sowjetunion, das er erhalten wollte, war de jure aufgelöst worden, faktisch blieben allerdings viele Machtkomplexe des Kremls erhalten. Weitere Staaten der ehemaligen UdSSR traten der GUS bei (u. a. Armenien, Aserbaidschan, Georgien, Republik Moldau). Litauen, Estland, und Lettland verzichteten darauf. Diese historische Phase bedeutete für viele Staaten endlich Aufbruch zu Autonomie und zu einem anderen, moderneren Lebensmodell. Ganz anders empfand es jedoch Putin. Die Historikerin Susanne Schattenberg gibt dessen Haltung wieder: „Das Ende der Sowjetunion sei eine ‚gesamtnationale Tragödie von gewaltigen Ausmaßen‘ gewesen, meinte der russische Präsident Wladimir Putin 2004, und fügte ein Jahr später hinzu, der Untergang der einstigen Supermacht sei zugleich ‚die größte geopolitische Katastrophe des 20. Jahrhunderts.‘"[18]

Budapester Memorandum

Ein weiteres wichtiges Vertragswerk, das den Schutz der territorialen Integrität der Ukraine zum Gegenstand hat, ist das *Budapester Memorandum*: Es wurde 1994 im Rahmen der *KSZE* vereinbart. Russland, Großbritannien und die USA verpflichteten sich in drei getrennten Erklärungen, die politische und wirtschaftliche Unabhängigkeit sowie die existierenden Grenzen von Belarus, Kasachstan und der Ukraine anzuerkennen. Im Gegenzug gaben diese Länder ihre Nuklearwaffen ab. Die Ukraine verfügte damals über das drittgrößte Nuklearwaffenarsenal weltweit. Ausdrücklich wird darin die territoriale Integrität und Souveränität der Ukraine bestätigt. Sollte sie bedroht oder Opfer eines aggressiven Handelns werden, bei dem nukleare Drohungen gegen sie erhoben werden, verpflichten sich die Signatarstaaten, den Sicherheitsrat der UN einzuschalten. Es wird der Bezug

---

17 Belovezha Accords, in: *Wikipedia,* https://en.wikipedia.org/wiki/Belovezha_Accords. Offensichtlich sind die Originale in keinem guten Zustand.

18 Susanne Schattenberg, „Das Ende der Sowjetunion in der Historiographie", in: *Aus Politik und Zeitgeschehen (APuZ)* vom 30.11.2011, Bundeszentrale für politische Bildung, https://www.bpb.de/shop/zeitschriften/apuz/59630/das-ende-der-sowjetunion-in-der-historiographie/.

zur *Schlussakte von Helsinki,* zur *Charta der Vereinten Nationen* und zum *Atomwaffensperrvertrag* (1968) hergestellt.

> "1. The Russian Federation, the United Kingdom of Great Britain and Northern Ireland, and The United States of America reaffirm their commitment to Ukraine, in accordance with the principles of the CSCE Final Act, to respect the independence and sovereignty and the existing borders of Ukraine.
>
> 2. The Russian Federation, the United Kingdom of Great Britain and Northern Ireland, and The United States of America reaffirm their obligation to refrain from the threat or use of force against the territorial integrity or political independence of Ukraine, and that none of their weapons will ever be used against Ukraine except in self-defense or otherwise in accordance with the Charter of the United Nations.
>
> 3. The Russian Federation, the United Kingdom of Great Britain and Northern Ireland, and The United States of America reaffirm their commitment to Ukraine, in accordance with the Principles of the CSCE Final Act, to refrain from economic coercion designed to subordinate to their own interest the exercise by Ukraine of the rights inherent in its sovereignty and thus to secure advantages of any kind.
>
> 4. The Russian Federation, the United Kingdom of Great Britain and Northern Ireland, and The United States of America reaffirm their commitment to seek immediate United Nations Security Council action to provide assistance to Ukraine, as a non-nuclear-weapon state party to the Treaty on the Non-Proliferation of Nuclear Weapons, if Ukraine should become a victim of an act of aggression or an object of a threat of aggression in which nuclear weapons are used.
>
> 5. The Russian Federation, the United Kingdom of Great Britain and Northern Ireland, and The United States of America reaffirm, in the case of Ukraine, their commitment not to use nuclear weapons against any non-nuclear-weapon state party to the Treaty on the Non-Proliferation of Nuclear Weapons, except in the case of an attack on themselves, their territories or dependent territories, their armed forces, or their allies, by such a state in association or alliance with a nuclear weapon state."[19]

Auch Frankreich schloss sich den Vereinbarungen an. Aufgrund eines Streits um juristische Formalia (bei der Verwendung der Vertragssprache)

---

19 Ukraine. Memorandum on Security Assurances, in: *Wikipedia*, https://wikisource.org/wiki/Ukraine.

ist der rechtsverbindliche Status der Dokumente umstritten. Nach dem russischen Angriffskrieg und dem Kampf der Ukraine um ihre territoriale Integrität wird die Bereitschaft von Ländern, die Atomwaffen besitzen, vermutlich sinken, solche oder ähnliche Verträge abzuschließen, in denen ihnen Schutz für den Fall ihrer Bedrohung zugesichert wird, wenn sie ihre Atomwaffen abgeben. Russland drohte mehrmals während des Angriffskriegs gegen die Ukraine, das Atomkraftwerk Saporischschja zu verminen oder gar zu sprengen. Den Sicherheitsrat im Bedrohungsfall anzurufen, wie es in der Vereinbarung gefordert wird, ist aufgrund des Vetorechts, von dem Russland zu seinen Gunsten Gebrauch machen würde, zwecklos. Die Eingriffsmöglichkeiten des UN-Sicherheitsrats setzen, wie bereits erwähnt, einen einstimmigen Beschluss voraus.

Verträge mit der NATO

Die genannten Vertragswerke mit ihren Vereinbarungen, die den unterzeichneten Staaten gewaltfreie, friedliche Wege der Konfliktlösungen zuweisen und dabei vor allem Kompromisse aushandeln, schienen schon seit zwei Jahrzehnten nicht der Pfad zu sein, der von der russischen Führung als Orientierung ihrer Innen- und Außenpolitik zugrunde gelegt wurde, obwohl das Land von der Teilnahme an vielen Partnerschaftsprogrammen, wie etwa am NATO-Programm *Partnership for Peace (PfP)*, profitierte. Entstanden war zwar keine konfliktfreie, aber doch eine inspirative und oftmals lösungsorientierte zwischenstaatliche Kultur des Brückenbauens und der Verständigung, der Anerkennung von Gemeinsamkeiten, aber auch der Nützlichkeit für die Einzelstaaten, ihre Entwicklung zum Wohle ihrer Bevölkerung voranzutreiben. Partner zu integrieren und mit ihnen zu kooperieren, lautete die Orientierung des Westens.

Die Sicherheitsarchitektur der NATO hat ihre Leistungsfähigkeit im Kalten Krieg bewiesen, potenzielle Angreifer auf ein NATO-Mitglied, vor allem auf die Bundesrepublik Deutschland, abzuschrecken. Nach dem Kalten Krieg unterschieden sich, wie weiter unten im Beitrag gezeigt wird, die NATO-Mitglieder in ihren Vorstellungen darin, wie sie ihren Verteidigungsauftrag künftig erfüllen könnten. Als Organisation, die nur so stark ist, wie ihre Mitglieder Verteidigungsfähigkeit und -bereitschaft in die Gemeinschaft einbringen, besaß sie offensichtlich kein Rezept, um aus der sich abzeichnenden Bedrohungslage heraus eine plausible Strategie der Kriegsverhinderung zu entwickeln, zumal wenn europäische Nicht-NATO-Mitglieder (wie schon 2008 Georgien) betroffen sind. Seit 2014 war damit zu rechnen, dass die völkerrechtswidrige Annexion der Krim und die Besetzung der Gebiete im Donbass nur der Anfang militärischer Eroberungen Russlands sein würden. Es wurde keine Einladung ausgesprochen, die Ukraine oder gar Georgien in die NATO aufzunehmen. In Deutschland herrschte noch während des russischen Aufmarschs an der Grenze zur Ukraine Zuversicht, dass Putin nicht so weit gehen würde, die Ukraine zu überfallen.

2. Dichte Beschreibung: Beginn der Invasion

In Deutschland melden sich gelegentlich „Putin-Versteher" zu Wort, um entschuldigende Erklärungen abzugeben für Putins Rechtfertigung zum Krieg gegen die Ukraine. Sie geben jedoch keine Antwort auf die Frage, warum der russische Präsident sich bewusst und geplant für einen Krieg entschieden und nicht den Weg der Verhandlungen gewählt hat. Die Antwort darauf lautet mit hoher Wahrscheinlichkeit: Er hat sich Erfolg von seinem Vorgehen versprochen und war überzeugt, dass sich der Krieg für ihn und für Russland lohnen wird. Dieses, von langer Hand geplante Vorgehen erkennen die sogenannten Putin-Versteher nicht, wenn sie immer wieder Entschuldigungsgründe wie die „Umzingelung" Russlands und seine mangelnde Anerkennung als „Regionalmacht" (Obama) anführen und damit indirekt den Westen für den Ausbruch des Krieges haftbar machen. Auch nachdem seine Versuche mit dem amerikanischen Präsidenten Joe Biden und einer Reihe von Staatsoberhäuptern und NATO-Mitgliedern scheiterten, über Konsultationen und Dialoge die Machtverhältnisse in Europa zu seinen Gunsten zu verändern, ließ er nicht von seinem Vorhaben ab. Warum nicht? Er hielt daran fest, weil er sich Erfolgsaussichten versprach, seine Ziele auf militärischem Weg zu erreichen. Über eine territoriale Ausweitung der russischen Einflusszone wollte er nicht mit sich reden lassen. Dabei wird er sicherlich abgewogen haben, welchen Preis er eventuell dafür zahlen muss. Der Preis, eine Niederlage und Sanktionen, strafrechtliche Ermittlungen, Ansehensverlust etc. zu riskieren, musste ihm als weniger hoch erschienen sein als die Aussicht darauf, seine Hegemonialmacht auszudehnen.

Ein Fehler des Westens bei der Beurteilung von Putins Vorgehen war es, nicht zu berücksichtigen, dass er von der schwindenden Macht der „alten Welt" und einem Aufschwung vieler Mächte und Regionen ausging, die einen politischen Niedergang des Westens wohlwollend beobachten. Offensichtlich setzte sich Putin die Beschleunigung dieses Prozesses zum Ziel.

Deshalb hat der Westen bzw. die NATO es versäumt, ihm zu vermitteln, dass der Preis für einen Angriffskrieg sehr hoch ausfallen würde. Vielleicht wäre der Krieg dann verhindert worden.

Putins Fehleinschätzungen lagen zweifellos in der Selbstüberschätzung der Stärke des russischen Militärs und der erwarteten Schwäche des allgemeinen und militärischen Widerstands der Ukrainer. Die geringe Abschreckungsfähigkeit der Ukraine und ihrer befreundeten Staaten ließen ihn vermutlich darauf vertrauen, dass – sollte er seinen Plan nicht auf dem Verhandlungsweg realisieren können und die Option Krieg wählen – sein Machtzuwachs groß genug sein würde.[20]

Putins Vorschlag an Biden

Die Konzentration von russischen Truppen in Belarus wurde seit Oktober 2021 weltweit mit Sorge beobachtet. Die diplomatischen Kanäle, gestützt auf Berichte westlicher Geheimdienste, liefen auf Hochtouren. Im Dezember bekam der amerikanische Präsident Joe Biden von Wladimir Putin den Vertragsentwurf für ein „Agreement on Measures to Ensure the Security of the Russian Federation and Member States of the North Atlantic Treaty Organization" zur Unterschrift zugeschickt.[21]

Falls Joe Biden den Vorspann zu den neun Artikeln aufmerksam gelesen hat, dürfte er sich gewundert haben, wie gut die russische Führung das Vokabular der Diplomatie und der Völkerverständigung beherrscht. Die Ziele und Prinzipien der Vereinten Nationen und des in seiner Verantwortung gewürdigten Sicherheitsrats werden als Handlungsrahmen genannt, der den Vertragsparteien aufträgt, weder Gewalt anzudrohen noch anzuwenden. Jede Partei sollte sich Zurückhaltung auferlegen und vertrauensbildende Maßnahmen einleiten, um keine Situation herbeizuführen, von der sich die anderen Parteien bedroht fühlen könnten. Für Notfälle sollte,

---

20 Wenn es den friedensliebenden Kräften nicht gelingt, zu verdeutlichen, dass der Preis von Aggressoren sehr hoch ausfällt, werden Kriege in der künftigen multipolaren Welt zunehmen.

21 Vertragsentwurf des Außenministeriums der Russischen Föderation: Agreement on Measures to Ensure the Security of the Russian Federation and Member States of the North Atlantic Treaty Organization vom 17.12.2021, https://mid.ru/ru/foreign_policy /rso/nato/1790803/?lang=en. Dazu die Artikel in der "New York Times" von Andrew E. Kramer/Steven Erlanger: "Russia Lays Out Demands for a Sweeping New Security Deal With NATO", in: *New York Times*, 17th December 2021; dies.: "Putin Moves to Push NATO out of Former Soviet Republics", in: *New York Times*, 18th December 2021.

und das wird ernsthaft in den Papieren vorgeschlagen, eine Telefon-Hotline eingerichtet werden.

Man muss sich die Situation einmal bildhaft vor Augen führen: Von Monat zu Monat marschieren an der belarussisch-ukrainischen Grenze immer weitere militärische Verbände auf. Die Lage für die Ukraine, aber auch für die baltischen Länder und für Polen wird immer bedrohlicher. In den skandinavischen Staaten steigt die Besorgnis. Zugleich schlägt die russische Administration in einem Vertragsentwurf vor, dass sich die Vertragsparteien (USA und die NATO-Staaten) auf den Grundsatz des Völkerrechts einigen, von zwischenstaatlichen Gewaltandrohungen und -anwendungen abzusehen, und dass Sicherheitsgarantien für Russland unterschrieben werden. Wie geht das zusammen? Das geht nur zusammen, wenn der Ukraine jegliche Eigenständigkeit abgesprochen wird und das Drohpotenzial des Aufmarschs in Belarus und die Okkupation der Krim und der Gebiete im Donbass als innerrussische bzw. innerimperiale Angelegenheit behandelt werden. Eine Sichtweise, in der einzig und allein das eigene Machtzentrum zählt!

Bei Gefahr im Verzug schlägt Putin vor, die internationalen Verständigungsforen einzuschalten, darunter den ausgesetzten NATO-Russland-Rat. Die Parteien sollten sich nicht als Gegner betrachten, sondern daran arbeiten, Zwischenfälle im Baltikum und in der Schwarzmeerregion zu verhindern. Artikel 4 dieses Vertragsentwurfs legt fest, dass die NATO nicht mehr Militär in Europa „einsetzt" als die Mitgliedsstaaten am 27. Mai 1997 (dem Datum der Gründung der NATO-Russland-Grundakte) besaßen.

> „Die Russische Föderation und alle Vertragsparteien, die am 27. Mai 1997 Mitgliedstaaten der Nordatlantikvertrags-Organisation waren, verlegen keine militärischen Kräfte und Waffen in das Hoheitsgebiet eines der anderen Staaten in Europa zusätzlich zu den am 27. Mai 1997 in diesem Hoheitsgebiet stationierten Kräften. Mit Zustimmung aller Vertragsparteien können solche Dislozierungen in Ausnahmefällen stattfinden, um eine Bedrohung der Sicherheit einer oder mehrerer Vertragsparteien zu beseitigen."

Dieser Artikel respektiert die Freiheit des Bündnisrechts der mittel- und osteuropäischen Staaten nicht. Das heißt, dass alle Staaten, die nach 1997 der NATO beigetreten sind, keine weitere militärische Unterstützung erhalten dürfen und somit ihre Verteidigungsfähigkeit eingeschränkt wird.

Nach 1997 traten folgende Länder der NATO bei: Polen (1999), Tschechien (1999), Ungarn (1999). Bulgarien (2004), Estland (2004), Lettland

(2004), Litauen (2004), Rumänien (2004), Slowakei (2004), Slowenien (2004), Kroatien (2009), Albanien (2009), Montenegro (2017), Nordmazedonien (2020), Finnland (2023).

Außerdem dürften in den NATO-Mitgliedsländern keine landgestützten Mittelstreckenraketen stationiert werden, mit denen die Gebiete Russlands angegriffen werden könnten. Artikel 6 legt fest, dass keine weiteren Staaten der NATO beitreten dürfen, vor allem nicht die Ukraine.

> „Alle Mitgliedsstaaten der Nordatlantikpakt-Organisation verpflichten sich, jede weitere Erweiterung der NATO einschließlich des Beitritts der Ukraine sowie anderer Staaten zu unterlassen."

Auf den Gebieten der Ukraine, der osteuropäischen Staaten, des südlichen Kaukasus und in Zentralasien sollten die Mitgliedsstaaten der NATO militärische Aktivitäten unterlassen. Sonstige militärische Übungen sollten nur in beschränkter Größe durchgeführt werden.

Putin versuchte mit diesem „Agreement", sozusagen von Weltmacht zu Weltmacht, seine Suprematie gegen den Willen der souveränen Staaten Osteuropas vertraglich festzulegen und Biden und die NATO-Spitze zugleich zur Selbstbegrenzung ihres Wirkungsbereichs zu veranlassen. Dadurch würde die Selbstverteidigungsfähigkeit der osteuropäischen Staaten erheblich eingeschränkt. Zwar benutzte er die Sprache der internationalen Kultur der friedlichen Koexistenz, aber die damit verbundene Überzeugung teilte er nicht, nämlich dass nach den Zeiten von Imperialismus und Kolonialismus die Staaten frei sind in ihrer Entscheidung, welche Bündnisse sie eingehen wollen. Die Sicherheitsgarantien, die er erwartete, konnte ihm Biden nicht zusagen. Schockierend ist: Angesichts einer zunehmenden Orientierung an einem freiheitlichen Lebensstil in den osteuropäischen Ländern plante Putin die Wiederherstellung von Verhältnissen, die vergleichbar sind mit denen der früheren Sowjetunion und des Warschauer Pakts.

Falls seinen Vorschlägen nicht entsprochen werden würde, drohte er, gegebenenfalls „planmäßig und ausgewogen unsere Militärtechnik einzusetzen". Wenn Länder wie die baltischen Staaten und Polen keinen effizienten Schutz mehr durch ihre NATO-Mitgliedschaft haben, werden sie ihre freiheitlich ausgerichteten Lebensformen kaum bewahren können und das russische Staatsmodell wieder akzeptieren müssen. Auf keinen Fall durfte, von diesem Plan aus gedacht, die Ukraine ihren Weg in einen modernen, freiheitlichen und souveränen Rechtsstaat fortsetzen.

Schon im Spätherbst 2021 setzte ein reger diplomatischer Austausch mit dem Ziel der Deeskalation ein. Immer deutlicher wurde, dass es die feste

Absicht Putins ist, seine Hemisphäre in Mittel- und Osteuropa auszuweiten. Und dennoch hielten viele internationale Gesprächspartner es nicht für möglich, dass er militärisch vorgehen würde. Besonders in Deutschland wurde das bezweifelt. Dennoch blieb die Sorge, wie weit er (noch) gehen würde, bei den westlichen Gesprächspartnern bestehen. Ende Dezember 2021 drohte Präsident Biden, die USA und ihre Verbündeten würden im Falle einer Invasion in die Ukraine entschieden reagieren. Zugleich sagte er seine Unterstützung zu, sich für diplomatische Lösungen im bilateralen Dialog über strategische Stabilität innerhalb der NATO und des NATO-Russland-Rats und im Rahmen der OSZE einzusetzen. Dies verdeutlicht seine vom Weißen Haus veröffentlichte Erklärung am 30. Dezember 2021:

> "President Joseph R. Biden, Jr. spoke today with President Vladimir Putin of Russia. President Biden urged Russia to de-escalate tensions with Ukraine. He made clear that the United States and its allies and partners will respond decisively if Russia further invades Ukraine. President Biden also expressed support for diplomacy, starting early next year with the bilateral Strategic Stability Dialogue, at NATO through the NATO-Russia Council, and at the Organization for Security and Co-operation in Europe. President Biden reiterated that substantive progress in these dialogues can occur only in an environment of de-escalation rather than escalation."[22]

Aber vermutlich war die zurückliegende Okkupation von 2014 schon eine zu große Erfolgsgeschichte für Putin, als dass er von seinem Plan abgerückt wäre und Drohungen ernst genommen hätte. Höchstwahrscheinlich waren auch seine Pläne, einen Angriffskrieg gegen die Ukraine einzuleiten, schon weit fortgeschritten.

Plan, Vorbereitung, Durchführung

„Bis Ende Februar 2022 hatte die Russische Föderation ungefähr 200.000 Soldaten und 550 Kampfflugzeuge um die Ukraine herum zusammengezogen. Die Heereskräfte entsprachen zwischen 80 und 120 bataillonstaktischen Gruppen (BTGs)."[23] Die Warnungen des amerikanischen Geheimdienstes vor einem militärischen Angriff mit genauer Angabe eines Datums

---

22 Statement by Press Secretary Jen Psaki on President Biden's Phone Call with President Vladimir Putin of Russia.
23 Vgl. Alexander Rosemann: „Der russische Überfall auf die Ukraine – eine militärische Lageanalyse", in: *SIRIUS*, Bd. 6, 3/2022, S. 253-270.

wurden in Deutschland nicht ernst genommen. Es handele sich „bloß" um Drohgebärden wurde den Amerikanern von deutscher Seite entgegengehalten. Aber auch Drohgebärden sind völkerrechtswidriges Verhalten.[24]

In Deutschland, wo die Gaspipeline Nord Stream 2 eröffnet werden sollte, vertraute man Putin, der bis kurz vor der Invasion die sensiblen Gemüter beruhigt und die baldige Beendigung des am 10. Februar 2022 zusammen mit Belarus begonnenen groß angelegten Militärmanövers nahe der Ukraine und der EU-Außengrenze und den Truppenrückzug in Aussicht gestellt hatte. Aus deutscher Sicht wurde kaum vermerkt, dass allein der Truppenaufzug in Belarus die Situation des Ringens um die Gewährleistung demokratischer Rechte in Belarus erschwerte, den autoritären Kräften um Lukaschenko Auftrieb gab und das Land wieder stärker dem russischen Machtzentrum unterwarf.[25] Unmissverständlich wiederholte Putin seine Forderung, die sogenannte Osterweiterung der NATO und die Verletzung der russischen Sicherheitsinteressen zu beenden. Unverhohlen brachte er seine Erwartungen im russischen Fernsehen zum Ausdruck, ehemals zur Sowjetunion gehörige Staaten wieder stärker in die russische Einflusszone einzubinden.[26] Das bedeutete, dass diese Staaten ihre Souveränität, ihr Selbstbestimmungsrecht in Bündnisfragen aufgeben müssten. Die Bevölkerungen der ehemaligen Sowjetstaaten nahmen solche, nun immer häufiger geäußerten Erwartungen Putins schon seit Langem mit großer Sorge auf.

Die 58. Münchner Sicherheitskonferenz, ein Zentrum der internationalen Diplomatie, fand vom 18. bis 20. Februar 2022 statt. Diesmal blieben

---

24 Merkwürdig, dass der ehemalige Generalinspekteur der Bundeswehr Harald Kujat zu Beginn des Jahres 2022 die Konzentration von russischen Verbänden grenznah zur Ukraine zwar als eine Demonstration von Kriegsfähigkeiten bezeichnete, nicht aber als Kriegsabsicht. Das Völkerrecht erkennt jedoch, wie auch der gesunde Menschenverstand und der amerikanische Geheimdienst, in solchen Massierungen von Gewaltmitteln ein Bedrohungsszenario. „Subtil" wies der General a. D. darauf hin, dass aus der Darstellung der Fähigkeiten noch nicht auf die Absicht geschlossen werden könne, die „Fähigkeiten" auch einzusetzen. Er forderte deshalb die Öffentlichkeit auf, verbal abzurüsten. Als einige Truppenteile abgezogen wurden, andere aber neu dazukamen, stellte er fest, dass Putin „abdreht". Kujat schien nur zu sehen, was er sehen wollte. Da warnten schon einige „Zivilisten" vor dem, was sich vermutlich ereignen wird.

25 Vgl. Gerd Koenen: „Russlands Kalkül", in: *Frankfurter Allgemeine Zeitung* vom 24.01.2022, S. 14.

26 Vgl. die Hinweise auf Putins Äußerungen bei Alexander Rosemann: „Der russische Überfall auf die Ukraine", a. a. O., S. 256.

Putin und Außenminister Sergej Lawrow, sonst häufige Besucher der Konferenz, fern. 2007 hatte Putin dort eine wütende Brandrede gehalten. Dabei hatte Horst Teltschik, der damalige Leiter der Sicherheitskonferenz, den russischen Präsidenten respektvoll angekündigt: Deutschland möchte die strategische Partnerschaft mit Russland weiterentwickeln, ein neuer Partnerschaftsvertrag zwischen der EU und Russland solle ausgehandelt werden, Deutschland setze sich ein für die Aufnahme Russlands in die *World Trade Organization* (WTO) und wirke dabei auf die Haltung der USA ein. Zur Lösung der weltweiten Konflikte sei eine enge Zusammenarbeit geboten. Danach bekamen die Anwesenden Putins Vorwürfe zu hören. Er empörte sich über die monopolare Weltordnung, die die USA anderen Ländern aufzwinge. Durch die Zentralisierung ihrer Macht litten Länder weltweit, die Demokratie, eine Regierungsform im Namen von Mehrheiten und des Schutzes von Minderheiten, verschwände, kriegerische Auseinandersetzungen nähmen zu. Im Kern kritisierte er eine angebliche Ausdehnung des Einflusses der USA in Europa. Einzig und allein die UN schien er als agierende Ordnungsmacht anzuerkennen – vermutlich mit dem Hintergedanken, dass Russland als ständiges Mitglied immer ein Veto einlegen kann, wenn ihm die dort mehrheitlich verabschiedete Politik nicht passt. Der Schock über die Liste der Vorwürfe war den Anwesenden deutlich anzumerken.[27]

Kritische Töne gegen das transatlantische Verhältnis zwischen den USA und Europa waren aber auch schon in seiner mit Standing Ovations bejubelten Rede im Deutschen Bundestag 2001 zu vernehmen. Im Angesicht einer anhaltenden Konzentration von russischen Truppen an der ukrainischen Grenze im Februar 2022 demonstrierte das internationale und europäische Spitzenpersonal der Regierungen (Harris, Johnson, Macron, Scholz u. a.), der EU (von der Leyen), der UN (Guterres) und der NATO (Stoltenberg) auf der Sicherheitskonferenz Zusammenhalt und Solidarität an der Seite des vor Ort anwesenden und um Beistand bittenden ukrainischen Präsidenten Selenskyj. Zu diesem Zeitpunkt hatte Selenskyj die Einlösung seines Wahlversprechens, alles für die Herstellung des Friedens in der Ukraine zu tun, noch nicht aufgegeben. Er versuchte daher immer wieder, mit Putin ins Gespräch zu kommen und ihm Verhandlungslösungen zur Beilegung des Konflikts zu unterbreiten. Aber er musste auch einsehen,

---

27 ARD-Mediathek: „Putin kritisiert USA-Politik", Dokumentation vom 10.02.2007, https://www.ardmediathek.de/video/dokumentationen/10-02-2007-putin-kritisi ert-usa-politik/phoenix/Y3JpZDovL3Bob2VuaXguZGUvMjUyNDU1Mw.

dass eine neue Eskalation durch einen Angriff auf das gesamte Territorium der Ukraine drohte.

Am langen Tisch

Diese Demonstration der Geschlossenheit erzeugte bei den Anwesenden Zuversicht und Hoffnung auf Deeskalation. Immerhin waren wenige Tage vor der Sicherheitskonferenz Macron und Scholz jeweils getrennt von Putin an einem überlangen Tisch empfangen worden. Stolz wies der machtbewusste Putin den Kanzler auf die vielfältigen persönlichen und wirtschaftlichen Verflechtungen hin, die zwischen Russland und Deutschland bestehen. Ein Gefühl der Anspannung ließ sich auf der Münchner Konferenz dennoch nicht verbergen. Würden die von der EU beschlossenen Sanktionen gegen Russland ausreichen, zu verhindern, dass die russischen Truppen die Grenze überschreiten und, falls die Prophezeiungen der Geheimdienste sich erfüllten, welche weiteren Maßnahmen müssten dann eingeleitet werden? Die Integrität und Souveränität der Ukraine wiederherzustellen, wie könnte das gelingen? Noch wagte kaum jemand, das Wort „Krieg" in den Mund zu nehmen, um nicht mit Worten etwas zu beschwören, was dann tatsächlich eintrat. Integrität und Souveränität der Ukraine, was bedeutet das? Die Grenzen von 1991 oder die Grenzen nach der russischen Okkupation? („Ukraina" bedeutet „Grenzland".)

Zu den Olympischen Winterspielen in Peking (4. bis 20. Februar 2022) hatte Putin den chinesischen Präsidenten Xi Jinping besucht, einen Bündnispartner, der ihm Rückhalt bot. In der Luft lag, dass er sich mit ihm, wie er ein Verächter der Menschenrechte, verabredet hatte: Eine russische Invasion würde gewiss nicht vor dem Ende der Olympischen Winterspiele beginnen. Die Vorbereitungen, angefangen von der verbalen Aufrüstung in den russischen Medien bis hin zu den Truppenkonzentrationen an der ukrainischen Grenze, liefen auf Hochtouren: Am 21. Februar 2022 erkannte Putin die von Separatisten besetzten ukrainischen Gebiete Luhansk und Donezk als unabhängige Volksrepubliken an und schloss mit den dortigen Satrapen Beistandsabkommen ab.[28] In einer Propagandarede am gleichen Tag erläuterte er im Staatsfernsehen seine Bedeutung als „Geschichtsvollzieher" Russlands, wozu für ihn selbstverständlich die russische Bevölkerung auch in den nichtrussischen Ländern gehört. Diese Russen müssten vor Fremdbestimmung und Misshandlung geschützt werden. In weiteren

---

28 Die völkerrechtswidrige Annexion zwei weiterer Gebiete im Süden des Landes, Saporischschja und Cherson, vollzog er am 30. September 2022.

Reden wies er immer wieder auf die historische Zusammengehörigkeit Russlands, der Ukraine und von Belarus hin.

Kalkulierter Zeitpunkt und Überforderung des Westens

Als in der Nacht vom 23. auf den 24. Februar 2022 tatsächlich der Einmarsch der russischen Armee auf ukrainisches Territorium begann, sprach Putin euphemistisch von einer „militärischen Spezialoperation" und einem gebotenen „Akt der Selbstverteidigung Russlands" zum Schutz und zur „Befreiung des russischen Brudervolks" von den dort herrschenden (antisemitischen) Neofaschisten. Er beschwor die Erinnerung an den Großen Vaterländischen Krieg gegen Hitlers Armeen. Immer wieder hob er in den nächsten Tagen die der russischen Bevölkerung vertrauten historischen Zusammenhänge hervor, um die Ausübung seines Machtanspruchs auf den souveränen Nachbarn zu rechtfertigen. Zur völligen Desorientierung benutzte der ehemalige KGB-Agent Begriffe wie Befreiung, Verteidigung der Demokratie, nationale Sicherheitsinteressen, Verhinderung von Völkermord, Kampf gegen den Faschismus etc., die in der Öffentlichkeit hoch im Kurs stehen, und pervertierte deren Bedeutungsgehalt. Aus dem angekündigten Truppenabzug war eine „militärische Spezialoperation" und aus der „Spezialoperation" ein Angriffskrieg gegen ein Land geworden, dem Russland (zusammen mit Großbritannien und den USA) im *Budapester Memorandum* die Anerkennung der Unverletzlichkeit seiner Grenzen und die Unterstützung gegen Angriffe mit nuklearer Bedrohung für seinen Verzicht auf Atomwaffen vertraglich zugesichert hatte.

Das schrittweise über ein Jahr betriebene, im Vorfeld abgestimmte und eskalierende Vorgehen, die propagandistische Beschwörung des historischen Auftrags, die Verdrehung der Tatsachen in seinen Ansprachen, die zunehmende Verfolgung der von Putins Kurs abweichenden Organisationen und Individuen aus der Zivilgesellschaft – all das weist auf ein von langer Hand geplantes Vorhaben hin. In der russischen Gesellschaft, vor allem im Staatsapparat, waren offensichtlich genügend Trägerschichten vorhanden, die die Kriegsführung mit vorbereitet und unterstützt haben. Die Brutalisierung des russischen Vorgehens wurde und wird von ihnen billigend in Kauf genommen.[29]

Für ein kalkuliertes Vorgehen von Seiten Putins spricht der gewählte Zeitpunkt: Die Vorbereitungen und der Beginn des Angriffs fanden statt,

---

29 Vgl. Catherine Belton: *Putins Netz. Wie sich der KGB Russland zurückholte und dann den Westen ins Auge fasste.* Hamburg 2022.

als die meisten westlichen Länder noch von der Pandemie geschwächt waren. Neue Regierungen in den USA und in Deutschland saßen noch nicht fest im Sattel. Frankreich stand vor einer heiklen Präsidentschaftswahl. Militärisch hatte der Westen keine Erfolgsgeschichte vorzuweisen, sondern ein katastrophales Ende des Afghanistan-Einsatzes nach dem überstürzten Abzug der USA und der Aufgabe des Hauptquartiers der amerikanischen Armee im afghanischen Bagram. Schon vorher, spätestens jedoch seit der Regierung von Barack Obama und seiner Außenministerin Hillary Clinton, strebten die USA nach einer Verlagerung ihrer Kräfte, um auch den Krisen im indopazifischen Raum begegnen zu können. Die europäischen Partner sollten mehr Verantwortung in der NATO übernehmen und sich mehr an den erforderlichen Aufwendungen beteiligen. Die erheblichen Dissonanzen, Missverständnisse und wechselseitig gehegten Ressentiments im transatlantischen Bündnis, insbesondere während der Trump-Administration, dürften dem russischen Präsidenten nicht entgangen sein. Er schätzte den 24. Februar 2022 offensichtlich als günstigen Augenblick für einen Blitzkrieg auf sein Nachbarland und insgesamt auf die europäische und internationale Friedensordnung ein.

Einige Tage nach der Invasion in die Ukraine drohte Putin mit weiteren Eskalationen, sogar mit dem Einsatz von Nuklearwaffen, falls NATO-Staaten Truppen in die Ukraine entsenden oder den Luftraum über deren Gebiet schützen würden. Das Grauen des Kriegs, das Töten, Zerstören und Vernichten nahmen Fahrt auf. Zunehmend richteten die russischen Verbände ihre Aggressionen gegen die Zivilbevölkerung und Kritische Infrastrukturen wie Wohnquartiere, Kraftwerke, Stromtrassen, Wasserversorgung, Kranken- und Kaufhäuser, Kultur- und Bildungseinrichtungen, die für die Bevölkerung überlebenswichtig sind. In der Stadt Butscha verübten die eindringenden russischen Einheiten grausame Kriegsverbrechen: Sie folterten, vergewaltigten, töteten Zivilisten und Kinder. Flüchtende Frauen, Kinder, Alte und Gebrechliche wurden am Bahnhof aufgehalten und getötet, humanitäre Korridore oftmals nicht oder zu spät gewährt. Verzweifelte Menschen wurden auf ihrer Flucht erschossen, die Toten wurden entweder liegengelassen oder in Massengräbern verscharrt. Im umzingelten Mariupol starben die Einwohner, wochenlang eingeschlossen und unterversorgt, während die russischen Belagerer die Stadt zu ihrer eigenen Versorgung plünderten. Tausende von Einwohnern werden vermisst, Kinder, deren Eltern leben, wurden nach Russland verschleppt und dort zur Adoption freigegeben.

Widerstand der Ukraine

Kein erwartungsfrohes Brudervolk jubelte den Angreifern zu, das ukrainische Militär leistete erbitterten Widerstand. Der Plan, die ukrainische Hauptstadt Kiew blitzkriegsartig einzunehmen und die Regierung gefangen zu nehmen, misslang. Statt auf Gesprächsangebote und Waffenstillstandsforderungen der ukrainischen Regierung einzugehen, wurde der Krieg als Zermürbungskrieg mit unzähligen Opfern und unerträglichem Leid weitergeführt. Nachdem hierzulande dem angegriffenen Land zunächst wenig Aussicht auf einen nachhaltigen Erfolg zugesprochen wurde, änderte sich die Wahrnehmung. Mit der Regierungserklärung des Bundeskanzlers am 27. Februar 2022 wurde eine neue Ausrichtung der Unterstützung nicht nur durch humanitäre Maßnahmen und durch Aufnahme von Flüchtlingen, sondern auch auf militärischem Gebiet in die Wege geleitet. Die Umsetzung dieser neuen Politik geschah mit den üblichen Verfahrensweisen in Deutschland zögerlich, als sei kein Zeitdruck vorhanden. Aber zunehmend wurden in den Sommermonaten in Deutschland der Mut und die Tapferkeit der ukrainischen Bevölkerung, die Stärke und kluge Vorgehensweise ihrer Armee, ihrer militärischen und politischen Führung wahrgenommen. Auch schienen die Menschen immer mehr in ihrem Willen zur Selbstverteidigung zusammenzurücken. Die EU schnürte weitere Pakete für Sanktionen, die westlichen Staaten bewiesen – zumindest an der Oberfläche – eine nie gekannte Einigkeit. Waffenlieferungen an die Ukraine erfolgten zögerlich, kamen aber schließlich auf den Weg. Klar wurde auch: Ohne die frühzeitige und umfassende Versorgung der Ukraine mit geheimdienstlichen Nachrichten und der Lieferung militärischer Ausrüstung seitens der USA hätte es eine unabhängige Ukraine im Sommer 2022 vermutlich schon nicht mehr gegeben.

Ergänzend zu der Beschreibung sei noch hinzugefügt, dass die russische Strategie des Angriffs mit dem militärischen Vorstoß auf die Hauptstadt Kiew, dem Vordringen in der Ostukraine bis zum Dnipro und der Besetzung der Schwarzmeerküste darauf verweist, dass es nicht nur um die Eroberung von Regionen, sondern um die gesamte Ukraine geht. Bei der Einschätzung der Kampfkraft der Ukraine sollte berücksichtigt werden, dass es allein das Verdienst des ukrainischen Militärs war, das russische Vordringen nach Kiew und Charkiw zurückzudrängen. Über längere Zeit trafen in der Ukraine kaum Waffen aus dem Westen ein.

Zur Fähigkeit der Ukraine, Widerstand leisten zu können, gehört die hohe Motivation der Armee, aber auch ihre Fähigkeit, auf intelligente Weise Krieg zu führen, um Menschenleben nicht zu gefährden, IT-Kompetenzen zu nutzen und eigene ältere Waffensysteme modernisieren. Dazu gehört aber auch, dass die Bevölkerung hinter ihrer Armee steht und zu deren Versorgung beiträgt. Bei aller auch in der Ukraine vorhandenen Kritik an der Regierung versammelt sie sich mehrheitlich hinter ihrem Präsidenten, der mit seinen täglichen Video-Botschaften seiner Bevölkerung in dieser schwierigen Lage Mut zuspricht.

Präsident Wolodymyr Selenskyj

Mit Präsident Wolodymyr Selenskyj erhielt die ukrainische Gesellschaft weltweit Gesicht und Stimme. Tagtäglich übermittelt er der ukrainischen Bevölkerung seine Botschaft per Video und richtet Ansprachen an nationale Regierungen und Parlamente mit der Bitte, die angegriffene Ukraine mit Waffen zu ihrer Verteidigung zu unterstützen und Russland zu sanktionieren. Eindringlich fordert er dazu auf, Einfuhren aus Russland zu stoppen, vor allem von Energie und Rohstoffen, um die finanzielle Basis Russlands zur Durchführung des Kriegs zu schwächen. Ebenso eindringlich wendet er sich an Gremien und Versammlungen der EU, NATO und Vereinten Nationen.

Zunächst zeigte Selenskyj Bereitschaft zu Gesprächen und Kompromissen; auch versuchte er, mit Putin in Kontakt zu kommen, um über die russisch besetzten Gebiete zu sprechen.[30] Aber nach den bitteren Erfahrungen der ukrainischen Bevölkerung mit der Aggression der russischen Armee sank die Hoffnung, dass Gespräche mit dem russischen Eroberer, etwa über eine künftige NATO-Mitgliedschaft, eine tatsächliche Verbesserung der Lage in ihrem Land bringen würden. Auf jeden Fall kann und will er nicht auf die russischen Forderungen eingehen, die gegen die verfassungsmäßige Souveränität seines Landes gerichtet sind. Die vielen Vermittlungsversuche der europäischen Staatsoberhäupter mit der russischen Führung blieben erfolglos. Häufige Telefonate des französischen Präsidenten (nach Macrons Worten hat er in 100 Tagen ca. 100 Telefonate mit Putin geführt) und des deutschen Bundeskanzlers, Putin zu Verhandlungen zu bewegen, scheiterten ebenfalls. Die deutsche Öffentlichkeit erhielt über die Inhalte

---

30 „Die Ukraine will Frieden. Europa will Frieden. Die Welt sagt, sie will keinen Krieg, und Russland sagt, es will nicht angreifen. Jemand von uns lügt. Das ist noch kein Axiom, aber schon mehr als eine Hypothese." Wolodymyr Selenskyjs Ansprache auf der 58. Münchner Sicherheitskonferenz in: Wolodymyr Selenskyj: *Reden gegen den Krieg*. München 2022.

und den Verlauf der Gespräche kaum Auskunft, möglicherweise um Ängste und Unsicherheit nicht weiter zu schüren.[31]

Selenskyj betont immer wieder: Die Verteidigung der Freiheit der Ukraine ist zugleich die Verteidigung Europas und seiner Werte. Dieser Satz wird zunehmend von vielen einflussreichen Kommentatoren und der Öffentlichkeit in Europa geteilt. Er bedeutet vor allem: Die europäische Friedensordnung beruht darauf, zwischenstaatliche Konflikte nicht mit dem Einsatz von Gewaltmitteln, sondern durch Verständigung und Verhandlungen beizulegen. Daher darf das völkerrechtswidrige gewaltsame Vorgehen des Aggressors nicht dazu führen, dass Putin seine Ziele erreicht, denn er würde weitere imperiale Versuche unternehmen, souveräne Staaten, die ehemals zur Sowjetunion gehörten und die zumeist ihre Freiheit erkämpft haben, gewaltsam zurückzuerobern und eine Revision der europäischen Friedensordnung herbeizuführen. Alle Kräfte, die sich als Träger einer völkerrechtlichen Ordnung verstehen und sich für friedliche Konfliktregelungen einsetzen, sind in dieser Situation zur Solidarität mit der Ukraine aufgefordert, um zum Scheitern des Aggressors beizutragen. Die Risiken, die im Krieg mit einer Atommacht bestehen, sind erheblich. Aber sie werden nicht geringer, wenn man den Aggressor gewähren lässt.

Die Solidarität mit der Ukraine entspricht zutiefst dem Ethos der europäischen Staatengemeinschaft. Mit der Ukraine wurde ein Land überfallen wurde, in dem sich die Mehrheit der Bevölkerung für ein modernes westliches Lebensmodell mit seinen Rechts- und Freiheitsbegriffen, dem Respekt der Menschenwürde entschieden hat. Damit ist vor allem die Alltagspraxis gemeint, die es den Bürgern ermöglicht, ihren persönlichen Zielen zu folgen und das umzusetzen, was sie unter einem guten Leben verstehen – geschützt von einem institutionellen Gefüge aus Demokratie, Rechts- und Wohlfahrtsstaat.[32] In der ukrainischen Verfassung von 1991

---

31 Ein Telefonat zwischen Putin und Macron, vier Tage vor dem Überfall geführt, in Paris aufgezeichnet und am 30. Juni 2022 im französischen Sender France 2 veröffentlicht, dokumentiert einen auf der Ebene von Staatsmännern auffällig ruppigen Ton der Respektlosigkeit Putins gegenüber Macron. Immerhin spricht er mit dem Präsidenten einer europäischen Atommacht. Welchen einschüchternden Ton wird er wohl gegenüber einem Bundeskanzler angeschlagen haben, dessen Streitkräfte in der Landes- und Bündnisverteidigung unterausgestattet sind? Andreas Schmid: „Putin-Telefonat publik: Kremlchef würgt Macron ab – ‚ich will jetzt Eishockey spielen'", in: *Merkur.de* vom 28.06.2022, https://www.merkur.de/politik/ukraine-news-krieg-russland-frankreich-putin-macron-telefonat-biden-eishockey-usa-91634929.html.

32 Die Ukraine ist auch noch im Krieg gefordert, den prorussisch gesonnene soziale Trägerschichten entgegenzutreten, die immer wieder versuchen, die gesellschaftliche

(mit Änderungen von 1996) wird eine solche moderne Rechtsordnung und Wertebasis (sowohl hinsichtlich der Gewährleistung von Grundrechten als auch von demokratisch-parlamentarischen Verfahren) festgeschrieben. Als Staatsziel wird definiert, „einen demokratischen, sozialen und Rechtsstaat zu errichten und zu festigen" (Präambel). Seit dem 7. Februar 2019 enthält die Verfassung, wie bereits erwähnt, den Regierungsauftrag, einen vollständigen Beitritt zur EU und zur NATO herbeizuführen.

Die Demonstrationen für die Unterzeichnung des Assoziierungsabkommens mit der EU in Kiew in den Jahren 2013/14 („Euromaidan") provozierten heftige Konflikte mit und in der ukrainischen Regierung. Schließlich erzwangen die Demonstrierenden den Rücktritt des russlandfreundlichen Präsidenten Viktor Janukowitsch. Diese Ereignisse waren ein Beispiel für die Zukunftsvorstellungen einer engagierten Bevölkerung und ihren Willen, ihre Freiheit durch Teilhabe an den europäischen Werten zu erhalten und zu erweitern und nicht gegen diese zu erlangen.[33]

3. Russlands Rückkehr zu Diktatur und Imperialismus

Die Staaten, die ihre Reputation einer Freiheit und Wohlfahrt sichernden Rechtsordnung verdanken und sich um eine Politik der internationalen Be-

---

Entwicklung in Politik, Ökonomie, Medien und Religion zu dominieren. Es liegen noch viele Aufgaben vor ihrer demokratisch gewählten Regierung, die von der Verfassung vorgeschriebene Etablierung des demokratischen Rechtsstaats umzusetzen. Aber auch die westlichen Staaten folgen keineswegs einem linearen Kurs, sondern haben unter demokratietheoretischen Gesichtspunkten blinde Flecken aufzuweisen und werden immer wieder von demokratiefeindlichen Kräften unter Druck gesetzt. In der Wohlfahrtsstaatsforschung wurden über lange Zeit als besonders in ihrer Eigenart ausgeprägte und unterscheidbare moderne Lebensstile, das liberal-angelsächsische, das sozialdemokratisch-skandinavische und das korporatistisch-süd- und mitteleuropäische Modell, untersucht. Nun wird es höchste Zeit, das Wissen über Fortschritte und Blockaden auf dem Weg der mittel- und osteuropäischen Staaten zur Demokratie und zum Wohlfahrtsstaat hierzulande zu erweitern.

33 In Deutschland wurden die Ereignisse der Euromaidan-Revolution 2013/14, möglicherweise um die Beziehung zu Putin nicht zu gefährden, einseitig kolportiert, nämlich als mehrheitlich von Faschisten und Nationalisten entfacht. Diese Auffassung vermittelten sogar Mitglieder der politischen Klasse, die an den Minsker Verhandlungen beteiligt waren. Nach dem Kriegsausbruch sahen sie sich zu offenen und verklausulierten Entschuldigungen gezwungen. Worum es bei den Minsker Verhandlungen wirklich ging, vgl. die Kapitel 17 und 18 in Andreas Kappeler: *Kleine Geschichte der Ukraine*. 6. Aufl. München 2022, S. 282–382. Im folgenden Text werden einige Aspekte der deutschen Vorgehensweise, die aus heutiger Sicht schwer nachvollziehbar sind, dargelegt.

ziehungen bemühen, die sich an europäischen und international rechtskräftig geltenden Verträgen orientiert, geraten jedoch in Widerspruch, wenn sie osteuropäische Nachbarstaaten, die sich von einer jahrzehntelang währenden Bevormundung durch die Russische Föderation emanzipieren wollen, auf Distanz halten und lediglich mit einer Scheckbuch-Diplomatie abfertigen. Insbesondere mittel- und osteuropäische Länder werden dadurch in eine Distanz zur EU, wenn nicht gar zu deren Ablehnung getrieben, wodurch sich die Bewahrung und Durchsetzung eines friedlichen Europas äußerst schwierig gestalten würde. Mehr noch: Es liegt im Interesse des Westens, dass der russische Aggressor seine Ziele nicht erreicht und ihm die hohen Kosten seiner Gewaltoption durch die Schwächung seiner Position im europäischen und internationalen Kontext vor Augen geführt werden.

Die russische Bevölkerung wurde zu Beginn des Kriegs beruhigt, dass die „Spezialoperation" rasch und siegreich beendet sein würde und sie keinen hohen Blutzoll zahlen müsste. Allerdings schürte die autoritär herrschende Führung zunehmend den Hass gegen den Westen. Autoritäre Regime nutzen in der Regel den Ausbruch von Aggressionen gegen ein anderes Land, um die dortige Bevölkerung in ihren Rechten und ihrem Lebensstandard weiter einzuschränken. Die Pressefreiheit und die Freiheiten des Agierens von zivilgesellschaftlichen Einrichtungen, die zumeist über internationale Kontakte verfügen, wurden eingeschränkt oder verboten. Ihre Darstellung, der Westen bereite auf dem Gebiet der Ukraine und der Nachbarländer einen Angriff auf Russland vor, sollte dazu beitragen, die Täter-Opfer-Beziehung auf den Kopf zu stellen: Das russische Volk sei somit zur Selbstverteidigung gezwungen. Über diese Behauptung gelang es der Führung, große Teile der Bevölkerung auf die russische Politik einzuschwören und ein Pathos der Opferbereitschaft zu erzeugen. Das ist Putin weitgehend gelungen. Die Zustimmungswerte für ihn und seine Politik sind nach wie vor hoch. Dabei ist es schwer zu beurteilen, ob größere Teile der Bevölkerung, die das Land nicht verlassen haben, gegenüber der innerpolitischen Zuspitzung der Lage durch den hohen Verlust an Soldaten, Lebensstandard und Reisechancen ihre kritische Urteilskraft bewahren können. In dieser Situation nimmt die Angst vor Repressionen zu. Die Lähmung der Urteilsfähigkeit und die Verdrängung der Wahrheit erscheinen dann als einzige Optionen zur Existenzsicherung.

Das Ende der Sowjetunion

Die während der Regierungszeit Putins aufgewachsene und mehrheitlich von seiner Propagandamaschine geprägte Generation ist inzwischen ideologisch stark antiwestlich sozialisiert. Die Aufbruchsphase einer liberalen russischen Gesellschaft unter Boris Jelzin nach 1991 wurde durch die sich erneuernde Macht des Geheimdienstes allmählich unterlaufen und als Untergangsszenarium umgedeutet. Die politischen Kräfte, die in der Aufbruchsphase aktiv und vernehmbar waren, fehlen nun. Sie wurden unter Putin verfolgt oder ermordet, wie der ehemalige Gouverneur und Vizeministerpräsident (unter Jelzin) Boris Nemzow.

Der ZEIT-Journalist Michael Thumann vertritt die These, dass Putin sukzessive am widerstandslosen Machtzugewinn der reaktionären Protagonisten arbeitet, die in der Umbruchsphase der 1990er-Jahre gegen die liberalen und demokratischen Kräfte putschten und damals verloren. Er strebt nun zusammen mit früherem und neuem Personal damalige Ziele erneut an.[34] Es geht dabei um die Beseitigung der Verhältnisse, die in den Ländern der Russischen Föderation eine dauerhafte Zeitenwende hätten hervorbringen sollen. Damals hätte in Russland eine moderne, liberale Gesellschaft etabliert werden sollen als Voraussetzung für eine langfristige Überwindung des Kalten Kriegs und der Gefahrenquellen, jemals wieder einen heißen Krieg zwischen West und Ost zu entfachen. Aber es kam anders.[35]

Dem Westen ist es weitgehend entgangen, dass die Protagonisten der Putin-Herrschaft schon seit Langem an der Eroberung oder gar Auslöschung der „feindlichen" westlichen Welt in ihrer Nachbarschaft mit hybriden Unterwanderungs- und Kriegstechniken arbeiten.

---

34 Vgl. Michael Thumann: *Revanche. Wie Putin das bedrohlichste Regime der Welt geschaffen hat.* München 2023.

35 Vgl. Michail Chodorkowski: *Wie man einen Drachen tötet. Handbuch für angehende Revolutionäre.* München 2023. Der Autor geht, ähnlich wie Michael Thumann, davon aus, dass die errungenen Freiheiten der 1990er-Jahre ein für alle Mal rückgängig gemacht werden sollen. Er gibt eine pessimistische Perspektive und entwickelt dennoch eine Revolutionsvorstellung, wenn es gelingt, die föderalen Strukturen des Landes zu beleben. Pessimistisch deshalb, weil seiner Meinung nach der Drachen in Russland durch einen neuen Drachen bekämpft würde.

4. Zeitenwende in der Sicherheitspolitik?

Der Begriff der Wende ist im kollektiven Bewusstsein der Deutschen eng mit dem Verlauf der Wiedervereinigung und dem Ende des Kalten Kriegs verbunden, dessen militärische Konfliktlinie mitten durch Deutschland lief. Die „Wende" markiert eine Zäsur in der deutschen, europäischen und globalen Geschichte. Mit ihr begann eine Phase, in der die Diktatur der DDR auf friedlichem Wege beseitigt, ihre Aufteilung in 14 Bezirke (plus Ost-Berlin) 1990 abgeschafft und durch die Gliederung in fünf Länder (ähnlich der föderalen Ordnung, die bis 1952 galt) ersetzt wurde. Am 3. Oktober 1990 wurde die Wiedervereinigung vollzogen. Die Länder Brandenburg, Mecklenburg-Vorpommern, Sachsen, Sachsen-Anhalt und Thüringen wurden Teile der föderativen Ordnung der Bundesrepublik Deutschland.[36] Ost-Berlin wurde mit West-Berlin vereinigt. Ein feiner Unterschied: Nicht die DDR trat der Bundesrepublik bei, sondern es waren die fünf Länder mit Ost-Berlin. Die Konfrontation zweier Großmächte auf deutschem Boden wurde damit beigelegt: Deutschland erhielt seine volle Souveränität.

Nur kurze Zeit nach dem Fall der Mauer, am 9. November 1989, fand der Zusammenbruch des Sowjetimperiums statt, aus westdeutscher Sicht weitgehend unvermutet. In Präsident Michail Gorbatschow wurde ein „Wohltäter" der deutschen Einheit gesehen.[37] Der Zusammenbruch führte dazu, dass sich die „Satellitenstaaten" schrittweise von ihren russischen Fes-

---

36 Vgl. Andreas Rödder: *Geschichte der deutschen Wiedervereinigung*. München 2011, S. 91 f., sowie Christiane Bender/Hans Graßl: „Föderalismus und Subsidiarität. Frühe Wurzeln des föderalen Verfassungsstaats", Bundeszentrale für politische Bildung, Deutschland Archiv vom 20.10.2022, https://www.bpb.de/themen/deutschlandarchiv/508786/foederalismus-und-subsidiaritaet/.

37 Michael Thumann gibt eine hierzulande wenig bekannte Darstellung des „Augustputsches" von 1991 in Moskau. Der gescheiterte Putsch war das Werk des Geheimdienstes und der Sicherheitsapparate, die die Erosion der Sowjetunion rückgängig machen wollten. Sie sahen in der „Perestroika" Gorbatschows die Ursache dafür. Gorbatschow wollte zwar eine Modernisierung, aber keinen Wandel der Dominanz des russischen Imperiums mit einer Zentralmacht. Es war Boris Jelzin, der sich dem Putsch widersetzte und die Bürger auf seiner Seite hatte. Wladimir Krjutschkow, damals Putins Vorgesetzter, hatte Jelzin unterschätzt und Gorbatschow falsch eingeschätzt. Jelzin verbot die Kommunistische Partei der SU (KPdSU) und beschleunigte damit den politischen Zerfall der Sowjetunion und die Unabhängigkeit der Ukraine, von Belarus, der Republik Moldau, von Aserbaidschan, Usbekistan, Kirgistan, Tadschikistan, Turkmenistan, Kasachstan. Dies geschah zum Leidwesen des Geheimdiensts und von Gorbatschow. Putin trat am 31. Dezember 1999 Jelzins Nachfolge an und setzte sich wahrscheinlich schon damals zum Ziel, ein vergleichbares Machtgebilde unter russischer Führung wiederherzustellen. Siehe dazu Michael Thumann:

seln lösen konnten. In der bundesrepublikanischen Öffentlichkeit wurde weitgehend übersehen, wenn nicht gar ignoriert, dass das sowjetische Imperium nicht nur aufgrund seiner ökonomischen Schwächen implodierte, sondern dass sich auch sein zentralistisches Herrschaftsmodell gegenüber der Rebellion und dem Selbstbestimmungswillen der einzelnen Staaten nicht mehr durchsetzen konnte. Eine hochgerüstete, verteidigungsbereite und einsatzfähige Bundeswehr im Rahmen des NATO-Bündnisses verhinderte damals, dass ein innenpolitisch und in seinen Beziehungen zu den zugehörigen Staaten geschwächtes System die Krisen und Konflikte durch aggressives Verhalten nach außen kompensieren konnte.

Die Austragung zwischenstaatlicher Konflikte in Europa mit friedlichen Mitteln schien von nun an wahrscheinlich und der Einsatz von militärischen Mitteln im Interesse imperialer Absichten unwahrscheinlicher zu werden, zumal vielfältige gesellschaftliche Prozesse der Vernetzung auf europäischer und globaler Ebene ihren Aufschwung nahmen. Diese weltgeschichtlich bedeutsame Wende mitten in Europa, an der Grenze zweier Systeme, war nicht geplant. Die meisten involvierten Zeitzeugen, auch die Repräsentanten der beteiligten Staaten der Jahre 1989 und 1990, sahen die Abfolge der Ereignisse und ihr Zusammenspiel nicht voraus. Bundeskanzler Kohl hat nach einigem Zögern die „Zeichen" der Zeit erkannt, diese im Sinne der Herstellung der Einheit interpretiert und rasch eine Agenda seines Handelns ausgearbeitet, die er erfolgreich in den Gesprächen zur Wiedervereinigung umsetzte und die zu den „Zwei-plus-Vier-Verhandlungen" führten. Willy Brandt fand mit dem Diktum „Jetzt wächst zusammen, was zusammengehört" geeignete Worte, plausibel und zustimmungsfähig für die überwiegende Mehrheit der Bevölkerung.[38]

Mit der Wiedervereinigung hofften die meisten Europäer, keine Kriege auf ihrem Kontinent mehr zu erleben. Die bereits vorher angestrebte Entspannungspolitik zwischen ehemaligen Feinden sowie die Abrüstung und Kooperation auf vielen gesellschaftlichen Ebenen zwischen Ost und West wurden intensiviert. Deutschland trat auf allen Ebenen, in der EU und in der NATO für eine Partnerschaft mit den Repräsentanten der Russischen Föderation ein. Dadurch wurde ein System vielfältiger gemeinsamer Pro-

---

„Ahnengalerie. Warum die Putschisten von 1991 heute gesiegt haben", in: ders., *Revanche*, a. a. O., S. 41-54.

38 Der ehemalige Außenminister Heiko Maas betonte in einem rückschauenden Meinungsbeitrag auf der Internetseite des Außenministeriums zum 30. Jahrestag der deutschen Einheit, dass Willy Brandt damit nicht nur die deutsche, sondern auch die europäische Einigung gemeint habe.

jekte mit wechselseitig einzuhaltenden Vertragsverpflichtungen geschaffen, das für Deutschland als Exportnation mit riesigem Energie- und Rohstoffbedarf vorteilhaft war. Als Schlüsselerlebnis nährte das Ende des Kalten Kriegs generationsübergreifend langgehegte Hoffnungen auf eine europa- und irgendwann weltweite Durchsetzung friedlicher Formen der Konfliktlösung bis hin zu einem „ewigen Frieden" (Kant). Der Ausbruch des heißen Kriegs gegen die Ukraine setzt an die Stelle dieses optimistischen Glaubens in Deutschland ein Gefühl des Entsetzens und der Angst vor einem russischen Atomschlag.

Regierungserklärung als performative Sprachhandlung[39]

Die Regierungserklärung, die Bundeskanzler Olaf Scholz drei Tage nach dem russischen Überfall auf die Ukraine abgab, brachte zum Ausdruck, dass die mehr als dreißig Jahre während Zeitspanne der Friedenserfolge und Hoffnungen im Nachgang des Mauerfalls zu Ende war. Er gab dem erschütternden Ereignis den Namen „Zeitenwende". „Die Welt danach ist nicht mehr dieselbe wie die Welt davor",[40] so lautete seine Feststellung. Mit dem Überfall wurden das Völkerrecht und die in der Schlussakte von Helsinki unterzeichneten Vereinbarungen gebrochen und schreckliches Leid in der Ukraine angerichtet. Scholz teilte die Sorgen der Menschen, die sich nicht vorstellen konnten, dass in Europa wieder ein Krieg solchen Ausmaßes stattfinden würde.

---

39 Performative Sprachhandlung bedeutet, dass mit den gesprochenen Worten auch zeitgleich die Handlung vollzogen wird. Häufig werden dafür typische Sprechakte genannt wie beispielsweise die Worte des Pfarrers: „Ich taufe dich auf den Namen X oder der Sitzungsleiter mit: „Ich eröffne hiermit die Sitzung". Vgl. John L. Austin: *How to Do Things with Words* (dt. Zur Theorie der Sprechakte). Stuttgart 1972. Mit der Abgabe einer Regierungserklärung wird die Politik festgelegt und ein Schritt zur Umsetzung eingeleitet.

40 Der genaue Wortlaut der Einführung des Begriffs in der Rede lautet: „Der 24. Februar 2022 markiert eine Zeitenwende in der Geschichte unseres Kontinents. Mit dem Überfall auf die Ukraine hat der russische Präsident Putin kaltblütig einen Angriffskrieg vom Zaun gebrochen – aus einem einzigen Grund: Die Freiheit der Ukrainerinnen und Ukrainer stellt sein eigenes Unterdrückungsregime infrage. Das ist menschenverachtend. Das ist völkerrechtswidrig. Das ist durch nichts und niemanden zu rechtfertigen... Wir erleben eine Zeitenwende. Und das bedeutet: Die Welt danach ist nicht mehr dieselbe wie die Welt davor." Regierungserklärung von Bundeskanzler Olaf Scholz am 27. Februar 2022, https://www.bundesregierung.de/br eg-de/aktuelles/regierungserklaerung-von-bundeskanzler-olaf-scholz-am-27-februar -2022-2008356.

In seiner Rede bildet der Begriff der Zeitenwende den „roten Faden" und ordnet in der Funktion eines rhetorisch-semantischen Rahmens („Framing") die Aussagen in einen einheitlichen Bedeutungszusammenhang. Darüber hinaus stellt die Rede eine performative Sprachhandlung dar, d. h., sie vollzieht, worüber sie spricht: Scholz fordert nicht nur auf, die Aggression zu verurteilen, sondern stellt tradierte deutsche Sprach- und Denkgewohnheiten beiseite. Dazu gehört die Gewohnheit, in vielen offiziellen Verlautbarungen in Putin eher einen „Freund" zu sehen. Infolgedessen übte man in Deutschland lange Zeit Zurückhaltung, sich mit dessen Feinden zu solidarisieren. Scharf verurteilt er nun Putins Vorgehen. Mit seiner Erklärung wird die strategische Neuausrichtung der Sicherheitspolitik in Deutschland unmittelbar verbindliche Politik.[41] Die Rede erfüllt zudem weitere kommunikative und demokratische Funktionen, den Parlamentariern und der Bevölkerung Gründe, Maßnahmen und Ziele der Regierungspolitik vorzustellen und dadurch Transparenz herzustellen, die Bürger zu befähigen, die Regierungspolitik zu beurteilen und Diskussionen anzuregen. Die genannten Aspekte, die den besonderen Stellenwert der Rede ausmachen, werden im Folgenden exemplifiziert.

Die scharfe öffentliche Verurteilung des russischen Präsidenten in der Rede des Bundeskanzlers signalisiert eine Zeitenwende in der deutschen Politik: Scholz stellte klar, dass Putin die auf Verständigung und Verhandlungen basierenden Regeln der Konfliktlösung zwischen Staaten im Rahmen des geltenden Rechts gebrochen hat. Er setze im Konflikt zwischen der Ukraine und der Russischen Föderation auf Okkupation, auf „Macht gegen

---

41 General a. D. Klaus Dieter Naumann, ehemals 10. Generalinspekteur der Bundeswehr und Vorsitzender des NATO-Militär-Ausschusses, kommentiert in einem Podcast-Interview die Regierungserklärung als „historische Entscheidung" und „Lichtblick in der deutschen Geschichte". Dabei sei es für die Bündnispartner von großer Bedeutung, dass sich die Deutschen endlich zur Bedeutung des eigenen Schutzes bekennen, denn nur über diese Stärke können auch Verhandlungsoptionen erlangt werden. Klaus Naumann gestand, dass die Willensäußerung von Olaf Scholz, eine Zeitenwende im Sicherheitsverständnis Deutschlands einzuleiten, für ihn „in den letzten zwanzig Jahren der erste und einzige Moment" gewesen sei, in dem er „stolz auf sein Land" war.
Vgl. das Interview von Erich Lejeune mit General a. D. Dr. Klaus Dieter Naumann am 05.03.20022, in: *München.de*, www.muenchen.tv/mediathek/video/lejeune-genera l-a-d-dr-klaus-dieter-naumann. Diese emotionale Äußerung eines hohen ehemaligen Generals, der sein Berufsleben den Aufgaben der äußeren Sicherheit Deutschlands gewidmet hat, wozu das Land durch das Grundgesetz und innerhalb der eingegangenen Bündnisse verpflichtet ist, stimmt nachdenklich.

Recht".[42] Er zertrümmere die europäische und internationale Sicherheitsordnung, wie sie in der *Schlussakte von Helsinki* (und in der *Charta von Paris*) formuliert ist. Er lähme mit dem Veto Russlands die Institutionen des Völkerrechts durch die Beschlussunfähigkeit des UN-Sicherheitsrats. Und mit der Beschlussunfähigkeit sei der Sicherheitsrat handlungsunfähig. Wenn fortan Macht das Recht brechen könne, so fährt Scholz fort, drohe ein Rückfall in das Zeitalter des Imperialismus. Es sei davon auszugehen, dass Putin ein russisches Imperium zu errichten beabsichtige.[43]

Der Kanzler stellt als Antwort auf die Lagebeschreibung die strategische Neuausrichtung der deutschen Sicherheitspolitik anhand eines 5-Punkte-Programms vor. Darin nimmt er, wie bereits mehrfach erwähnt, erhebliche Tabubrüche mit der bisherigen Verteidigungs- und Außenpolitik billigend in Kauf. So macht er deutlich, dass aus der Solidarität mit der Ukraine im Kampf gegen den Aggressor auch deren Unterstützung mit Waffen, also die Lieferung von Waffen in ein Krisengebiet, folgt. Der bisherigen Orientierung Deutschlands, militärisch ausgetragene Konflikte vor allem durch Diplomatie lösen zu wollen, erteilt Scholz eine Absage, ohne auszuschließen, dass Dialog und Verständigung zu gegebener Zeit wieder möglich sind. Außerdem werde Deutschland Sanktionen verhängen, um die russische Wirtschaft, ihre Repräsentanten und letztlich die Finanzierung des Kriegs zu schwächen.

Paradigmenwechsel in der Bewertung der Streitkräfte

Ein weiterer zentraler Punkt der sicherheitspolitischen Neuausrichtung ist die nachholende Ausrüstung und Modernisierung der Bundeswehr durch die Bereitstellung eines Sondervermögens von 100 Milliarden Euro. Die militärischen Erfordernisse der Territorial- und Bündnisverteidigung, die in Deutschland vernachlässigt wurden, werden künftig wieder die zentrale Rolle spielen, die ihr nach dem Grundgesetz zukommt. Der Kanzler bekennt sich ausdrücklich zu einer engen sicherheitspolitischen Zusammenarbeit mit den Bündnispartnern der EU und der NATO und damit endlich auch zur Erfüllung der seit dem NATO-Gipfel in Prag 2002 erhobenen Zwei-Prozent-Forderung – ein heikles Thema für Scholz, der es als Finanz-

---

42 In einer späteren Rede vor den Vereinten Nationen spricht Scholz von Putins angestrebtem „Recht der Macht", das zu einem neuen Imperialismus führt, anstatt die „Macht des Rechts" zu bezwecken, dem sich auch die Mächtigen zu unterwerfen haben. In einem ergänzenden Interview spricht er von Putins Absicht, „Gewalt anstelle des Rechts" zu setzen.

43 Vgl. dazu Rüdiger von Fritsch: *Zeitenwende. Putins Krieg und die Folgen.* Berlin 2022.

minister abgelehnt hatte, das von Bundeskanzlerin Merkel gegebene Versprechen im Bundeshaushalt zu verankern. Des Weiteren mahnte Scholz das forcierte Betreiben der klimapolitischen Ziele an und kündigte die tendenzielle Beendigung der hohen Abhängigkeit der deutschen Wirtschaft von russischen Rohstoff- und Energielieferungen an.

Die durch ihre eigene Krisenwahrnehmung beunruhigte Bevölkerung begrüßte zunächst mehrheitlich die Ausführungen des Kanzlers. Überzeugend waren darin sowohl die klare Identifizierung und Verurteilung der russischen Invasion als auch die Orientierung auf die strategische Neuausrichtung der Sicherheitspolitik. Scholz zeigte sich politisch handlungsfähig. Er entsprach der Erwartung, die er einst empfohlen hatte, ihn daran zu messen: „Wer bei mir Führung bestellt, bekommt sie auch." (Ein legendäres Zitat von Olaf Scholz aus seiner Zeit als Hamburger Bürgermeister)

Zugleich war es für viele Bürger wichtig, ihre eigenen Eindrücke mit der Einschätzung des Sachverhalts der Regierung abzugleichen und sich auf künftige Maßnahmen einzustellen, die auch in ihrem Alltagsleben zu kleinen und gravierenden Zeitenwenden führen werden. In einer derart schockierenden Situation Resonanz und Übereinstimmung mit der eigenen Regierung zu verspüren, wurde in der Bevölkerung als besonders wichtig empfunden und schuf Vertrauen. Allerdings dauerte es nicht lange, bis deutlich wurde, dass der Kanzler sich, seine Persönlichkeit, seine Partei und seine Koalition mit dem ambitionierten Politikwechsel überfordert hatte. Es gelang ihm in den folgenden Wochen und Monaten oftmals nicht, die beanspruchte Führungsrolle bei der Umsetzung der Politik der Zeitenwende überzeugend zu vermitteln.[44]

Dabei ist zu berücksichtigen, dass die gegenwärtigen Herausforderungen aufgrund des gestiegenen Unsicherheitspotenzials in der Zeitenwende selbst für einen erfahrenen Politiker wie Scholz nur schwer zu bewältigen sind. Der russische Angriffskrieg und der als Reaktion darauf erfolgte sicherheitspolitische Strategiewechsel stellen tiefe Überzeugungen bei den an der Regierung beteiligten Parteien, bei deren Anhängerschaft und in der deutschen Öffentlichkeit in Frage. Deren Selbstwahrnehmung, ihre langgehegten Gewissheiten und Gewohnheiten erleiden schmerzhafte Risse. Es ist nicht ausgemacht, ob und inwieweit große Teile der Bevölkerung und der politischen Klasse hierzulande langfristig bereit sein werden, die Illusionen

---

44 Beispielsweise war die Regierung mehrfach und über längere Zeit beim Thema Waffenlieferung an die Ukraine zögerlich. Angekündigtes und tatsächliches Handeln, die Abstimmung zwischen den Ressorts stimmten selten überein.

und die Verdrängung der Vergangenheit, im Kern den Verzicht auf einige zentrale Aspekte einer dem Land und seiner Verantwortung angemessenen Außen- und Sicherheitspolitik, einer nüchternen Überarbeitung zuzuführen. Zu einer politisch tiefgreifenden Zeitenwende gehört daher nicht nur, die Irrtümer über den vermeintlichen „russische Freund" zu erkennen, sondern auch die Täuschung über sich selbst.

Gegenwärtig weiß niemand, ob es in absehbarer Zeit gelingen wird, den Krieg zu beenden, ob das Eskalationspotenzial eingedämmt werden kann und vor allem: ob die Ukraine die Souveränität über ihr Territorium behält und ob erneut mit der Verankerung einer überarbeiteten, völkerrechtlich legitimierten und institutionalisierten Sicherheitsordnung aller freiheitlichen Staaten begonnen werden kann.

Dabei wird sich ein militärisches Sicherheitsnetz für demokratische Staaten gegen die nicht auszuschließenden unmittelbar-territorialen und mittelbar-subversiven imperialistischen Revisions- und Eroberungsbestrebungen von autoritär-totalitären Staaten bilden müssen. Welche Rolle wird die Politik der Zeitenwende dabei einnehmen? Wie lange halten die internationalen Bündnisse, in die die Sicherheitspolitik der Bundesrepublik Deutschland eingebunden ist? Wie lange wird das nach der Regierungserklärung entstandene Bündnis zwischen der Regierung, den beteiligten Parteien, den ihnen nahestehenden Verbänden und Vereinen und der Bevölkerung halten? Diese Fragen sind an die Zukunft gerichtet, die Antworten der Zeitzeugen der Zeitenwende sind spekulativ. Die Zeitzeugen sind vielfach in Auseinandersetzungen um die Deutung der Ereignisse und der daraus abzuleitenden Politik verstrickt. Sie wissen nicht, wer etwa im Falle eines fortgesetzten und ausgedehnten Kriegs zu den Überlebenden gehört und ob die gegenwärtig um Deutungshoheit Ringenden dazugehören werden.

In der Öffentlichkeit wird wahrgenommen, dass eine Politik der Zeitenwende in Deutschland eine große Rolle spielt. Nur hierzulande sah sich der Kanzler einer neuen Regierung veranlasst, eine Regierungserklärung zur Zeitenwende abzugeben, um eine Neuausrichtung der Politik vorzustellen und zu begründen. Eine Sicht auf die sich verschärfenden Bedrohungsszenarien und deren Bewältigung war im Alltagswissen der Bevölkerung bis zum Kriegsausbruch kaum präsent, fand keine angemessene Verarbeitung innerhalb der politischen Strategiebildung der Regierung, blieb in den Erörterungen innerhalb der vielfältigen Gliederungen der Parteien sowie in der medialen Berichterstattung nahezu unbeachtet. Das Erstaunliche daran ist, dass innerhalb der NATO und von den mittel- und osteuropäischen

Ländern (von Polen, den baltischen Staaten, der Ukraine, von Georgien) insbesondere seit der Okkupation von Krim und der Gebiete im Donbass immer wieder vor einer russischen Invasion gewarnt wurde. Die deutsche Öffentlichkeit und die politische Klasse wurden davon nicht aufgerüttelt.[45]

Daher stellt sich die Frage: Welche Orientierungs- und Deutungsmuster waren hierzulande derart verfestigt und verhinderten es, frühzeitig und gemeinsam mit den NATO-Partnern und den osteuropäischen Staaten eine sicherheitspolitische Zeitenwende einzuleiten? Die Beantwortung der Frage kann aufgrund der folgenden soziohistorischen Rekonstruktion einen Beitrag leisten, die sicherheitspolitischen Deutungs- und Orientierungsmuster in ihrer Begrenztheit deutlich zu machen, um einen Lernprozess zu ermöglichen, der für eine tatsächlich herbeizuführende nachhaltige Zeitenwende dringend benötigt wird.

Strategische Partnerschaft mit Russland

Am 14. Juni 2023 hat die Bundesregierung im Kabinett die erste „Nationale Sicherheitsstrategie" für Deutschland beschlossen. Damit soll das vorhandene Strategiedefizit in der deutschen Politik behoben, und es sollen Lehren aus dem russischen Angriffskrieg gegen die Ukraine gezogen werden. Das Konzept der „strategischen Partnerschaft" mit Russland, einst ein stolzer Baustein in der Sicherheitspolitik Deutschlands, war gescheitert. Denn Partnerschaft bedeutet, dass sich beide Partner an gemeinsame Vorhaben und Vereinbarungen, informell oder formell durch Verträge geschlossen, halten, fair und verlässlich miteinander umgehen und sich wechselseitig über neue Pläne unterrichten, wenn davon Auswirkungen auf die Sicherheitslage des Partners zu erwarten sind.

Im Nachhinein ist jedoch fraglich, ob und wann ein solches Verständnis für beide Seiten die Grundlage der Beziehung in den letzten 20 Jahren gebildet hat. In Bezug auf die russische Führung war der Begriff der Partnerschaft wohl schon seit Langem unzutreffend. Die russische Führung schien eine übergeordnete Strategie zu verfolgen, der es die Partnerschaft unterordnete, etwa gegen das Friedensprojekt der EU, in das Deutschland

---

45 Möglicherweise konnten die Deutschen den russischen Präsidenten nicht als Aggressor erkennen, was er schon lange war, weil man dem in der Öffentlichkeit verbreiteten Bild, ein Freund hochrangiger deutscher Politiker und des ehemaligen Bundeskanzlers Gerhard Schröder zu sein, vertraute. Es schien unvorstellbar, dass amtierende und frühere Politiker eng mit jemandem befreundet sind, der dem eigenen Land erheblichen Schaden zufügen und die Sicherheit friedlicher Staaten in Europa bedrohen würde.

investiert.[46] Sie schreckte nicht davor zurück, die partnerschaftlichen Beziehungen zu missbrauchen und „fallenzulassen", als ihr ex- oder implizites Regelsystem für die eigenen Ziele überflüssig oder hinderlich wurde. Mit der Kultur der gemeinsamen Vorhaben und Verträge geht normalerweise ein „Geist des gemeinsamen Ringens um Lösungen" sowie der Diplomatie, der Mediation und des beiderseitigen Interesses an Kompromissen und Konsensen einher, um eine Eskalierung von Konflikten zu vermeiden.

Putins Politik der vollendeten Tatsachen scheint von einer gänzlich eigenen machtpolitischen Agenda auszugehen, unabhängig vom partnerschaftlichen Denken.[47] Sukzessive ging mit der Umsetzung dieser Agenda eine Eskalation (Okkupation, Cyberwar, Unterwanderung, Drohungen etc.) der russischen Politik einher, die sich nur durch die Wiedergewinnung der geostrategischen Vormachtstellung Russlands erklären lässt: Moskau als Zentrum einer gesamteuropäischen Großmacht zu etablieren, deren Einflusszone auf jeden Fall die Ukraine und Belarus umfasst und darüber hinaus vermutlich auch die baltischen Länder und möglichst alle ehemaligen Sowjetrepubliken sukzessiv mit einbezieht. Wer solche Pläne verfolgt, dem erscheint Partnerschaft als bloße „Romantik", die einerseits zwar von Nutzen, andererseits bei der Durchsetzung der eigenen, übergeordneten Ziele nicht mehr von Interesse ist. Nicht eine Kultur der Verträge und der Partnerschaft wird angestrebt, sondern die Deregulierung der Beziehungen und Unterwerfung der Partner unter den eigenen Machtwillen.

Aufgrund der geschichtlichen Verantwortung aus zwei Weltkriegen hat für Deutschland eine an Kooperation und Friedenswahrung orientierte Bündnispolitik höchste außen- und sicherheitspolitische Bedeutung. Daran orientierten sich alle Kanzler der Bundesrepublik und begriffen Partnerschaft als eine sehr ernste Angelegenheit. Hinzu kommt: Das Konzept der strategischen Partnerschaft mit Russland war beliebt, und – um es knapp

---

46 Es ist jedoch zu fragen, ob die Absicht der russischen Führung, über die mittel- und osteuropäischen Länder wieder Einfluss und Macht zu gewinnen, nicht mit den deutschen Freunden kommuniziert wurde. Es ist zudem nicht nachvollziehbar, wie zwischen Deutschland und der Russischen Föderation engste wirtschaftliche und politisch abgesegnete Bande geknüpft werden konnten und die beteiligten politischen Akteure auf russischer Seite die Gewinne in ihre eignen „Taschen" steckten, ohne diese an ihre Bevölkerung weiterzugeben.

47 Umso peinlicher sind die Stellungnahmen des ehemaligen Bundeskanzlers Gerhard Schröder, der jüngst wieder die Freundschaft zu Putin hervorhob, die auf rein persönlichen Gefühlen beruhe. Umso fragwürdiger sind dann die Forderungen, die er nach seiner Amtszeit erhoben hat, den Einfluss Russlands auf die Energieversorgung in Deutschland zu erweitern.

zu formulieren – es besaß eine Lobby in Deutschland. Getragen wurde es durch eine merkwürdige Mischung aus Welt-, Selbst- und Fremdbildkonstruktionen, Modifikationen von historisch überlieferten Überzeugungen, Gefühlslagen weiter Kreise und sozialer Bewegungen, Anerkennungssehnsüchten einer moralisch geläuterten Nation, aber tragischerweise auch von der Vision einer Partnerschaft zwischen zwei Großmächten und politisch und ökonomisch interessierten Lobbyisten, die ihre Vorteile nutzten.

Die Vernachlässigung der Bündnis- und Landesverteidigungsfähigkeiten hat daher auch damit zu tun, dass die Sicherheitsbedürfnisse und die Bedrohungswahrnehmung der mittel- und osteuropäischen Länder von Deutschland missachtet wurden. Schließlich endete die strategische Partnerschaft mit Russland in einem jähen Aufwachen.[48] Die Frage nach der Systematik und Geschichte der „passion de l'ignorance" (Jacques Lacan), der hierzulande vorhandenen Bereitschaft zu übersehen und zu verdrängen, wird künftig zu untersuchen sein.[49] An dieser Stelle sollen dennoch einige Aspekte des vorherrschenden Selbst- und Fremdverständnisses der Deutschen thematisiert werden, die vermutlich zu dieser „Leidenschaft des Wegsehens" geführt haben.

Deutschland, Russland und Polen

Für Michael Thumann markiert der Vertrag von Rapallo (16. April 1922) einen folgenreichen Markstein in der „deutschen Tradition" der Beziehungen zu Russland, „die bis in die Gegenwart reicht".[50] Nur kurze Zeit nach Ausrufung der Republik (9. November 1918) und dem Versailler Friedensvertrag (28. Juni 1919) wollten Russland und Deutschland ihren damaligen Statusverlust gegenüber den westlichen Staaten durch einen Vertrag zur Aufnahme diplomatischer und wirtschaftlicher Beziehungen sowie zum

---

48 Viele zusätzliche Aspekte der Russlandpolitik nennt Andreas Heinemann-Grüder in seinem Aufsatz: „Russland-Politik in der Ära Merkel", in: *SIRIUS*, Bd. 6, 4/2022, S. 359-372. Er schreibt: „Die Politik der Partnerschaft hatte während der ergebnisoffenen Transformation Russlands in den 1990er Jahren ihre Berechtigung. Sie verlor aber mit dem Regime, das Putin repräsentierte, ihre Grundlage. Ein Wandel der deutschen Politik blieb allerdings aus, weil die beteiligten Politiker ihr Selbstbild und die Wirtschaftsakteure ihre ökonomischen Vorteile nicht preisgeben wollten." S. 359.

49 Hieß es in der Bundesrepublik nicht immer, man wolle keinen „Sonderweg" beschreiten?

50 Michael Thumann: *Revanche*, a. a. O., S. 20.

Verzicht auf Reparations- und Entschädigungszahlungen kompensieren.[51] Ergänzend kamen Vereinbarungen über Öllieferungen und -förderung hinzu. Zeitgleich hatte die Führung der Reichswehr mit Russland eine Vereinbarung zur militärischen Kooperation getroffen. Die Reichswehr erhielt die Erlaubnis, russische Truppenübungsplätze zu nutzen, um von dort, unter Umgehung der Auflagen des Versailler Vertrags, wieder mit der Aufrüstung zu beginnen.

Der britische Historiker James Hawes nennt den Rapallo-Vertrag eine „Wiederbelebung der alten Achse Preußen-Russland" und antwortete auf die von ihm gestellte Frage, was monarchistische Junkeroffiziere und russische Bolschewiki miteinander verbinden könnte:

> „Doch tatsächlich verbarg sich hinter den vermeintlichen ideologischen Unterschieden eine tiefe Geistesverwandtschaft: der verächtliche Hass auf den demokratischen Westen und seine angebliche Dekadenz, eine Neigung zu nackter Gewalt, die kultische Verehrung der militaristischen Staatsmacht und am wichtigsten: die tiefe Verachtung für das wiedergeborene Polen." [52]

Auch diese merkwürdige Verwandtschaft zweier ideologisch nur scheinbar weit auseinanderliegender Trägerschichten der Machtpolitik ihrer Länder weist eine lange Vorgeschichte auf. Die deutsch-polnischen Beziehungen waren von Anfang an von Ambivalenzen geprägt. In dieser Geschichte manifestiert sich über einen langen Zeitraum die Durchsetzung des (deutschen bzw. preußischen) Eroberungswillens zulasten der polnischen Einheit, seiner politischen Eigenständigkeit und territorialen Unverletzlichkeit durch Fremdherrschaft und Gebietsabtrennungen. Diese Haltung bestimmte 1772 die antipolnische Allianz zwischen Preußen und Russland, die zur Annexion großer Gebiete Polens durch Habsburg, Preußen und Russland führte.[53] Da Polen auf seinem verbliebenen Staatsgebiet Reformen im Sinne der Aufklärung umsetzte, wurde das Land 1793 und 1795 zum

---

51 Die Russische Sozialistische Föderative Sowjetrepublik (RSFSR) hatte Entschädigungszahlungen für die Enteignungen deutschen Eigentums im Zuge der Revolution zu leisten.

52 James Hawes: *Die kürzeste Geschichte Deutschlands*. a. a. O., Hawes beschreibt den Druck, den die preußischen Junker innerhalb der Reichswehr ausübten, um eine Revision der Weimarer Verhältnisse herbeizuführen, hier S. 222.

53 Jean-Jacques Rousseau schrieb seine „Betrachtungen über die Regierung Polens und über den Entwurf einer Verbesserung derselben" (April 1772) für die polnisch-litauische Adelsrepublik (1569-1795). Michael Wielhorski, ein Repräsentant der Adelsrepublik, hatte ihn dazu aufgefordert.

zweiten bzw. zum dritten Mal unter Preußen, Russland und Österreich aufgeteilt. Danach hatte es für 123 Jahre seine Staatlichkeit verloren.

Die Fortsetzung dieser imperialistischen Machtpolitik bildete der Hitler-Stalin-Pakt, in welchem die Außenminister von Rippentrop und Molotow im Sinne ihrer Diktatoren in der Nacht vom 23. auf den 24. August 1939 einen Nichtangriffspakt unterzeichneten, der Adolf Hitler nur wenige Tage später den Überfall auf Polen ermöglichte und der im Zusatzprotokoll die Aufteilung von Polen und des Baltikums vorsah.

Es ist schwer vorstellbar, dass deutsche Regierungen nach dieser Vorgeschichte den Bau von zwei Pipelines absegneten, die unter Umgehung der Ukraine und Polens Erdgas nach Deutschland lieferten. Dabei war erkennbar, dass die strategische Bedeutung für Russland in der Stärkung seiner Stellung als Energielieferant und in der Schwächung der Wirtschaft beider Länder lag. Während Deutschland an die Intensivierung seiner Partnerschaft zu Russland nach dem Motto „Wandel durch Handel" glaubte, setzte es sich darüber hinweg, dass Russland eine Politik der einseitigen Abhängigkeit der Ukraine und Polens betrieb.

Vorbehalte gegen die USA

Anders als in den angelsächsischen Ländern spielten für Deutschland traditionelle und durch ständische Privilegien geprägte Lebensformen im Zuge der Industrialisierung eine weitaus größere Rolle und trugen, wenn auch in transformierter Form, zu einer stark geschichteten Gesellschaft mit einem hierarchischen System differenzierter, die Arbeits- und Lebenswelt strukturierender Statuskategorien bei. Alten und neuen Trägerschichten des deutschen korporatistischen Wegs in die Moderne schien das liberale marktwirtschaftliche Modell mit dem Versprechen von gleichen Zugangschancen zu Konsum nach amerikanischem Vorbild ein Angriff auf die Bewahrung der überkommenen Distinktionsmerkmale und Statuslagen zu sein. Aus deutscher Sicht waren in der amerikanischen Gesellschaft die tradierten Symbole von Herkunft und Status weniger bedeutsam als die Verfügung über finanzielle Ressourcen.

Die USA und ihre Politik im Rahmen der Friedensverhandlungen nach dem Ersten Weltkrieg und seine Vorbildfunktion als dynamische Gesellschaft im Zuge der Etablierung der Weimarer Republik wurden in weiten Kreisen der deutschen Eliten nicht als Chance gesehen, die am Ende des Kaiserreichs vorhandenen Tendenzen zu einem autoritären Staat zu überwinden. Die Schritte zur Demokratie und Modernisierung der Lebensverhältnisse erschienen vielfach als ein fremdbestimmtes Diktat. Wichtig ist zu beachten: Die moderaten Kräfte, die damals nach dem Versagen der herrschenden „Klasse" eine parlamentarische Demokratie anstrebten, wurden sowohl von den Anhängern der Räterepublik nach bolschewistischem Vorbild als auch von den revanchistischen Kräften der untergegangenen Monarchie offen bekämpft.

Die Weimarer Republik hatte von Anfang an Feinde von links und von rechts: Beide Seiten lehnten eine liberale, „westlich" orientierte Gesellschaft ab. Es war – dank der umsichtigen Politik von Friedrich Ebert – den Feinden von links jedoch nicht gelungen, die Etablierung des rechtsstaatlich-parlamentarischen Pfads zu verhindern. Die Zerstörung der Demokratie durch die Feinde von rechts war dann das Ende der Weimarer Republik.

Neben Frankreich und Großbritannien übernahmen vor allem die USA Verantwortung für die Institutionalisierung der föderalen, rechtsstaatlichen und sozialen Ordnung der Bundesrepublik, für den allmählichen Aufschwung einer modernen, die Konsumbedürfnisse seiner Bürger befriedigenden modernen Wirtschaft und – last, but not least – für die Entwicklung einer vielfältigen Kultur, die sowohl der Unterhaltung als auch der Bildung der Bevölkerung diente. Viele Partizipationschancen des „American Way of Life" der USA, der sich in der Bundesrepublik nach dem Zweiten Weltkrieg durchgesetzt hatte, stießen jedoch von Anfang an auf eine reaktionäre kultur- und gesellschaftskritisch motivierte Ablehnung.

Nach dem Zweiten Weltkrieg gab es daher nicht nur in der ehemaligen DDR, sondern auch in der Bundesrepublik kultur- und gesellschaftskritische Einstellungen, die das liberale marktwirtschaftliche Modell ablehnten und einem „starken Staat", wie der Sowjetunion, Sympathie entgegenbrachten. In Anbetracht der stalinistischen Machtausübung auf die osteuropäischen Staaten, allem voran auf die DDR, stieß jedoch die „Politik der ersten Stunde", die Westbindung der teilsouveränen Bundesrepublik zu festigen, weitgehend auf Zustimmung in der Bevölkerung der jungen Bundesrepublik. Zu dieser Politik gehörten der Aufschwung und die Stärke der Wirtschaft, die Forcierung einer kulturellen Liberalisierung und die Sicherung der Fähigkeiten zur Landes- und Bündnisverteidigung durch den NATO-Beitritt im Interesse einer gemeinsamen einvernehmlichen Außen- und Sicherheitspolitik. Damit verbunden waren die Präsenz amerikanischer Truppen, die Gründung der Bundeswehr und der Aufbau eines eigenen Militärs, fest eingebunden in das Bündnis; denn diesem verdankte die Bundesrepublik ihre Sicherheit gegenüber dem Warschauer Pakt.

Doch an dieser Strategie störten sich die sozialen Bewegungen, die sich eine „Entmilitarisierung" wünschten und sich dabei am Konzept der Neutralität, von der Sowjetunion gefordert, orientierten. Hinzu kam: Die Forderung nach einer Entmilitarisierung wurde als Lehre aus der Aufarbeitung der Kriegsverbrechen in der deutschen Vergangenheit verstanden. Proteste gegen die „Militarisierung" setzten sich fort und wurden – vor dem Hintergrund verschärfter Konfrontationen zwischen Ost und West – von einem Teil der jüngeren Generation mit Kritik an den USA als Mutterland des Kapitalismus und später mit Kritik am „Militärisch-industriellen-Komplex" (MIK) in der Bundesrepublik verbunden.[54]

Die 68er-Generation transformierte die nationalkonservative Kritik an den zerstörerischen Kräften des Marktes in eine Kapitalismuskritik an den USA, dem Land, welches ihrer Meinung nach eine ungehemmte Marktdominanz verkörperte. Auch in der Bundesrepublik gingen, ähnlich wie in Frankreich, Studierende auf die Straße, die überwiegend aus dem Bildungsbürgertum stammten und zu der kleinen Zahl derer gehörten, die damals ein Gymnasium besucht hatten und ein Studium aufnehmen konnten. Diese Bewegung grenzte sich besonders von den USA (Parole: „USA, SA, SS!") ab, obwohl sie der amerikanischen Kultur viel zu verdanken hatte. Sie liebäugelte mit den autoritären Führern und Systemen aus Nordvietnam, China, Kuba und der früheren Sowjetunion. Ihre Trägerorganisationen (an den Universitäten: SDS, SHB, MSB Spartakus, Jungsozialisten u. a.) unterhielten offene und verdeckte Beziehungen zur DDR und zu anderen Staaten des Warschauer Pakts, die von der SPD im Rahmen der Entspannungspolitik in den 1960er-Jahren eingeleitet und gefördert wurden. In sozialdemokratischen Kreisen wurde Egon Bahrs Konzept „Wandel durch Annäherung", eine Politik der Intensivierung von Handelsbeziehungen und der Führung von Gesprächen ohne Konfrontation und Kritik, geradezu als Pfad zu Freundschaft und Frieden in Europa betrachtet, oftmals formuliert in Abkehr von der engen Beziehung zu den USA und ohne Berücksichtigung der Einbeziehung der mittel- und osteuropäischen Staaten und dem Aufbegehren ihrer Bevölkerungen.

---

54 Der MIK in den USA besteht noch immer. Nach der russischen Invasion in die Ukraine wäre es für Deutschland wünschenswert, wenn er auch hier noch bestünde. Nun wird er mühsam wieder aufgebaut.

Wandel durch Handel

Interessant ist auch die Bedeutung des *Moskauer Vertrags* (er wurde am 12. August 1970, also kurz nach dem Prager Frühling, unterzeichnet und trat am 3. Juni 1972 in Kraft)[55] zwischen der Bundesrepublik und der Sowjetunion. Beide Staaten verpflichteten sich, ihre Konflikte ohne Anwendung von Gewalt zu lösen. Festgehalten wurde auch die Unverletzlichkeit der Grenzen zwischen der DDR und der Bundesrepublik und zwischen Polen und der DDR. Er bildete die Basis für weitere Verhandlungen und Maßnahmen zur Entspannungspolitik und wurde als großer Erfolg gewertet. Allerdings deutete sich schon damals eine gewisse Blindheit auf deutscher Seite an, sich lediglich auf die Zusammenarbeit mit Moskau zu konzentrieren. Gesprächspartner waren nur die offiziellen Repräsentanten der Staatsmacht, keine Dissidenten. Die Vision von einem „Sozialismus mit menschlichem Antlitz" war damals populär, verbunden mit der Hoffnung, dass sich der Realsozialismus noch entwickeln würde. Die Friedensbewegung, die sich in der evangelischen Kirche der Bundesrepublik und der DDR gegen Aufrüstung, Rüstungsspiralen und forcierte Abschreckung richtete, entwickelte ein Verständnis von „gemeinschaftlicher Sicherheit". Priorität hatte dabei das Verhältnis der Bundesrepublik zur Sowjetunion. Staaten, die sich durch ihre Widerstandsbewegungen gegen ihre Unterordnung unter die Suprematie des Kremls hervortaten, spielten für die Friedensbewegung nur eine geringe Rolle.

Russische Partner (Gorbatschow, Jelzin, Putin)

Der Generalsekretär der KPdSU und letzte Staatspräsident der Sowjetunion (März 1990 bis Dezember 1991) Michael Gorbatschow avancierte im Zuge der Wiedervereinigung zu einem Politiker der deutschen Herzen. Sein Vorhaben, die Sowjetunion zu öffnen (Glasnost) und umzubauen (Perestroika), trug zur Entspannung, zum Ende des Kalten Kriegs und zu Abrüstungsinitiativen mit den Amerikanern bei. Er versprach den Staaten des Warschauer Pakts, dass die Sowjetunion künftig die Souveränität dieser Länder respektieren werde, ihre inneren Angelegenheiten selbst zu regeln. Diese neue Ausrichtung der Politik erhielt den Namen Sinatra-Doktrin.[56] Da der Generalsekretär nach anfänglichem Zaudern den Wunsch der Deutschen unterstützte, die Einheit zu vollziehen, blieb er hierzulande als

---

55 Egon Bahr: *Zu meiner Zeit*. München 1989, S. 264 ff.
56 Sie löste die Breschnew-Doktrin ab, die den Staaten nur sehr begrenzt Spielräume gestattete und immer wieder zur Niederschlagung von Freiheitsbewegungen führte.

Freund und Partner in Erinnerung. Auch das freundlich-charmante Auftreten des Ehepaars Gorbatschow trug mit dazu bei. Seine tatsächliche Rolle erscheint dabei in einem etwas verklärten Licht.

Die Auflösung der Sowjetunion, wie sie von vielen Einzelstaaten betrieben wurde, war ihm ein Ärgernis. Wie in Hochzeiten des Kalten Kriegs, ließ er 1989 Sowjettruppen in Tiflis (Georgien) und 1990 in Baku (Aserbaidschan) einfallen, um die dortigen Unabhängigkeitsbestrebungen gewaltsam niederzuschlagen. Im Januar 1991 schickte Gorbatschow Truppen nach Litauen, die Folge war der „Blutsonntag von Vilnius". Doch der Wille der Bevölkerung nach Unabhängigkeit ließ sich nicht brechen. Litauen hatte im Zuge der „Singenden Revolution" im März 1990 als erstes Land im Baltikum seine Unabhängigkeit von der Sowjetunion erklärt. Lettland und Estland folgten etwas später. Die Länder, die Stalin 1940 brutal annektiert hatte, beharrten auf ihrem eigenen Weg im Sinne des Songs von Frank Sinatra „My Way".[57]

Boris Jelzin, der erste demokratisch gewählte Präsident der Russischen Teilrepublik (RSFSR), wird von den Deutschen weitaus kritischer als Gorbatschow beurteilt. In oberflächlicher Betrachtung wird seine Präsidentschaft (Juni 1991 bis Dezember 1999) als chaotisch beurteilt, jedoch hat weder vor noch nach ihm die russische Bevölkerung so viel Freiheit genossen wie unter seiner Präsidentschaft.[58] Die Hoffnungen auf Umsetzung der Versprechen auf Demokratie, Wohlstand und auf rechtsstaatlich geschützte Verhältnisse waren groß. Im August 1991 scheiterte der vom KGB und Militär initiierte Putsch gegen Gorbatschow an Jelzins entschlossenem Widerstand. Jelzin setzte sich dafür ein, den Geist der eingeschlagenen Zeitenwende durch Liberalisierung und Deregulierung der überkommenen Machtverhältnisse weiterzuführen. Wie bereits geschildert, war er es, der zusammen mit Krawtschuk (Ukraine) und Schuschkewitsch (Weißrussland) die Sowjetunion auflöste und die Gemeinschaft Unabhängiger Staaten (GUS) gründete.[59] Auch innerhalb der russischen Föderation wurde während seiner Präsidentschaft den Gliedern mehr Eigenständigkeit

---

57 Beim Großen Zapfenstreich zur Verabschiedung von Bundeskanzler Gerhard Schröder spielte das Musikkorps auf seinen Wunsch „My Way". Das Publikum war gerührt. Die wenigsten konnten sich dabei vorstellen, dass dieser Weg vor allem nach Moskau, zu Wladimir Putin, zu einem brutalen Autokraten führte.

58 Vgl. Michael Thumann: *Revanche*, a. a. O., S. 55-73.

59 Der GUS schlossen sich weitere Staaten an (Armenien, Aserbaidschan, Georgien, Republik Moldau etc.). Michael Thumann schildert, dass keiner dieser Staaten wieder zu einer „Union" gehören wollte, daher der neue Name.

gestattet. Deutschland begleitete die gesellschaftliche Öffnung durch Wissenstransfer, Austausch, Partnerschaftsprogramme und wirtschaftliche Kooperation.[60]

Mit Putins Machtübernahme Ende 1999 begann allmählich der Freiheitsentzug. Die Feinde der Liberalisierung und Öffnung der alten Sowjetunion warteten auf den geeigneten Augenblick, um die alte Ordnung wiederherzustellen. Sukzessive wurden Politiker der Opposition und Journalisten, die eine kritische Sicht auf den Kreml vertraten, bedroht oder ermordet.[61] Der ehemalige KGBler holte die Putschisten vom August 1991 Schritt für Schritt wieder in offizielle Ämter zurück und ließ sie von Neuem an der Macht teilhaben. Deutschland und weite Teile seiner politischen Klasse schenkten dieser Entwicklung wenig Aufmerksamkeit und wenn doch, so suggerierten sie, es sei Putin zu verdanken, dass weitaus schlimmere Entwicklungen verhindert wurden.

Die Erwartungen, die Russische Föderation zugunsten einer Selbstständigkeit ihrer Glieder zu modernisieren und in der GUS die Sinatra-Doktrin zu verwirklichen, erfüllten sich nur für kurze Zeit. Schon bald wurden die gewährten Freiheitsspielräume wieder eingeschränkt. Moskau setzte als Zentrale der Russischen Föderation (Rechtsnachfolgerin der Sowjetunion) seine Vormachtstellung innerhalb der Föderation zunehmend autoritär durch und übte auf die Mitgliedsstaaten der GUS verstärkt Druck aus.

5. Diktatur und Hegemonialmacht

Dabei nutzte Russland die Konflikte zwischen den dort lebenden verschiedenen Bevölkerungsgruppen und sah darin seine Chance, sich militärisch

---

60 Aus heutiger Sicht wird deutlich, dass die engen Bindungen der deutschen Wirtschaft an die russischen Energie- und Rohstoffproduzenten in der Hand des Staates dazu beigetragen haben, den russischen Weg zurück in die Diktatur und Kriegswirtschaft zu finanzieren und nicht, wie Schröder dies suggeriert hat, zur Modernisierung geführt und dazu beigetragen haben, einen Wohlfahrtsstaat aufzubauen und die Einnahmen der Bevölkerung zugutekommen zu lassen.

61 Die Tragik der Entwicklung wird an der brutalen Ermordung des Hoffnungsträgers Boris Nemzow deutlich, der 2015 auf der Großen Moskwa-Brücke östlich des Kremls hinterrücks erschossen wurde. Von 1991 bis 1997 war er Gouverneur des Gebiets Nischni Nowgorod und setzte viele Reformen durch, von 1997 bis 1998 war er Vizepräsident der Russischen Föderation. Zunächst unterstützte er Putin, wandte sich mit der Zeit aber von ihm ab und kritisierte dessen Kurs. 2006 war die Journalistin Anna Petrowskaja ermordet worden, die kritisch über den Tschetschenien-Krieg berichtet hatte.

einzumischen, vorhandene sezessionistische Bestrebungen zu unterstützen und deren Entwicklung zu einem modernen souveränen Staat zu destabilisieren. Das Modell der liberalen Demokratie verlor schon bald seine Faszination für die russische Oligarchie. Russland entwickelte sich zunehmend autoritär, ohne Herausbildung einer breiten, liberalen Mittelschicht und Aufbau eines die Grundrechte und die Gesundheit seiner Bürger schützenden Rechts- und Wohlfahrtsstaats.

Obwohl zur Russischen Föderation 83 Föderationssubjekte (Republiken, Städte, Gebiete, Kreise, Oblaste) gehören, behandelt Moskau diese nicht als weitgehend eigenständige Subjekte, sondern als Objekte der allmählichen Reorganisation eines zentralistischen Regimes, das gegen die Einforderung von eigenstaatlichen Entwicklungen oftmals brutal vorgeht.[62]

1. Ein Beispiel dafür ist Tschetschenien, das Land, gegen das Russland zwei Angriffskriege führte (1994-1996 und 1999-2006).[63] Als Vergeltung für terroristische Anschläge im August 1999 in der russischen Teilrepublik Dagestan und einer Anschlagsserie auf zivile Wohnhäuser in Moskau Anfang September 1999, bei der Hunderte Menschen starben, zerstörte die russische Luftwaffe rücksichtslos die Hauptstadt Grosny. Inzwischen wurde bekannt, dass hinter den Anschlägen in Moskau der Inlandsgeheimdienst stand. Er agierte im Dienst der Wahlkampfstrategie von Putin um das Präsidentenamt, der sich als starker Mann präsentieren wollte.[64]

2. Ein weiteres Beispiel für die vom Westen wenig zur Kenntnis genommene Unterwerfungspolitik ist der seit 1990 schwelende Konflikt zwischen der Republik Moldau (GUS-Mitglied) und der abtrünnigen Republik

---

62 Wikipedia weist daraufhin, dass die russische Führung eine höhere Zahl von zugehörigen „Föderationssubjekten" der Russischen Föderation angibt, da sie zusätzlich die völkerrechtswidrig okkupierten ukrainischen Gebiete aufführt. Zudem weist der Artikel daraufhin, dass die föderative und zumindest vielen Gliederungseinheiten Teilsouveränität gewährleistende Struktur, die nach dem Ende der Sowjetunion vielerorts angestrebt und teilweise verwirklicht wurde, sukzessive wieder zurückgenommen und ein zentralistisches, vom Kreml ausgehendes Herrschaftsmodell wieder eingeführt wurde. Verfassungstext und Verfassungswirklichkeit fallen auseinander.

63 Die Hoffnungen in Tschetschenien auf größere Unabhängigkeit von der russischen Zentrale erfüllten sich nicht. Offensichtlich fand auch der damalige Präsident der Russischen Föderation, Boris Jelzin, nicht mehr zu seiner freiheitlichen Haltung zurück. Er beantwortete die Bestrebungen der „Separatisten" mit militärischen Interventionen. Zwar gab es immer wieder Abkommen, ausgehandelt von der OSZE, aber die Ruhe und der Frieden hielten nicht lange an. Vgl. Udo Lielischkies: „Tschetschenien: Ein Krieg als Steigbügel für den neuen Mann im Kreml", in: ders., *Im Schatten des Kreml. Unterwegs in Russland.* München 2022, S. 64-94.

64 Michael Thumann: *Revanche*, a. a. O., S. 75-107.

Transnistrien. Moskau hat dort seit vielen Jahren mehrere Tausend Soldaten stationiert und unterstützt die Abspaltung.[65]

3. Ein zusätzliches Beispiel ist der Kaukasus-Konflikt. Georgien musste
den Konflikt mit Abspaltungsversuchen von Südossetien und Abchasien
lösen. 2008 intervenierte Moskau und griff Georgien am 8. August in
einem verlustreichen 5-Tage-Krieg an. Südossetien und Abchasien wurden
anschließend als unabhängige Kleinstaaten von Russland anerkannt. Bis
heute sind dort russische Soldaten stationiert.

Auf dem Gipfeltreffen der NATO in Bukarest Anfang April 2008 baten
Georgien und die Ukraine um Aufnahme in das Verteidigungsbündnis.
Beide Länder erhielten jedoch lediglich die Zusage, eines Tages beitreten zu
dürfen.[66] Putin drohte daraufhin mit der Vernichtung Georgiens. Deutschland, vertreten durch Bundeskanzlerin Angela Merkel, und Frankreich, vertreten durch Präsident Nicolas Sarkozy, verweigerten die Zustimmung, die
der amerikanische Präsident George W. Bush vermutlich erteilt hätte. Georgien liegt an der von amerikanischen und westeuropäischen Ölkonzer-
nen errichteten Baku-Tiflis-Ceyhan-Pipeline, der zweitgrößten Ölpipeline
der Welt, und strebte schon damals danach, sich ökonomisch von Russland
unabhängig zu machen.[67]

4. Im Frühjahr 2014 okkupierte und annektierte Russland völkerrechtswidrig die Krim. Viele Bürger dort gehören zur Ethnie der Krimtataren,
die unter Stalin als Kollaborateure verfolgt und deportiert wurden. Nach
der Auflösung der Sowjetunion entschied sich eine knappe Mehrheit (54
Prozent) der Bevölkerung auf der Krim für ihre Zugehörigkeit zur Ukraine.
Neben dem *Budapester Memorandum* (1994) über die Abgabe der Atom-

---

65 Die Republik Moldau ist ein Opfer des Molotow-Ribbentrop-Abkommens von 1939
    und einer brutalen Sowjetisierung.

66 Beide Länder erhielten keinen Membership-Action-Status (MAP). Inzwischen wurde
    auf dem NATO-Gipfel 2023 in Vilnius ein NATO-Ukraine-Rat ins Leben gerufen, der
    die Zusammenarbeit, Koordination und Absprachen zwischen der Ukraine und der
    NATO ermöglicht. Es sei zwar enttäuschend, dass ein konkreter Beitrittstermin nicht
    beschlossen werden konnte, aber es sei wichtig, dass der Ukraine das Durchlaufen
    des sonst üblichen MAP erlassen werde, so Selenskyj.

67 In seiner Aufarbeitung des Verlaufs des Bukarester NATO-Gipfels zitiert „DER SPIE-
    GEL" sinngemäß den Kommentar des amerikanischen Botschafters Burns: „Mit dem
    Kompromiss hätten Bush und Merkel das Schlechteste aus zwei Welten geschaffen.
    Sie weckten Hoffnungen in der Ukraine und Georgien, die der Westen nicht erfüllen
    würde. Und zugleich bestätigten sie Putin in seiner Sicht, der zufolge der Westen
    einen Kurs verfolgte, den er als existenzielle Bedrohung wahrnahm." Siehe Klaus
    Wiegrefe: „Merkel und der Wolf", in: *DER SPIEGEL*, Nr. 38 vom 16.09.2023, S. 8-18,
    hier S. 18.

waffen wurde Moskau 1997 mit einem Pachtvertrag der Zugang zu der im Hafen von Sewastopol stationierten ehemaligen sowjetischen Schwarzmeerflotte, die nun unter dem Kommando Russlands stand, zunächst für 20 Jahre garantiert. Der damalige prorussische ukrainische Präsident Viktor Janukowitsch vereinbarte 2010 mit Moskau, dass der 2017 auslaufende Pachtvertrag für die Stationierung der russischen Flotte um weitere 25 Jahre verlängert wird.

Während 2013/14 Ukrainer und Ukrainerinnen auf dem Maidan für eine moderne Ukraine und für die Unterschrift unter das Assoziierungsabkommen mit der EU protestierten, besetzten russische Soldaten, die ihre Hoheitsabzeichen entfernt hatten, die Krim. Am 18. März 2014 unterzeichnete Wladimir Putin einen Vertrag über die Eingliederung der Krim in die Russische Föderation und die Loslösung von der Ukraine. Der UN-Sicherheitsrat bezeichnete dieses Vorgehen mehrheitlich als völkerrechtswidrig, scheiterte aber am Veto Russlands und an der Enthaltung Chinas. Experten sehen in der Frage der Stationierung der Schwarzmeerflotte den eigentlichen Grund für die völkerrechtswidrige Annexion der Krim. Mit der Okkupation der Krim will Russland das Problem nicht mehr über Verträge, sondern durch Aneignung und Ausbau seiner Machtposition zu seinen Gunsten lösen.

5. Im selben Monat wurden die Gebiete Luhansk und Donezk in der östlichen Ukraine von Milizen besetzt. Mariupol wurde angegriffen. Das *Minsker Memorandum* (Minsk I, 2014), verhandelt mit den Außenministern Frankreichs, Deutschlands, Russlands und der Ukraine mit der Forderung nach Waffenstillstand, war wirkungslos. Die Angriffe der russischen und russlandnahen Milizen wurden fortgesetzt. Die Verhängung von Sanktionen gegen Russland und die Nachverhandlung (*Minsker Vereinbarungen*, Minsk II, 2015) im Normandie-Format[68] mit den Regierungschefs Deutschlands, Frankreichs und der Ukraine nutzte Russland zur Verzögerung – aufgrund seiner Syrien-Intervention – und zur weiteren Truppenkonzentration vor Ort.[69] Nach Angaben des UNHCR (UN Human Rights) wurden in

---

68 Putin drohte während der Verhandlungen mehrfach, die ukrainischen Truppen zu zerschlagen, und zeigte damit, dass er keine neutrale Position einnahm, sondern Kriegspartei war.

69 Inzwischen verfügt die deutsche Öffentlichkeit über genauere Vorstellungen vom Ablauf der Gespräche in Minsk. Anwesende schildern ihre Eindrücke, etwa die Schweizer Diplomatin Heidi Tagliavini im Deutschlandfunk-Interview vom 29.10.2023 und der ehemalige außen- und sicherheitspolitischer Berater von Angela Merkel, Christoph Heusgen. Spürbar wird die Zufriedenheit, dass es gelang, ein Abkommen zu-

der Ukraine zwischen 2014 und 2022 rund 3.400 Zivilisten getötet (Statista Research Department vom 11.03.2024).

In der Frage, ob nach dem Abzug der russischen Truppen kommunale Wahlen durchgeführt werden sollten, wie es die ukrainische Seite verlangte, oder in Anwesenheit der russischen Milizen, worauf die russische Seite bestand, vertrat der damalige SPD-Außenminister Frank-Walter Steinmeier die russische Position. Wie bereits erwähnt, erkannte Putin im Februar 2022 völkerrechtswidrig die „Volksrepubliken" Luhansk und Donezk als unabhängige Staaten an. Bundespräsident Steinmeier hat inzwischen in einer Rede sein Bedauern über seine frühere Haltung zu Russland zum Ausdruck gebracht.

Das wiederholte und weltweit spätestens im Jahr 2014 überdeutlich wahrgenommene aggressive Vorgehen der russischen Führung im Stile kolonialer Unterwerfungspolitik gegen die umliegenden Länder löste in der deutschen Öffentlichkeit nur mäßiges Interesse aus. Schon seit 2014 hätte es klar sein müssen, dass die russische Führung in den angrenzenden Ländern Truppenkontingente stationiert, um zu verhindern, dass diese Länder von ihrem Selbstbestimmungsrecht Gebrauch machen. Wer die Ansicht vertritt: „Wo ein Russe lebt, ist Russland" (Dimitrij Medwedjew, 2008 bis 2012 Präsident Russlands und anschließend bis 2020 Ministerpräsident der Russischen Föderation) findet immer einen Interventionsgrund.

Den Gesellschaften in Russlands Nachbarschaft wird auf diese Weise erschwert, sich vom russischen Einfluss zu emanzipieren, eigene Wege zu finden und ihre verschiedenen Bevölkerungsgruppen föderal zu integrieren. Im Gegensatz zum gesellschaftlichen Wandel Russlands in die Autokratie und Diktatur wuchs jedoch in vielen Ländern der ehemaligen Sowjetunion die Sehnsucht nach freiheitlichen Lebensformen, am Konsum zu partizipieren, Konflikte auf friedliche Weise auszutragen, die Macht der Mächtigen durch einen funktionierenden Rechtsstaat zu begrenzen und dafür die Kooperation und die Bündnisse mit Staaten anzustreben, die darin mehr Erfahrung haben und Sicherheit bieten.

Die baltischen Staaten sind dafür ein Beispiel. Dort wuchs das Bedürfnis, sich an einer Macht mit Verteidigungsfähigkeiten wie an den USA zu orientieren, die gegebenenfalls verlässliche Funktionen des Schutzes und

---

stande zu bringen. Fabelhaft. Heusgen fügt allerdings hinzu, dass schon am darauffolgenden Tag das Abkommen nicht mehr befolgt wurde. Zulasten der Ukraine. Vgl. Christoph Heusgen: *Führung und Verantwortung. Angela Merkels Außenpolitik und Deutschlands künftige Rolle in der Welt.* München 2023, S. 189-194.

der Sicherheit dieser Länder übernimmt. Deutschland mit seiner verbalen Friedensrhetorik und faktischen Verfolgung seiner Wirtschaftsinteressen und -verflechtungen galt zunehmend als wenig verlässlich, zumal das Land mit dem potenziellen Aggressor sympathisierte. Das traf insbesondere für Polen zu. Polen fürchtete, ein weiteres Mal Opfer einer Appeasement-Politik zwischen Deutschland und Russland zu werden.

Große Teile der politischen Klasse in Deutschland vollzogen nach der Wiedervereinigung keinen nachhaltigen Lernprozess, die Perspektive der bedrohten Länder zur Kenntnis zu nehmen und in die öffentliche Kommunikation einzubringen. Wurde immer deutlicher, dass die an Russland angrenzenden Länder zu schwach sein werden, sich gegen russische Angriffe zu verteidigen, so wurde hierzulande nicht einmal in Betracht gezogen, dass das Konzept der Sicherstellung der Landesverteidigungsfähigkeiten innerhalb der Bündnisverteidigung zur Vermeidung eines Kriegs in Europa und zur Erhaltung des Friedens weiterentwickelt werden muss. Nach der ersten russischen Invasion in die Ukraine 2014 weigerten sich politisch einflussreiche Kreise noch immer, ihren unzerstörbaren Glauben an Russland in Frage zu stellen. 70 Jahre nach Ende des Zweiten Weltkriegs beschritt Deutschland wieder einen Sonderweg, der von vielen Partnern in der EU und der NATO nicht unterstützt wurde.

Auch die Mordserie inner- und außerhalb Russlands, der Oppositionelle, Journalisten und oftmals Tschetschenen zum Opfer fielen, dazu Hackerangriffe auf das Datennetz des Deutschen Bundestags und die Einflussnahme auf die Wahlkämpfe in den USA und in Europa trugen nicht zu einem nachhaltigen Umdenken gegenüber dem russischen Staat bei.[70] Ab 2014 wurden – trotz weltweit kritisch geäußerter Stimmen – dem russischen Staatskonzern Gazprom mit der Umsetzung des Baus der Gaspipeline Nord Stream 2 sogar weitere energiepolitische Türen geöffnet und damit die Strategie Russlands unterstützt, die Ukraine und Polen zu exkludieren.[71]

---

70 Vgl. Alan Posner: „Mordserie im Auftrag des Staates", in: *Zeit Online* vom 15.12.2021.
71 Den Weg in die Abhängigkeit der deutschen Wirtschaft von Russland trotz geltender Vorschriften zur Vermeidung einseitiger Abhängigkeiten, vieler Hinweise und Einwände von Bündnispartnern und von EU-Verordnungen durch ein polit-ökonomisches Lobbyisten-Netzwerk und Kartell zeichnen die Autoren Reinhard Bingener/Markus Wehner in ihrem Buch *Die Moskau Connection. Das Schröder-Netzwerk und Deutschlands Weg in die Abhängigkeit.* München 2023, nach. Nach der Lektüre ist man ernüchtert.

Zur Klarstellung: Deutschlands Energiebedarf war 2020 zu etwa 55 Prozent vom russischen Gas abhängig. Hohe Abhängigkeiten bestanden auch bei Rohstoffen wie Nickel (44%), DRI-Eisenerze (35%), Titan (41%). Die lagerähnlichen Arbeitsbedingungen in manchen russischen Werken interessierten dabei nicht. Selbst die Chancen, ein gewisses Maß an Handlungsoptionen offenzuhalten, etwa durch gefüllte eigene Energiespeicher vor Ort, wurde aufgegeben. Unter Mitwirkung des ehemaligen Bundeskanzlers Gerhard Schröder wurden lokale Energiespeicher an Gazprom abgegeben und Optionen für alternative LNG-Speicher gar nicht erst geschaffen.[72]

Nun, nach dem Beginn des von Russland unerbittlich geführten Angriffskriegs gegen die Ukraine, der Ablehnung des anfänglichen Friedensangebots seitens Selenskyjs und der russischen Politik, weltweit weitere Krisenherde zu schüren, kann der russischen Führung nicht mehr vertraut werden, Vereinbarungen und Verträge einzuhalten. Eine Friedenslösung rückt in weite Ferne. Zudem wird deutlich: Auch die Sicherheitsinteressen der Republik Moldau und von Georgien müssen in eine neue Sicherheitsarchitektur mit einbezogen werden. Im August 2023 forderte der georgische Regierungschef Irakli Garibaschwili den friedlichen Abzug der russischen Truppen aus Abchasien und Südossetien.[73] Die Republik Moldau wünscht sich ebenfalls eine solche Entwicklung.

6. Wer sich selbst missversteht, bringt andere in Gefahr – Deutschlands Sicherheits- und Verteidigungspolitik

In den 1990er-Jahren vollzog sich eine Zeitenwende, die von großen Hoffnungen geprägt war: Der Kalte Krieg der Nachkriegszeit würde mit der Auflösung des Warschauer Pakts, dem Zerfall der Sowjetunion und der Wiedervereinigung Deutschlands endgültig beendet sein. Das neue Zeital-

---

72 Vgl. zur Einfädelung der deutschen Abhängigkeit von Russland durch ein Netzwerk mit dem Mittelpunkt Gerhard Schröder in: Reinhard Bingener/Markus Wehner: *Die Moskau Connection. a. a. O.* Schon bald nach seinem Rückzug aus der Politik schrieb Gerhard Schröder seine politische Autobiographie *Entscheidungen: Mein Weg in der Politik.* Hamburg 2006. Darin veröffentlich er das gegenseitige Entzücken zweier Ehepaare und erhob die Forderung, dass Deutschland seine kommunalen Energieversorgungssysteme für Russland öffnen sollte.

73 Vgl. „Georgien fordert Abzug der Russen" in: *Münchner Merkur,* Nr. 182 vom 09.08.2023, S. 2.

ter, oftmals mit einem weltweiten Sieg von liberalen Demokratien (Francis Fukuyama) in Zusammenhang gebracht, würde die Austragung von Kriegen (oder bewaffneten Konflikten) zwischen modernen Gesellschaften obsolet werden lassen. In Deutschland ließe sich durch Abrüstung eine Friedensdividende realisieren, die es der Politik zusammen mit den globalisierten Handelsbeziehungen mit Russland und China erlauben würde, den privaten Haushalten hohe Transfereinkommen zur Verfügung zu stellen und darüber auch die Konsumwünsche der unteren Schichten zu erfüllen.

Die Vision von der Abrüstung als Weg zum „ewigen Frieden" (Kant) gehörte vor allem zum Selbstverständnis der Nachkriegsgenerationen. Sie bewältigten dadurch ihre Gefühle, über die Elterngeneration mit den Verbrechen des Nationalsozialismus verbunden zu sein oder gar damit identifiziert zu werden. In diesen Generationen verlor der Sicherheitsbegriff, der auf der militärischen Vorbereitung möglicher Konfliktszenarien beruhte und dadurch potenzielle Angreifer abschreckte, seine Überzeugungskraft. Die politische Phantasie beschäftigte sich nun mehr mit Best-Case-Szenarien und nicht mehr mit Worst-Case-Szenarien, wie es die Tradition von Platon bis Clausewitz für richtig hielt.

NATO, Deutschland und Russland

Dabei hatte die NATO und mit ihr die Bundeswehr einen erheblichen Anteil an der Überwindung des Kalten Kriegs. Die NATO war 1949 in Hinblick auf die Ungewissheit der Entwicklung Deutschlands (Beitritt 1955) und auf das Verhalten der Sowjetunion (Beispiel: Berlin-Blockade 1948/49) gegründet worden. Anders als viele frühere historische Militärbündnisse bildet sie das System der kollektiven Sicherheit von europäischen und nordamerikanischen Staaten auf der Grundlage eines konsequenten Verteidigungs- und nicht eines Angriffsbündnisses.[74]

"Article 4: The Parties will consult together whenever, in the opinion of any of them, the territorial integrity, political independence or security of any of the Parties is threatened."
"Article 5: The Parties agree that an armed attack against one or more of them in Europe or North America shall be considered an attack against them all and consequently they agree that, if such an armed attack occurs, each of them, in exercise of the right of individual or collective self-defence recognised by Article 51 of the Charter of the

---

74 Der Einsatz in Ex-Jugoslawien ist heute noch umstritten.

United Nations, will assist the Party or Parties so attacked by taking forthwith, individually and in concert with the other Parties, such action as it deems necessary, including the use of armed force, to restore and maintain the security of the North Atlantic area. Any such armed attack and all measures taken as a result thereof shall immediately be reported to the Security Council. Such measures shall be terminated when the Security Council has taken the measures necessary to restore and maintain international peace and security."

Ein reines Verteidigungsbündnis hält einzelne Mitglieder im Falle von zwischenstaatlichen Konflikten davon ab, einen Angriffskrieg zu erwägen. Als Angreifende würden sie die Unterstützung des Bündnisses verlieren, es würde sich ihnen möglicherweise sogar entgegenstellen, falls der angegriffene Staat ebenfalls zum Bündnis gehörte. Dass dadurch der Ausbruch von Kriegen eingehegt wird, belegt das nahezu unversöhnliche Verhältnis zwischen der Türkei und Griechenland. Noch immer schwelen Konflikte um Zypern zwischen beiden Ländern. Da die gemeinsame Sicherheitsarchitektur der NATO den Mitgliedern umfassende Fähigkeiten zur Abschreckung und Verteidigung bereitstellt, werden die einzelnen Staaten von allzu hohen Ausgaben für das Militär entlastet. Eine Militarisierung der Gesellschaft (wie beispielsweise im Deutschen Kaiserreich unmittelbar vor dem Ersten Weltkrieg) wird vermieden.

Bislang hat die NATO kein Land angegriffen und nur ein einziges Mal den Bündnisfall nach Art. 5 ausgerufen. Ihr Beitrag zur Beendigung des Kalten Kriegs ist zentral.[75] Die ökomischen und kulturellen Brücken der Entspannungspolitik und die Wiedervereinigung entwickelten sich damals auf deutschem Boden vor dem Hintergrund der mit 500.000 (im Ernstfall sogar mit einer Million) Soldaten starken und modern ausgerüsteten Bundeswehr.

Nach der Auflösung des Warschauer Pakts 1991 formulierte die NATO „Dialog, Kooperation sowie die Aufrechterhaltung kollektiver Verteidi-

---

75 Er wurde aus vier Gründen beigelegt: 1. Es gelang der Sowjetunion und den Staaten des Warschauer Pakts nicht mehr, die einzelnen rebellischen Staaten zusammenzuhalten. 2. Der sozialistischen Planwirtschaft gelang der ökonomische Strukturwandel nicht, die Folge war der Staatsbankrott. 3. Die Option, innere Konflikte nach außen zu verlagern, etwa durch die Eroberung westlicher Staaten, konnte aufgrund der militärischen Überlegenheit der NATO nicht gelingen. 4. Der verlorene Krieg in Afghanistan (1979-1989) hatte hohe Kosten verursacht, das Vertrauen in die Führung geschwächt und die Sicherheit im Innern des Landes gefährdet.

gungsbereitschaft" als Mittel und Ziele ihrer künftigen Organisationsent-
wicklung. Aber an militärische Bedrohungsszenarien zwischen Staaten
glaubte schon bald in Deutschland niemand mehr.[76] Nach 1994 entwickelte
sich in Deutschland immer mehr das Verständnis von einer Armee, die
lediglich als Krisen-, Präventions- und Interventionsarmee „Out of area"
agiert. Die eigene Landesverteidigung gehörte scheinbar der Vergangenheit
an und somit auch die Ausstattung mit Waffensystemen, die Selenskyj so
dringend für die Verteidigung der Ukraine benötigt.

Die Bundeswehr nahm nun Spezialaufgaben bei Auslandseinsätzen wie
in Afghanistan wahr, nachdem die NATO als Folge des Terrorangriffs auf
die USA den Bündnisfall nach Art. 5 des NATO-Vertrags ausgerufen hatte.
Aussetzen der Wehrpflicht, Reduktion der Personalstärke, Konzentration
auf hochprofessionelle militärische Spezialaufgaben, die zugleich Gerät und
Fähigkeiten der Landesverteidigung nicht mehr vorsahen, prägen die Entwicklung ihrer Organisation – mehr oder weniger – bis heute. Deutschland
setzte sich ein für den Wandel der NATO hin zu einer politischen Organisation, die im Wesentlichen Unterstützungsfunktionen für die Friedenserhaltung und Krisenbewältigung leistet, zusammen mit den weltweit tätigen
Non-Profit-Organisationen.

Als weitere wichtige Aufgabe moderierte die NATO die Vertiefung der
Entspannungspolitik und entwickelte Programme zur Abrüstung und Partnerschaft mit der Russischen Föderation. Das Ziel bestand in einer gemeinsamen europäischen Sicherheitsarchitektur. 1994 rief die NATO das *Partnership for Peace* (*PfP*)-Programm ins Leben für potenzielle Mitglieder wie
auch Russland.[77] 1997 wurde der *NATO-Russia Founding Act*[78] verabschiedet. Darin bekennen sich beide Seiten zu ihrer gemeinsamen Verpflichtung,

---

76 Vgl. dazu den Klassiker zur Zeit vor der Wende von Helga Haftendorn: *Sicherheit und
Stabilität. Außenbeziehungen der Bundesrepublik zwischen Ölkrise und NATO-Doppelbeschluss.* München 1986; die Beiträge in: Stephan Böckenförde/Sven Bernhard
Gareis (Hrsg.): *Deutsche Sicherheitspolitik.* Opladen/Toronto 2021, darin vor allem
die Beiträge von Sven Bernhard Gareis.

77 Unterzeichnet 2004, ratifiziert von der Duma im Mai 2007.

78 Auch die Statuten des NATO-Russia Founding Act von 1997 sind vom Geist einer
neuen aufzubauenden Partnerschaft durchdrungen, die nach dem Ende des Kalten
Kriegs verwirklicht werden sollte, das Wettrüsten zu beenden und in Europa Frieden
und Freiheit ohne Gewaltandrohung oder -anwendung zu schaffen. 2002 wurde dazu
der NATO-Russland-Rat geschaffen. Zu Beginn des NATO-Russia Founding Act
heißt es: „NATO and Russia do not consider each other as adversaries. They share
the goal of overcoming the vestiges of earlier confrontation and competition and of
strengthening mutual trust and cooperation. The present Act reaffirms the determin-
ation of NATO and Russia to give concrete substance to their shared commitment to

ein stabiles und friedliches, ungeteiltes Europa aufzubauen. Zugleich wurden sukzessive institutionelle Formen der Zusammenarbeit gebildet, vor allem 2002 der *NATO Russia Council* (NCR), um Prozesse der Beratung, der Verständigung und gemeinsamer Krisenprävention zu verstetigen.

Seit der Jahrtausendwende wurden jedoch neue Bedrohungsszenarien erkennbar durch den weltweit agierenden Terrorismus und den Aufstieg Chinas zu einer neuen Weltmacht. Die Volksrepublik China begann, sukzessive Machtansprüche auf Gebiete und Staaten in ihrem Umfeld zu erheben. Die USA sahen sich gezwungen, ihre Verteidigungsfähigkeit neu auszurichten, und äußerten immer häufiger, dass sie nicht mehr bereit wären, die Hauptlast in der NATO zu tragen, während viele europäische Staaten, darunter Deutschland, lieber in ihre Wirtschaftsentwicklung investierten.

Im Gegenzug reduzierte Deutschland seine Verteidigungsausgaben. Obwohl sich Russland schon seit 2008 kaum noch erkennbar in eine globale Friedenspolitik einbinden ließ, hielt Deutschland an seiner NATO-Politik des flexiblen Krisenmanagements fest. Der Aufnahmeantrag von Georgien und der Ukraine in die NATO auf dem Gipfel-Treffen in Bukarest 2008, von George W. Bush befürwortet, scheiterte, wie bereits erwähnt, an der Ablehnung von Angela Merkel und Nikola Sarkozy.[79] Noch vor der Annexion der Krim im März 2014 und der Invasion im Donbass im August 2014 forderte Bundespräsident Joachim Gauck in seiner Eröffnungsrede auf der 50. Münchner Sicherheitskonferenz (31. Januar bis 2. Februar 2014) Deutschland auf, mehr Verantwortung zu übernehmen.[80] Die damalige Verteidigungsministerin Ursula von der Leyen schloss sich dem an. Faktisch änderte sich aber nichts an der deutschen Verteidigungspolitik (etwa hinsichtlich der Ausstattung und der Organisation der Bundeswehr). Vor allem blieb eine nachhaltige strategische Weiterentwicklung auf dem Gebiet der Außen-, Sicherheits- und Verteidigungspolitik aus.

---

build a stable, peaceful and undivided Europe, whole and free, to the benefit of all its peoples. Making this commitment at the highest political level marks the beginning of a fundamentally new relationship between NATO and Russia. They intend to develop, on the basis of common interest, reciprocity and transparency a strong, stable and enduring partnership."

79 Der Spiegel-Redakteur Klaus Wiegrefe beginnt seinen Artikel über den NATO-Gipfel in Bukarest (2008) „Merkel und der Wolf", in: *DER SPIEGEL*, Nr. 38 vom 16.09.2023, S. 8-18 mit einem Zitat des ukrainischen Präsidenten angesichts der Gräueltaten, die die russischen Invasoren in Butscha verübt hatten: „Ich lade Frau Merkel und Herrn Sarkozy ein, Butscha zu besuchen und zu sehen, wozu die Politik der Zugeständnisse gegenüber Russland geführt haben." Das schmerzt doppelt.

80 Siehe dazu eine ausführlichere Darstellung im VI. Beitrag dieses Buches.

In der deutschen Öffentlichkeit wurden das Desinteresse Obamas an europanahen Einsätzen und die harschen Töne Trumps gescholten. Faktisch aber hielt Deutschland seine Versprechen nicht ein, angesichts neuer europäischer Bedrohungslagen seine Verteidigungsausgaben auf die längst in der NATO vereinbarten Zwei-Prozent-Ausgaben zu erhöhen. Zweifellos wäre dazu auch eine Kommunikation in der Öffentlichkeit über erneut erkennbare Worst-Case-Szenarien wichtig gewesen, wie es für die Unterstützung einer Parlamentsarmee unbedingt erforderlich ist. In beschämender Weise erreichte die NATO nur durch Trumps Abreisedrohung auf ihrem Gipfel 2017 die Zusage von Kanzlerin Angela Merkel, die Verteidigungsausgaben endlich zu erhöhen. Finanzminister Olaf Scholz verweigerte jedoch die Einhaltung des abgegebenen Versprechens.

Mit einer möglichen zweiten Amtszeit Trumps schien die NATO an ihrem „Hirntod" (Emmanuel Macron) beziehungsweise an einer Spaltung zugrunde zu gehen – in einer Zeit, in der die Bedrohung für den Frieden zunahm. Donald Trump wollte das überproportionale amerikanische Engagement für europäische Angelegenheiten nicht mehr akzeptieren, und Macron witterte eine Chance für die französische Regierung, eine stärkere Führungsrolle einzunehmen. Die mittel- und osteuropäischen Mitglieder, vor allem Polen und die baltischen Länder, die sich von Russland bedroht sahen, orientierten sich an den USA, während Deutschland aufgrund seiner Zurückhaltung, den geforderten NATO-Beitrag zu leisten, isoliert war. Es bedurfte erst des russischen Angriffskriegs gegen die Ukraine, um Regierung und Öffentlichkeit zur späten Einsicht zu bringen: Möglicherweise zu spät.

III. Tragödien am Ende der Friedensphase

Timothy Garton Ash bezeichnete den russischen Angriffskrieg gegen die Ukraine schon im Frühjahr 2022 als eine „welthistorische Tragödie".[1] Der gewaltsame Versuch von Russland, einen friedlichen Staat und seine Bevölkerung zu erobern, zerstöre die europäische und internationale Friedensordnung, die Kultur der Staaten im Umgang miteinander, die nach dem Fall der Mauer schrittweise und nicht ohne Zwischenfälle etabliert wurde.

Seit nunmehr über zwei Jahren verteidigen das ukrainische Militär und die Zivilbevölkerung ihre staatliche Integrität und ihre Freiheit gegen den Plan des russischen Präsidenten Putin, seine Macht auszudehnen. Seine Absicht, das russische Imperium zu vergrößern, stellt er über die Geltung der Friedensordnung und die Rechte der ukrainischen Bevölkerung, in Frieden und selbstbestimmt zu leben. Tragischer könnte kein Dichter den historischen Verlauf der Selbstverteidigung und -findung eines Volkes darstellen. Rückblickend ist es bedauerlich, dass in Deutschland manche sozialdemokratischen Beobachter in politischen Spitzenpositionen den Schritten der Ukraine wenig Vertrauen entgegenbrachten, sich aus der Umklammerung russischer und ukrainischer Oligarchen zu lösen. Die Sehnsucht der Ukraine nach mehr Anbindung an den Westen während der „Orange Revolution" (2004) wurde hierzulande mit Skepsis betrachtet, die Beantragung der NATO-Mitgliedschaft (2008) wurde vor allem von Deutschland und Frankreich blockiert. Die Demonstrationen der ukrainischen Bevölkerung gegen die prorussische Regierung auf dem Maidan (2014) standen unter Verdacht, das Werk von „Faschisten" zu sein. Dabei traten die Demonstranten für den Beitritt zu dem als europäisches Friedensprojekt gegründeten Staatenbündnis EU ein, das die kulturellen, ökonomischen und politischen Freiheiten ihrer Mitgliedsstaaten zu schützen verspricht. Den vollständigen Beitritt zur EU und zur NATO hat die Ukraine im Februar 2019 als Staatsziel in ihre Verfassung aufgenommen. Der Schutz durch die NATO, wobei die USA eine herausragende Stellung einnehmen, ist den innovationsbegeisterten Nachbarländern im Baltikum und dem an der

---

1 Timothy Garton Ash: *Es ist das endgültige Ende der Nach-Mauer-Periode.* https://www
.derstandard.de/story/2000134716362/timothy-garton-ash-es-ist-das-endgueltige-ende
-der-nach-mauer-periode.

eigenwilligen Gestaltung ihres Wegs orientierten Polen besonders wichtig. Dadurch erhalten diese Staaten Sicherheit vor der rückwärts orientierten russischen Macht. Finnland ist nun ebenfalls Mitglied, Schweden wird es bald werden. Beide Länder nahmen schon früh die bedrohliche Zuspitzung durch die feindliche und in keiner Weise mehr partnerschaftliche Haltung der russischen Führung wahr, auf die der Westen so lange gesetzt hatte. Sie erhöhen schon seit Jahren die Verteidigungsfähigkeit ihrer Armeen.

2014 besetzte der russische Aggressor völkerrechtswidrig ukrainische Landesteile, die Krim und zwei ostukrainische Oblaste, und versuchte, den Menschen unter Gewaltherrschaft ein Leben ohne die politische Kultur der Freiheit aufzuzwingen. Doch die Verletzungen des Völkerrechts und die Eingriffe in ihre Existenz, in ihre politischen Willensäußerungen und kulturellen Freiheiten reichten dem Besatzer nicht; Erwachsene und Kinder wurden nach Russland verschleppt, viele Tote und Verletzte sind seitdem in den Regionen zu beklagen.

Am 24. Februar 2022 begann die offen geführte Invasion mit dem Ziel, Kiew, Hauptstadt und Mittelpunkt der sich von der Vergangenheit der russischen Vorherrschaft, der Oligarchie und der Korruption sukzessive emanzipierenden Ukraine, militärisch zu erobern. Welch ein Tabubruch! Welch eine Tragik! Welch eine Erschütterung! Welch eine Sünde, das Leben von Menschen zu vernichten, deren Land zur Unterwerfung nicht bereit ist! Welch ein Verbrechen, gegen ein Land Krieg zu führen, welches das Leben der Menschen in Russland mitnichten gefährdet hat! Im Gegenteil! Viele Ukrainer betonten noch zu Beginn des Kriegs ihre freundschaftlichen und familiären Bindungen zu Russland und gemeinsame sprachliche und religiöse Wurzeln. Das aggressive russische Vorgehen, dem Land einen Krieg aufzuzwingen und die Zivilbevölkerung ungeheuerlichen Brutalitäten auszusetzen, zerreißt diese Bindungen auf lange Zeit.

Nach zwei Jahren des asymmetrischen Kriegs auf dem Schauplatz des ukrainischen Territoriums, des rücksichtslosen Vorgehens gegen die Zivilbevölkerung und ihre Infrastrukturen, der militärischen Eroberungen weiterer Gebiete und der Frontkämpfe, die zu riesigen Herausforderungen für das ukrainische Militär wurden, ist der Selbstbestimmungswille der ukrainischen Bevölkerung – tragödiengleich – ungebrochen. Hinzu kommen brutale Einsätze von „Private Military Companies" (PMC), die sich an keinerlei kriegsvölkerrechtlich vereinbarte Regeln (*ius in bello*) halten. Immer wieder wird seitens des Kremls mit dem Einsatz von Atomwaffen gedroht. Die Ukraine dagegen schont mit intelligenten Verteidigungsstrategien die eigenen Soldaten und ihre zivilen Unterstützer. Aber dennoch: Die vielen

Opfer, die die Verteidigung ihrer Freiheit und Souveränität fordert, sind für die ukrainische Bevölkerung kaum zu ertragen. Ungewissheiten über Verlauf und Beendigung der Kampfhandlungen verstärken bei den Betroffenen das Gefühl einer großen Tragödie. Erhält die Ukraine die benötigte Unterstützung seitens der westlichen Länder, damit sie die Kampfkraft behält, den Gegner wirksam zu bekämpfen und – so die Hoffnung – zurückzudrängen?

Als ob das Sterben, die Verletzungen, das Flüchten, die Einschränkungen des Alltags in der Ukraine nicht schon genug Unheil anrichten, gehören zur „welthistorischen Tragödie" aus heutiger Sicht auch die Krisenherde, aus denen mittlerweile wieder Gewalt hervorbricht. Dazu zählen die jüngst wieder gewaltsam aufflackernden Konflikte zwischen dem um seine Unabhängigkeit von Serbien kämpfenden Kosovo. Truppen des autoritären Präsidenten von Aserbaidschan, Ilham Alijew, vertrieben im September 2023 die armenische Bevölkerung aus der „Republik Arzach" (Bergkarabach), die sich seit der Auflösung der Sowjetunion von Aserbaidschan lösen will.[2] Russland, das dort eigentlich eine Vermittlungsrolle wahrnehmen sollte, verhielt sich passiv, missfallen ihm doch die immer stärker werdenden Demokratisierungstendenzen der armenischen Bevölkerung. Ist der Genozid am armenischen Volk schon vergessen, den die türkischen Verbündeten der Deutschen im Ersten Weltkrieg begangen haben? Die mediale Berichterstattung zu den Ereignissen hielt sich in Grenzen.

Im Zuge des russischen Kriegs gegen die Ukraine äußern sich die Regierungen in Georgien und in der Republik Moldau, dass sie die russischen Truppen, die in diesen Ländern noch Gebiete besetzt halten, zum friedlichen Abzug bewegen wollen. Wird das verständliche Vorhaben friedlich gelingen? Kaum zu glauben, dass Putin seine Truppen freiwillig zurückzieht.

Im Zeitalter von multipolaren Tragödien sind solche Krisenherde nicht als Nebenschauplätze abzutun. Hat nicht der britische Historiker Christopher Clark in seinem Buch „Die Schlafwandler"[3] die Situation der vielen Anlässe und Krisen vor dem Ersten Weltkrieg beschrieben, durch die die „Schlafwandler", die involvierten Staaten, taumelten und die Zündschnur in der eigenen Hand nicht begriffen. Bundeskanzler Olaf Scholz und Außenministerin Annalena Baerbock gaben öffentlich zu, plötzlich aufgewacht

---

2 Zu den Hintergründen siehe den Artikel von Ira Peter „Das unterschätzte Kriegsziel", in: *Frankfurter Allgemeine Zeitung*, Nr. 283 vom 05.12.2023, S. 11.

3 Vgl. Christopher Clark: *Die Schlafwandler. Wie Europa in den Ersten Weltkrieg zog.* Berlin 2013.

zu sein, offensichtlich nach einem langen „Schlafwandeln" und/oder aus pazifistischen Träumen vom „ewigen Frieden" (Kant).[4] Die Regierungserklärung zur Zeitenwende demonstrierte ein Aufwachen in der Realität, in der verantwortliches Handeln angesagt ist, um weiteres Unheil zu verhindern.

Hatte die israelische Regierung die mindestens zweijährige Vorbereitung des jüngsten Terrorakts der Hamas am 7. Oktober 2023 „verschlafen"? Hatte nicht die „große Wachheit" gegenüber der allseitigen Bedrohung Israels stets die höchste Priorität, um die innere und äußere Sicherheit des Landes und damit seine Existenz und das Leben seiner Bevölkerung zu gewährleisten? Noch vor vier Jahren brachte ein israelischer Kollege vor jungen Journalisten zum Ausdruck, er fühle sich in Israel viel sicherer als in der Schweiz. Dieses Gefühl setze sofort nach der Landung auf dem Flughafen in Tel Aviv ein. Nun richtete die Hamas ein Massaker an, dem willkürlich mehr als 1200 Menschen, Israelis und ausländische Besucher, in der Nähe der Grenze nach Gaza zum Opfer fielen. Viele der Getöteten widmeten ihr Leben der Verständigung zwischen Palästinensern und Israelis. Welch eine Tragödie! Es ist die grausamste Tragödie für die jüdische Bevölkerung seit dem Holocaust! Auf Videos brüsteten sich die Täter mit ihren brutalen Verbrechen.

Das Ziel der israelischen Regierung ist darauf gerichtet, die Terrororganisation auszuschalten, die sich durch die nach Gaza verschleppten Geiseln in eine starke Verhandlungsposition zu bringen versucht. Da die Hamas das Existenzrecht Israels nicht anerkennt, ist vorstellbar, dass weitere brutale Attentate folgen werden. Art. 51 der UN-Charta enthält das Recht eines angegriffenen Landes zur Selbstverteidigung. Die Welt zittert um das Leben der Geiseln und vieler unschuldiger Menschen, die durch die Kriegsführung der Hamas in Gefahr geraten, aber auch um die israelischen Soldaten, die unter schwierigsten Bedingungen die Terrorzentren unter- und innerhalb ziviler Einrichtungen in Gaza beseitigen müssen. Die Bevölkerung in Gaza befindet sich in Geiselhaft der Hamas und wird von ihr als Schutzschild missbraucht. Israel forderte die Bevölkerung auf, sich in den eingerichteten Schutzzonen in Sicherheit zu bringen. Die Hamas versucht, das zu verhindern. Bei Teilen der palästinensischen Bevölkerung ist der Glaube an eine Heilserwartung durch Märtyrertod und der Hass auf Israel

---

4 Kant versteht unter dem „ewigen Frieden" keinen Traum, aber auch keine Realität, sondern eine denknotwendige Idee, die dem politischen Handeln Sinn und Richtung verleiht.

groß. In einer von mir besichtigten arabischen Grundschule in Nazareth hingen an den Wänden Bilder von Selbstmordattentätern. Gaza ist kein von Israel besetztes Land. In dem von der Autonomiebehörde regierten Abschnitt im Westjordanland gibt es nach 16 Jahren keine durch Wahlen legitimierte Regierung. Mit wem sollte Israel verhandeln? Das Fortbestehen von Terrorangriffen gefährdet den israelischen Staat.

Auch die Terrororganisation Hisbollah im Libanon, vom Iran unterstützt, greift Israel vom Norden her an. Der Kulturwissenschaftler Natan Sznaider äußerte in einem Video der Bundeszentrale für politische Bildung, dass Israel noch immer am Tag des 7. Oktober verharre. Israel ist im Kriegszustand: Viele Geschäfte haben geschlossen, die Familien leben in großer Sorge um ihre nach Gaza verschleppten Angehörigen und die in der Armee, darunter auch um den wehrpflichtigen Nachwuchs, Töchter und Söhne, die ihren Dienst leisten und an den Einsätzen mitwirken. Der amerikanische Präsident Joe Biden setzt ein Zeichen der militärischen Präsenz vor Ort und der Abschreckung, um eine Ausbreitung der Gefechte im Nahen Osten zu verhindern. Die begonnene Entspannung zwischen Israel und einigen arabischen Ländern liegt nun wieder auf Eis. Das Eskalationsrisiko, vor allem in Hinsicht auf den Iran, ist immens. Es dürfte sehr schwierig werden, den unvorstellbar großen Hass der iranischen Führung und ihrer Anhänger gegen Israel einzuhegen. Israel war und wird es hoffentlich bleiben: ein unvergleichlich buntes, liberales und bis vor Kurzem noch für seine Liberalität demonstrierendes Land.

Wieder hängt „fast alles" an den USA, die ihre Aufmerksamkeit, wie sie schon lange betonen, verstärkt auf den indopazifischen Raum richten wollen und müssen, um Taiwan vor möglichen Übergriffen der autoritär geführten VR China zu schützen, die Offenhaltung der Handelswege zu überwachen und den umliegenden Staaten an der Grenze zu China eine gewisse Sicherheit zu bieten. Russland und China, zwei undemokratische, autoritär regierte Systeme, helfen sich nun gegenseitig mit Waffen aus. Russland liefert China billige Energie. Ihnen hat sich jetzt auch das isolierte Nordkorea gegen ihren gemeinsamen Feind, die USA, angeschlossen. Das sind drei Nuklearmächte. Welche Pläne werden sie künftig verfolgen? Sie werden ihren Einfluss auf die BRICS-Staaten künftig ausweiten.

Christopher Clark äußerte sich beruhigend in einem Zeit-Online-Interview am 20. Mai 2022,[5] er sehe keine Gefahr, dass sich der Ukrainekrieg zu einem Weltkrieg ausweitet. Die Staaten seien heute weniger dem Nationalismus verfallen, und daher könnten sie sich im Sinne wechselseitiger Perspektivenübernahme besser untereinander verständigen. Zu bedenken ist jedoch: Vermutlich können solche Gespräche nur dann etwas erreichen, wenn alle Seiten Interesse an Verhandlungen, Kompromissen und an Konsens haben. Solange sich Kriegstreiber aber vom Beginn oder von der Weiterführung eines Kriegs Machtzugewinn versprechen, sind Gespräche mit dem Gegner kaum hilfreich. Solange sie sich auf der Siegerseite fühlen, werden sie nicht von Drohungen und Gewaltanwendungen ablassen. Erst wenn sie in den Kämpfen keinen Vorteil mehr für sich erreichen können, sind sie bereit, annehmbare Optionen auszuhandeln.

Nach den beiden Weltkriegen herrschte die Meinung vor, dass künftig die Macht der Staaten und ihrer Politiker nicht allein zur Erhaltung einer internationalen Friedensordnung ausreicht. Es bedürfe weltweiter und international agierender Organisationen zur Überwachung und zum Schutz der einzelnen Staaten, vor allem der kleineren. Für die Beilegung der gegenwärtig sich abspielenden „welthistorischen Tragödie" lässt sich jedoch der Beitrag der im Oktober 1945 rasch gegründeten Vereinten Nationen „mit der Lupe suchen". Sie sind zwar ein wichtiger Ort der Begegnung, der Diplomatie und der Meinungsbildung, aber gegenwärtig ist ihr mächtigstes Organ, der Sicherheitsrat, aufgrund der Inanspruchnahme des Vetorechts durch Russland ausgeschaltet.[6]

---

5 Deutsche Presse Agentur (dpa): „Herr Clark, schlafwandeln wir gerade in einen neuen Weltkrieg?" In: *Zeit Online* vom 20. Mai 2022, https://www.zeit.de/news/2022-05/20/herr-clark-schlafwandeln-wir-gerade-in-einen-weltkrieg.

6 Die Verurteilung des russischen Angriffskriegs in der Generalversammlung der UN ist von symbolischer Bedeutung. Der Sicherheitsrat ist durch das Veto des Aggressors Russland handlungsunfähig. Die Ukraine muss nun auf dem Schlachtfeld mit vielen Opfern die Voraussetzung erkämpfen, um als unabhängiger Staat zu überleben. Ein Waffenstillstand und Friedensverhandlungen könnten dann die Folge sein. Es ist leider höchst ungewiss, ob in absehbarer Zeit legitime Repräsentanten der Russischen Föderation agieren werden, um als verlässliche Vertragspartner einen Friedensvertrag mit der Ukraine auszuhandeln. Die Etablierung einer neuen Freiheit und Frieden gewährleistenden Ordnung wird der Organisation von Schutz und Sicherheit einen höheren Rang einräumen müssen als bisher, aber das unter noch schwierigeren und gefahrvolleren Bedingungen wie vor dem Fall der Mauer.

Hüter des Friedens

Oftmals wird in der Verteidigung Russlands das Opfer (die Ukraine) und ihr Verhalten, sich dem Westen durch ihre Mitgliedschaft in der EU und der NATO anzunähern, zum Täter gemacht und der Täter (Russland) als Opfer dargestellt, das sich gegen die Umzingelung, vor allem durch die NATO, wehren muss.[7] Möglicherweise dient diese verkehrte Wahrnehmung dazu, der Wahrheit nicht ins Auge sehen zu müssen und das „Schlafwandlertum" und die Träume vom „russischen Freund" weiter zu pflegen, leider auch in akademischen Kreisen, wo Wachsamkeit eine Tugend sein sollte.[8]

Die NATO hat durch ihr intelligentes Organisationsstatut bislang zur Befriedung der Verhältnisse untereinander und zum Schutz ihrer Mitglieder durch Abschreckung beigetragen. Aber was wird aus dem Nichtmitglied Ukraine, das so gern Mitglied werden würde? Die Ukraine kämpft nun allein auf dem Schlachtfeld ihres Territoriums, um als unabhängiger Staat zu überleben, erleidet ein grausames Schicksal mit vielen Opfern und kämpft dabei auch für die europäischen Staaten, damit ein unbarmherziger, mittlerweile mit internationalem Haftbefehl gesuchter mutmaßlicher Kriegsverbrecher seine Macht nicht weiter nach Mitteleuropa ausdehnen kann. Die Ukraine erhält in ihrem Kampf für Europa bereits jetzt Unterstützung für die Entwicklung einer modernen innovativen Wirtschaft, Worte der Solidarität, die Bereitschaft europäischer Länder, Flüchtlinge aus der Ukraine unbürokratisch aufzunehmen, und moderne und ausrangierte

---

7 Vgl. den Appell „Wieder Krieg in Europa? Nicht in unserem Namen!", in: *ZEIT Online* vom 05.12.2014. Gerhard Schröder, Roman Herzog, Antje Vollmer u. a. deuteten die Ereignisse um. Man hätte aber auch fragen können, wenn Russland sich bedroht sah, bald von den USA „eingekesselt" und erobert zu sein, warum der russische Präsident nicht zu Verhandlungen aufrief. Vermutlich hätte er für seine Wahrnehmung keine Glaubwürdigkeit erreichen können, ohne Tatsachen anzuführen – denn die gab es nicht. Möglicherweise wäre die europäische Öffentlichkeit aufmerksam geworden, dass die immensen Einnahmen aus dem Energie- und Rohstoffhandel nicht etwa der Modernisierung der russischen Gesellschaft zugutekamen, sondern in die Taschen einer privilegierten Oberschicht wanderten. Der Modernisierungswille der Ukraine dagegen nahm Fahrt auf.

8 Diese Beobachtung deckt sich allerdings nicht mit der vom Allensbach-Institut vor dem Angriffskrieg durchgeführten Untersuchung „Sicherheitsreport 2022", (veröffentlicht am 24.02.2022), in der 62 Prozent der Befragten die zunehmende Unberechenbarkeit der Weltlage angeben, 21 Prozent militärische Auseinandersetzungen befürchten und 66 Prozent in Russland die größte Gefahr für den Frieden sehen, gefolgt von China. Liest man die Reihe der repräsentativen Untersuchungen des Allensbach-Instituts, so kommt man zu dem Schluss, dass das „Schlafwandlertum" in der Politik und in den akademischen Milieus stärker ausgeprägt war als in der Breite der Bevölkerung.

Waffensysteme für ihre Verteidigung. Die Gründe sind nachvollziehbar. Kein NATO-Staat darf Kriegsteilnehmer werden, die Eskalation ginge in Richtung eines dritten Weltkriegs. Dennoch muss es in Kürze eine verlässliche Koalition von Staaten geben, die eine besondere Schutzfunktion für die Ukraine übernimmt, bis sie NATO-Mitglied werden kann.

Zwar ist die EU militärisch nahezu funktionslos, aber sie bekennt sich zu vielfältigen Unterstützungen der Ukraine. Dazu gehören die Freigabe großer Finanzmittel, die Beschaffung von Munition und die Förderung von europäischen Unternehmen, mit der Ukraine zu kooperieren. Auf diese Weise erhält die Ukraine hilfreiche Perspektiven, die über die Kriegszeit hinausweisen und auf einen wirtschaftlichen Aufschwung zielen. Last, but not least stellt sie dem geschundenen Land mit seiner Bevölkerung die EU-Mitgliedschaft in Aussicht. Alle drei Organisationen (UNO, NATO, EU) weisen Defizite auf, der veränderten Weltlage gerecht zu werden. Gegenwärtig sind sie der Aufgabe, beim Ausbruch vieler Krisen und Kriegshandlungen den Frieden zu erhalten, kaum gewachsen. Ihre Reformen gehören auf die Tagesordnung. Die sich verbreitende Unsicherheit bietet eroberungssüchtigen Politikern Auftrieb, die gern einmal Kriegsherren in einem großen Theater spielen würden.

Hüter der Friedensordnung sind nicht nur die Bündnisorganisationen, sondern auch die einzelnen Staaten. Die übergreifenden Organisationen sind auf das Engagement und das Abstimmungsverhalten ihrer Mitgliedsstaaten angewiesen.[9] Schließlich bestimmen die Staaten sogar deren Politik im Rahmen der jeweiligen Organisationsstatuten. Die Einzelstaaten sind Hüter der Friedensordnung mit einer eigenen, wenn auch abgestimmten Verteidigungs-, Außen- und Sicherheitspolitik. Deutschland war nach dem Zweiten Weltkrieg bis zum Fall der Mauer, zur Wiedervereinigung und zum Ende des Kalten Kriegs von einer Phase erfolgreicher Wehrhaftigkeit geprägt. Zudem betrieb Deutschland verantwortungsvoll seine bündnispolitische Westintegration. Eine eigene staatliche Sicherheitspolitik und ein abgestimmtes Vorgehen in den Bündnissen gehören heutzutage zusammen.

Zurückschauend zeigt sich: Die Nachlässigkeit, in Friedenszeiten bereits auftretende Verletzungen der Regeln zum Erhalt des Friedens zu übersehen und auf Sicherheits- und Schutzvorkehrungen gegen potenzielle und tat-

---

9 Innerhalb der Staatengemeinschaften EU und NATO haben sich verbindliche Regeln und Instrumente zur Konfliktregelung und Vermeidung von zwischenstaatlicher Gewaltanwendung innerhalb ihrer Staatenbündnisse Wirkung entfalten können; darüber hinaus sind sie eher schwach ausgeprägt.

sächliche „Brandstifter" zu verzichten, erwiesen sich als Fehler mit schwerwiegenden Folgen. *Si vis pacem para bellum* – Wenn du den Frieden willst, bereite den Krieg vor. Manche innerstaatlich zu beachtenden Regeln zur Erhaltung einer friedlichen Ordnung gelten zwar in jeder historischen Epoche, werden aber oft nicht eingehalten.

Es ist höchst ungewiss, ob es in absehbarer Zeit legitime Repräsentanten der Russischen Föderation als verlässliche Vertragspartner für einen Friedensvertrag mit der Ukraine geben wird. Auf lange Sicht, nach dem zerbrochenen Vertrauen zu Russland, wird jede Friedensordnung Sicherheit *vor* Russland schaffen müssen. Die Etablierung einer neuen Freiheit und einer Frieden gewährleistenden internationalen und nationalen Ordnung wird der Sicherheitspolitik einen höheren Rang einräumen müssen als in der Phase nach dem Fall der Mauer. Durch die Zunahme multipolarer Kriegs- und Krisenherde sind die Bedingungen dafür sehr viel schwieriger und risikoreicher geworden.

IV. Max Webers Politik der Verantwortung – Hintergründe und Aktualität

Spätestens seit Beginn des russischen Angriffskriegs rückte in vielen Ländern Europas und weltweit die Bedrohung von Frieden und Sicherheit in das Bewusstsein. Die Politik in den freiheitlichen und an friedlichen Lösungen orientierten Staaten wird dadurch besonders herausgefordert. Nun ist ein forcierter Politikwandel vonnöten, der künftig international zu mehr Sicherheit beiträgt und innenpolitisch Probleme bewältigt, die den Zusammenhalt der Bevölkerung gefährden. In Deutschland hat der Bundeskanzler in seiner Regierungserklärung sinngemäß versprochen, eine Politik der Verantwortung zur Bewältigung der immensen Aufgaben der Zeitenwende einzuleiten. Was kann, allgemein betrachtet, mit einer Politik der Verantwortung gemeint sein? Welchen Regeln folgt sie? Wovon grenzt sie sich ab?

Diese Fragen laden ein, sich mit Max Webers „Politik als Beruf" [1] zu befassen. In diesem Klassiker sind Überlegungen zu finden, worin eine Politik der Verantwortung besteht. Auch wenn der Text auf Ausarbeitungen und Ergänzungen eines Vortrags beruht, den Weber vor fast 105 Jahren gehalten hat, ist er bis heute aktuell und geradezu populär. *Leidenschaft, Verantwortungsgefühl und Augenmaß* – so lauten häufig daraus Charakteristika zur Beurteilung von Politikern. Auch der viel zitierte Satz, die Politik sei „ein starkes langsames Bohren von harten Brettern mit Leidenschaft und Augenmaß zugleich" stammt aus dem letzten Teil des Textes. Politiker wie Olaf Scholz oder Helmut Schmidt sehen sich in der Tradition dieses Werkes.

Ob allerdings Scholz zu Recht als ein „historisches Individuum" im Sinne des von Weber konstruierten Typus eines verantwortlich handelnden Politikers zu würdigen ist, kann erst mit Abstand beurteilt werden, zumal zum Kriterium einer in der Gegenwart wirksamen Verantwortungspolitik auch

---

1 Vgl. Max Weber: *Wissenschaft als Beruf 1917/1919 und Politik als Beruf 1919, Max Weber-Gesamtausgabe (MWG)*, Abt. I: Schriften und Reden, Bd. 17, hrsg. v. Wolfgang J. Mommsen und Wolfgang Schluchter in Zusammenarbeit mit Birgitt Morgenbrod. Tübingen 1992, S. 113-252. Dazu gehören neben den Weber-Texten die Editorischen Berichte und ein Stichwortmanuskript. Nach dieser Ausgabe wird im Folgenden zitiert, die Seitenzahlen werden in den Fließtext eingefügt.

die Kraft zur Durchsetzung von angekündigten Vorhaben gehört. Sich mit Webers Gedankengängen vertraut zu machen, regt dazu an, die Politik und ihre Politiker angemessen zu beurteilen.

Aktuell und interessant ist die Lektüre des Textes mit seiner literarischen Mehrdimensionalität auf den Gebieten der Politik-, Sozial- und Geschichtswissenschaft auch deshalb, weil ihm, entstanden am Ende des Ersten Weltkriegs und zu Beginn der Weimarer Republik, Webers Erfahrungen zugrunde liegen. Auch damals galt es, einen Wandel der Politik herbeizuführen: Weber kritisierte die Machtbesessenheit der politischen Führungsschicht im Deutschen Kaiserreich. Zudem kritisierte er Parteien und Politiker als gesinnungsethisch, die zwar hohe Werte für sich in Anspruch nahmen, aber für die Mittel, mit denen sie ihre Politik oftmals mit Gewalt durchsetzten, keine Verantwortung übernahmen. Beide politischen Strömungen stellten sich einem verantwortungsethischen, demokratisch legitimierten Institutionenwandel (durch Wahl und Parlament) auf friedlichem Weg entgegen.

„Politik als Beruf" ist eine Reflexion auf den Epochenwandel von der Monarchie, die den aufstrebenden Bevölkerungsschichten die Partizipation an der politischen Herrschaftsausübung verweigerte, zu einer republikanisch-demokratischen Gesellschaft. Für die Bewältigung einer solchen einschneidenden historischen Phase unterstreicht Weber die Bedeutung des verantwortlichen politischen Führungsverhaltens. Unterschiede und Kontinuitäten zur Gegenwart werden deutlich. Die Nachkriegsgesellschaft der Bundesrepublik knüpfte in vielerlei Hinsicht an die Weimarer Republik an. Beispielsweise bildeten die Parteien der „Weimarer Koalition" (Zentrum, (M)SPD und DDP) die Vorläufer der drei Parteien, die die politische Kultur in der „alten" Bundesrepublik (CDU, SPD, FDP) dominiert haben. Weber stellt in seinem Vortrag die Probleme des Zentrums und der Sozialdemokratie dar. Eine Zeitlang war er Mitglied in der DDP. Es ist daher nicht verwunderlich, dass seine Betrachtungen auch noch heute zum Verständnis von Politik und zum Führungsverhalten von Politikern beitragen.

Im Folgenden werden mehrere Zugänge zur Auseinandersetzung mit seinem Vortrag gewählt: Die Darstellung der historischen Ereignisse der „Zeitenwende 1918/19" bilden den Anfang. Daran schließt sich ein Überblick über das politische Engagement Max Webers an, mit dem er auf den Verlauf dieser Phase Einfluss nahm. Der unmittelbare Anlass und der Kontext seines Vortrags werden vorgestellt. Die danach folgende Interpretation des Textes fällt umfangreich aus, da die grundsätzlichen Überlegungen, mit denen Weber seinen Vortrag beginnt, vergleichsweise nicht so bekannt sind wie die Schlussbetrachtungen zur Gesinnungs- und Verantwortungsethik. Dabei wird der Zeitbezug berücksichtigt. Zum Abschluss werden anhand seiner drei typischen Führungsstile einige krisenhafte Aspekte der deutschen Politik während der Regierungszeit von Angela Merkel analysiert.

1. Epochenumbruch in den Jahren 1918 und 1919

Die Ereignisse der Zeitenwende, die Max Weber als Zeitgenosse, oftmals in Publikationen und Vorträgen, reflektiert hat und die im Folgenden nachgezeichnet werden, umfassen vor allem die Zeit von November 1918 bis Februar 1919: das Ende des Ersten Weltkriegs und des Wilhelminischen Kaiserreichs und den Beginn der Weimarer Republik. Entscheidende Machtkämpfe um die Neuordnung von Staat und Gesellschaft fanden in dieser Phase statt. Traditionale Herrschaftsformen verloren an Legitimation und wurden beseitigt. Der Fokus der Veränderungen lag in einem Wandel von politischen Institutionen und der weitgehenden Entmachtung der gescheiterten Führungselite in der letzten Phase des Kaiserreichs.[2]

Die Kontroversen um einen angemessenen Begriff, den damaligen Wandel zu erfassen, sind auch nach über 100 Jahren keineswegs zur Ruhe gekommen oder gar fachwissenschaftlich entschieden. Vor einigen Jahren hat der Historiker Robert Gerwarth den gesellschaftlichen Aufbruch aus einer autoritären Monarchie (in den letzten Kriegsjahren) zu einer parlamentarischen Demokratie als die „größte aller Revolutionen" bezeichnet. Gerwarth besteht darauf, die Anfänge der Republik nicht bereits aus der Perspektive ihres späteren Scheiterns zu bewerten. Im Gegensatz dazu ging der deutsch-britische Jurist und Journalist Sebastian Haffner davon aus, dass die Revolution gescheitert war, weil die autoritär-revanchistischen Kräfte nicht vollständig entmachtet wurden und somit das Ende der jungen Republik herbeiführten.

Der Historiker Eberhard Jäckel vertrat in seiner Untersuchung der deutschen Geschichte die These von einer Kontinuität zwischen Monarchie und Republik: Im Deutschen Kaiserreich galt bereits ein allgemeines, gleiches und geheimes Wahlrecht für Männer ab 25 Jahren. Das Parlament,

---

2 Die Monarchie hatte allein durch ihre Existenz zum Zusammenhalt in der Bevölkerung und zur Identifikation der Bevölkerung mit dem Staat beigetragen. Die Forderungen nach Revolution vertraten die Abspaltung von der SPD, die USPD, und die zum Jahreswechsel 1918/19 gegründete KPD.

der Reichstag, besaß das Haushaltsrecht und das Recht, Gesetze einzubringen. Im Laufe der Zeit gewann der Reichstag immer mehr Entscheidungskompetenzen hinzu. Eine allmähliche Demokratisierung habe sich, wie Eberhard Jäckel betont, schon im Kaiserreich vollzogen. Nach einer Stagnationsphase beschleunigten die Ereignisse im Zusammenhang des Ersten Weltkriegs die Entwicklung zur Republik. Anknüpfend an Max Webers Staats- und Gesellschaftstheorie, deutet der Soziologe M. Rainer Lepsius die Jahre 1918/19 prägnant als einen Vorgang der „Machtübernahme und Machtübergabe" von Teileliten und damit als einen durch den Elitenaustausch herbeigeführten Prozess und nicht als Revolution im Sinne eines weitgehend disruptiven Umsturzes der Verhältnisse. Der Begriff Revolution passe nur bei oberflächlicher Betrachtung.[3]

Ende der „alten" und Aufbruch in eine neue Zeit

Max Weber definiert Politik als legitime Herrschaft über die Mittel der Gewalt im Staat. Aufgrund seiner Typenlehre stehen im Zentrum seines Werkes die Unterscheidungen zwischen traditionaler, legaler und charismatischer Herrschaft, auf die an späterer Stelle ausführlich eingegangen wird. Das Deutsche Reich entsprach weitgehend Webers Typus einer legalen Herrschaft. Aufgrund seiner Verfassung (der Bismarckschen Reichsverfassung) handelte es sich um einen Rechtsstaat. Im Bundesrat waren die Länder (Fürstentümer) vertreten, im Reichstag saßen gewählte Abgeordnete. Allerdings war das Deutsche Reich keine parlamentarische Monarchie, wie sie Max Weber vorschwebte, sondern es verankerte Privilegien der politischen Einflussnahme des Adels, die mit der Geltung von Traditionen begründet wurden. Der Typus der traditionalen Herrschaft manifestierte sich insbesondere in der Position des preußischen Königs als Deutscher Kaiser mit vielen Vorrechten, darunter die Ernennung des Kanzlers. Preußen nahm eine dominante Stellung ein aufgrund seines Stimmenvorteils im Bundesrat und der Rekrutierung von adligen Abgeordneten über das in Preußen gültige Dreiklassenwahlrecht. Über viele Jahre stieß die Verknüpfung von Rechtsstaat und Tradition als Herrschaftsform bei der Bevölkerung auf große Legitimität.

---

3 Vgl. Robert Gerwarth: *Die größte aller Revolutionen*, a. a. O.; Sebastian Haffner: *Von Bismarck zu Hitler*, a. a. O.; Eberhard Jäckel: *Das deutsche Jahrhundert. Eine historische Bilanz.* Frankfurt a. M. 1999, 1.-3. Kapitel, S. 13-109; M. Rainer Lepsius: „Machtübernahme und Machtübergabe. Zur Strategie des Regimewechsels 1918/19 und 1932/33", in: ders., *Demokratie in Deutschland.* Göttingen 1993, S. 80-94, hier S. 80.

Aber die Machtbesessenheit der monarchischen Führungselite am Ende des Ersten Weltkriegs, die Weber kritisierte, war das Problem und geeignet, um eine über vier Jahrzehnte ökonomisch und sozial erfolgreiche Gesellschaft angesichts eines verlorenen Kriegs zu zerstören. Diese Machtbesessenheit bestand in der Haltung der Repräsentanten, nicht oder zu spät loszulassen, obwohl sie die Zustimmung der Bevölkerung eingebüßt hatten: Wilhelm II. weigerte sich, die Kaiser- und Königswürden an den Kronprinzen weiterzugeben. In der letzten Phase des Kriegs versagten der Kaiser und die Oberste Heeresleitung (OHL) immer mehr.[4] Wie in einer Militärdiktatur hatten sie das Reich für den Krieg euphorisiert und seine Kräfte dafür mobilisiert. Als die Niederlage bevorstand, entzogen sie sich ihrer Verantwortung.[5] Im Herbst 1918 stimmten sie einer weiteren Parlamentarisierung der politischen Herrschaft unter Beibehaltung der Monarchie zu und versuchten, durch Zugeständnisse ihre privilegierten Positionen zu retten.

Die Oberbefehlshaber des Heeres, Paul von Hindenburg und Erich Ludendorff, verzichteten zwar, von Präsident Wilson während der beginnenden Verhandlungen unter Druck gesetzt, auf ihre Ämter, hegten aber insgeheim die Erwartung, zu einem späteren, für sie günstigeren Zeitpunkt die Macht zurückzuerlangen, was Hindenburg als letztem Reichspräsidenten – bekanntermaßen mit üblen Folgen für das Ende der Weimarer Republik – auch gelang.

Gegen Ende des Kriegs verschlechterte sich die Lage der Bevölkerung in der kalten Jahreszeit, es herrschte Hungersnot, und der allgemeine Unmut über die Opfer und Lasten des Kriegs wuchs stetig. Die Machtkämpfe und Unsicherheiten, ob und wann es wieder zu stabilen Verhältnissen kommen wird, waren groß. Ungewissheit herrschte: Welchen Akteuren und Organisationen würde es gelingen, die Entfesselung der Massen zu verhindern, die traditionellen und neuen Mächte und Gegenmächte, darunter auch bewaffnete Freikorps und Reichswehrtruppen, zu lenken und die Gefahr

---

4 Siehe zu dieser Phase besonders erhellend, Udo Di Fabio: „Deutschland im Herbst 1918 – zwischen Revolution und Implosion", in: ders., *Die Weimarer Verfassung. Aufbruch und Scheitern*. München 2018, S. 24-29. „Zuvor, beginnend 1916 mit der Ernennung der dritten OHL unter Paul von Hindenburg als Chef des Generalstabs und Erich Ludendorff als Generalquartiermeister, war das Reich praktisch unter stillschweigender Suspendierung der geltenden Verfassungsordnung quasi durch die OHL militärisch administriert worden." S. 27.

5 Weber hat Ludendorff persönlich ersucht, sich den Amerikanern auszuliefern. Jedoch ohne Erfolg.

eines sich ausbreitenden Bürgerkriegs zu vermeiden?[6] Das Gewaltmonopol des Staates drohte sich aufzulösen. Kräfte der inneren und äußeren Sicherheitsorgane richteten sich gegen ihre Führer, die die Lage Deutschlands beschönigten.

Heimkehrer verweigerten ihren weiteren militärischen Einsatz und nahmen ihre Sache selbst in die Hand. Kriegsmüdigkeit und Enttäuschung spielten bei den regulären Truppen eine große Rolle, während Freiwilligenformationen noch im hohen Maße motiviert waren weiterzukämpfen. Sie kämpften an der Heimatfront gegen die Feinde der alten Welt, die mit dem Ersten Weltkrieg untergegangen war und sich danach nicht mehr restaurieren ließ. Die Bevölkerung reagierte verängstigt. Die ungeklärte Situation beunruhigte sie. Sie sorgte sich, ob und wann es gelänge, einen Waffenstillstand erzielen, und ob in den anschließenden Verhandlungen ein Friedensabschluss erreicht werden würde, mit dem man leben könnte.

Revolution und Räte oder Reform durch Wahl, Parlament und Verfassung?

In den Jahren 1918/19 glaubten rechts- und linksradikale Kräfte, das Recht auf Gewalt auf ihrer Seite zu haben: Die einen fühlten sich als Hüter einer glorreichen Vergangenheit und die anderen als Propheten einer besseren, klassenlosen Gesellschaft, wie sie die Funktionäre der Oktoberrevolution versprachen. Beide Strömungen setzten auf ihre bereits erlangten Gewaltmittel, von einer starken Verankerung in der Bevölkerung konnten sie dabei allerdings nicht ausgehen.

Es gab aber auch Parteien mit Führungspersönlichkeiten, deren Handeln davon bestimmt war, die dringend benötigten Reformen des Landes durch ein parlamentarisches und rechtstaatlich legitimiertes Vorgehen voranzubringen. Da sie früh die Gefahr erkannten, die von reaktionären und linksradikalen Kräften ausgehen würde, schlossen sie sich zum „Interfraktionellen Ausschuss" zusammen. Dieser Ausschuss wurde am 6. Juli 1917 von 17 Mitgliedern der Mehrheitsparteien im Reichstag gegründet. Dazu gehörten Vertreter der Sozialdemokratischen Partei Deutschlands (SPD),[7] der Fortschrittlichen Volkspartei (FVP), der Deutschen Zentrumspartei

---

6 Im 19. Jahrhundert entstanden die Ideologien Marxismus, Nationalismus und Rassismus. In Deutschland entfalteten diese Ideologien im 20. Jahrhundert ihr Unwesen, begeisterten die Massen, mit Gewalt gegen Andersdenkende vorzugehen und den Staat als Ort der Verwirklichung dieser fatalen Ideologien zu erobern.

7 Dabei handelte es sich um die informell als Mehrheitssozialdemokratie bezeichnete Partei. Im Jahr 1917 spaltete sich der revolutionär gesinnte linke Flügel als Unabhängige Sozialdemokratische Partei Deutschlands (USPD) ab.

(DZP) und der Nationalliberalen Partei. Die Nationalliberalen und die FVP lösten sich 1918 auf, aus dem linksliberalen Flügel der FVP entstand die Deutsche Demokratische Partei (DDP). Die Führungskräfte dieser Parteien schlossen miteinander einen Pakt für ein gemeinsames vorausschauendes Vorgehen.

Es war das Bündnis einer aufstrebenden politischen Elite, die zur Übernahme von Macht und Verantwortung durch Reformen auf parlamentarischer Basis bereit war. Zunächst stellten die Parteien sich auf das Ziel ein, mit einigen Verfassungsänderungen die Konstitutionalisierung der Monarchie zu erreichen. Im Laufe der Weimarer Republik entwickelten sich die drei Parteien (MSPD, DZP und DDP) zur tragenden Säule der Reformpolitik und Stabilität, genannt die „Weimarer Koalition". Diesem Pakt gelang es, eine repräsentative Mehrheit in der Nationalversammlung und eine Verankerung in der Bevölkerung nach der Wahl im Januar 1919 zu erlangen. Sie erhielten die Legitimation, eine Politik der schrittweisen Transformation des Deutschen Reichs in die erste parlamentarische Demokratie durchzusetzen.[8]

Für die SPD als stärkstem Bündnispartner in diesem Pakt fand Max Weber gelegentlich wohlwollende Worte, vielfach aber auch harsche und gelegentlich überzogene Kritik. Er kritisierte, dass ihre Politik zu klasseninteressenspezifisch sei, sie betreibe Ämterpatronage und bilde Gesinnungsethiker aus.[9] Zu berücksichtigen ist außer Webers Kritik jedoch die beeindruckende Erfolgsgeschichte, die hinter der Sozialdemokratie lag –

---

8 M. Rainer Lepsius vergleicht die Ereignisse der Jahre 1918/19 mit den Jahren 1932/33 und kommt zu der Schlussfolgerung: In der Wirkung waren sie Revolutionen von erheblichen Einschnitten und politischem Wandel. Werden jedoch die damaligen Vorgänge aus zeitlicher Distanz analysiert, so fallen einerseits die sich über Jahre herausgebildeten Interessenkoalitionen alter und neuer Eliten auf. Es existierten innerhalb dieser Gruppen Pläne, Strategien und Taktiken für den bevorstehenden Wandel, und zwischen ihnen spielten Verhandlungen über Verabredungen zum politischen Vorgehen, zur Bildung von Bündnissen und zum Ein- und Ausschluss von *Teileliten* eine große Rolle. „Aus der koordinierten oder unkoordinierten Aggregation solcher Entscheidungen ergibt sich dann ein dominantes Muster von Macht- und Interessenkoalitionen, das über längere Zeit hinweg das politische System bestimmt." (S. 80) Lepsius konstatiert, dass aus der Nähe betrachtet manche Entscheidungen zur „Machtannahme und Machtübergabe" plausibel erscheinen, aus der Distanz aber doch willkürlich und zufällig. M. Rainer Lepsius: „Machtübernahme und Machtübergabe. Zur Strategie des Regimewechsels 1918/19 und 1932/33", in: ders., *Demokratie in Deutschland*, a. a. O.

9 August Bebel wird von Max Weber als charakterfestes, aber doch einfaches Gemüt beschrieben. Zu bedenken ist allerdings, dass die MSPD ein sozialistisches Programm besaß, sodass viele, wie auch Weber, ihren parlamentarischen Absichten nicht trauten.

trotz Bismarcks „Sozialistengesetz", das bis 1890 in Kraft war. In der sich im Deutschen Reich durchsetzenden und konsolidierenden Industriegesellschaft stieg der sozialdemokratische Einfluss auf die Arbeiterschicht in den Großstädten und auf deren Gewerkschaften.[10] Sukzessive wuchsen ihre Mitgliederzahlen und ihr Organisationsnetz. Die SPD gewann bei den Reichstagswahlen hinzu und stellte schließlich im Jahr 1912 die stärkste Fraktion.[11] Regierungsverantwortung erhielt sie dennoch nicht. Der politische Druck im Reich nahm jedoch unaufhaltsam zu, sodass eines Tages die aufgrund von allgemeinen Wahlen erzielten Mehrheitsverhältnisse im Parlament endlich auch in der Regierung zum Ausdruck kommen mussten.

Aber konnte man der SPD vertrauen? Schließlich hatte sie ihre linksradikale Abspaltung, die Unabhängige Sozialdemokratische Partei Deutschlands (USPD), hervorgebracht. Nach schweren internen Konflikten wurden die ehemaligen Mitglieder Hugo Haase und Karl Liebknecht aus der SPD ausgeschlossen und gründeten im April 1917 die USPD. Die USPD forderte mit antimilitaristischen und pazifistischen Motiven die Beendigung des Kriegs. Sie kämpfte für eine Machtübernahme durch Räte. Viele Anhänger der Räte nach russischem Vorbild sahen in der instabilen Lage gegen Ende des Kriegs die Gunst der Stunde gekommen, durch Revolution mit Gewalt die Macht im Reich an sich zu reißen.

So erhoben Räte Forderungen nach Sozialisierung des Großgrundbesitzes und der Schlüsselindustrien. Von den Kieler Matrosenaufständen ging

---

10 Die Industrialisierung hatte in vielen Regionen und größeren Städten immer mehr zugenommen und das Reich in eine weltweit agierende industrielle Großmacht verwandelt. Vgl. zum großen Zuwachs an Wertschöpfung und Erwerbstätigen im industriellen Sektor dieser Zeit Rainer Geißler: *Die Sozialstruktur Deutschlands.* Wiesbaden 2014, S. 6-12; besonders die Darstellung des rasanten Aufschwungs des sekundären Sektors hinsichtlich der Wertschöpfung und der Erwerbstätigkeit auf S. 10 f. Das Reich blieb trotz des sozioökonomischen Strukturwandels – wie bereits betont – politisch über viele Jahre von der preußischen Hegemonie des Landadels dominiert. Allmählich fand eine Stärkung der Stellung der Schwerindustrie statt. Kulturell wurde debattiert, ob das Deutsche Reich ein Agrarstaat bleiben oder sich in eine moderne, teilweise schon wissensbasierte Industriegesellschaft wandeln solle.

11 Die Erfolgsgeschichte der Sozialdemokraten dokumentiert sich im sukzessiven Zugewinn der Stimmen bei den Reichstagswahlen. Die SPD steigerte ihren Stimmenanteil von 3,2 Prozent in der ersten Reichstagswahl 1871 auf 34,8 Prozent in der Reichstagwahl von 1912. Sie stellte mit 110 Mandaten die stärkste Fraktion im Reichstag. Das Regieren, wie Eberhard Jäckel so anschaulich darlegt, wurde dadurch für das im Amt befindliche konservative Kabinett immer schwieriger. Gefordert wurde eine „Parlamentarisierung der Reichsverfassung." Eberhard Jäckel: *Das deutsche Jahrhundert. Eine historische Bilanz*, a. a. O., S. 28 ff.

ein starker Impuls gegen die Weiterführung des Kriegs aus. Im November 1918 setzten sich die Streikwellen im gesamten Reich fort und erreichten Berlin. Aus dem Krieg zurückkehrende Soldaten, durch ihre Erlebnisse im Krieg verbittert und frustriert, behielten ihre Waffen. Vielerorts kam es zu Straßenkämpfen. Die MSPD stand daher vor der Schwierigkeit, ihre Politik zwischen Reform und Revolution durchzusetzen. Sie schlug diesen komplizierten Mittelweg zwischen der Gewalt der radikalen Linken und der Gewalt der reaktionären Eliten ein, die schon bald wieder glaubten, Oberwasser zu bekommen.

Aufbruch in die Republik: Scheidemann und Ebert

Am 9. November 1918 rief der Sozialdemokrat Philipp Scheidemann vom Balkon des Berliner Reichstagsgebäudes die Republik aus.[12] Er gehörte dem letzten Kabinett im Kaiserreich an, geführt von dem liberalen Reichskanzler Max von Baden (Kabinett vom 3. Oktober bis zum 9. November 1918). Dort waren erstmalig zwei Sozialdemokraten vertreten. Mit seiner Proklamation kam Scheidemann drohenden Aufständen der Arbeiter- und Soldatenräte in Berlin zuvor. In dieser bedrohlichen Lage ergriff er die Verantwortung. Er bot der Bevölkerung eine republikanische Perspektive. In raschen Schritten kam danach ein Reformprozess zustande, in welchem eine parlamentarische Ordnung durchgesetzt wurde, um die gewaltbereiten Strömungen in Gesellschaft zurückzudrängen.

Vor Scheidemanns Proklamation der Republik hatte am Morgen desselben Tages Max von Baden eigenmächtig die Abdankung des Kaisers verkündet. Friedrich Ebert hatte ihm klargemacht, dass in der angespannten Situation des Novembers keine Zeit mehr blieb, auf die Abdankungserklärung Wilhelms II. zu warten. Der Hohenzoller hatte sich ins belgische Spa zurückgezogen und begab sich später, nachdem er endlich abgedankt hatte, ins holländische Exil. Die Monarchie erlebte innerhalb kurzer Zeit im Reich, in Preußen und in den übrigen föderalen Gliedern einen rasanten

---

12 „Arbeiter und Soldaten! Furchtbar waren die vier Kriegsjahre. Grauenhaft waren die Opfer, die das Volk an Gut und Blut hat bringen müssen. Der unglückselige Krieg ist zu Ende; das Morden ist vorbei. Die Folgen des Kriegs, Not und Elend, werden noch viele Jahre lang auf uns lasten. Die Niederlage, die wir unter allen Umständen verhüten wollten, ist uns nicht erspart geblieben. Unsere Verständigungsvorschläge wurden sabotiert, wir selbst wurden verhöhnt und verleumdet... *Das Alte* und *Morsche*, die Monarchie ist *zusammengebrochen*. Es lebe das Neue! Es lebe die deutsche Republik!" Dieser Text ist von Scheidemann auf einer späteren Tonaufzeichnung nachgesprochen worden. Es existieren auch andere schriftliche Versionen.

Zustimmungsverlust bei der Bevölkerung. Die Monarchie, eine typische Ausprägung traditionaler Herrschaft, die sich mit wenigen Unterbrechungen weit über tausend Jahre in der deutschen Geschichte am Leben gehalten hatte, hörte auf zu existieren. Die Repräsentanten der verschiedenen Dynastien in den Fürsten- und Herzogtümern dankten ab. In den Geburtswehen der neuen Zeit mit dem späteren Namen „Weimarer Republik" stand eine neue, lange blockierte Führungsschicht bereit, die Macht zu übernehmen. Aber auch revanchistisch-revisionistische Teileliten in Gesellschaft, Politik und im Militär warteten auf ihre Stunde, um zurück an die Macht zu gelangen.

Max von Baden übertrug seine Kanzlerschaft noch am selben Tag an den Sozialdemokraten Friedrich Ebert. Das war verfahrensmäßig kein legitimierter Schritt, aber das Reich sollte nicht ohne Führung bleiben. Reichskanzler Ebert stellte sofort (am 10. November) ein provisorisches Kabinett zusammen, den „Rat der Volksbeauftragten", dem er zwar nicht mehr als Kanzler, sondern als gleichberechtigtes, aber dennoch leitendes Mitglied angehörte. Es bestand aus Mitgliedern der gemäßigten MSPD und der revolutionären USPD, was mit Misstrauen betrachtet wurde.[13] Max Weber äußerte viel Spott darüber. Es entsprach dem Verständnis von Friedrich Ebert, möglichst integrativ vorzugehen, die USPD einzubinden, um das Erstarken einer linken Gegenmacht zu verhindern. Am 10. November tagten im Zirkus Busch 3000 von den Berliner Soldaten und Arbeitern gewählte Vertrauensmänner (die von einem auf den anderen Tag zusammengestellt wurden). Sie stimmten seiner Regierungsbildung zu. Die Alliierten waren, nachdem die neue provisorische Regierung gebildet worden war, zu Verhandlungen bereit. Schon am 11. November 1918 unterschrieb Matthias Erzberger, Leiter der Delegation der provisorischen Regierung, das Waffenstillstandsabkommen in Compiègne. Damit war der Erste Weltkrieg faktisch beendet, die Demobilisierung wurde eingeleitet.

Der provisorischen Regierung arbeiteten die Staatssekretäre, die Stäbe und Beamten zu, die für Weber wesentlich zum funktionsfähigen politi-

---

13 Eberts Kanzlerschaft dauerte also nur einen Tag! Im „Rat der Volksbeauftragten" hatte er informell den Vorsitz inne. Walter Mühlhausen stellt in seiner mehr als tausendseitigen Biographie über Friedrich Ebert dar, dass dieser auch Karl Liebknecht anbot, Mitglied der provisorischen Regierung zu werden. Liebknecht habe aber die Forderungen gestellt, den Räten alle Gewalt zu überantworten und die bürgerlichen Kräfte auszuschließen. Das war unannehmbar. Vgl. Walter Mühlhausen: *Friedrich Ebert 1871-1925. Reichspräsident der Weimarer Republik*. 2. durchges. Aufl. Bonn 2007, S. 108 ff.

schen „Apparat" gehörten, die aber, auch darüber schreibt Weber, gelegentlich seiner Meinung nach unberechtigten politischen Einfluss ausübten und nach höheren Ämtern strebten. In kurzer Zeit wurden viele Beschlüsse gefasst, Verordnungen erlassen und umgesetzt: Schon im Dezember 1918 wurde der Beschluss realisiert, eine neue Verfassung zu erarbeiten, um Schritt für Schritt Legitimität und Legalität der Ausübung der politischen Herrschaft und der getroffenen Entscheidungen zur Etablierung der neuen Ordnung zu gewährleisten. Auch der „Erste Allgemeine Kongress der Arbeiter- und Soldatenräte" setzte sich im Dezember für die Festsetzung eines baldigen Wahltermins ein: Es wurde der 19. Januar 1919. Eberts Politik, durch die Wahl möglichst rasch demokratische Legitimation zu erhalten, hatte sich gegen die Politik der Räte-Anhänger durchgesetzt.

Mit Gewalt oder durch Legitimitätsgewinn?

Am 9. November 1918 hatte nicht nur Philipp Scheidemann die Republik ausgerufen und damit den beschriebenen Prozess des Wandels in Gang gesetzt, wenige Stunden nach Scheidemanns Proklamation hatte auch der Sozialist und vorgebliche Antimilitarist Karl Liebknecht die „freie sozialistische Republik Deutschland" ausgerufen, ohne jedoch nennenswerten Zulauf zu erhalten. Die Linkskräfte trachteten danach, die schwierige, ungewisse Situation im Reich für ihren Machtgewinn zu nutzen. Damit die Revolution mit dem Ziel der Diktatur des Proletariats nicht zurückgedrängt wurde, gründete Liebknecht am 11. November 1918, zusammen mit Rosa Luxemburg, den Spartakusbund und zum Jahreswechsel die KPD. In den Weihnachtskämpfen und in den Januaraufständen versuchten sie, mit ihren Kampftruppen gegen den eingeschlagenen Weg zu Wahlen und Parlamentsbildung zu putschen. Die Aufstände wurden vom Militär und von republikfeindlichen Freiwilligenverbänden blutig niedergeschlagen. Ende Dezember verließen die USPD-Genossen empört Eberts provisorische Regierung. Daraufhin trat Gustav Noske in das Kabinett ein und übernahm die Verantwortung für das Militär. Rosa Luxemburg und Karl Liebknecht wurden am 15. Januar 1919 von rechten Freikorps ermordet. Die Aufklärung der Verantwortlichen unterblieb, was der provisorischen Regierung angelastet wurde. Wieder einmal musste Ebert sich anhören, dass er die Revolution verraten hätte.[14]

---

14 Heinrich August Winkler hebt die Dramatik dieser Phase hervor, über die bis heute gestritten wird, möglicherweise weil auf die unmittelbare Aufklärung verzichtet wurde: „Von den Streitfragen der Revolutionszeit im engeren Sinn, den sieben Wo-

Philipp Scheidemann hatte am 9. November 1918 das Momentum für die gemäßigten Kräfte genutzt. Die Proklamation der „deutschen Republik" wurde zu einem Faktum, das trotz der Widersacher täglich durch neue Tatsachen und vorläufige Verordnungen bis hin zur Verabschiedung der Weimarer Verfassung weiterentwickelt wurde. Aber neben der inhaltlichen Ausgestaltung einer neuen Politik im Zuge der Etablierung einer demokratischen Gesellschaft auf parlamentarische Weise bedurfte es für Friedrich Ebert der Einhegung und Kontrolle der entfesselten Gewaltmittel. Bürgerkriegsähnliche Zustände zu vermeiden und die Stabilität der bürgerlichen Lebensverhältnisse durch Friedenserhalt zu sichern, wird in der politischen Theorie in der Tradition von Thomas Hobbes, John Locke und Max Weber als primäre Aufgabe der Politik gesehen.

Der „Wendepunkt der Dinge" war daher für Ebert, so zitiert ihn sein Biograph Walter Mühlhausen, der 10. November 1918, als er in den Abendstunden eine entscheidende Vereinbarung mit dem Vertreter der OHL getroffen habe. Im Kern ging es darum, dass das Militär den Schutz und die Sicherheit der provisorischen Regierung und ihrer Arbeit gewährleisten würde und dafür im Gegenzug in seiner Organisationsstruktur unangetastet blieb.[15] Eine solche Vereinbarung war für die Sozialdemokraten schwer zu verkraften, hatten sie doch jahrzehntelang die Tendenzen der Militarisierung innerhalb der Gesellschaft kritisiert. Manche Repräsentanten der Arbeiter- und Soldatenräte forderten sogar, selbst die Hoheit über die militärischen Kräfte zu übernehmen.

Die provisorische Regierung hatte jedoch die dringende Aufgabe zu lösen, den Weg zu einer legitimen Regierung vorzubereiten, die der Bevölkerung eine politische und soziale Steigerung von Partizipationschancen bieten würde. Sie benötigte dafür die Unterstützung des Militärs zur Reduzierung der Straßenkämpfe und für die Sicherheit bei der Organisation der Demobilisation, der Arbeit der provisorischen Regierung, für die Verhinderung des Ausbruchs eines Bürgerkriegs und die Umsetzung der Waffenstillstandsbedingungen am Ende eines vierjährigen Kriegs. Da es sich bei ihr um eine provisorische und nicht um eine reguläre verfassungsgemäße

---

chen zwischen der Ausrufung der Republik und der Wahl der Konstituante, ist eine besonders strittig: die Niederschlagung des Berliner Januaraufstands von 1919, der mit fragwürdigem Recht auch Spartakusaufstand genannt wird." In: Heinrich August Winkler: „Der Preis des Fortschritts. Die Revolution von 1918/19 und die Republik von Weimar", in: *Die Deutschen und die Revolution. Eine Geschichte von 1848 bis 1989,* München 2023, S. 63-84, hier S. 68.

15 Walter Mühlhausen: *Friedrich Ebert 1871-1925,* a. a. O., S. 112.

Regierung handelte, die das Monopol auf die Gewaltmittel zur Sicherung der Existenz der staatlichen Ordnung ausübte, bedurfte es besonderer Vereinbarungen mit dem damaligen Zentrum der militärischen Verbände, die als Pakt zwischen Friedrich Ebert und dem neuen Generalquartiersmeister der Obersten Heeresleitung, Wilhelm Groener, zustande kamen.[16]

„Für Ebert war in diesem Moment die Bereitwilligkeit der OHL, im Amt zu bleiben und der neuen, noch nicht einmal endgültig gebildeten Regierung zur Verfügung zu stehen, ein wichtiger Markstein bei der Konsolidierung der Macht."[17]

Vom 6. Februar 1919 bis zum 21. Mai 1920 tagte die Verfassunggebende Deutsche Nationalversammlung in Weimar. Eine demokratisch gewählte Übergangsregierung kam ins Amt. Die Beratungen zur Verfassung begannen. Dem Wahltag waren schwere Auseinandersetzungen, Aufstände und Demonstrationen seitens der Linken gegen die provisorische Regierung vorausgegangen mit dem Ziel, die Wahl zu verhindern. Das Parteienbündnis des „Interfraktionellen Ausschusses" unterstützte diese schwierige Gratwanderung Friedrich Eberts, die mit einem sensationellen Wahlergebnis des Bündnisses im Januar 1919 belohnt wurde. Bei der allgemeinen, gleichen, direkten und geheimen Wahl zur Nationalversammlung übten Männer und erstmalig Frauen und Soldaten ab dem 20. Lebensjahr das aktive und passive Wahlrecht im Reich und in den Ländern aus. Es muss aus heutiger Sicht ein großartiger Tag gewesen sein![18] Aus der Wahl gingen die SPD als stärkste Partei (37,9 Prozent), das Zentrum mit (19,7 Prozent) und die DDP mit (18,5 Prozent) der Stimmen hervor, während die USPD nur 7,6

---

16 Vgl. Sebastian Haffner: *Von Bismarck zu Hitler,* a. a. O., S. 168 ff. Haffner sieht Friedrich Eberts Rolle in dieser Zeit kritisch, weil dieser keine Auflösung der tradierten Machtverhältnisse herbeigeführt hat. Er sieht darin eher einen Pakt mit den militärischen Kräften, die nicht nur die radikalen Linken mit Gewalt bekämpften, sondern die auf diese Weise ihren Machtanspruch damit in der Weimarer Republik hinüberretten konnten. Die Verabredungen mit dem neuen Chef der Obersten Heeresleitung, General Ludwig Groener, dem Nachfolger von Erich Ludendorff, sieht Haffner in diesem Kontext.

17 Siehe Walter Mühlhausen: *Friedrich Ebert 1871-1925.* a. a. O., S. 110 ff., Zitat S. 111 f.

18 Hedwig Richter kennzeichnet die Bedeutung dieses Ereignisses treffend: „Als die Frauen zum ersten Mal das nationale Parlament mitwählten, wirkte das wenig spektakulär. Ohne Pathos und nennenswerten Widerstand hatte die provisorische Regierung, der ‚Rat der Volksbeauftragten‘, am 11. November 1918 das allgemeine und gleiche Wahlrecht im Deutschen Reich eingeführt. Dabei kann dieser Aufbruch kaum hoch genug veranschlagt werden." in: Hedwig Richter: *Demokratie. Eine deutsche Affäre.* 3. Aufl. München 2020, S. 188.

Prozent erhielt. Es folgten die DNVP mit 10,3 Prozent und die DVP mit 4,4 Prozent der Stimmen. Die Verfassunggebende Deutsche Nationalversammlung trat fern von den Berliner Straßenkämpfen, in Weimar, zusammen. Friedrich Ebert, der Sattlergeselle aus Heidelberg, wurde zum (vorläufigen) Reichspräsidenten gewählt, der Eloquentere, der gelernte Buchdrucker und Schriftsetzer Philipp Scheidemann, wurde von Ebert zum Ministerpräsidenten ernannt und mit der Regierungsbildung gemäß den Mehrheiten in der Nationalversammlung beauftragt. Legal durch Wahlen und vorläufige Gesetze legitimiert, kam die erste Regierung einer „Weimarer Koalition" (SPD, Zentrum, DDP) zustande. Der nächste Reichspräsident sollte direkt vom Volk gewählt werden.

Am 14. August 1919 trat die republikanisch-demokratische Grundordnung in Deutschland, die Weimarer Verfassung, in Kraft mit einer unitarisch-föderalen Staatsform. Preußen verlor seine dominierende Machtposition im Reich, die es über den Bundesrat ausüben konnte. Weitere plebiszitäre Elemente wie Volksbegehren und -entscheid wurden verankert, außerdem Volkssouveränität, Grundrechte, Gewaltenteilung, Verhältniswahlrecht, Religionsfreiheit, Verpflichtung der Abgeordneten auf das ganze Volk. „Es besteht keine Staatskirche." (Art. 137 Abs. 1 Weimarer Reichsverfassung) Kein Landesherr darf nun die Freiheit des Glaubens beschränken. Eine Zeitenwende fand statt, in der eine demokratisch-republikanische Gesellschaft entstand. Sie war freilich nur von kurzer Dauer.[19]

Kollektives Gedächtnis als Funktion der Identitätsbildung

Während der Ereignisse im November 1918 bis zur Unterzeichnung der Reichsverfassung am 11. August 1919 war es den politisch Handelnden gelungen, den parlamentarischen Weg, der im Kaiserreich eingeschlagen wurde, fortzusetzen und auf demokratische Weise, durch Wahlen legitimiert, ein neues Parlament zu bilden und eine neue Rechtsgrundlage,

---

19 Der britische Historiker James Hawes: *Die kürzeste Geschichte Deutschlands*, a. a. O., hier S. 215, sieht die schwierige Situation, in der die Weimarer Verfassung verabschiedet wurde: „Preuß bemühte sich fieberhaft, seinen Verfassungsentwurf durchzupeitschen, bevor dem besiegten Deutschland der Frieden einfach diktiert würde. Er wusste, dass das neue System zum Scheitern verurteilt wäre, wenn der Eindruck entstünde, es wäre Deutschland von den Alliierten oktroyiert worden... Doch sein Einsatz war umsonst: Am 28. Juni 1919, noch bevor die Beratungen beendet waren, wurde Deutschland zur Unterzeichnung des *Vertrags von Versailles* gezwungen." Eine unselige Tradierung von Amerika- und Demokratiefeindlichkeit begann!

die Weimarer Verfassung, zu verabschieden.[20] Tradierte Macht- und Herrschaftsverhältnisse, die die Aufrechterhaltung der preußischen Hegemonie
des Adels begünstigten und die politische Partizipation der aufstrebenden
Bevölkerungsschichten verhinderten, konnten durch Entmachtung der alten Eliten mit dem Ende der Monarchie und der Proklamation der Republik überwunden werden. Diese Gratwanderung verlief gegen gewaltsame
Angriffe aus den rechten und den linken Lagern, obwohl es zunächst der
provisorischen und der dann gewählten Regierung immer wieder gelang,
aus beiden Lagern Unterstützung zu erhalten. Die Wahlergebnisse dokumentierten die breite Unterstützung des eingeschlagenen Weges. Aber ein
wesentlicher Schritt gelang nicht: Das Militär blieb als Machtzentrum eines
Staates im Staat und einer Führung mit revanchistisch-revisionistischer
Gesinnung bestehen.[21]

Die Gegenkräfte brachten gegenüber der Demokratisierung und kulturellen Liberalisierung der Gesellschaft sukzessive eine Reihe von ideologischen Konstrukten vor, um links wie rechts Misstrauen zu schüren und der
Weimarer Republik ihre Legitimität abzusprechen. Da wurde die „Dolch-
stoßlegende" zur Spaltung des Landes wachgehalten, die Bevölkerung habe
gegen die kämpfenden Soldaten gearbeitet und dadurch den Kriegsausgang
mitverschuldet. Verbreitet wurde auch von links wie von rechts, die Demokratie wäre den Deutschen wesensfremd und dem amerikanischen Oktroi
geschuldet. Traditionalistische Kräfte kritisierten die Proklamation der Republik und die Abschaffung der Monarchie als verfassungswidrig, als von
angeblichen antideutschen Agenten wie Scheidemann und Ebert vorbereitet und durchgeführt.

Die Sicht auf die Weimarer Republik in nachträglichen Betrachtungen
im Zuge der deutschen Nachkriegsgeschichte hat immer auch damit zu tun,
wie das Kaiserreich verstanden wird. Wird die Militarisierung der Gesellschaft insgesamt mit ihm identifiziert, insbesondere mit der zentralen Rolle
Preußens, oder werden auch gegenläufige Entwicklungen hervorgehoben,
wie zum Beispiel, dass zu jener Zeit eine basisgeprägte, subsidiär-föderale
Vielfalt von Organisationen unterhalb der politischen Ebene entstanden

---

20 Wolfgang J. Mommsen hebt hervor, dass die vielen Stellungnahmen von Max Weber
während dieser Zeit sich sehr kritisch auf das Wirken der provisorischen Regierung
bezogen, zunächst mit den USPD-Mitgliedern, dann ohne sie. Seine Absicht sei
es gewesen, vor Sozialisierungsvorhaben zu warnen, die nicht zur Erneuerung der
Ökonomie geführt hätten. Siehe Wolfgang J. Mommsen: *Max Weber und die deutsche
Politik 1890–1920*, 3. Aufl. Tübingen 2004, S. 320 ff.
21 Vgl. Gunther Mai: *Die Weimarer Republik*. 4. Aufl. München 2021.

war, deren Existenz den Wandel der politischen Systeme bis heute überstanden hat? Die Beantwortung der Frage nach Kontinuität oder Diskontinuität zwischen dem Kaiserreich und der Weimarer Republik hat zudem damit zu tun, inwieweit die Linien der Kontinuität der Bundesrepublik Deutschland auf den Gebieten der Ideen, der institutionellen Ausgestaltung und der Interessenbildung zurückreichen. Kann und darf man in Deutschland erst ab der Gründung der Weimarer Republik auf die kurze Zeit ihrer Existenz stolz sein oder auch schon auf die Durchsetzung von Rechts- und Sozialstaatlichkeit im Kaiserreich? Zu berücksichtigen ist, dass die starke deutsche Organisationsgesellschaft ihren Auftakt definitiv vor der Weimarer Republik hatte.

Aus heutiger Sicht verdankt die Bundesrepublik Deutschland der Gründung der Weimarer Republik und ihren Vätern viel: Sie war ein Aufbruch zur Demokratisierung durch Partizipation und Öffnung. Trotz der unbewältigten politischen und ökonomischen Probleme erhöhten sich für breite Gesellschaftsschichten die Lebensqualität und kulturelle Einbindung. Eine große Rolle spielte dabei, dass typische soziale Fragen des Arbeitens und Wohnens durch viele gewerkschaftliche Initiativen und durch kommunale und subsidiäre genossenschaftliche Projekte angegangen wurden. Zur Weimarer Republik gehört auch, dass die Trennung zwischen Massen- und Hochkultur teilweise verschwand und das Reich eine kulturelle Blüte in vielen Bereichen, wie in der Literatur, der Malerei und der Unterhaltung, erlebte.

Die Demokratie- und Nachkriegsgeschichte der Bundesrepublik knüpft daher an die Weimarer Republik an, ihre Deutung und Bedeutung nimmt einen herausragenden Stellenwert im kollektiven Gedächtnis der Deutschen ein. Noch heute gilt es, manche der von ihren Gegnern verbreiteten ideologischen Konstrukte in neuer Aufmachung zu widerlegen. Das Bewusstsein der Kontinuität der Geschichte seit dem Kaiserreich hat zur Bewahrung von vielen Traditionen als Teil der deutschen Identität geführt: Dazu gehören der Föderalismus und die Subsidiarität, das Verständnis von Wirtschaft und Politik als sich ergänzende gesellschaftliche Teilbereiche, der Entwicklungspfad des Sozialstaats mit seinen Funktionen und Einrichtungen und nicht zuletzt die vielfältige Vereinskultur.[22]

---

22 Vgl. Christiane Bender/Hans Graßl: „Langersehnte demokratische Verfassung (1919-1933) und ihr brutales Ende (1933-1945)", in: „Föderalismus und Subsidiarität. Frühe Wurzeln des föderalen Verfassungsstaats", Bundeszentrale für politische Bil-

Für die Erinnerungskultur in Deutschland nach dem Zivilisationsbruch durch den Nationalsozialismus ist es besonders wichtig, dass die Weimarer Republik ein Gesellschaftsmodell war, aus dem sich heute noch viele kulturelle identitätsstiftende Aspekte des kollektiven Gedächtnisses herleiten lassen, die auf ein *Davor*, auf den Aufbruch in eine demokratische Gesellschaft vor dem nationalsozialistischem Terrorregime, verweisen. Besonders wichtig ist zudem, dass es ein Gesellschaftsmodell war, aus dem vielfältige Lehren des Bewahrens und Veränderns zu ziehen sind. Das haben der Verfassungskonvent auf Herrenchiemsee (10. bis 23. August 1948) und der Parlamentarische Rat (1. September 1948 bis 8. Mai 1949) bei der Ausarbeitung des Grundgesetzes getan und neben vielen Übernahmen und Fortführungen die Beibehaltung des plebiszitär zu wählenden, mit Machtfülle ausgestatteten Reichspräsidenten vermieden.

2. Lebenslange Erfahrungen, sozialwissenschaftliche Analysen und politisches Engagement

Max Webers Leben (21. April 1864 in Erfurt bis 14. Juni 1920 in München) war vor allem geprägt von der Geschichte im Deutschen Kaiserreich. Dessen Gesellschafts- und Staatsmodell war Gegenstand vieler seiner herrschafts-, organisations- und institutionensoziologischen Forschungen. Überwiegend entstanden sie in seiner Villa in Heidelberg, das damals zum Großherzogtum Baden gehörte.[23] Die dynamische Sozioökonomie der Gesellschaft mit ihrer ständischen, klassen-, schichten- und milieuspezifischen Differenzierung kristallisierte sich vor dem Hintergrund eines rasanten Strukturwandels von einer Agrar- zu einer expandierenden Industriegesellschaft heraus. Der Sozialforschung und der in Deutschland neuen Disziplin, der Soziologie, boten die zunehmende Urbanisierung und die sich entwickelnde enorme Organisationsvielfalt, angefangen von Fußballvereinen, die noch heute in der Bundesliga vertreten sind, bis hin zu Wohl-

---

dung, Deutschland Archiv vom 20.10.2022, https://www.bpb.de/themen/deutschland archiv/508786/foederalismus-und-subsidiaritaet/.

23 In diesem Beitrag wird darauf verzichtet, eine Gesamtdarstellung der politischen Schriften von Max Weber zu geben. Sehr empfehlenswert ist dazu das Standardwerk von Wolfgang J. Mommsen: *Max Weber und die deutsche Politik 1890-1920*, a. a. O. Mommsen hat darin auch die umfangreiche Korrespondenz Webers ausgewertet, die einen tiefen Einblick in Webers eigenes Ringen mit einer zutreffenden und lösungsorientierten Beurteilung der schwierigen Lage geben.

fahrtsverbänden, Genossenschaften, Gewerkschaften, Industrieverbänden, philanthropischen Vereinen, kirchlichen Einrichtungen und Parteien faszinierende Forschungsgegenstände.[24]

Machtkritik und politisches Engagement

Persönlich begleitete Max Weber die politische Entwicklung mit wechselnden Gefühlen, manchmal nationalpatriotisch und bildungsbürgerlich geprägt, vielfach aber sachlich interessiert, analytisch und kritisch. Wiederholt monierte er die Blockade der gesellschaftlichen Dynamik durch die Machtpolitik der einflussreichen preußischen Adelseliten über den Bundesrat und den „Scheinparlamentarismus" des Reichstags. Seine Kritik an Bismarck zielte darauf ab, dass dieser das Parlament tendenziell entmachtete und dass dadurch dessen Funktion als Institution der politischen Willensbildung und Profilierung des Führungspersonals von Parteien kaum zum Tragen kam: Die Bewährung in parlamentarischen Debatten qualifizierte nicht dazu, Chancen zu erhalten, politische Verantwortung auf Kabinettsebene zu übernehmen. Die Einmischung von Wilhelm II. in die Politik verhinderte Fortschritte in der Konstitutionalisierung der Monarchie.[25] Über lange Zeit, in der Weber keiner formellen Berufstätigkeit nachging, konzentrierte er sich auf seine Forschung und auf seine informell einflussreiche Position in den bildungsbürgerlichen und intellektuellen Zirkeln des Kaiserreichs und ihren Kommunikationskanälen. Darüber konnte er auf das kulturelle und politische Leben der Zeit Einfluss nehmen.[26]

---

24 Vgl. Christiane Bender/Hans Graßl: „Subsidiäre Organisationen, föderale Institutionen und zentralisierte Machtpolitik (1871-1918)", in: „Föderalismus und Subsidiarität. Frühe Wurzeln des föderalen Verfassungsstaats", Bundeszentrale für politische Bildung, Deutschland Archiv vom 20.10.2022, https://www.bpb.de/themen/deutschlandarchiv/508786/foederalismus-und-subsidiaritaet/. Es entstand eine reiche Organisationslandschaft, die noch heute über alle folgenden politischen Systeme hinweg von großer gesamt- und insbesondere zivilgesellschaftlicher Bedeutung ist.

25 Wolfgang J. Mommsen fasst Webers Haltung hierzu zusammen: „Aber gerade in der modernen Massengesellschaft, die infolge des Bürokratisierungsprozesses immer ‚legalistischer' und ‚wertneutraler' wurde, wollte Weber die charismatische Legitimitätsquelle erhalten sehen." Wolfgang J. Mommsen: *Max Weber und die deutsche Politik 1890-1920*, a. a. O., S. 313. Einen guten Überblick über Webers Sichtweisen zum Ausbruch, Verlauf und Ende des Kriegs und auf den Machtkampf der politischen Kräfte zum Ende des Kaiserreichs, das Heft des Handelns in die Hand zu bekommen, gibt Wolfgang Schluchter: „Handeln und Entsagung. Max Weber über Wissenschaft und Politik", in: ders., *Unversöhnte Moderne*. Frankfurt a. M. 1996, S. 9-70.

26 Vgl. M. Rainer Lepsius, *Max Weber und seine Kreise*. Tübingen 2016.

Zu Beginn des Kriegs (1914) war Max Weber ein eifriger Befürworter, vor allem, um Österreich gegen Russland zu unterstützen. Er meldete sich sofort zum Kriegsdienst und war bis Ende September 1915 Militärisches Mitglied der Heidelberger Reserve-Lazarettkommission, was vermutlich seinem Temperament wenig entsprach. Bald setzte er sich für einen Verständigungsfrieden und für Verhandlungen ein. Als Deutschland den uneingeschränkten U-Boot-Krieg begann und Amerika in den Krieg eintrat (im April 1917), war Weber klar, dass Deutschland den Krieg verlieren wird.

Der Verlauf des Ersten Weltkriegs führte eine globale Zeitenwende herbei, die sich auf die Stellung des Deutschen Reichs in Europa und auf die innenpolitischen Konstellationen auswirkte.[27] Die „alte" Zeit würde unwiderruflich vorbei sein.

Das Versagen der traditionellen Herrschaftseliten, ihr später Rückzug, die Unzufriedenheit und das Aufbegehren weiter Teile der Bevölkerung – aus alldem resultierten Ungewissheiten, aber auch Handlungschancen. Nach Max Weber wurde gerufen, wenn es um Einordnung, Verständnis und Orientierung in den unruhigen Zeiten ging. Seine Meinung über die krisenhafte Zuspitzung war gefragt. Er hielt Vorträge und zog eine riesige, dazu noch prominente Zuhörerschaft an.[28] Er war ein Publikumsmagnet. Während der Zeitenwende 1918/19 engagierte er sich darüber hinaus unmittelbar politisch. Es schien, als ob für ihn die persönliche Perspektive, Politik als Beruf zu wählen, in Frage käme. In vielen Zeitungsbeiträgen veröffentlichte er seine Vorstellungen von einem politischen Neubeginn. Die „Frankfurter Zeitung" richtete ihm ein Büro ein. Dort verfasste er den Artikel „Deutschlands künftige Staatsform".[29]

Wie bereits erwähnt, kritisierte Weber in seinen politischen Schriften wiederholt, so auch in „Politik als Beruf", dass bislang eine der haupt-

---

27 Vgl. Hinnerk Bruhns: *Max Weber und der Erste Weltkrieg*. Tübingen 2017.

28 Vgl. dazu Wolfgang Schluchter: „Der Revolutionswinter 1918/19 als Zeit der Entscheidung", in: ders., *Mit Max Weber*. Tübingen 2020, S. 177-204. Der Autor beschreibt hier ausführlich den Verlauf dieser Phase von Webers Leben, die durch zahlreiche öffentliche Auftritte gekennzeichnet war.

29 Seine in der „Frankfurter Zeitung" erschienenen „Skizzen" fasste er unter dem oben genannten Titel zusammen. In der *Vorbemerkung* dazu heißt es: „Sie sollen nur zeigen, dass eine republikanische, großdeutsche und nicht großpreußische, Staatsform föderativ und dabei demokratischen Charakters nicht, wie vielfach geglaubt wird, überhaupt unmöglich ist, und die Diskussion in Fluss bringen." S. 98, in: Max Weber: *Zur Neuordnung Deutschlands. Max Weber-Gesamtausgabe (MWG)*, Abt. I: Schriften und Reden 1918-1920, Bd. 16, hrsg. v. Wolfgang J. Mommsen, in Zusammenarbeit mit Wolfgang Schwentker, Tübingen 1988.

sächlichen Aktivitäten von Parteien darin bestand, Ämter unter deren Mitgliedern zu verteilen und Gesinnungen zu verbreiten. Im November 1918 beteiligte er sich dennoch – zusammen mit seinem Bruder Alfred und vielen Prominenten – an der Gründung der linksliberalen Deutschen Demokratischen Partei (DDP).[30] Voller Enthusiasmus hielt er Wahlkampfreden, sodass ihm die begeisterte Partei einen Spitzenplatz auf der Wahlliste zur Kandidatur für die Nationalversammlung anbot. Listenplätze waren und sind auch heute noch in Parteien eine ernste Sache. So wurde die aussichtsreiche Platzierung, die die Mitgliederversammlung der DDP in Frankfurt vorgenommen hatte, von einem höheren Gremium auf der Ebene Hessen-Nassau wieder rückgängig gemacht, denn dort hatte sich Max Weber nicht vorgestellt. Seine Enttäuschung verbarg er zunächst, in seinem Parteiaustrittsschreiben bezeichnete er sich dennoch als ein an der „DDP-Gescheiterter".[31] Er versuchte, den liberalen ehemaligen Reichskanzler Max von Baden zur Kandidatur zu bewegen, jedoch ohne Erfolg.

Max Weber war im Gespräch, eine leitende Position bei der Erarbeitung der neuen Verfassung einzunehmen. Aber die provisorische Regierung entschied sich vermutlich wegen seiner scharfen Verurteilung der USPD für Hugo Preuß. Der liberale Staatsrechtler, wie Weber Mitglied der DDP, erhielt die vorgesehene Position des Staatssekretärs im Reichsamt des Innern. Auf Preuß' Einladung nahm Weber vom 9. bis zum 12. Dezember 1918 im Reichsamt des Innern als Mitglied des Preußischen Verfassungsausschusses an den entscheidenden Beratungen teil und setzte sich mit manchen Vorstellungen durch.[32] Das betraf vor allem die Aufnahme der Position des Reichspräsidenten in die Verfassung, der durch Volkswahl ins Amt gelangen und über erhebliche Vollmachten gegenüber dem Parlament, den

---

30 Prominente Mitglieder der DDP, die Weber gut kannte, waren Friedrich Naumann, Ernst Troeltsch, Hugo Preuß, Walter Rathenau, Theodor Wolff, Gertrud Bäumer, Helene Lange, Marianne Weber.

31 Vgl. die Erklärung zum Scheitern der Kandidatur für die Wahlen zur Nationalversammlung im Wahlkreis 19 (Hessen-Nassau), S. 156, Editorischer Bericht, S. 152-155, in: *MWG*, Abt. I, Bd. 16, a. a. O. In seiner wortreichen Erklärung, dass er kein Berufspolitiker sei und dem System der Begünstigung von „Parteihonoratioren" keine Zugeständnisse machen wolle, kommt m. E. tiefe Kränkung zum Ausdruck.

32 „Die Reichsverfassung ist – im Prinzip – fertig, *sehr* ähnlich meinen Vorschlägen." Brief an Marianne Weber vom 13. Dezember 1918, Max Weber: *Briefe 1918-1920, Max Weber-Gesamtausgabe (MWG)*, Abt. II, Bd. 10,1, hrsg. v. Gerd Krumeich und M. Rainer Lepsius in Zusammenarbeit mit Uta Hinz, Sybille Oßwald-Bargende und Manfred Schön, Tübingen 2012, S. 357.

Parteien und dem Kanzler verfügen sollte.[33] Friedrich Ebert ging es darum, durch die Wahl von Abgeordneten zur Nationalversammlung so schnell wie möglich eine demokratisch-republikanische Verfassung zu verabschieden und damit die entscheidende Rechtsgrundlage und den Legitimitätsrahmen für die Bildung der künftigen Regierung und ihrer Politik zu etablieren. Nach seiner Wahl lud er Max Weber, dem offensichtlichen *Spiritus Rector* der Idee der plebiszitären Präsidentschaft, zu einem persönlichen Beratungsgespräch ein, worüber an späterer Stelle noch berichtet wird. Sein Artikel „Der Reichspräsident" erschien im Februar 1919 in der „Frankfurter Zeitung".

Im Mai 1919 nahm Max Weber als Sachverständiger der deutschen Delegation an der Konferenz zum *Versailler Vertrag* teil. Drei Monate zuvor hatte er zusammen mit Max von Baden die „Arbeitsgemeinschaft für Politik des Rechts" (Heidelberger Vereinigung) gegründet. In einer Erklärung der Vereinigung mit vielen weiteren Prominenten wurde die These der alleinigen deutschen Kriegsschuld Deutschlands widersprochen, auch in Hinblick darauf, die drohenden und schwer zu tragenden Bedingungen des Friedensschlusses abzuwenden.

Nachdem er an die Bayerische Akademie der Wissenschaften berufen wurde und im Sommersemester 1919 an der Universität die Nachfolge des Ökonomen Lujo Brentano angetreten hatte, zog Weber von Heidelberg nach München. Nun spielte wieder „Wissenschaft als Beruf" die zentrale Rolle in seinem Leben, daneben allerdings auch die innige Freundschaft zu der in München wohnenden Else Jaffé. Schon ein Jahr später starb er am 14. Juni 1920 an den Folgen einer Lungenentzündung.

3. Der Vortrag

Max Weber hielt seinen berühmten Vortrag „Politik als Beruf" in bewegter Zeit. Der Freistudentische Bund hatte Weber zu Vorträgen im Rahmen der Reihe „Geistige Arbeit als Beruf" nach München in die Buchhandlung Steinicke eingeladen.[34] Bereits am 7. November 1917 hatte er dort über „Wissenschaft als Beruf" gesprochen, am 28. Januar 1919 folgte dann der

---

33 Siehe Beiträge zur Verfassungsfrage anlässlich der Verhandlungen im Reichsamt des Innern vom 9. bis 12. Dezember 1918, S. 49-92, in: *MWG*, Abt. I, Bd. 16, a. a. O.

34 Der Freistudentische Bund war eine Jugend- und Studentenbewegung aus dem 19. Jahrhundert. Er richtete sich gegen überkommene Lebensformen an den Hochschulen und forderte mehr Mitwirkungsrechte für Studenten. Die heutigen Einrichtungen

zweite Vortrag „Politik als Beruf". Den Anlass zur Wahl dieses Themas bildete die Beobachtung der herablassenden Ablehnung, ja Verachtung, die die bürgerlichen Eliten Berufspolitikern entgegenbrachten, die *von* der Politik den Unterhalt für ihr Leben bezogen. Die herrschende preußische Führungselite, die von Tradition und Stand im Kaiserreich legitimiert zu sein schien, *für* die Politik zu leben, verlor das Vertrauen der Bevölkerung. Sie hatte zuletzt „die Macht lediglich um ihrer selbst willen" (S. 229) ausge-übt und dabei verantwortungslos gegenüber der kriegsmüden, an Hunger leidenden Gesellschaft agiert.

Nun, da diejenigen Politiker, die nur *für* die Politik, aber nicht *von* ihr lebten, ihr Ansehen in der Bevölkerung verloren hatten, bekam der Vortrag besondere Aktualität. Mit dem republikanischen Anliegen, eine neue politi-sche Kultur einzuleiten und größeren Teilen der Bevölkerung Chancen zu eröffnen, an der politischen Herrschaft zu partizipieren, müsste auch das Ansehen der Politiker in der Öffentlichkeit steigen, die ihre Existenz nicht mit ihrem ererbten Vermögen sicherten, sondern ihr Auskommen *von* der Politik bezögen.

Die Wähler und Wählerinnen sollten selbst urteilen, ob sie die Politiker, denen sie ihre Stimme für den Aufstieg in das höchste Amt der Republik geben wollen, für fähig halten. Nun kam hinzu: Infolge „des gewaltigen Zusammenbruchs, den man Revolution zu nennen pflegte" (S. 222), inter-pretierte Weber – wenn auch mit Skepsis – Anzeichen eines Wandels der politischen Kultur, in der, neben dem Machtanspruch der traditionellen Eliten, zwei dominante, weitgehend gegensätzliche Strömungen den Kampf um die künftige Machtausübung austragen würden: Verantwortungs- und Gesinnungspolitiker. Den bayerischen Ministerpräsidenten Kurt Eisner ordnete Weber den Gesinnungsethikern zu.

Kurt Eisner und der „Freistaat Bayern"

In Bayerns Hauptstadt München rief Kurt Eisner, ehemaliger Journalist des „Vorwärts" (SPD), Schriftsteller, einst Befürworter der Kriegskredite, dann überzeugter Pazifist und Mitglied der USPD, auf einer Versammlung von Arbeiter- und Soldatenräten am 8. November 1918 den „Freistaat Bayern" aus: „Die Dynastie Wittelsbach ist abgesetzt. Hoch lebe die Republik!" Die Räte wählten ihn zum Ministerpräsidenten. Während seiner kurzen Amtszeit begann er, das Bildungswesen zu reformieren und führte das

---

der studentischen Selbstverwaltung haben die Ideen des Freistudentischen Bundes weiterentwickelt.

Wahlrecht für Frauen in Bayern ein, die im Februar 1919 erstmalig an der Landtagswahl teilnehmen konnten. Aufgrund der vielen Unruhen und gewalttätigen Auseinandersetzungen erhielt die USPD mit Kurt Eisner bei dieser Wahl nur wenige Stimmen. Er musste zurücktreten. Auf dem Weg zur Einreichung seiner Demission fiel er einem heimtückischen Attentat zum Opfer.

Weber sah in Eisner einen pazifistischen Überzeugungstäter. Eisner hatte geheime Dokumente der Bayrischen Gesandtschaft von 1914 an die Presse weitergegeben.[35] Er wollte Deutschlands Kriegsschuld belegen und hoffte, damit den ehrlichen Friedenswillen des Landes zu dokumentieren. Damit sollten die Alliierten versöhnlich gestimmt werden.[36] Darüber empörte sich Weber. Ein solches Handeln, sich als Friedensanwalt darzustellen und dadurch die Verhandlungspositionen des Reichs für Friedensverhandlungen zu schwächen, empfand er als naiv, dazu noch als unpatriotisch und anmaßend. Er sah darin eine gesinnungsethische Tat, die vorgeblich im Sinne eines unbedingten Friedenswillens erfolgt war, dabei aber die realen Folgen der Handlung nicht berücksichtigte. Das Resultat einer solchen Handlung würde Deutschland in eine schwierige, nachteilige Verhandlungsposition bringen. Die Bevölkerung könnte darauf mit neuer Kriegsbereitschaft reagieren.

Max Weber kannte viele gesinnungsethische „Literaten", wie er sie bezeichnete. Er diskutierte, in langen Gesprächen um Überzeugung ringend, immer wieder mit ihnen und rang um ihr Verständnis. Mit seinen in nur wenigen Wochen erworbenen Russischkenntnissen hatte er Dokumente und Zeitungen über die in Russland entstandene „militaristische Diktatur" ausgewertet und die Folgen, Entmündigung und Verarmung der Bevölkerung, beschrieben. Sollte die Kombination von marxistischer Literatur und Machtbesessenheit der Theoretiker Wirklichkeit werden, so drohten solche Verhältnisse auch in Deutschland.[37]

Nach dem Scheitern einer Übergangsregierung in Bayern kam es in München zu Machtkämpfen bei Versuchen, eine Räterepublik zu errichten. Die Gewalt eskalierte zwischen linken und rechten Kräften und innerhalb

---

35 Sein Verhältnis zu Kurt Eisner war von der Sorge geprägt, dieser könne sich weigern, ihm den Ruf an die Münchner Universität zu erteilen und dadurch seine Berufung vereiteln.

36 Vgl. Wolfgang Schluchter: „Der Revolutionswinter 1918/19 als Zeit der Entscheidung", in: ders., *Mit Max Weber*. a. a. O., S. 193 f.

37 Vgl. Herfried Münkler (Hrsg.): *Max Weber. Der Sozialismus*. Weinheim 1995.

der Linken. Kurzzeitig beteiligten sich an der Räteregierung prominente Intellektuelle wie Ernst Toller, Erich Mühsam und Gustav Landauer.[38] Zwischen den sozialistischen, pazifistischen, kommunistischen und anarchistischen „Teileliten" (M. Rainer Lepsius) und ihren Anhängern tobten gewaltsam ausgetragene Kämpfe. Im Mai 1919 endete die Räterepublik „im Kugelhagel" (Jürgen Kaube), niedergeschlagen von Truppen aus Freikorps und Reichswehr.

Vortrag und Textfassung

Weber sprach vor engagierten Studenten, die neugierig darauf waren, zu erfahren, mit welchem Typus von Politik und Politiker sie es künftig zu tun haben würden. Sie werden vermutlich überlegt haben, ob sie als künftiger Teil der akademischen republikanischen Elite eine politische Karriere einschlagen sollten. Das gab ihm die Möglichkeit, seine politischen Erfahrungen und seine historisch-soziologischen Analysen auf wissenschaftlichem Niveau vorzutragen. Gleichzeitig warb er um Verständnis für die neue demokratische Zeit, an deren Gelingen sie selbst – als Wähler oder als Politiker, die im Wettbewerb um Wählerstimmen stehen – beteiligt sein könnten.

Einer größeren Öffentlichkeit wurde der Text „Politik als Beruf" vor allem in einer Kurzfassung bekannt. In der Langfassung des veröffentlichten Texts wird seine fachliche Vorgehensweise durch die ausführliche Erläuterung seiner zentralen Kategorien in einem institutionsanalytischen und historisch-vergleichenden Zusammenhang deutlich. Der Text erlangt dadurch eine starke Erklärungskraft. Der Bezug auf die Wende zur Weimarer Republik, deren Zeitzeuge er war, wird ebenfalls thematisiert. Wie in vielen Texten seines Werkes lernen seine Leser nicht nur etwas über den Gegenstand seines Vortrags, sondern auch etwas über Kategorienbildung und Methodik, die zur Erkenntnis führen. Große Aufmerksamkeit widmet Max Weber dabei der Definition seines Staatsbegriffs.

---

38 Ernst Toller (1893-1939) gehörte der USPD an, Erich Mühsam (1878-1934) war Anarchist und Gustav Landauer (1870-1919) war Anarchist und Kommunist. Alle drei definierten sich als Pazifisten, alle drei waren schreibende Intellektuelle und hatten jüdische Wurzeln. Weber sparte nicht mit heftigster Kritik an den seiner Meinung nach realitätsfernen „Literaten" mit geringen Aussichten darauf, Mehrheiten in der Bevölkerung zu erlangen. Aber als er vor Gericht zu den ihm aus Heidelberg gut bekannten Angeklagten Ernst Toller befragt wurde, bescheinigte er ihm „die absolute Lauterkeit des radikalen Gesinnungsethikers".

Der Text des Vortrags ist von Max Weber zur Publikation überarbeitet und ergänzt worden. Überschneidungen der Gedankengänge mit anderen Veröffentlichungen sind vorhanden.[39] Aufmerksame Leser werden Unterschiede im Stil seiner Erörterungen bemerken. Beispielsweise sind Teile adressatenbezogen geschrieben, andere dagegen derart elaboriert formuliert worden, dass sie nur bei konzentrierter Lektüre verständlich werden. Sie enthalten zweifellos einen Schatz an Einsichten. Vermutlich hat Max Weber sich beim Vortragen an seinen Stichworten orientiert, die die Max Weber-Gesamtausgabe der Publikation von „Politik als Beruf" (MWG, Bd. I/17) voranstellt. Der Editorische Bericht der MWG gibt Auskünfte über Unterschiede und Übereinstimmungen zu bzw. mit anderen publizierten Texten des Autors. Webers „vulkanisches Temperament" (Wolfgang J. Mommsen) bringt jedoch die Nachwelt an die Grenzen einer Rekonstruktion der Übereinstimmung und/oder Abweichung des gehaltenen Vortrags mit der publizierten Fassung und den Textauszügen aus anderen Beiträgen von Max Weber.

Zur Einordnung der Existenz beruflich tätiger Politiker rekonstruiert er eine lange historische Entwicklung, an deren Ende sich eine ausdifferenzierte staatliche Institutionenordnung der politischen Machtausübung mit einem besonderen politischen Personal herausgebildet hat. Außerdem rekurriert er auf die von ihm konstruierten „Typen der legitimen Herrschaft", die für sein Gesamtwerk von herausragender Bedeutung sind. In vergleichender Perspektive werden Mechanismen der Rekrutierung des Spitzenpersonals in verschiedenen politischen Systemen dargestellt. Ein besonderes Anliegen, dem er sich mit Blick auf das „untergegangene Reich" widmet, sind die Defizite des Reichstags und der dort vertretenen Parteien, weshalb er die Einführung eines plebiszitär gewählten Reichspräsidenten vorschlägt. Diese Vorstellung schwingt auch in seinen Überlegungen über die sozialmoralischen Dispositionen eines verantwortungsvoll handelnden Politikers mit.

Der Vortrag „Politik als Beruf" ist somit ein faszinierendes Dokument, wie ein Autor, der für sich die „Wissenschaft als Beruf" gewählt und sich dem Ideal einer wahrheitsorientierten, methodisch-stringenten Analyse „verschrieben" hat, nun zur unmittelbaren politischen Lage Stellung bezieht. Durch „zwingende Gedankenfolge, treffende Beispiele, geschichtlich

---

39 Im publizierten Text „Politik als Beruf" finden sich einige Überschneidungen mit „Parlament und Regierung im neugeordneten Deutschland" (Mai 1918) und „Deutschlands künftige Staatsform" (Dezember 1918).

begründete Erkenntnisse" erweitert er nicht nur den Erkenntnishorizont seiner Zuhörerschaft, sondern übt auch Kritik an den politischen Kräften seiner Zeit und wagt Prognosen.[40]

Die große zeitliche Differenz zwischen Vortrag und heutiger Lektüre, die gelegentlich in der Begrifflichkeit zum Ausdruck kommt, führt zu Irritationen beim Lesepublikum. Weber ist bekanntermaßen durch und durch machtbewusst gewesen. Die kritische Aufarbeitung der ungehemmten Gewaltherrschaft im Nationalsozialismus hat innerhalb der deutschen Nachkriegsgenerationen zu einer Ablehnung der Vorstellung geführt, Ordnung in Staat und Gesellschaft vorwiegend als Resultat eines permanent ablaufenden Machtkampfs zu betrachten. Die rechtsstaatliche Entwicklung hat zur Kontrolle von Macht und Herrschaft geführt und in vielen Bereichen deren kulturelle Einhegung zugunsten von kommunikativen Formen sozialen Handelns vorangetrieben.

Sozialwissenschaftliche Ansätze haben allerdings mit dazu beigetragen, die Wunschvorstellung zu erzeugen, Gesellschaft könne sich sukzessive als ein großer Freiraum reproduzieren, in dem nur „kommunikativ gehandelt" werde und Macht und Herrschaft weitgehend verbannt wären. Anstelle von Macht und Herrschaft als strukturierende Größen sozialen Handelns würde sich Kommunikation durchsetzen, und die Machtasymmetrien zwischen Kommunikanten würden allmählich verschwinden. Diese Denkweise führt zu einer gewissen Machtvergessenheit in der Gesellschaftsanalyse.[41] Das entspricht in keiner Weise Max Webers Vorstellungswelt. Daher sind aus heutiger Wahrnehmung seine Konzentration auf die zentrale Bedeutung von „Gewaltmitteln" und das Verhalten des „politischen Führers" etwas irritierend. Zum adäquaten Verständnis des Textes sind diese Begriffe unverzichtbar. Die Stimmung und Vehemenz mancher Formulierungen, die in den Passagen des Textes deutlich werden, dokumentieren das typische Pathos von Max Weber, welches ihm eigen war und von seinen Zuhörern, freilich nicht von allen, geschätzt wurde. Sein Pathos bleibt heute noch spürbar, auch wenn es stellenweise als merkwürdig, gar fremd empfunden wird. Jede Textinterpretation ist eine Annäherung des interpretierenden Menschen an den Autor. Durch die Berücksichtigung von Kontext und Persönlichkeit wird der Stellenwert des Textes für die damalige Zeit deutlich.

---

40 „Editorischer Bericht", in: *MWG*, Abt. I, Bd. 17, a. a. O., S. 122, Zitat von Max Rehm, der seine Erinnerungen an die Veranstaltung, den Vortrag und den Vortragenden wiedergibt.

41 Vgl. Christiane Bender: „Macht – eine von Habermas und Luhmann vergessene Kategorie?", in: *Österreichische Zeitschrift für Soziologie*, Bd. 23, 1/1998, S. 3-19.

Der Respekt vor der Person und seiner Originalität, aber auch vor seiner historischen Typik soll in der folgenden Rekonstruktion gewahrt bleiben.

Zum Verständnis der Kategorien, mit denen Weber die historischen Verläufe analysiert, ist zu berücksichtigen, dass es sich methodisch bei den von ihm möglichst werturteilsfrei gewählten Begriffen um idealtypische Konstrukte handelt. Ihre Aufgabe besteht darin, den Forschungs- und Erkenntnisprozess als „Ordnungsinstrumente" zu dienen. (Stefan Breuer) Ohne die Herstellung ordnender, Merkmale zusammenfassender Begriffe sind Erkenntnisse nicht möglich.[42] Die historischen Individuen, auf die sich ein Analytiker bezieht, sind zumeist, und darauf weist Weber hin, facetten- und variationsreicher. Der Begriff des Idealtypus hat also nichts mit der Vorstellung von etwas Idealem zu tun, wie er im Sinne eines erstrebenswerten Vorbilds gebraucht wird, sondern bezieht sich auf ein begriffliches Konstrukt zur Analyse historisch-empirischer Gegebenheiten. Im Folgenden wird hierfür der Begriff des Typus verwendet, der weniger missverständlich ist.

4. Staat – Verfügung über die Gewaltmittel

Mit[43] dem Hinweis, dass sein Vortrag, den er auf Wunsch der Anwesenden halte, Erwartungen enttäuschen werde, leitete Max Weber seine Ausführungen ein. Zwar spreche er über die Bedeutung von Politik innerhalb der Lebensführung, aber keineswegs erörtere er aktuelle Tagesfragen oder

---

42 Vgl. Stefan Breuer: *Bürokratie und Charisma. Zur politischen Soziologie Max Webers.* Darmstadt 1994.

43 „Der Vortrag, den ich auf Ihren Wunsch zu halten habe, wird Sie nach verschiedenen Richtungen notwendig enttäuschen." In: *MWG*, Abt. I, Bd. 17, a. a. O., S. 157. Im Unterschied zu Webers Einleitung wird heutzutage jedem Vortragenden empfohlen, nach der Begrüßung des Publikums dessen Erwartungen durch einen kurzen Überblick positiv zu steigern. Weber verbindet jedoch mit seinen Äußerungen die latente Botschaft, dass er seiner wissenschaftlichen Überzeugung treu bleibe und es nach seinem Verständnis nicht die Aufgabe der Kultur- und Sozialwissenschaften sei, Politik zu rechtfertigen oder zu propagieren. Es geht ihm, so lassen sich diese Formulierungen deuten, in seinem Vortrag vor allem um Erkenntnisse der Genese und Struktur von Politik und zunächst nicht darum, normative Anforderungen an die Politik zu diskutieren. Dennoch: Er wird sein Publikum auch mit seiner Sicht auf die Reformbedürftigkeit des ehemaligen politischen Betriebs vor dem Ausrufen der Republik und dem Rücktritt des Kaisers konfrontieren und dürfte damit auch der Publikumserwartung weitgehend entsprochen haben, über Kriterien zur Beurteilung der künftigen Politik informiert zu werden.

Inhalte des politischen Handelns.[43] Seine „allgemeine Frage" sei vielmehr: „was Politik als Beruf ist und bedeuten kann." (S. 157)[44]

Auch das weitgefasste Verständnis von Politik im Sinne „selbständig *leitender* Tätigkeit" (ebd.), welches sich auf die Ausübung von Führungspositionen innerhalb beliebiger gesellschaftlicher Kontexte bezieht, komme nicht in Betracht.[45] Er widme sich ausschließlich dem Kernbereich der Politik. Diesen definiert er als

> „die Leitung oder die Beeinflussung der Leitung eines *politischen* Verbandes, heute also: eines *Staates*". (ebd.)

Politik als Verfügung über die Mittel der Gewaltsamkeit im Staat

In den folgenden Ausführungen erläutert Weber sein Verständnis von Staat und präzisiert die gegebene Definition von Politik. Staaten sind besondere politische Verbände, die in ihrer Geschichte viele verschiedene Ziele und Funktionen erfüllten. Nach Weber kann das *Typische*, was alle Staaten aufweisen und was sie von anderen sozialen Gebilden unterscheidet, nicht durch eine Aufzählung solcher Funktionen von früheren oder gegenwärtigen Staaten identifiziert werden.[46] Welches Kriterium gehört dann zum Begriff des Staates?

> „Was ist ein ‚Staat'? Auch er läßt sich soziologisch nicht definieren aus dem Inhalt dessen, was er tut. Es gibt fast keine Aufgabe, die nicht ein politischer Verband hier und da in die Hand genommen hätte, andererseits auch keine, von der man sagen könnte, daß sie jederzeit, vollends: daß sie immer *ausschließlich* denjenigen Verbänden, die man

---

44 „Ganz ausgeschaltet werden müssen dagegen in dem heutigen Vortrag alle Fragen, die sich darauf beziehen: *welche* Politik man treiben, welche *Inhalte*, heißt das, man seinem politischen Tun geben *soll*. Denn das hat mit der allgemeinen Frage: was Politik als Beruf ist und bedeuten kann, nichts zu tun." In: *MWG*, Abt. I, Bd. 17, a. a. O., S. 178.

45 Trotz Webers Hinweis, es gehe ihm bei der Analyse von Politik nur um den engeren, auf den Staat bezogenen Sinn, ist der von ihm ausgearbeitete Text, vor allem seine Ausführungen am Ende des Vortrags über die Verantwortungsethik, in die bereichsübergreifende, allgemeine Organisationsforschung und Leadership-Literatur aufgenommen worden. Dabei wird der weitgefasste Begriff von Politik zugrunde gelegt, durch eine herausgehobene, mit Macht ausgestattete Tätigkeit ein soziales Wirkungsfeld von Mitarbeitenden, Lernenden oder Helfenden zu prägen. Immer wieder wird der Text auch in Vorträgen für Manager, Lehrer, Teamleiter und Trainer herangezogen. Freilich werden dabei nur wenige Seiten rezipiert.

46 Viele Staaten der westlichen Welt verstehen sich als demokratische Rechts-, Bildungs-, Sozial- und Wohlfahrtsstaaten.

als politische, heute: als Staaten, bezeichnet, oder welche geschichtlich die Vorfahren des modernen Staates waren, eigen gewesen wäre. Man kann vielmehr den modernen Staat letztlich soziologisch nur definieren aus einem spezifischen *Mittel*, das ihm, wie jedem politischen Verband, eignet: der physischen Gewaltsamkeit." (S. 158) [47]

Der Begriff des Staates ist demnach nicht durch die Angabe von Zielen und Zwecken, die er verfolgt, zu definieren. Bei der Berücksichtigung aller Unterschiede, die Staaten in der Geschichte aufweisen, und aller Vorhaben, die sie sich historisch zu eigen gemacht und verfolgt haben, ist nach Weber die *Verfügung über die physische Gewaltmittel* als das zentrale Merkmal des Staates zu betrachten, welches ihn von anderen Verbänden (in der Wirtschaft, im Sport, im Sozialbereich) unterscheidet. Die Verfügung über diese Mittel verleiht dem Staat die Macht zur Behauptung seiner Existenz. Kann der Staat die Verfügung über die Mittel physischer Gewaltsamkeit nicht gewährleisten und dafür kein Monopol ausüben, ist seine Fähigkeit zur Erhaltung seiner Existenz bedroht. Erläuternd aus heutiger Sicht ist darauf hinzuweisen: „Failed States" (gescheiterte Staaten) werden Staaten genannt, die kein Gewaltmonopol innehaben. Auf ihrem Gebiet kämpfen mehrere kollektive Akteure mit Gewaltmitteln gegeneinander um die Vormacht im Staat. Bürgerkriege brechen aus.[48]

Die Verfügung über die Gewaltmittel gibt der Leitung des Staates die Chance, Zerstörungsversuchen entgegenzutreten, die Existenz (nach innen und außen) zu bewahren, zu verteidigen und damit die Politik innerhalb des staatlichen Einflussbereichs durchzusetzen, Verhaltensvorschriften zu etablieren und das Leben der Bevölkerung vor Gewalt zu schützen. Die Verfügung über die Gewaltmittel gibt autoritären Staaten die Möglichkeit, diese gegen die Bevölkerung einzusetzen, wenn sie sich nicht unterwirft.[49]

---

47 Diese Definition steht in der Tradition der frühen Aufklärung von Thomas Hobbes und John Locke, die Weber jedoch nicht eigens erwähnt.

48 Nach dem *Fragile States Index* (*FSI*) (ehemals *Failed States Index*) stehen als labile Staaten auf den vordersten Plätzen: Jemen, Somalia, Syrien, Südsudan, Zentralafrikanische Republik und, ein paar Plätze weiter, Afghanistan. Der Südsudan befindet sich seit April 2023 wieder in einem Bürgerkrieg (Verfall der inneren Sicherheit) zwischen dem seine Staatsmacht verteidigenden Präsidenten und einer starken paramilitärischen Organisation. Hinter ihnen stehen zwei ethnische Gruppen.

49 Die Aufklärung hat im Modell des Gesellschafts- bzw. Staatsvertrags die neue Sicht auf den Staat darin gesehen, dass a) den Bürgern im Naturzustand die Gewaltmittel gehören und der Staat ein „Kunstprodukt" ist, b) die Bürger die Existenz des Staates durch einen Vertrag einrichten, indem sie ihm mit dem Vertragsschluss die Gewalt-

Verfügen außerstaatliche Kräfte über Gewaltmittel auf demselben Gebiet oder haben Zugang dazu (Partisanen, paramilitärische Organisationen, Terrororganisationen) und, wie heutzutage zu beobachten ist, zerstören feindliche Staaten durch Cyberangriffe auf dem Gebiet ihrer Gegner deren Infrastrukturen, so wird das Gewaltmonopol des Staates unterminiert, die innere Sicherheit gefährdet und die Herrschaft der Regierung durch latente oder manifeste Gewaltanwendung unterminiert.[50]

Das heutige, in den westlichen Gesellschaften vorherrschende Staatsverständnis ist durch die Erfolgsgeschichte von rechtsstaatlichen Ordnungen geprägt. Der Rechtsstaat beruht darauf, dass die Anwendung von Gewaltmitteln seitens des Staates gegen seine Bürger durch Gewaltenteilung und die Geltung von Grundrechten begrenzt wird. Die Staatsidee hat hierdurch eine außergewöhnliche Weiterentwicklung erfahren. Wenn es aber darum geht, grundsätzlich zu analysieren und dabei auch die Anfänge der Staatenbildung und die Staaten zu berücksichtigen, die derzeit keine Rechtsstaaten, sondern autoritäre und totalitäre Staaten mit unberechenbarer Anwendung

---

mittel übertragen, c) dafür aber vertraglich die Gegenleistung vereinbaren, dass der Staat den Bürgerkrieg beendet und Frieden herstellt. Die Grundidee des Modells vom Gesellschaftsvertrag konstituiert im Kern kein reines Unterwerfungsverhältnis der Bürger unter den Staat, insofern es den Staat an die Einhaltung des Vertrags bindet und ihn nur dann als legitime Macht anerkennt. Gleichwohl fehlt bei Thomas Hobbes die Exit-Option für die Bürger, wenn der Staat seinen Auftrag und Zweck nicht erfüllt.

50 In den vorhergehenden Erläuterungen zur Weimarer Republik war die Anwendung von Gewalt im politischen Kampf um die Macht eine der zentralen Herausforderungen. Auf der reaktionären und auf der revolutionären Seite wurde Gewalt als Mittel zur Durchsetzung der Zwecke in den Jahren 1918/19 angewandt. Für einige Jahre gelang es Friedrich Ebert, Einfluss auf die Verfügbarkeit über die Gewaltmittel zu nehmen. Dabei ging es darum, die Gewaltmittel des „alten" Staates der neuen Regierung zu unterstellen, doch diese Monopolisierung der Gewaltmittel gelang in der Weimarer Republik nur unzureichend. Sie wurde dadurch als Nachkriegsgesellschaft des Ersten Weltkriegs zur Vorkriegsgesellschaft des Zweiten Weltkriegs. In München dürften Webers Ausführungen über Gewalt seine Zuhörerschaft interessiert haben. Auf den Straßen kam es zu bürgerkriegsähnlichen Zuständen. Viele Räte wollten Weichenstellungen für die Zukunft der Republik mit den Mitteln der Gewalt herbeiführen und nicht über freie Wahlen. Die Gewaltmittel befanden sich nicht mehr nur in den Händen von staatlichen Sicherheitsorganen, sondern auch von paramilitärischen Verbänden und politischen Gruppen. Opfer waren dabei die friedlichen Bürger in ihrem Alltag. Die Angst vor einem Staatsverfall wollte Friedrich Ebert der Bevölkerung nehmen.

von Gewaltmitteln sind, dann braucht man Webers Definition, die auf das Grundsätzliche zielt.[51]

Aus Webers Definition des Staates folgt – ein Gedanke, der den roten Faden des Textes bildet –, dass es in der Politik vor allem, wenn auch nicht nur, darum geht, über die Gewaltmittel zu verfügen beziehungsweise auf ihre Verwendung Einfluss zu nehmen. Gerade aus dieser besonderen Machtkonstellation heraus resultiert, wie Weber am Ende seines Vortrags ausführt, die besondere Verantwortung des Politikers.

Max Weber ergänzt den Staatsbegriff um eine weitere Bestimmung: Jeder Staat ist räumlich auf ein begrenztes Hoheitsgebiet bezogen, auf dem er über die Gewaltmittel verfügt. Bis in die Gegenwart sind Grenzen ein Anlass für das Entstehen zwischenstaatlicher Kriege oder von Bürgerkriegen zwischen dem Gesamtstaat und separatistischen Bestrebungen.[52] Grenzen sind vor allen Dingen auch eine Vorkehrung zum Schutz eines Staatsgebiets. In heutigen Staatsdefinitionen werden zumeist drei Merkmale festgehalten: Staatsvolk, Staatsbürgerschaft, Staatsgebiet.

„Staat ist diejenige menschliche Gemeinschaft, welche innerhalb eines bestimmten Gebietes – dies: das ‚Gebiet‘, gehört zum Merkmal – das *Monopol legitimer physischer Gewaltsamkeit* für sich (mit Erfolg) beansprucht. Denn das der Gegenwart Spezifische ist: daß man allen anderen Verbänden oder Einzelpersonen das Recht zur physischen Gewaltsamkeit nur so weit zuschreibt, als der *Staat* sie von ihrer Seite zuläßt: er gilt als alleinige Quelle des ‚Rechts‘ auf Gewaltsamkeit. ‚Politik‘ würde für uns also heißen: Streben nach Machtanteil oder nach Beeinflussung der Machtverteilung, sei es zwischen Staaten, sei es innerhalb eines Staates zwischen den Menschengruppen, die er umschließt." (S. 158 f.)

Weber denkt in seinen sozialwissenschaftlichen Analysen niemals ausschließlich systemtheoretisch im Sinne von Funktionssystemen, ohne dabei

---

51 Autoritäre Staaten stellen, wenn ihre Ökonomie nicht mehr funktioniert und die Versorgung der Bevölkerung leidet, auf Unterdrückung durch staatliche Gewalt um. Dabei geht die reine Gewaltandrohung zumeist mit einer ideologischen Aufrüstung einher.

52 Der Begriff der Grenze ist in Deutschland in den letzten Jahren zugunsten des Begriffs der Öffnung sehr unbeliebt geworden. Mit dem russischen Angriff auf die Ukraine wird die Bedeutung des Respekts vor staatlichen Grenzen wieder schmerzhaft bewusst. Von ihrer Bewahrung ist das Leben der ukrainischen Bevölkerung in Freiheit und Selbstbestimmung abhängig. Die ukrainische Armee setzt den freien politischen Willen des Volkes um, indem sie das Recht der Bevölkerung auf Schutz und Sicherheit vor Unterwerfung verteidigt.

auf die typischen Positionsinhaber (beispielsweise Fürst, Ratsherr, Präsident) innerhalb von Macht- und Herrschaftsbeziehungen zu rekurrieren. Im Gegenteil: Er beschäftigt sich mit historisch kontextualisierten Konstellationen von Macht und Herrschaft als sozialen Beziehungen zwischen Akteuren, die unterschiedlich mächtig sind.

Das Gewaltmonopol innerhalb eines Territoriums wird von den Herrschenden und Mächtigen innerhalb asymmetrischer Beziehungen über die dort lebende Bevölkerung ausgeübt. Wie bereits betont: Mit dem Monopol über die Gewaltmittel verweigert der Staat individuellen oder kollektiven Akteuren, auf seinem Gebiet mit ihm gewaltsam zu konkurrieren. Das Gegenteil der Ausübung des Gewaltmonopols ist der Bürgerkrieg, nämlich die Zerstörung stabiler und friedlicher Formen des Zusammenlebens.[53] Aus heutiger Sicht und in der Tradition der Aufklärung ist ein autoritärer oder gar totalitärer Staat, der die Freiheitsrechte seiner Bürger nicht respektiert oder schützt, ein potenzieller Akteur, der einen Bürgerkrieg provoziert.

Legitimität und Staat

Auch wenn sich Webers Darstellung zunächst so liest, als käme dem Staat und der Politik in jedem Fall eine totale Macht zu, so enthält die oben zitierte Passage den entscheidenden Hinweis auf eine erhebliche Einschränkung dieser Deutung: Der Staat, eine auf längere Dauer bestehende Institution, ist nach Weber davon abhängig, dass er *legitimerweise* seine Herrschaft vor allen anderen Akteuren beansprucht. Legitimität (Rechtmäßigkeit) ist im Werk Webers ein äußerst wichtiger Begriff. Im Kontext seiner Herrschaftsanalyse bedeutet der Begriff: Die konkrete Ausübung von Herrschaft beruht auf rechtmäßig und damit verbindlich anerkannten Grundlagen (Gesetze, Gebräuche, Riten) der Ausübung von Herrschaft und der Unterwerfung der Beherrschten. Von beiden Seiten werden sie ihrem Handeln zugrunde gelegt, respektiert und befolgt, wenn auch auf unterschiedliche Weise.

Die Regeln der Legitimität sind zwischen beiden Seiten der Herrschaftsbeziehung Bindeglieder einer gemeinsamen Vorstellungswelt, die das Herrschaftsverhältnis regulieren, definieren und begrenzen. Auch der Herrscher ist daran gebunden. Verletzt er die Regeln, so läuft er Gefahr, seine Autorität zu verlieren. Die Beherrschten könnten sich dadurch berechtigt fühlen, den vorgegebenen Kodex der Gefolgschaft ebenfalls zu missachten.

---

53 Der zivilisatorische Fortschritt vom Kampf um Staatsmacht mit Gewaltmitteln zum Kampf um Wählerstimmen ist immens.

In diesem Fall müsste der Herrscher mit dem Entstehen von Gegenmacht rechnen und eventuell Gewalt anwenden, wenn er nicht bereit wäre „zurückzutreten", sondern seine Herrschaft weiterhin aufrechterhalten will. Die Beherrschten gehen aufgrund ihres Legitimitätsglaubens davon aus, dass der Herrscher rechtmäßig regiert und er daher auch rechtmäßige Gefolgschaft von ihnen erwarten kann.

Der Legitimitätsglaube als Regulator und gemeinsamer Deutungsrahmen der sozialen Beziehungen innerhalb der Herrschaftsverhältnisse sorgt für dessen Stabilität, Selbstverständlichkeit und damit für Dauer. Die Vorteile solcher Herrschaftsverhältnisse sind: Verlässlichkeit, Erwartbarkeit und Stabilität von Routinen. Gesellschaftlicher Fortschritt und Zivilisierung der Verhältnisse erfolgen innerhalb des gesteckten Rahmens. Darüber hinausweisende Erwartungen, geäußert etwa innerhalb sozialer Bewegungen, stellen Herausforderungen an die bestehende Herrschaftsausübung dar, repräsentiert durch das jeweilige Personal. Die Risiken, die mit Widerstandshandlungen und gewaltsamer Durchsetzung von Macht einhergehen, werden durch den Legitimitätsglauben, solange er besteht, vermieden.[54] Legitimitätsschwund bedeutet daher auch immer Autoritätsverlust der Herrschenden und Zerfall gesellschaftlicher Ordnung.

In dem oben wiedergegebenen Zitat heißt es, dass der Staat als „alleinige Quelle des ‚Rechts' auf Gewaltsamkeit" betrachtet wird. Besitzt er diese Anerkennung nicht, so kann er als bloßer Machtstaat mit den Gewaltmitteln seine Stellung durch Unterdrückung zwar aufrechterhalten und die Bildung von Gegenmacht zeitweise verhindern, aber – und davon ging Weber aus – er hat geringe Chancen, seiner Macht Dauer und Stabilität

---

54 In „Wirtschaft und Gesellschaft" von Max Weber finden sich vergleichbare Definitionen zum Staatsbegriff. Darin werden unterschiedliche institutionelle Ausprägungen und Aktivitäten (beispielsweise als patrimoniale Bürokratie oder feudaler Lehensverband) behandelt, die in der Geschichte von Staaten aufgetreten sind und unterschiedliche Ausprägungen besaßen. Allen Passagen liegt jeweils die für ihn entscheidende Definition der Verfügung legitimer physischer Gewaltsamkeit zugrunde: „Gewaltsames Gemeinschaftshandeln ist selbstverständlich an sich etwas schlechthin Urwüchsiges: von der Hausgemeinschaft bis zur Partei griff von jeher jede Gemeinschaft zur physischen Gewalt, wo sie mußte oder konnte, um die Interessen der Beteiligten zu wahren. Entwicklungsprodukt ist nur die Monopolisierung der legitimen Gewaltmittel durch den politischen Gebietsverband und dessen rationale Vergesellschaftung zu einer anstaltsmäßigen Ordnung." In: Max Weber. *Wirtschaft und Gesellschaft. Grundriss der verstehenden Soziologie.* Besorgt von Johannes Winckelmann, Tübingen 1976, S. 516.

zu verleihen.[55] M. Rainer Lepsius hat in der Tradition von Max Weber am Beispiel der nationalsozialistischen Terrorherrschaft deutlich gemacht, dass auch autoritäre und totalitäre Machthaber zunächst über ein verbreitetes Legitimitätsverständnis an die Macht gelangen, an das sie sich dann freilich kaum noch gebunden fühlen.

Politik, so lautet nun Webers Definition in „Politik als Beruf", sei vor allem das „Streben nach Machtanteil oder nach Beeinflussung der Macht-verteilung, sei es zwischen Staaten, sei es innerhalb eines Staates zwischen den Menschengruppen, die er umschließt". Weiter unten heißt es kurz und prägnant: „Wer Politik treibt, erstrebt Macht." (S. 159)

Macht und Herrschaft

Beide Begriffe, Macht und Herrschaft, sind also für Webers Werk beson-ders relevant. In „Wirtschaft und Gesellschaft" wird Macht als ein durchset-zungsstarkes Verhaltensmuster beschrieben, welches den Widerstand der Unterworfenen gegebenenfalls mit Gewalt überwindet.

> „Macht bedeutet jede Chance, innerhalb einer sozialen Beziehung den eigenen Willen auch gegen Widerstreben durchzusetzen, gleichviel wo-rauf diese Chance beruht." [56]

Für eine andauernde Ausübung der politischen Herrschaft dagegen ist die Bereitschaft des oder der Beherrschten typisch, sich zu fügen. Dies hat vor allem, aber nicht nur, mit den Legitimitätsgründen zu tun, auf de-nen die asymmetrische soziale Beziehung beruht. Herrschaftsbeziehungen ermöglichen Stabilität und Dauer, reine Machtbeziehungen dagegen provo-zieren Widerstand und Gegenmacht, denn ihnen fehlt der Glaube der Un-terworfenen an die Rechtmäßigkeit der über sie ausgeübten Macht. Weber verweist auf die Unberechenbarkeit der Macht: Sie ist, wie er schreibt, „amorph". Macht ist oftmals nicht deutlich sichtbar und kann vielerlei Gestalt annehmen. Dagegen sind Herrschaftsformen zumeist identifizierbar und begrenzt in ihrer Geltung.

---

55 Autoritäre und totalitäre Staaten erkennen für ihre Bevölkerungen keine Grund- und Menschenrechte an. Sie gehen mit Gewalt gegen Individuen vor, die der Politik Widerstand entgegensetzen, u. a. die VR China (etwa gegen die Uiguren und gegen die jungen Demokraten in Hongkong), die Russische Föderation, die keine alterna-tive Sicht auf den Kreml und seine Politik zulässt, und der Iran als diktatorisch vorgehende Theokratie.

56 Die besten Erläuterungen finden sich in „Soziologische Grundbegriffe", in: Max Weber: *Wirtschaft und Gesellschaft*, a. a. O., S. 28 f.

„Herrschaft soll heißen die Chance, für einen Befehl bestimmten Inhalts bei angebbaren Personen Gehorsam zu finden."[57]

Weber analysiert demnach Macht und Herrschaft als asymmetrische soziale Beziehung zwischen den Mächtigen und Unterworfenen bzw. den Herrschenden und Beherrschten. Während der Mächtige in der Ausübung seiner Befehlsgewalt die Unterworfenen notfalls mit Gewalt zum Gehorsam zwingt, seinen Anordnungen nachzukommen, stößt der Herrscher – das ist innerhalb von Webers Begriffssystematik ein zentraler Unterschied, auf den bereits hingewiesen wurde – bei den Beherrschten auf deren Bereitschaft, seinen Anweisungen Gefolgschaft zu leisten.[58] Der Herrscher benötigt daher tendenziell keinen Einsatz von Gewaltmitteln, sondern Autorität, damit seinen Anweisungen gemäß gehandelt wird. Autorität ist daher die typische Ausübung der Herrschaft, die zur freiwilligen Gefolgschaft führt (etwa die Form der legitimen Herrschaft, die Lehrende benötigen, damit die Lernenden zuhören, mitdenken und sich Bildungsinhalte aneignen).

„Der Staat ist, ebenso wie die ihm geschichtlich vorausgehenden politischen Verbände, ein auf das Mittel der legitimen (das heißt: als legitim angesehenen) Gewaltsamkeit gestütztes *Herrschafts*verhältnis von Menschen über Menschen. Damit er bestehe, müssen sich also die beherrschten Menschen der beanspruchten Autorität der jeweils herrschenden *fügen*." (S. 159 f.)

Diese Definition schließt die grundsätzliche Erläuterung der Begriffe Staat und Politik ab. Daran anschließend skizziert Max Weber zusammenfassend für sein Publikum, das mit seinem Gesamtwerk vermutlich nicht vertraut war, die von ihm in den Mittelpunkt seiner zahlreichen Untersuchungen herausgearbeiteten Typen der legitimen Herrschaft: die traditionale, die charismatische und die legale Herrschaft. Sie geben, um es zu wiederholen, Auskunft über die jeweilige Bereitschaft der Untergegebenen, sich der ausgeübten Herrschaft zu fügen. In „Politik als Beruf" tragen sie zum Verständnis der historischen Herrschaftsformen bei als Rahmen für die sukzessive Ausdifferenzierung der Politik zu einer eigengesetzlichen staatlichen Sphäre. Weber leitet seine Überlegungen dazu mit der Frage ein:

---

57 Max Weber: *Wirtschaft und Gesellschaft*, a. a. O, S. 28.
58 Weber verzichtet in „Politik als Beruf" darauf, die vielen Dimensionen von Macht zu erläutern.

„Auf welche inneren Rechtfertigungsgründe und auf welche äußeren Mittel stützt sich diese Herrschaft?" (ebd.)

Die drei Typen der legitimen Herrschaft

In der Geschichte von Macht und Herrschaft haben sich nach Weber drei typische Herrschaftsausprägungen herausgebildet, denen typische Legitimitätsgründe entsprechen. Im Zuge der gesellschaftlich-geschichtlichen Evolution von Staaten erwiesen sich diese Legitimationsgründe von besonderer Bedeutung für das Zustandekommen von stabilen Herrschaftsbeziehungen.[59] Immer wieder macht Weber deutlich, dass diese Herrschaftsformen und ihre Legitimitätsgründe zur Bildung überdauernder (asymmetrischer) Verhaltensmuster zu allmählich sich herauskristallisierenden staatlichen Einrichtungen und zu „anstaltsmäßigen" Organisationsformen beigetragen haben.

Die traditionale Herrschaft: Diese Herrschaftsform beruht auf der „Autorität des ‚ewig Gestrigen': der durch unvordenkliche Geltung und gewohnheitsmäßige Einstellung auf ihre Innehaltung geheiligten *Sitte".* (S. 160)

Dieser Autoritätsglaube, also der Glaube an die rechtmäßig unumstößliche Geltung von Traditionen, Sitten und Gebräuchen, ist mit weitgehenden Vorstellungen über Aufgaben, Positionen, Verhaltensmuster und Verpflichtungsverhältnisse der Menschen in ihrer Gemeinschaft verbunden. Die Stabilität der Herrschaftsausübung wird entweder dadurch gefährdet, dass die Herrschenden nicht glaubwürdig im Rahmen der überlieferten Wertvorstellungen und ihrer Umsetzung handeln oder traditionelle Werte und Sitten keine Akzeptanz in der Bevölkerung finden – etwa weil sie zur Rechtfertigung der Privilegierung von bestimmen Gruppen (etwa des Adels) beitragen und dadurch andere Schichten der Gesellschaft (das Bürgertum) diskriminieren. Der Zweifel an der Legitimität der traditionalen Herrschaft nährt sich in der Geschichte (etwa in der Französischen Revolution) aus der Herrschaftskritik an den Repräsentanten und an den zugrundeliegenden, durch das Traditionsverständnis gestützten „Verhältnissen".

Träger dieses Legitimitätsmusters sind die herrschenden Schichten und ihre Repräsentanten. Im Mittelalter setzte sich die herrschende Schicht vor allem aus Adel und Klerus zusammen. Weber rekurriert dabei oftmals auf

---

59 Diese drei Typen der legitimen Herrschaft bilden konzeptionell in modifizierten Formulierungen einen roten Faden in Webers Gesamtwerk. Wie bereits angesprochen, weist Weber darauf hin, dass diese Herrschaftsformen historisch zwar selten in Reinform (S. 161) auftreten, aber dennoch als typische strukturierende Konstellationen die gesellschaftlichen Herrschaftsverhältnisse dominierten und noch dominieren.

die Autorität des Patriarchen als Familienoberhaupt (*pater familias*) in der vorwiegend agrarischen, auf der Grundherrschaft beruhenden vormodernen Welt. Er beschreibt dessen Position in vielen Passagen seines Werkes.

> „Bei der Hausautorität sind uralte naturgewachsene Situationen die Quelle des auf Pietät ruhenden Autoritätsglaubens. Für alle Hausunterworfenen das spezifisch enge, persönliche, dauernde Zusammenleben im Hause mit seiner inneren und äußeren Schicksalsgemeinschaft. Für das haushörige Weib die normale Ueberlegenheit der physischen und geistigen Spannkraft des Mannes."[60]

Die vielfältigen asymmetrischen Beziehungen der traditionalen Herrschaft (etwa Leibeigenschaft, Erbuntertänigkeit, Zehntherrschaft, Vogteiherrschaft) beruhten zwar auf großen Auflagen und geringen Handlungsspielräumen zuungunsten der Untertanen. Sie gingen aber auch mit Verpflichtungen seitens des Herrn einher, für deren „Schutz und Schirm" zu sorgen.

Die charismatische Herrschaft: Diese Form der legitimen Herrschaft beruht auf der Autorität von besonderen Individuen aufgrund einer für ihr Umfeld erfahrbaren „außeralltäglichen persönlichen *Gnadengabe* (Charisma)". (S. 160) Charismatiker verfügen über die besondere Fähigkeit, in ihrem Auftreten eine ausgeprägte eigene Selbstwahrnehmung zu vermitteln und zu außergewöhnlichen Befähigungen berufen zu sein. Sie treten in unterschiedlichen historischen und sozialen Konstellationen auf – als Heilige, Propheten, Magier, Kriegsfürste, Demagogen und plebiszitäre Herrscher. Ihre Anhängerschaft (auch Jüngerschaft) leistet Gefolgschaft, da sie an die Berufung des Charismatikers glaubt und erwartet, durch ihre Hingabe an dessen Erleuchtung und Heilsbotschaften teilzuhaben. Außerdem leistet sie dem Charismatiker oftmals Hilfsdienste und ist bereit, sich seiner eigentümlichen Lebensweise anzuschließen.

Im Charisma „wurzelt der Gedanke des *Berufs* in seiner höchsten Ausprägung. Die Hingabe an das Charisma des Propheten oder des Führers im Kriege oder des ganz großen Demagogen in der Ekklesia oder im Parlament bedeutet ja, daß er persönlich als der innerlich ‚berufene' Leiter der Menschen gilt, daß diese sich ihm nicht kraft Sitte oder Satzung fügen, sondern weil sie an ihn glauben". (S. 161)

---

60 Max Weber: *Wirtschaft und Gesellschaft*, a. a. O., S. 581. Das Zitat gibt nur ein Beispiel für die außergewöhnliche Subtilität, mit der Weber geschichtlich so bedeutsame Herrschaftsform beschrieben hat.

IV. Max Webers Politik der Verantwortung – Hintergründe und Aktualität

Diesem Gedanken bleibt Weber bis zur Erläuterung des verantwortungsvoll agierenden Politikers treu: Der Politiker, der nach einer führenden, mächtigen Stellung im Staat strebt, richtet sein Leben und seine Ziele – veranlasst durch das Gefühl, dazu berufen zu sein – auf die Politik aus und findet dafür die Unterstützung seiner Wählerschaft. Historisch aufgetreten sind solche „begeisterten" und die Bevölkerung begeisternden politischen Führer bereits in der griechischen Antike: Ein solches politisches Führertum kommt nach Weber zum Ausdruck

> „in der Gestalt zuerst des freien ‚Demagogen‚ der auf dem Boden des nur dem Abendland, vor allem der mittelländischen Kultur, eigenen Stadtstaates, und dann des parlamentarischen ‚Parteiführers‚ der auf dem Boden des ebenfalls nur im Abendland bodenständig gewachsenen Verfassungsstaates gewachsen ist". (S. 162)

Eine Erläuterung zum roten Faden: Weber erwähnt die Demagogen Perikles und Kleon in Athen. Ihnen gelang es, das Volk durch ihr rhetorisches Talent bei Auftritten zu begeistern und ihrer Politik zu folgen. Politische Führer, die vor allem bei Wahlen unter demokratisch-massengesellschaftlichen Bedingungen Gefolgschaft und damit Macht erringen wollen, benötigen – und davon ist Weber überzeugt – Charisma.

In der modernen, durchrationalisierten Welt stellt der charismatische Führer, der das Volk für die Politik begeistert, einen Gegenpol dar.[61] Diese Vorstellung setzt zugleich eine ausgeprägte asymmetrische Beziehung zwischen dem charismatischen Führer und seiner Anhängerschaft voraus. In diese Tradition stellt Weber sein Konzept des plebiszitär gewählten Reichspräsidenten, welches er in die Weimarer Verfassung einbringt. Aufgrund des Glaubens der Bevölkerung an sein Charisma, so Webers Gedanke, erhält der direkt gewählte Reichspräsident in der Massendemokratie eine besondere Legitimität, die über die Zustimmung hinausgeht, die gewählte Politiker im Rahmen ihrer Bindung an Parteien und Parlament erhalten. Tatsächlich wurde der Reichspräsident in der Weimarer Republik oftmals ironisch als „Ersatzkaiser" bezeichnet.

Die von Weber gewählte Formulierung, dass die Fügsamkeit der Anhängerschaft des Charismatikers „nicht kraft Sitte oder Satzung" zustande

---

61 Diese Beziehung verläuft nicht ohne „Verführung". Besonders kritisch sieht Gregor Schöllgen diese Vorstellungen des charismatischen Führers in Max Webers politischer Soziologie: „Der deutsche Weg zum 30. Januar 1933 war auch von manchem vorgedacht, der ihn möglicherweise nicht gewollt hat oder gewollt hätte." Gregor Schöllgen: *Max Weber*. München 1998, S. 57.

kommt, sondern aufgrund ihres Glaubens an seine Berufung, Außergewöhnliches zu vollbringen, spielt bisweilen auch in der Politik innerhalb demokratisch-rechtsstaatlicher Institutionen eine Rolle. Gelungene Wahlkämpfe leben davon, dass die um Zustimmung und Wählerstimmen werbenden Kandidaten ihr Publikum mitreißen können, insbesondere wenn es darum geht, eine bestehende Regierung abzuwählen oder wenn neue Visionen die künftige Politik bestimmen.

Der politische Alltag einer Regierung ist hingegen geprägt durch die mühsame Rationalität von Verfahren, von geduldiger Überzeugungsarbeit und einem zeitraubenden Aushandeln von Kompromissen. Die charismatische Beziehung wird dann kaum noch spürbar, dafür werden aber auf diese Weise Stabilität und Verlässlichkeit erreicht und überhöhte Erwartungen gedämpft. Das Verständnis für „Sitte und Satzung" wird vertieft. Dass zwischen Politikern und der wahlberechtigten Bevölkerung ein wechselseitiges Verständnis geschaffen wird, gehört seit der griechischen Polis zum demokratischen Kanon und bedeutet im Idealfall: Bürger und Politiker wechseln nach festgelegten Verfahren (Losen und Wählen) die Seiten.

Die Beherrschten werden Herrscher, und die ehemaligen Herrscher fügen sich und lassen sich beherrschen. Dagegen lebt jedoch die vorwiegend charismatische Beziehung von der einseitigen Asymmetrie und duldet keinen Wechsel, denn jeder Wechsel der Seiten ist verbunden mit der Entzauberung des Charismatikers. Die charismatische Herrschaft suggeriert, dass der Charismatiker in seinem Tun uneinholbar ist für seine Gefolgschaft. Schließen seine Gefolgsleute zu ihm auf, erlischt sein Charisma. Die Gefahr besteht, dass sich diese Dynamik weit von der „Sitte und Satzung" des politischen Alltags entfernt. In der ersten Hälfte des 20. Jahrhunderts waren politische Bewegungen, die auf permanente Revolution oder Mobilisierung zielten und charismatische Führerfiguren (Trotzki, Lenin, Mussolini, Hitler) aufwiesen, sowohl bei den linken als auch bei den rechten Bewegungen populär.

Die legale Herrschaft: Nach Max Weber entspricht diese Form der Herrschaftsausübung am meisten der Herrschaftspraxis in modernen (posttraditionalen) Gesellschaften. Sie wird ausgeübt von Vorgesetzten als Amtsinhaber einer formalisierten Position innerhalb staatlicher (öffentlicher) Einrichtungen und getragen vom Legitimitätsglauben der Bevölkerung an geltendes Recht. Dadurch wird ein hohes Maß an freiwilliger Gefolgschaft garantiert. Es ist die Herrschaftsform, die, am weitesten „versachlicht", unter

Angabe von rationalen Begründungen und Absehung von persönlichen Besonderheiten funktioniert.[62]

Das Personal zur Umsetzung der Politik in Behörden sind Beamte, deren Autorität auf ihrer Position, fachlichen Ausbildung und erworbenen Kompetenz im Zuge ihrer Laufbahnen beruht. Der Glaube der Untergebenen innerhalb des Beamtenstabs an Vorgesetzte und der Glaube der Bürger im Kontakt mit den Behörden wird durch Rechts- und Pflichtbewusstsein gemäß vorgegebener Rechtsprinzipien (umgesetzt in Gesetzen, Satzungen, Verordnungen etc.) erreicht. Max Weber weist darauf hin, dass sich auch moderne Politiker als *Staatsdiener* bezeichnen.[63]

Die oftmals durch ein Jurastudium geschulten Fachbeamten in Verwaltungen und Stäben der Politik bildeten sukzessive die Basis des modernen Staats. Auch der moderne Kapitalismus mit den Anforderungen an eine rationale Organisation, an Funktionalität und kontinuierliches Erwirtschaften von Gewinn entwickelt vergleichbare bürokratische Regularien. Verrechtlichung und damit einhergehende Versachlichung sozialer Prozesse, deren Abläufe weitgehend unabhängig von persönlichen Merkmalen der Positionsinhaber erfolgen, stellen für Weber typische Merkmale gesellschaftlicher Modernisierung dar. Er weist darauf hin, dass mit zunehmender Demokratisierung ein Aufstieg von Juristen nicht nur in Behörden, sondern auch in die Politik zu verzeichnen ist.

Webers Einstellung zur Bürokratie ist gespalten. Sie trägt einerseits dazu bei, individuelle Willkür und Sachfremdheit zu vermeiden. Dadurch werden Effizienz und Rationalität gewährleistet. Andererseits wirkt die Bürokratie wie ein „stahlhartes Gehäuse" (Max Weber) vorgegebener und unveränderlicher Regelsysteme, denen sich die Handelnden beugen müssen. Diese verlieren im Zuge der Bürokratisierung ihrer Arbeits- und Lebenswelten ihre Freiheit zur Selbstverantwortung und ihre Kreativität.

---

62 In vielen Texten seines Werkes widmet sich Weber dem Zusammenhang zwischen der Durchsetzung des modernen, auf Erwartung von Gewinn beruhenden Kapitalismus und der Herrschaft des Rechts, vor allem in Form der Geltung von verlässlich durchgesetzten Regeln.

63 Friedrich II. bezeichnete sich bereits als „erster Diener seines Staates" und begründete eine rhetorische Kaschierung von politischen Machtverhältnissen durch angebliche Dienste an einem Staat, der vor allem seinem eigenen und nicht dem allgemeinen Willen entsprach. Zu bedenken ist, dass damit ein aufgeklärter Absolutismus begründet wird, in dem sich Aspekte einer posttraditionalen Bürokratie herausbildeten. Das Verständnis unterschied sich vom französischen Absolutismus zu Zeiten Ludwig XIV.: „*L'Etat, c'est moi!*"

Nach diesem Überblick über die typischen „Legitimitätsgründe der Fügsamkeit" (S. 160) zur Erklärung für das Gelingen von historisch aufgetrete-
nen Herrschaftsbeziehungen wirft Weber eine Frage auf, die er in seiner
Rede immer wieder variiert, nämlich die nach dem „Wie" (also nicht nach
dem „Wozu") der Herrschaftsausübung, also danach, mit welchen spezifischen Hilfsmitteln hinsichtlich des Personals und der materiellen Mittel
(Gebäude, Ausrüstung, Ausstattung, Pferde etc.) die Mächtigen politisch
herrschen.

„Wie fangen die politisch herrschenden Gewalten es an, sich in ihrer
Herrschaft zu behaupten? Die Frage gilt für jede Art von Herrschaft,
also auch für die politische Herrschaft in allen ihren Formen: für die
traditionale ebenso wie für die legale und die charismatische." (S. 162)

Jeder Herrschaftsbetrieb benötigt demnach nicht nur die prinzipielle Bereitschaft der Beherrschten zum Gehorsam, sondern auf der Grundlage
dieser Gehorsamsbereitschaft auch deren tatsächliche Mitwirkung zur Erhaltung der Funktionsfähigkeit des Herrschaftsbetriebs. Zu Beginn seines
Vortrags hat Weber der Zuhörerschaft die Bedeutung der Gewaltmittel für
die Aufrechterhaltung von politischer Herrschaft deutlich gemacht. Nun
erläutert er die Unterschiede, ob sich diese Gewaltmittel im Eigenbesitz des
Herrschers (etwa des Patrimonialfürsten) befinden, ob sie im Eigenbesitz
seiner Untertanen sind oder ob sie nach den bürgerlichen Revolutionen
vollständig dem Staat gehören und sich nicht mehr im Eigenbesitz befinden, sondern von berufstätigen Politikern beherrscht werden.

5. Rekonstruktion soziohistorischer Formen der Ausübung politischer Herrschaft

Zur Gehorsamsbereitschaft aufgrund des Legitimationsglaubens kommen
zusätzliche Motive der individuellen und kollektiven Akteure hinzu, in den
Dienst von politisch Herrschenden zu treten. Diese Motive der Abhängigen
finden sich nach Weber im Rahmen aller drei Herrschafts- und Legitimati-
onstypen wieder: Es ist das Interesse an materieller und ideeller Anerkennung (etwa in Form des Erhalts von Pfründen, Lehensgütern, Ämtern
und Gehältern) sowie an Ehrungen (etwa durch Verleihung von Titeln,
Statusprivilegien und Auszeichnungen), die mit Dienstleistungen für den
politischen Herrscher oder für den Staat verbunden sind. (Vgl. S. 163 f.)
Ohne die Verlässlichkeit eines solchen Personals, sei es der Vasallen, der

Condottieri oder der Beamten, ist die Aufrechterhaltung einer geordneten politischen Herrschaft nicht möglich.

Materielle und personelle Ressourcen des Herrschers

Weber gibt historische Beispiele für typische Formen solcher Unterstützungsleistungen, die der politische Herrscher einforderte:

1. In den frühen Phasen der traditionalen Herrschaft nutzten die Feudalherren ihre Besitzrechte, die ihnen ihr Patrimonium gewährte, zur Absicherung „ihres" politischen Verbandes: Dazu gehörten eigene Sachmittel (etwa Magazine, Speicher, Rüstkammern, Angriffswaffen) sowie die unmittelbar von ihnen abhängigen Untertanen (etwa Angehörige des eigenen Hausverbands, Sklaven, Günstlinge, auch eigentumslose Plebejer). Sie trugen zur Erhaltung oder Erweiterung des Herrschaftsgebiets, zur Abwehr von Angriffen und zu Eroberungsfeldzügen, zur Bewältigung von Verwaltungsaufgaben und zum Eintreiben von Geldern bei. (S. 164 f.)

2. Innerhalb von „ständischen Verbänden"[64] verlangten die Herrscher Dienstleistungen von ihren (freien) aristokratischen Gefolgsleuten, sich für die Bewahrung der Vorherrschaft einzusetzen. Bei der Durchführung von Aufgaben der Kriegsführung, der Rechtspflege (Gerichtsbarkeit) und der Verwaltung (Steuereintreiben) verwendeten diese ihre eigenen Geld- und Sachmittel. Sie wurden für ihren Einsatz im Namen des Herrschers belohnt und durften sich mit großzügig bemessenen Anteilen an den eingetriebenen Einnahmen, an der Landnahme und an der eroberten Ausbeute (Waffen, Pferden, nützlich für ihre Selbstequipierung) bereichern. So stellten sich die Condottieri mit ihren Söldnerheeren den herrschenden Familiengeschlechtern in den italienischen Stadtstaaten für Kriegszwecke zur Verfügung und nutzten die erzielten Eroberungen zur Selbstequipierung. Die Aussicht darauf steigerte ihr Engagement erheblich. Oftmals wurden sie vom „Auftraggeber" zusätzlich mit Ruhm, Ehre und Lehnsgütern belohnt. Solange eine Selbstequipierung durch Kriegsbeute möglich war, stieg das Interessen solcher Gruppen, sich an Kriegen zu beteiligen.

Erst mit Beginn der Neuzeit fand im Zuge der (absolutistischen oder föderal-subsidiären) Staatenbildung eine allmähliche Enteignung dieser politischen Dienstleister statt: Sukzessive wurden die Macht- und Sachmittel der Politik, die zur Aufrechterhaltung der traditionalen Herrschaft benötigt

---

64 Weber definiert: „,Stände' sollen uns heißen die eigenberechtigten Besitzer militärischer oder für die Verwaltung wichtiger sachlicher Betriebsmittel oder persönlicher Herrengewalten." (S. 168)

wurden, aus dem Eigenbesitz der Dienstleister getrennt und von den herrschenden Fürsten oder (Stadt-)Räten angeeignet. Auf dieser Stufe identifiziert Weber bereits eine frühe Form von Berufspolitikern, die sich zwar leidenschaftlich der Politik widmeten, aber nicht nach Macht strebten, sondern ihre besonderen Fähigkeiten in den Dienst der Herrschenden stellten:

> „Im Verlaufe dieses politischen Enteignungsprozesses nun, der in allen Ländern der Erde mit wechselndem Erfolge spielte, sind, und zwar zuerst im Dienste des Fürsten, die ersten Kategorien von ‚Berufspolitikern‘ in einem *zweiten* Sinn aufgetreten, von Leuten, die nicht selbst Herren sein wollten, wie die charismatischen Führer, sondern *in den Dienst* von politischen Herren traten. Sie stellten sich in diesem Kampfe den Fürsten zur Verfügung und machten aus der Besorgung von dessen Politik einen materiellen Lebenserwerb einerseits, einen ideellen Lebensinhalt andererseits." (S. 167)

Diese „hauptberuflichen" Politiker, die ihr Leben zwar der Politik widmeten, dabei selbst aber keine politische Herrschaftsposition anstrebten, finden sich nach Weber seit der Frühen Neuzeit im Dienst von Fürsten oder Stadtrepubliken.[65] Sie leisteten (zeitweise oder längerfristig) politische Dienste in vielfältigen Funktionen: als Kleriker, schreibkundige Verwaltungskräfte, universitätsgeschulte Juristen, humanistisch gebildete Literaten und Mitglieder des Hofadels (etwa als Diplomaten, Botschafter, Kriegsherren), die die bereits im Eigentum von Staaten und Städten befindlichen Sach- und Personalmittel mit entsprechenden Einrichtungen nutzten. Sie berieten beispielsweise den Stadtrat, entwickelten Strategien und vertraten die Stadt diplomatisch am Hof eines anderen Herrschers.[66] Sie waren hochmotiviert und stellten den Herrschenden, die sich keineswegs als „Politiker" im engeren Sinne begriffen, Wissen und Kompetenz gegen Entlohnung zur Verfügung.

Weber verweist auf die Stadtrepubliken („Stadt als politischer Verband") mit Stadträten als Herrschaftsgremium, in denen die wohlhabenden Fa-

---

65 Weber spricht hier vom „freien" Gemeinwesen, fügt aber sogleich hinzu, ‚frei‘ nicht im Sinne der Freiheit von gewaltsamer Herrschaft, sondern im Sinne von: Fehlen der kraft Tradition legitimen (meist religiös geweihten) Fürstengewalt als ausschließlicher Quelle aller Autorität." (S. 169)

66 Ein Beispiel hierfür ist das calvinistisch geprägte Emden in der Frühen Neuzeit. Der Stadtrat holte 1604 den Rechtsgelehrten und Politikwissenschaftler Johannes Althusius von der calvinistischen Universität Herborn als Syndikus nach Emden, wo er die Stadt in ihrem Widerstand gegen den ostfriesischen Grafen unterstützte.

milien ihren politischen Einfluss (beispielsweise die Medici in Florenz) ausübten.[67] Niccolò Machiavelli ist ein Beispiel für einen politisch hochambitionierten Politikbeobachter, der auftragsgebundene Politik in Florenz umsetzte und zu seinem Bedauern dann „entlassen" wurde. An diesem Beispiel wird aber auch deutlich, dass die mächtigen Medici, im Hauptberuf Bankiers, quasi *nebenamtlich* politischen Einfluss ausübten.[68] Im Zuge der Wissensevolution in der Frühen Neuzeit und des Impulses zur Staatenbildung benötigten die Herrschenden dringend politischen Sachverstand, den sie sich quasi als Dienstleistung erkauften. Diese Formen der Beschäftigung bildeten die Vorstufen des modernen Berufspolitikers.

Schließlich werden aber auch diese Betriebsmittel enteignet, die sich im Besitz von „eigenberechtigten ständischen Funktionären" (S. 167) befanden, und in das Monopol der Leitung des Staates überführt. Diese zweite Expropriation stellte nach Max Weber eine zentrale Voraussetzung für die Herausbildung des modernen Staates dar, mit einer stetig wachsenden Bürokratie, der Beschäftigung von Fachbeamten und der Entstehung von Politik als Beruf im Sinne von Politikern, die *für* die Politik und *von* der Politik lebten. Die bürgerlichen Revolutionen vollzogen mit der Abschaffung der Feudalherrschaft und der Beseitigung der Adelsvorherrschaft den nächsten Schritt und expropriierten auch sie.

Expropriation der Expropriateure

Zunächst fand im Rahmen der traditionalen Herrschaft eine Umverteilung zugunsten einer Konzentration der innerhalb des Feudalbesitzes der Stände vorhandenen materiellen und personellen Gewaltmittel statt. Im Zuge revolutionärer Machtkämpfe wurden dann die Besitzverhältnisse am „Staat" aufgelöst und die Herrscher enteignet.[69] In Preußen hatte sich unter der Hohenzollern-Herrschaft ein Bürokratie- und Beamtenstaat par excellence

---

67 Niccolò Machiavelli übte in der Republik Florenz das Amt eines Staatssekretärs aus, war als Diplomat tätig und stellte sogar eine Miliz zum Kampf gegen Pisa zusammen. Als er in Ungnade fiel, entließ man ihn.

68 „Nebenamtliche" politische Tätigkeiten übten im frühen Mittelalter häufig schon die Räte oder die Curia bei Beratungen während jährlicher Zusammenkünfte oder innerhalb der Gerichtsbarkeit im Heiligen Römischen Reich aus.

69 Der Kampf um die Macht über die Gewaltmittel in der Zeitenwende 1918/1919 fand unter anderem Ausdruck in der Forderung der Räte-Anhänger nach Übergabe des Militärs in ihre Hände.

herausgebildet.[70] Im Zuge der „Revolution" im November 1918 fand daher auch im Deutschen Reich eine letzte Expropriation der noch in der Monarchie und bei den Fürstentümern verbliebenen Privilegien zugunsten der Führer statt, die ihre Verfügungsgewalt durch „Usurpation oder Wahl" erreicht hatten.[71] Damit, so pointiert Weber den Sachverhalt, habe eine „Expropriation des Exproprieurs" stattgefunden:

> „Am Ende sehen wir, daß in dem modernen Staat tatsächlich in einer einzigen Spitze die Verfügung über die gesamten politischen Betriebsmittel zusammenläuft, kein einziger Beamter mehr persönlicher Eigentümer des Geldes ist, das er verausgabt, oder der Gebäude, Vorräte, Werkzeuge, Kriegsmaschinen, über die er verfügt. Vollständig durchgeführt ist also im heutigem ‚Staat' – das ist ihm begriffswesentlich – die ‚Trennung' des Verwaltungsstabes: der Verwaltungsbeamten und Verwaltungsarbeiter, von den sachlichen Betriebsmitteln. Hier setzt nun die allermodernste Entwicklung ein und versucht vor unseren Augen, die die Expropriation dieses Exproprieurs der politischen Mittel und damit der politischen Macht in die Wege zu leiten. Das hat die Revolution wenigstens insofern geleistet, als an die Stelle der gesatzten Obrigkeiten Führer getreten sind, welche durch Usurpation oder Wahl sich in die Verfügungsgewalt über den politischen Menschenstab und Sachgüterapparat gesetzt haben und ihre Legitimität – einerlei mit wieviel Recht – vom Willen der Beherrschten ableiten." (S. 165)

Die Formulierung „Expropriation dieses Exproprieurs" ist eine Anspielung auf eine Formulierung von Karl Marx. Darin weist dieser auf das Schicksal der sogenannten Lohnarbeiter hin, die nicht über die Produktionsmittel (wie zumeist Handwerker) verfügten und auch nicht von den sogenannten Kapitalisten für ihre Arbeit nach ihrem Arbeitswert entlohnt wurden, sodass sich die Kapitalisten den produzierten Mehrwert aneigneten. Marx forderte daher auf, die „Exproprieure zu exproprieren".

Nach dieser Rekonstruktion gibt Weber erneut eine Definition seines Staatsbegriffs. Die historische Entwicklung sei darauf hinausgelaufen,

---

70 Zwischen dem preußischen Absolutismus und dem staatszentrischen Sozialismus gibt es mehr als ein Beziehungsmuster. Eines davon ist: Der Staat wird als alleiniger Beglücker der Menschheit gesehen.

71 Usurpation war das, was die Räte mit ihren Besetzungen erreichen wollten. Wahl war das, was Max Weber wollte.

„daß der moderne Staat ein anstaltsmäßiger Herrschaftsverband ist, der innerhalb eines Gebietes die legitime physische Gewaltsamkeit als Mittel der Herrschaft zu monopolisieren mit Erfolg getrachtet hat und zu diesem Zweck die sachlichen Betriebsmittel in der Hand seiner Leiter vereinigt, die sämtlichen eigenberechtigten Funktionäre aber, die früher zu Eigenrecht darüber verfügten, enteignet und sich selbst in seiner höchsten Spitze an deren Stelle gesetzt hat". (S. 166 f.)

Das Kaiserreich als ein konstitutionell-monarchischer Bundesstaat unter der Vormacht Preußens wies alle drei Typen der legitimen Herrschaftsformen auf: Die *traditionale Herrschaft* kam in den Vorrechten der Monarchie gegenüber dem Parlament, dem Reichstag, dem Kanzler und damit indirekt auch dem Kabinett und der Beamtenschaft zum Ausdruck sowie im Fortbestehen der monarchischen Tradition in den Bundesstaaten (nicht in den Reichsstädten) und der Dominanz Preußens im Bundesrat. Zudem begünstigte das in Preußen (wie in weiteren 10 Bundesstaaten) noch gültige Dreiklassenwahlrecht die politisch einflussreiche Stellung des Adels. Die *legale Herrschaft* kam in der rechtsstaatlich durch Verfassung begründeten Parlamentarisierung der politischen Ordnung im Reich und in den Ländern mit den bürokratischen Verwaltungen auf allen Ebenen bis zu den Kommunen zum Ausdruck. Die *charismatischen Herrschaftsformen* waren von der traditionalen Herrschaftsausübung überlagert. Der Monarchie und ihren adligen Repräsentanten in der Politik kam die Vertrauens- und Hingabebereitschaft einer Bevölkerung zugute, die an die Tradition als Garant für Stabilität und Zusammenhalt von Staat und Gesellschaft glaubte. Die darin ebenfalls angelegten charismatischen Phantasien verblassten aber am Ende des Ersten Weltkriegs.

Dafür traten viele charismatische Figuren in den unpolitischen, lebensweltlichen Gruppierungen des Kaiserreichs auf und propagierten eigenwillige Kulthandlungen und freizügige Lebensformen. Sie bildeten ein Gegengewicht zur preußischen „Dienstpflicht". Der Lyriker und im Mittelpunkt seiner Jüngerschaft stehende Stefan George und der Psychoanalytiker und Hedonist Otto Gross waren solche typischen Charismatiker. Sie fühlten sich berufen, ihren Eingebungen gemäß unkonventionell zu leben und eine hingebungsvolle Anhängerschaft um sich zu versammeln. Viele „Aussteiger" und seelisch oder körperlich angegriffene Zeitgenossen entgingen so dem damaligen strapaziösem Alltag der Arbeitswelt in dem leistungsstarken Treibhaus einer aufsteigenden Weltmacht, zuletzt mit zunehmenden

Tendenzen zum Nationalismus und zur Militarisierung.[72] Sie begaben sich auf die Suche nach dem Außergewöhnlichen und Außeralltäglichen.[73] Sie entflohen dem bürokratisch-militärischem Habitus unter Wilhelm II. und zogen sich nach Ascona auf den Monte Verità zurück, um sich körper-, liebes- und ernährungsbezogenen Kulthandlungen hinzugeben.[74] Max Weber hielt sich dort besuchsweise auf und kannte einige dieser Charismatiker.

Exkurs: Die beiden Facetten des Berufsbegriffs

In Max Webers Gesamtwerk nimmt die Analyse der Verweltlichung des einst im religiösen Kontext seit den Reformationen von Martin Luther und Johannes Calvin in der Frühen Neuzeit wirksamen Berufsverständnisses einen bedeutenden Stellenwert ein.[75] Dieses Verständnis ist daher auch für die Rekonstruktion der Ausdifferenzierung einer eigengesetzlichen politischen Handlungssphäre in „Politik als Beruf" relevant. Das religiöse Grundmotiv von Gläubigen, mit ihrer Lebensführung im Diesseits die Aussicht auf einen Gnadenstand im Jenseits zu erlangen, enthält die beiden Facetten der Heilserwartung: einerseits, dem *Ruf* Gottes hingebungsvoll Folge zu leisten und sich im Alltag zu bewähren, andererseits, in den Hinweisen erfolgreicher Bewährung Zeichen für die eigene Berufung zu sehen, über den Alltag hinaus Außergewöhnliches zu vollbringen. Beide Facetten der Heilserwartung sind im Bewusstsein der meisten Gläubigen zumeist nicht zu trennen. Sie bezeichnen ein inneres Selbstempfinden von Individuen, aber auch von Gruppen, gestützt von einer parallel verlaufenden religiösen Praxis in den kirchlichen Gemeinden mit der sonntäglichen Verkündigung der Botschaft durch Amtscharismatiker (wie Bischöfe, Priester, Pfarrer) und der Symbolik sinnlich erfahrbarer Rituale (wie Abendmahl).

---

72 Das Deutsche Kaiserreich war ein Rechtsstaat, in dem die aufstrebenden bürgerlichen Schichten sich nur allzu gern dem Adel andienten. Die Erhaltung von traditionaler Vorherrschaft im Staat bei einem gleichzeitig ablaufenden sozioökonomischen Wandel, dem Gründungsboom und dem Kampf um die weltweite Eroberung von Märkten erzeugte Reibung und Stress.

73 Vgl. dazu die erhellende Studie von Joachim Radkau: *Das Zeitalter der Nervosität. Deutschland zwischen Bismarck und Hitler.* München 1998, darin insbes. das Kapitel „Die weiche Seite des Wilhelminismus und ihre Blamage, oder: Ver- und Entzauberung der Welt", S. 295-339.

74 Vgl. Jürgen Kaube: *Max Weber. Ein Leben zwischen den Epochen*, a. a. O., S. 275.; vgl. auch Martin Green: *Else und Frieda – die Richthofen-Schwestern.* München 1976.

75 Vgl. „Die Berufsethik des asketischen Protestantismus", in: *Max Weber. Die protestantische Ethik. Eine Aufsatzsammlung*, hrsg. v. Johannes Winckelmann. 6. durchges. Aufl. Gütersloh 1981, S. 115-277.

Zur ersten erwähnten Facette: Soziokulturell hat sich aus der durch die Religion vorgestellten Beziehung zwischen Gläubigen und Gott eine weltbezogene Ethik der Arbeit, des Berufs, der Begabung und der Lebensführung entwickelt. Noch im Zeitalter von Säkularisierung und starker Entkirchlichungstendenzen wirkt sie strukturierend auf die Gestaltung von Lebensläufen der Menschen in den einst vor allem vom Protestantismus geprägten Regionen, aber auch darüber hinaus. Von Max Weber wird der Einfluss der protestantischen (Berufs-)Ethik sogar mit Verhaltensmustern in Zusammenhang gebracht, die regionalspezifisch zur Herausbildung des modernen Kapitalismus geführt haben.

Das religiös begründete und säkular erweiterte Verständnis von Berufstätigkeit verknüpft innerweltliche Aufgabenbewältigung, Bildung, Fachwissen und Erfahrung miteinander und veranlasst die Berufsinhaber zu einer methodisch-rationalen Lebensführung. Dazu gehören ein hohes Maß an Selbstbeherrschung, die Bereitschaft zur „innerweltlichen Askese" (Max Weber) sowie Pflichtbewusstsein gegenüber den alltäglichen Anforderungen. In dieser Deutung scheinen die Güter der modernen Gesellschaft nicht das Resultat einer fremdbestimmten Ausbeutung (so die Interpretation des Marxismus), sondern eines hochgradig sinnbestimmten Handelns zu sein. Die Berufstätigen produzieren diese Güter auch unter schwierigen Arbeitsbedingungen mit einer inneren, aus eigenen Motiven angeregten Zuwendung zu ihrer Tätigkeit. Es ist schwer vorstellbar, dass sich der Kapitalismus, wie er sich im Deutschen Kaiserreich mit einer protestantisch-reformierten Obrigkeit durchgesetzt hat, ohne die Umsetzung dieser Arbeits-, Berufs- und Pflichtethik in den unterschiedlichen Beschäftigungsfeldern erfolgreich hätte entwickeln können. Diese Berufsethik ist jedenfalls Teil einer umfassenderen, wenn auch in ihren Folgen ambivalenten „Rationalisierung der Weltbeherrschung" (Wolfgang Schluchter).

Weber wird im Fortgang seiner Überlegungen über die Herausbildung typischer Tätigkeiten von Berufspolitikern auf die besondere Rolle des preußischen Beamtentums und seiner politischen Beamten hinweisen. Deren Tugendkatalog entsprach weitgehend der protestantischen Arbeits- und Berufsethik. Allerdings zählt Weber auch die Probleme auf, die sich seiner Meinung nach als Blockade einer demokratisch-parlamentarischen Weiterentwicklung auswirken. Er verleiht seiner Hoffnung Ausdruck, dass sich im Zuge des Neubeginns die charismatische Auslegung des Berufsverständnisses für die Auslese von Spitzenpolitikern durchsetzen wird.

Zur zweiten erwähnten Facette: Hinzu kommt das Verständnis von Beruf als Berufung im Sinne von „Gerufensein" als einer Form der Selbstgewissheit von Individuen aufgrund von religiöser Erbauung oder persönlicher Intuition. Die Hingabe an die eigene außergewöhnliche Berufung mit (oftmals von der Außenwelt schwer rational überprüfbaren) außeralltäglichen Fähigkeiten und Einsichten verkörpert sich in einer charismatischen Persönlichkeit, die ihr Publikum mitreißt und ihre Anhängerschaft immer wieder motiviert, freiwillig oder mit latentem oder manifestem Gruppendruck Gefolgschaft zu leisten. Charismatische asymmetrische Beziehungen und Bewegungen ergänzten im Kaiserreich die damals zunehmende Tendenz, das Leben der Menschen rational über Berufsarbeit zu strukturieren und zu beherrschen und von den Berufstätigen eine konsequente methodische Lebensführung bis hin zu einer strengen „innerweltlichen Askese" (Max Weber) zu erwarten. Das Ausleben von regressiven Bedürfnissen, sich einer Lebensführung zu überlassen, in der ein bewunderungswürdiges Vorbild weltanschaulich, astrologisch, erotisch oder künstlerisch die Herrschaft über das eigene Leben übernimmt, stellte – wie bereits betont – schon im Kaiserreich ein Ventil für die Individuen dar, den gesellschaftlichen Zwängen und Erwartungen zeitweise oder dauerhaft, je nach Vermögensverhältnissen, zu entkommen. Aber „entkommen" bedeutet nicht, die Chancen zu nutzen, Subjekt der Gestaltung ihrer Lebensverhältnisse zu werden.[76]

---

76 Hier fällt einem wieder Thomas Manns „Zauberberg" ein, in dem der gestresste Hamburger Hans Castorp nach dem Besuch eines Sanatoriums in Davos in die Krankheit flüchtet, um sich den Anforderungen eines leistungs- und fremdbestimmten Arbeitslebens zu entziehen und dabei zum Nachdenken kommt. Thomas Mann schildert, wie verlockend eine solche Versuchung auf viele Patienten, aber auch auf ihn gewirkt hat. Eine Anwendung auf die Politik im 21. Jahrhundert: Konfrontiert man beide Seiten der gesellschaftlichen Modernisierung, die berufsförmige Orientierung am Wissens- und Technikfortschritt im Sinne der Beherrschung von Prozessen und der Lösung von Problemen einerseits sowie die sich davon ablösenden Heilsversprechungen in charismatischen, mehr oder weniger „organisierten" Bewegungen andererseits, so erscheint es zwar erfreulich, wenn Politiker charismatische Sympathieträger sind und ihr Auftreten über die Härten der politischen Rationalität hinwegtröstet. Aber zu bedenken ist, dass Bewunderung und Hingabe seitens der Anhängerschaft regressive Züge annehmen können, die eine vernünftige Urteilsbildung, die gerade in der Demokratie von den Bürgern gefordert wird, eher reduzieren als fördern. Hinzu kommt, dass heutzutage der Status, Jünger zu sein und Hilfsdienste für den Charismatiker zu leisten, oftmals mit dem Scheitern der eigenen Bewährung bei der Alltagsbewältigung einhergeht.

6. Berufspolitiker, die für die Politik und von ihr leben

In seinem Vortrag[77] kommt Weber nun bei dem eigentlichen Thema an: beim Verständnis von Politik als Beruf, dessen Tätigkeitsprofil die Leitung des modernen Staates beinhaltet, dem anstaltsmäßigen legalen Herrschaftsverband über die Gewaltmittel. Dieser Staat entstand – wie Weber mehrfach betont – erst im Zuge der Enteignung der „eigenberechtigten ständischen Funktionäre" (S. 167) und der Beseitigung feudaler Vorrechte. Auf der Tagesordnung stand, nachdem Scheidemann die Republik ausgerufen hatte, die Etablierung eines modernen Staates, dessen Personal durch seine in Wahlen und in der Parteiarbeit unter Beweis gestellten politischen Fähigkeiten die Bevölkerung überzeugt, deren Interessen entsprechend den erhaltenen politischen Funktionen zu vertreten Die Hoffnung bestand, dass Politiker nun nicht mehr aufgrund von Standesprivilegien bevorteilt würden.

Künftig würde die Leitung des Staates, und davon konnte Weber bereits seit seiner Mitarbeit bei der Ausarbeitung der neuen Verfassung im Dezember 1918 mit einiger Gewissheit ausgehen, Berufspolitikern zufallen. Die alte Reichsverfassung galt nicht mehr. Das Ende der Monarchie in Deutschland war besiegelt. Das Kabinett der provisorischen Regierung (Rat der Volksbeauftragten), welches der Ein-Tage-Kanzler Friedrich Ebert am 10. November 1918 gebildet hatte und das bis zum 13. Februar 1919 fortbestand, setzte sich bereits ausschließlich aus Berufspolitikern zusammen.[78]

---

77 Im begleitenden „Editorischen Bericht" wird darauf hingewiesen, dass die ablehnende Haltung innerhalb des Bildungsbürgertums – zitiert werden Thomas Mann und Werner Sombart – Anlass für die Durchführung der Veranstaltung zum Thema „Politik als Beruf" war in: *MWG*, Bd. I/17, S. 113 ff.

78 Dem „Rat der Volksbeauftragten", der provisorischen Regierung, gehörten zunächst an: von der MSPD Friedrich Ebert (ehemals Sattler, Gastronom, Politiker), Otto Landsberg (Jurist, Stadtverordneter, Politiker) und Philipp Scheidemann (Schriftsetzer, Publizist, Politiker) und von der USPD Emil Barth (Klempner, Verbandsfunktionär, Autor, Revolutionär), Hugo Haase (Jurist, Stadtverordneter, Parteifunktionär, Politiker) und Wilhelm Dittmann (Tischler, Redakteur, Parteisekretär, Abgeordneter, Politiker). Nach dem Ausscheiden der USPD-Mitglieder Ende Dezember 1918 kamen die MSPD-Mitglieder Gustav Noske (Korbmacher, Redakteur, Politiker) und Rudolf Wissel (Dreher, Gewerkschaftssekretär, Politiker) hinzu. Der Regierung arbeiteten die Staatssekretäre und der übrige Beamtenstab zu, bei denen der vom ehemaligen Kanzler zum Nachfolger ernannte Friedrich Ebert das größte Ansehen genoss.

Nicht ohne Rückblick auf die Probleme des „alten Systems"[79] beschäftigt sich Weber im Weiteren mit dem Profil von hauptberuflichen Politikern.

> „Machen wir uns... den Sachverhalt, den die Existenz solcher ‚Berufspolitiker' darstellt, nach allen Seiten unzweideutig klar. Man kann ‚Politik' treiben – also: die Machtverteilung zwischen und innerhalb politischer Gebilde zu beeinflussen trachten – sowohl als ‚Gelegenheits'politiker wie als nebenberuflicher oder hauptberuflicher Politiker, genau wie beim ökonomischen Erwerb." (S. 167)

Mit „Gelegenheitspolitiker" meint Weber die wahlberechtigte Bevölkerung („wir alle"):[80] Sie gehen zur Wahl, besuchen politische Veranstaltungen (vgl. S. 167) und engagieren sich „gelegentlich" (etwa als Wahlhelfer). Die Zusammensetzung der Gelegenheitspolitiker, die passiv und aktiv an der Wahl teilnehmen, war erst jüngst durch das neue Wahlgesetz, das die provisorische Regierung rasch auf den Weg gebracht hatte, zahlenmäßig gestiegen. Die allgemeine, gleiche, geheime und direkte Wahl zur Nationalversammlung am 19. Januar 1919 lag, wie schon erwähnt, erst neun Tage vor seinem Vortrag zurück und fand unter hoher Wahlbeteiligung statt. Frauen und Soldaten hatten erstmals an einer Parlamentswahl teilgenommen. Die Bevölkerung nutzte die „Gelegenheit", also ihr Recht, über Politiker und Parteien, die die erste Regierung der neuen Republik stellen würden, zu entscheiden.[81]

Parteien als „Apparate"

Das Bestreiten von Wahlkämpfen, in denen wenige Kandidaten einer breiten Bevölkerung öffentlich bekanntgemacht und darüber hinaus Wähler gewonnen werden müssen, stellen gewaltige Herausforderungen an Organisation und Personaleinsatz dar. Dazu bedürfe es, so Weber, Parteien, die als „Interessenentenbetrieb" funktionieren. Demokratien in bevölkerungs-

---

79 Die bislang beschlossenen Verordnungen regelten vorläufig die Verfahren. Bei allen Akteuren, auch bei Weber, herrschte weiterhin Ungewissheit über den Verlauf des politischen Umbruchs und die Etablierung einer neuen politischen Ordnung. Im Text finden sich wiederholt Formulierungen über den Fortgang des gravierenden Wandels, die mit Fragezeichen versehen sind. Am Ende des Vortrags kommt Webers Pessimismus zum Ausdruck.

80 Von „wir alle" konnte Weber einigermaßen plausibel erst neun Tage vor seinem Vortrag sprechen, nachdem nun auch Frauen an der Wahl teilnehmen durften.

81 Freilich hört sich die Bezeichnung „Gelegenheitspolitiker" etwas abfällig an, wenn berücksichtigt wird, dass das Volk in seiner Gesamtheit den Souverän in der Demokratie bildet.

starken Ländern können nicht, wie in kleineren politischen Gebilden, auf dorf- oder stadtbekannte Honoratioren zurückgreifen, die zur Wahl antreten und zumeist nur der Wahlgemeinde vor Ort bereits gut bekannt sind. Für Max Weber ist Honoratiorenherrschaft ein Relikt aus traditionaler Herrschaft. Unter Bedingungen demokratischer Herrschaft müssen Politiker in der Lage sein, die Gesamtheit der Wählerschaft anzusprechen. Umgekehrt haben auch die Wähler ein großes Interesse daran, Politiker kennenzulernen, um sich über ihre Fähigkeiten ein Urteil zu bilden. Ob Politiker auch auf anderen Gebieten über „Verdienste" verfügen, ist zwar nicht ganz bedeutungslos, aber zweitrangig. Politiker benötigen für die Erfüllung ihrer Aufgaben genügend Zeit, um sich hauptsächlich mit Politik auseinanderzusetzen. Besonders im Wahlkampf brauchen sie die Parteien, die ihre Kandidatur und die entsprechenden Kampagnen unterstützen, um gewählt zu werden. Die Parteien sollten, und darauf weist Weber immer wieder hin, ihr hauptamtliches Personal wie einen „Apparat" oder eine „Maschine" zum Einsatz bringen. Spitzenpolitiker müssten sich, diese Auffassung hegte Weber, angeregt durch seine Beobachtung amerikanischer Wahlkämpfe, darauf verlassen können, dass sie ohne Wenn und Aber von der Partei unterstützt werden.[82]

Im Wahlkampf findet eine „Spaltung der wahlberechtigten Staatsbürger in politisch aktive und passive Elemente" statt. (S. 197) Beide Seiten nehmen ihre Aufgaben freiwillig wahr. Vorschläge, diese Freiwilligkeit zu untergraben, sind „Maßregeln, wie Wahlpflicht oder ‚berufsständige Vertretung'" (S. 197). Weber kritisiert, dass dadurch das Wählervotum beschränkt würde. Solche Vorstellungen, dazu gehören auch Proporzregeln, die aus mittelalterlichen, tief verwurzelten Traditionen resultieren, erfreuen sich wiederkehrend bis heute einer gewissen Beliebtheit.[83] Sie stehen jedoch im

---

82 Weber geht ausführlich auf die Besonderheiten des amerikanischen Wahlkampfs ein, der durch das System des langen, anspruchsvollen Vorwahlkampfs eine besondere Professionalität (etwa bei der Erzeugung von Charisma) erfordert und sehr kostspielig ist. Die Kandidaten einer Partei konkurrieren miteinander, und wer die meisten Wähler im Wahlkampf auf sich vereinigen kann, gewinnt in den Primaries die Mehrheit und wird als Präsidentschaftskandidat nominiert. Zwar gehen die deutschen Parteifunktionäre in die USA, um Kampagnenfähigkeit zu lernen, aber die Umsetzung innerhalb programmatisch stark festgelegter deutscher Parteien gelingt trotzdem nicht optimal. Über einen katastrophal schlechten Wahlkampf gibt das Buch von Markus Feldenkirchen Auskunft: *Die Schulz-Story. Ein Jahr zwischen Höhenflug und Absturz*. München 2018.

83 Proporzregeln, ständische oder geschlechtsspezifische Vorrechte sind nicht vereinbar mit Art. 38 Abs. 1 GG. Im Wortlaut: „Die Abgeordneten des Deutschen Bundestages

Widerspruch zu der Aufgabe von Berufspolitikern, sich mit ihrer Politik an alle Wähler zu wenden und sie zu überzeugen, freiwillig und nicht aufgrund von Zwang zur Wahl zu gehen. Denn zur Wahlfreiheit gehört auch die Freiheit, nicht zur Wahl zu gehen.

Das Ende des konservativen Ideals für die Politik und von ihr zu leben

Die Bismarcksche Reichsverfassung vom 16. April 1871 legte bereits in Art. 29 fest: „Die Mitglieder des Reichtages sind Vertreter des gesammten Volkes und an Aufträge und Instruktionen nicht gebunden."[84] Die neu konzipierte Verfassung würde, und darauf konnte Max Weber mit einiger Gewissheit vertrauen, dem Typus und Profil des Berufspolitikers mehr Aufwind verschaffen, als es die Vorgaben der „alten" Reichsverfassung ermöglichten. Den Vorteil, von Berufspolitikern regiert zu werden, macht Max Weber nun sehr grundsätzlich in den bekannten Formulierungen deutlich:

„Es gibt zwei Arten, aus der Politik einen Beruf zu machen. Entweder: man lebt ‚für' die Politik – oder aber ‚von' der Politik." (S. 169)

Die Unterscheidung mutet so einfach an, sie verweist aber auf sehr komplexe institutionelle Weichenstellungen für die Partizipationsmöglichkeiten von sozialen Gruppen und Individuen.

„‚Von' der Politik als Beruf lebt, wer danach strebt, daraus eine dauernde *Einnahme*quelle zu machen, – ‚für' die Politik der, bei dem dies nicht der Fall ist." (S. 170)

Für die Politik zu leben, ohne *von* der Politik zu leben, bedeutet, über ein auskömmliches Einkommen für seinen Lebensunterhalt zu verfügen, welches nicht aus der politischen Arbeit resultiert. *Von* der Politik zu leben, heißt, dass mit der politischen Tätigkeit ein Einkommen erzielt wird, mit dem der Lebensunterhalt bestritten werden kann. Mit anderen Worten: Das Rekrutierungsmuster, *für* die Politik zu leben, etwa mit Amt und Würden in einer Partei oder im Parlament tätig zu sein, aber nicht aus dieser Tätigkeit ein auskömmliches Einkommen zu beziehen, privilegiert Politiker aus den vermögenden Schichten (Adel und Großbürgertum) und schließt politische Karrieren für Abkömmlinge aus vermögenslosen Schichten (wie das Klein-

---

werden in allgemeiner, unmittelbarer, freier, gleicher und geheimer Wahl gewählt. Sie sind Vertreter des ganzen Volkes, an Aufträge und Weisungen nicht gebunden und nur ihrem Gewissen unterworfen."

84 Gesetz die Verfassung des Deutschen Reiches vom 16. April 1871 betreffend, http://www.documentarchiv.de/ksr/verfksr.html.

bürgertum und die Arbeiterschichten) weitgehend aus – es sei denn, ihr Lebensunterhalt wird aus einem zusätzlichen Einkommen (beispielsweise von Redaktionen, Verbänden, Kirchen) finanziert.

Letzteres kann mit Abhängigkeiten (nach dem bekannten Motto „Wer zahlt, bestellt") einhergehen. Politiker stehen dann im Verdacht, dem latenten oder manifesten Erwartungsdruck seitens der Organisation, die ihren Lebensunterhalt bestreitet, auch zu dienen und ihre Politik der Lobbyarbeit unterzuordnen. Außerdem: Der Nachteil, seinen Lebenssinn zwar in der politischen Arbeit im Parlament oder in einer Partei zu sehen, darüber aber kein Einkommen für den Lebensunterhalt zu beziehen, kann bedeuten, der Aufgabe nicht die nötige Aufmerksamkeit entgegenzubringen und damit den politischen Anforderungen trotz vorhandener Leidenschaft nicht gerecht zu werden.

Das Rekrutierungsmuster, *für* die Politik und *von* ihr zu leben, ermöglicht daher Interessenten, die über kein Einkommen außerhalb ihrer politischen Tätigkeit verfügen, eine politische Karriere anzustreben. Insgesamt trägt der Erwerb des Einkommens aus der Politik dazu bei, die Gefahr der Bestechlichkeit, etwa von Abgeordneten im Parlament, zu verringern. Zugleich wird den Abgeordneten durch Zahlung einer auskömmlichen Diät die Möglichkeit gegeben, politische Talente aus der Breite der Bevölkerung zu rekrutieren. Die Vergütung der Arbeit durch Diäten, also *von* der Politik seinen Lebensunterhalt durch ein Einkommen abzusichern und nicht nur *für* die Politik zu leben, entspricht dem seit der Antike vorhandenen demokratischen Ideal, jedem Bürger die Möglichkeit der Mitwirkung in der politischen Machtzentrale eines Staates im Prinzip offenzuhalten.[85] (Vgl. S. 170)

In den seinen Vortrag begleitenden Stichworten hat Weber angefügt, dass die Einführung nichtplutokratischer Regelungen eine „Folge der Demokratisierung" ist. (Stichwort Max Weber, S. 172)

> „Die Leitung eines Staates oder einer Partei durch Leute, welche (im ökonomischen Sinn des Wortes) ausschließlich für die Politik und nicht von der Politik leben, bedeutet notwendig eine ‚plutokratische' Rekrutierung der politisch führenden Schichten. Damit ist freilich nicht auch das Umgekehrte gesagt: daß eine solche plutokratische Leitung auch zugleich bedeutete, daß die politisch herrschende Schicht *nicht* auch ‚von' der

---

85 Zu den Privilegien der Abgeordnetenposition im Deutschen Bundestag vgl. Christiane Bender/Hans Graßl: „Losverfahren: Ein Beitrag zur Stärkung der Demokratie?", in: *Aus Politik und Zeitgeschichte (APuZ)*, 64. Jg., 38-39/2014, S. 31-37.

Politik zu leben trachtete, also ihre politische Herrschaft nicht auch für ihre privaten ökonomischen Interessen auszunutzen pflegte. Davon ist natürlich gar keine Rede. Es hat keine Schicht gegeben, die das nicht irgendwie getan hätte." (S. 171 f.)

In Plutokratien üben die vermögenden Klassen die Herrschaft im Staat aus. Für Aristoteles, der zwischen tugendhaften Regierungsformen und entsprechenden Verfallsformen unterscheidet, stellt die Plutokratie, ähnlich wie die Oligarchie, eine Degeneration der Aristokratie dar, in der die durch ihre besondere Herkunft herausgehobene Schicht von „Vornehmen" regiert. In seinen Überlegungen rekurriert Max Weber jedoch nicht auf den staatstheoretischen Diskurs über die gute Regierung seit Platon und Aristoteles. Er tritt in dieser Passage Vorurteilen entgegen, die damals gehegt wurden und seiner Meinung nach den politischen Verhältnissen nicht angemessen sind: Dazu gehört das Vorurteil, dass Politiker aus den wohlhabenden Schichten niemals auch eigene Interessen mit ihrer Politik verbinden; er hält aber auch die im Kaiserreich verbreitete Schlussfolgerung für unangemessen, unvermögende mittellose Politiker hätten „vornehmlich ihre privatwirtschaftliche Versorgung durch Politik im Auge" und dächten „nicht oder doch vornehmlich nicht an die Sache". (S. 172)

Auch wenn es heutzutage selbstverständlich erscheint, dass Politiker ihr Einkommen über ihre politische Position als Abgeordnete beziehen, so wird immer wieder darauf hingewiesen, dass damit häufig die Übernahme weiterer Funktionen verbunden ist, die zur Steigerung ihres Einkommens als neben- und/oder nachberufliche Tätigkeit beitragen. Wie Parlamente die Unabhängigkeit und Unbestechlichkeit des politischen Urteils ihrer Abgeordneten sichern, ist eine Frage, die bis heute immer wieder erörtert wird.[86]

---

86 Weber hat sich in der Kommentierung des Scheiterns seiner Bewerbung um einen Spitzenlistenplatz zur Wahl der Abgeordneten in der ersten Nationalversammlung auf das Argument bezogen, dass er kein Berufspolitiker sei und Feilschen nicht nötig habe. Ein leicht abwertender Ton kommt darin zum Ausdruck. Nachdem er sein politisches Engagement während der ereignisreichen Jahre 1918/19 beendet hatte, trat er aus der DDP aus.
Hinweis: Noch heute wird das Engagement eines Politikers gelegentlich danach bewertet, ob dieser es nötig habe, vom Einkommen aus seiner Arbeit zu leben. Bei solchen Beurteilungen ist jedoch Vorsicht angebracht: In der Mediengesellschaft ist „Persönlichkeit" wie nie zuvor zu einem „Konstrukt" geworden, welches durch Fachkompetenz von Beratungsstäben „erzeugt" wird. „Gläserne" Abgeordnete wie in Schweden, bei denen die Einkommensverhältnisse offenliegen, gibt es in Deutsch-

Berufspolitiker als Lösung

Mit vielen Argumentationssträngen, die hier nicht im Einzelnen erläutert werden können, macht Weber deutlich, dass Berufspolitiker zur Lösung der politischen Probleme beitragen könnten, an denen das Kaiserreich gescheitert ist. Denn dort wurden viele verantwortliche Aufgaben Politikern übertragen, die Politik *im Nebenberuf* betrieben haben. Solche nebenberuflich engagierten Politiker fanden sich sowohl im Rahmen des Reichstags, der Länderparlamente und der Parteien. Oftmals hatten die Inhaber einen lukrativen Hauptberuf, den sie für ihre politische Tätigkeit nicht opferten. Gelegentlich bestanden sogar Interessen, auf beiden Feldern tätig zu sein und davon wechselseitig zu profitieren. Ehrenamtliches Engagement bescherte zudem persönliche Ehre (Pierre Bourdieu: kulturelles Kapital). Honoratioren prägten im 19. Jahrhundert über lange Zeit die Geschichte der Parteien. (Vgl. S. 170) Sie konnten ihr gesellschaftliches, im Hauptberuf erworbenes Ansehen für ihre Partei nutzen und darüber der Partei Aufmerksamkeit und Einfluss verschaffen. Allerdings blieb der Aktionsradius der Politik oftmals kommunal und regional sehr begrenzt, und es gelang auf diese Weise über längere Phasen nicht, einen politisch wirkungsvollen Parteiapparat im Reich aufzubauen. Weber kritisierte diese Rückständigkeit.

Max Weber verdeutlicht seiner Zuhörerschaft, dass zu einer modernen politischen Kultur der Rekrutierung von Berufspolitikern vor allem die Fähigkeit gehört, die Wähler zu begeistern. Er zieht dazu Vergleiche zu modernen Regierungssystemen (USA, England) heran, die zwar auch Schwächen haben, aber mehr politische Dynamik aufweisen. Dabei kommt er immer wieder auf die politische Kultur zu sprechen, vor allem hinsichtlich der Modernisierungsdefizite des Reichstags, der Beamten und der Parteien im untergegangenen Kaiserreich, und kritisiert vor allem die seit der

---

land nicht. Damit bleibt die Unklarheit bestehen, in welchen Vermögensverhältnissen Abgeordnete unabhängig von ihren offiziellen Bezügen leben. Der CDU-Vorsitzende Friedrich Merz wird von vielen abgelehnt, weil er angeblich aus seiner Berufstätigkeit ein Vermögen erworben hat, das ihn von der Notwendigkeit, von Politik zu leben, enthebt; andere halten ihm zugute, dass er ein politisch anstrengendes Amt ausübt, obwohl er „es nicht nötig habe". Beide Seiten bringen lediglich Vermutungen über die Person zum Ausdruck, sie geben aber kein Urteil über die Politik ab, die Friedrich Merz an herausgehobener Stelle betreibt.

Reichsgründung vorhandene politische Lähmung. Ausführlicher hat er sich schon in früheren Schriften damit befasst.[87]

Modernisierungsblockaden im Kaiserreich

Max Weber analysiert die seiner Meinung nach zentralen Schwachstellen der politischen Kultur im Deutschen Kaiserreich, die eine weitere Parlamentarisierung, Modernisierung und Demokratisierung verhindert und zur politischen Krise beigetragen haben:

1. die „Machtlosigkeit der Parlamente", deren Abgeordnete aus seiner Sicht kaum Chancen hatten, politische Verantwortung zu übernehmen (S. 218);
2. die „ungeheure Bedeutung des geschulten Fachbeamtentums", das auch die Einnahme von Leitungsämtern im Kabinett beanspruchte (S. 219) und
3. die gesinnungspolitischen Parteien, die, wie das Zentrum, nicht bereit seien, für eine weitergehende Parlamentarisierung einzutreten, während die Sozialdemokratie den Parlamentarismus völlig überwinden wolle (S. 219 f.).

Weber kritisiert die Parteien aufgrund ihres Festhaltens an überkommenen Weltanschauungen, die nicht geeignet seien für die Verantwortungsübernahme in einer Regierung, weil daraus ideologische, aber keine passenden Lösungen für politische Probleme gewonnen werden können. Gesinnungspolitik heißt für ihn, Forderungen nach der Herstellung von idealen Verhältnissen aufzustellen, die sich nicht auf dem bereits historisch eingeschlagenen politischen Entwicklungspfad erreichen lassen. Letztlich lastet Weber das Auftreten von Gesinnungspolitik dem vor der „Revolution" stagnierenden politischen System an, in welchem die Parteien, die politische Forderungen aufstellen, nicht damit rechnen konnten, in die Kabinette zu gelangen und Erfahrungen mit der Umsetzung von Politik zu sammeln.

---

87 Vgl. Johannes Winckelmann (Hrsg.): „Max Weber. Parlament und Regierung im neugeordneten Deutschland", in: *Max Weber. Gesammelte Politische Schriften*, Tübingen 1988, S. 306-443. Zu diesem Text bestehen einige Übereinstimmungen bei Einschätzungen und Formulierungen mit „Politik als Beruf". Einen Überblick über Webers politische Entwicklung in seinem Text und seiner Praxis gibt Wolfgang J. Mommsen: *Max Weber und die deutsche Politik 1890-1920*, a. a. O. Für „Politik als Beruf" ist darin das VIII. Kapitel: „Zusammenbruch und Neubeginn", S. 305-355 besonders aufschlussreich.

1. Die Machtfülle Bismarcks und die Machtlosigkeit des Parlaments – Dimensionen der Klassenherrschaft „von oben": In seinem langen Text „Parlament und Regierung im neugeordneten Deutschland" vom Mai 1918 hat Max Weber seine zentrale Kritik an der Politik während der Bismarckzeit bis 1890 dargestellt: Der vom Kaiser ernannte Reichskanzler Otto von Bismarck und einzige Minister des Kabinetts war zugleich Vorsitzender des Bundesrats und Ministerpräsident von Preußen und konnte auf den Rückhalt des Kaisers bauen. Er erfreute sich einer großen Unterstützung durch das konservative Milieu in Deutschland und seiner Parteien. Diese Position außerordentlicher Machtvollkommenheit festigte er mit seiner Politik der Delegitimierung von potenzieller Opposition (bekannte Beispiele dafür sind der Kulturkampf und das „Sozialistengesetz"). Die (durchaus beabsichtigte) Kehrseite war die Machtlosigkeit des Parlaments, die Regierung aus den eigenen Reihen zu bestimmen, und – in Webers Beurteilung – die immense Rückständigkeit der politischen Kultur.[88] Ein Merkmal für die Einflusslosigkeit des Reichstags kam für ihn darin zum Ausdruck, dass die dort geführten Debatten wenig ausschlaggebend waren für die tatsächlich umgesetzte Politik. Außerdem entwickelte sich der politische Betrieb, etwa die Parteien als Instrumente des politischen Kampfes um Meinungsführerschaft, nicht weiter. Ein politisch vitaler Betrieb, vergleichbar mit England oder den USA, mit vielen Herausforderungen für das Tagesgeschäft, entsprach nicht Bismarcks Wünschen. Weber vermutete, dass die Probleme der politischen Blockade nicht rasch zu lösen sein würden.

Zum besseren Verständnis sei auf folgenden Zusammenhang hingewiesen, um die Kritik Webers zu ergänzen: Zur Modernisierungsblockade gehörte in der Gründungsphase des Kaiserreichs das Diätenverbot für die Abgeordneten des Reichstags, das Bismarck in Art. 32 der Reichsverfassung (1871) durchgesetzt hatte. Damit wurde der damals verbreiteten konservativen Vorstellung entsprochen, dass vor allem der Einfluss von Honoratioren politisch zum Zuge kommen sollte. Ehrenhafte Bürger, die

---

88 Die Bismarckzeit wird nicht nur von Max Weber ambivalent beschrieben. Man erinnere sich nur an die bekannte Charakterisierung seiner „Zuckerbrot und Peitschen"-Politik, moderne Sozialpolitik und finstere Sozialisten-Verbotspolitik. Die Beibehaltung des Dreiklassenwahlrechts in Preußen verhinderte, dass die Sozialdemokratie im Preußischen Landtag bis 1908 keinen einzigen Abgeordnetensitz gewann, während sie im Reichstag bereits 1898 über 56 Sitze verfügte. Vgl. dazu Eberhardt Jäckel: *Das deutsche Jahrhundert*, a. a. O., S. 31. Jäckel schreibt: „Es ging weder vorwärts noch rückwärts." Jäckel betont aber, dass Bismarck für die Verabschiedung seiner Gesetze auf eine Mehrheit im Reichstag angewiesen war.

sich durch ihren guten Ruf empfahlen, zumeist vor dem Hintergrund ihrer herausgehobenen gesellschaftlichen Positionen, sollten politisch mitwirken und ehrenamtlich und nebenberuflich Ämter in Parteien, im Reichstag und im Landtag ausüben. Großbürgerliche und adlige Oberschichten im Reich wurden dadurch erheblich begünstigt.

Das Diätenverbot unterlief demnach „geschickt" die Öffnung des Reichstags durch das allgemeine und gleiche Wahlrecht. Es begünstigte deutlich die Abgeordneten, die über ein eigenes Vermögen verfügten und nicht darauf angewiesen waren, *von* der Politik zu leben. Die wenigen unvermögenden Abgeordneten wurden, möglichst verdeckt, von Parteien, Verbänden und Redaktionen finanziert. Mit dem Stimmenzuwachs der bürgerlichen Parteien stieg jedoch der Bedarf. Nach dem bereits zitierten Art. 29 der Reichsverfassung (1871), der zum Ausdruck brachte, dass Abgeordnete nicht an „Aufträge und Instruktionen" gebunden seien, konnte der Eindruck entstehen, dass vermögenslose Abgeordnete, die finanziell von der Förderung durch Interessensorganisationen abhängig sind, dem Verfassungsanliegen bei der Ausübung ihrer Abgeordnetenfunktion nicht entsprechen. Das schädigte ihren Ruf.[89]

Eine Gesetzesänderung für eine angemessene Aufwandsentschädigung konnte aufgrund der Voraussetzung der Zustimmung des Bundesrats mit seiner preußischen, durch das Dreiklassenwahlrecht gebildeten Mehrheit lange nicht erreicht werden. Erst 1906 wurde aufgrund eines „Deals" eine dekommodifizierende Diätenordnung für Abgeordnete durchgesetzt und damit diese „Klassenschranke" abgebaut, die es den Individuen aus unteren und mittleren Schichten verwehrte, ein Leben für die Politik zu führen, weil sie nicht von der Politik leben konnten. Nach dem Wegfall des Diätenverbots konnten sie zunehmend von der Politik leben. In dieser Frage war der Klassenkampf von oben zugunsten der Partizipation weiterer gesellschaftlicher Kreise beendet worden.[90] Ein zusätzliches Problem, welches nach Webers Analyse für die politische Stagnation im Kaiserreich eine

---

89 Zum Gründungsboom im Kaiserreich gehörten viele Organisationen, wie Genossenschaften, Sozialkassen und Verbände, die im Zwischenbereich von Politik und Ökonomie angesiedelt waren und es heute noch sind. Sie hatten damals ein Interesse an eigenen Stimmen im Reichstag.

90 Weber vermutete, dass auch künftig das Parlament als Ort der politischen Willensbildung und Entscheidung durch eine starke Stellung des Bundesrats beschränkt würde und das Verhältniswahlrecht eher zu einer führerlosen Demokratie beitrage, in der weiterhin Ämter unter den Honoratioren und Interessenverbänden verteilt würden. Dieses trat aber nicht ein. Hugo Preuß setzte sich mit einer unitarischen Konzeption der Verfassung durch. Vgl. dazu Albert Funke: „Föderalismus in Deutschland. Vom

große Rolle gespielt hatte, bestand in dem herausragenden Stellenwert der Beamten, die sich vor allem der Monarchie und dem Kaiser gegenüber verantwortlich sahen.

2. Das Beamtentum – die Trägerschicht der Rationalisierung der Politik: Eine typische Ausprägung des Berufsgedankens innerhalb der sich sukzessive in ihrer Eigengesetzlichkeit innerhalb der preußischen Geschichte erweiternden Sphäre des politischen Handelns ist die Etablierung des Beamtentums in anstaltsartig organisierten Behörden.[91] Hierzu gehören auch die politischen Beamten. Nach Webers Auffassung bilden charismatisch-politische Führer den konträren Typus zu ihnen. Beide repräsentieren Politiker, die von und für die Politik leben. Doch im Kaiserreich standen die Beamten politisch auf der Seite der Monarchie und strebten oftmals selbst danach, in den Kabinetten mitzuwirken.

In der Frühen Neuzeit und insbesondere in den absolutistischen Staaten entwickelte sich das Berufsbeamtentum als Trägerschicht der Bürokratie heraus. Weber betont in vielen Schriften deren Bedeutung für die Rationalisierung von Handlungsabläufen. Beamte verfügen über fachlich einschlägige Bildung und Ausbildung, zudem erwerben sie Berufserfahrung. Die Ausübung von leitenden Tätigkeiten setzt ein im Studium erworbenes (juristisches) Wissen voraus, um die Systematisierung, Versachlichung von staatlichen Aufgaben und deren verlässliche Regulierung voranzutreiben. Max Weber ging in seiner ambivalenten Beurteilung des Beamtentums von der preußisch geprägten Staatsorganisation aus. Dort ging das Bewusstsein, ein herausgehobener Staatsdiener zu sein, einher mit einem hohen ethischen Kanon (Unbestechlichkeit, Sachlichkeit, Pflichterfüllung) und einem Denk- und Verhaltensstil, der zum habituellen Vorbild avancierte.[92] Davon zeigte sich sogar der Adel beeindruckt. Im Namen des Staates Dienst zu tun, hieß, sich an allgemeinen Prinzipien zu orientieren, diese zu verinnerlichen und sich nicht von Sonderinteressen oder eigenen Neigungen bei der Erfüllung der Pflichten gegenüber dem Staat beeinflussen zu lassen.[93]

Fürstenbund zur Bundesrepublik", Bundeszentrale für politische Bildung (Lizenzausgabe), Bonn 2010, hierzu S. 253 f.

91 Sie nehmen in seiner Konzeption der typischen Merkmale der legalen Herrschaft eine wichtige Funktion wahr.

92 Im „Allgemeinen Preußischen Landrecht" (1794) hatte Friedrich II. verankern lassen, dass Beamte nicht mehr als Diener des Königs, sondern als Diener des Staates anzusehen sind.

93 Hierzu gehört das Persönlichkeitsmodell von Sigmund Freud mit der Dominanz des Pflichtkanons, welches von der väterlichen Autorität an den Nachwuchs vermittelt

Mit der Zeit kristallisierte sich eine Berufsgruppe unter den Beamten heraus, die politischen Beamten, die dem Kanzler und seinen Kabinetten eng zuarbeiteten. Zu ihren Aufgaben gehörte es, den Politikern das nötigte Fachwissen und Know-how zu liefern.

> „Der echte Beamte – das ist für die Beurteilung unseres früheren Regimes (des Deutschen Kaiserreichs – CB) entscheidend – soll seinem eigentlichen Beruf nach nicht Politik treiben, sondern: ,verwalten', *unparteiisch* vor allem, – auch für die sogenannten ,politischen' Verwaltungsbeamten gilt das, offiziell wenigstens, soweit nicht die ,Staatsräson', d. h. die Lebensinteressen der herrschenden Ordnung, in Frage stehen. *Sine ira et studio,* ,ohne Zorn und Eingenommenheit' soll er seines Amtes walten. Er soll also gerade das nicht tun, was der Politiker, der Führer sowohl wie seine Gefolgschaft, immer und notwendig tun muß: *kämpfen.* Denn Parteinahme, Kampf, Leidenschaft – *ira et studium* – sind das Element des Politikers. Und vor allem: des politischen *Führers. Dessen* Handeln steht unter einem ganz anderen, gerade entgegengesetzten Prinzip der *Verantwortung,* als die des Beamten ist. ...Ehre des politischen Führers, also: des leitenden Staatsmannes, ist dagegen gerade die ausschließliche *Eigen*verantwortung für das, was er tut, die er nicht ablehnen oder abwälzen kann und darf." (S. 189 f.)

Die Beamten haben demnach die Aufgabe, die Politik des Politikers und deren Umsetzung durch Wissen und einschlägiges Know-how verlässlich zu unterstützen, auch wenn sie sich persönlich eine andere Politik wünschen. Die Ausrichtung der Politik aber obliegt der Eigenverantwortung des politischen Führers, des Kanzlers oder der Kabinettsmitglieder.[94]

In der Praxis des Wilhelminischen Reichs bedeutete die einflussreiche Stellung der Beamten zugleich eine Stärkung der Politik des Reichskanzlers und – lange Zeit über ihn vermittelt – der Monarchie. Nach Meinung Webers krankte die Politik im Reich daran. Die Ergebnisse von Wahlen fanden keinen unmittelbaren Ausdruck in der Kabinettsbildung und wirkten sich

---

wurde. Heinrich Mann hat mit der Figur des Professors Raat (Unrat) in „Der Untertan" den übertriebenen preußischen Diensteifer und dessen Absturz ins Absurde karikiert.

94 Die Aspekte des charismatischen Politikers könnten hier in Abgrenzung zum Beamten sehr leicht in Gegensätze gebracht werden und damit der Komplexität von Politik nicht gerecht werden. Aus heutiger Sicht benötigt die Politik dringend beide Seiten als Ergänzung, zumal die Staaten, wenn sie vernünftig Politik machen wollen, viele Politikfelder in enger Absprache im Bündnis gestalten wollen und müssen.

daher nur sehr vermittelt auf die Politik aus. Die Loyalität der Beamten blieb mit dem Legitimitätsglauben an die Stellung des Monarchen und an die Monarchie verknüpft. In der Monarchie wurde allerdings nicht nur bei den Beamten, sondern auch in der Bevölkerung – darauf wurde bereits hingewiesen – eine über der Tagespolitik stehende Institution gesehen, die mehr Respekt abverlangte als das Alltagsgeschäft des Parlaments mit den notorischen parteipolitischen Kämpfen der Parlamentarier um Ämter und Einfluss.

Weber würdigte die Stellung der erfahrenen Beamten im Reich, beispielsweise wenn er die in den USA über lange Zeit verbreitete Besetzung der zentralen staatlichen Ämter als Akt der Belohnung der Wahlkämpfer durch das Lager des siegreichen Präsidenten damit verglich. Mit dem Wahlsieg des Präsidenten zog – vereinfacht ausgedrückt – dessen Wahlmannschaft aus ökonomisch versierten, aber politisch unerfahrenen „Dilettanten" ins Weiße Haus ein. Nach der Wahl eines neuen Präsidenten verschwanden sie wieder. (S. 211-218)[95]

Für eine Modernisierung der Politik im Reich suchte Max Weber einen Weg, die dynamischen Aspekte der Mobilisierung des amerikanischen Modells zu integrieren, um den Obrigkeitsstaat mit seiner Konzentration der politischen Machtmittel bei den Repräsentanten in den traditionellen Milieus zu überwinden.

3. Ämterpatronage und Gesinnungspolitik: Die Parteien waren zunächst als Instrumente von herrschenden Milieus darauf ausgerichtet, ihre Interessen in der Politik im Reich, in den Ländern und Kommunen zu vertreten. Nach der Reichsgründung bestand die Parteienlandschaft aus liberalen und konservativen Honoratiorenparteien.[96] Das politische Engagement in der Parteiarbeit als Neben- und Gelegenheitstätigkeit überwog. Man lebte für die Politik, aber keineswegs von ihr. Honoratioren nahmen häufig ehrenamtliche, oftmals auch einflussreiche Ämter vor Ort wahr, halfen sich gegenseitig durch Ämterpatronage bei der Besetzung von Ämtern, waren aber letztlich durch ihren Hauptberuf blockiert, politische Machtkämpfe auszutragen. Da die Parteien nach dem Vereinsrecht organisiert waren,

---

95 Zwar treffen heute noch einige von Weber genannte Charakterisierungen des Wahlkampfs in den USA zu, aber inzwischen überdauert auch im Weißen Haus ein Beamtenstamm das Kommen und Gehen der Präsidenten und ihrer Mitarbeiter.

96 Beispielsweise umfasste die Deutschkonservative Partei vor allem Adlige, Großgrundbesitzer, traditionell orientierte protestantische Kreise und Anhänger von Bismarck, während in der Nationalliberalen Partei neben dem Adel auch Mitglieder aus dem gehobenen Bürgertum vertreten waren.

entwickelten sie weder einen starken überregionalen Machtapparat noch gingen aus ihren Reihen kämpferische politische Führungspersönlichkeiten hervor.

Das änderte sich, als tatsächlich zwei Parteien einen Aufschwung erlebten: das Zentrum und die Sozialdemokraten. Beide Parteien verzeichneten bei den Reichstagswahlen Zugewinne an Mitgliedern und Anhängern. Ihre Wählerschaft und ihre Mitglieder entsprachen den sozialstrukturell wachsenden mittleren und unteren Schichten.

Weber kritisiert in „Politik als Beruf" an beiden Parteien, dass sie in diesem Übergangssystem zwischen traditionaler und demokratischer Herrschaft „geborene Minoritätsparteien" (S. 219) seien, die vorwiegend Ämterpatronage betreiben würden und kein Interesse an einer weiteren Parlamentarisierung hätten, weil sie entweder, wie das Zentrum, um ihren Einfluss fürchteten oder, wie die Sozialdemokraten, dem Parlament feindlich gegenüber eingestellt seien.[97] Ämterpatronage bezeichnet die Zuweisung von Positionen innerhalb einer Organisation oder Institution an Bewerber, in der Insider über die Macht verfügen, auf formelle Verfahren oder informelle Kanäle der Auswahl Einfluss zu nehmen.[98] Dem Zentrum warf er beispielsweise vor, für den Landtag in Baden eine Proporzregel für die „Verteilung von Ämter nach Konfessionen" vorgeschlagen zu haben, „also ohne Rücksicht auf die Leistung". (S. 175) Darüber hinaus betrieben sie „Gesinnungspolitik". Die Sozialdemokratie habe keine politischen Führungspersönlichkeiten herausgebildet. Sein Loblied auf August Bebel fällt äußerst zwiespältig aus:

> „Was wurde dabei aus den deutschen Berufspolitikern? Sie hatten keine Macht, keine Verantwortung, konnten nur eine ziemlich subalterne Honoratiorenrolle spielen... Ich könnte aus jeder Partei, selbstverständlich die Sozialdemokratie nicht ausgenommen, zahlreiche Namen nennen, die Tragödien der politischen Laufbahnen bedeuteten, weil der Betreffende Führungsqualitäten hatte und um eben deswillen von den Honoratioren nicht geduldet wurde. Diesen Weg zur Honoratiorenpartei sind

---

97 Die äußerst kritische Haltung Webers gegenüber der Sozialdemokratie überrascht immer wieder, wenn die moderate Politik der Mehrheitssozialdemokraten in den Jahren 1918/19 betrachtet wird, die sich bei der Umsetzung von radikalen Sozialisierungsforderungen zurückhielt und konsequent den parlamentarischen Weg anstrebte.

98 „Ämterpatronage bezeichnet die Auslese von Bewerbern bei der Besetzung von Ämtern und Positionen auf der Grundlage von Zugehörigkeit zu einer bestimmten Partei, wissenschaftlichen Schule, Weltanschauung oder zu persönlichen Bekanntschaften." (Quelle Wikipedia)

alle unsere Parteien gegangen. Bebel z. B. war noch ein Führer, dem Temperament und der Lauterkeit des Charakters nach, so bescheiden sein Intellekt war. Die Tatsache, dass er Märtyrer war, dass er das Vertrauen der Massen (in deren Augen) niemals täuschte, hatte zur Folge, daß er sie schlechthin hinter sich hatte und es keine Macht innerhalb der Partei gab, die ernsthaft gegen ihn hätte antreten können. Nach seinem Tode hatte das ein Ende, und die Beamtenherrschaft begann. Gewerkschaftsbeamte, Parteisekretäre, Journalisten kamen in die Höhe, Beamteninstinkte beherrschten die Partei..." (S. 220 f.)

Max Weber ließ sich bei der Beurteilung der Sozialdemokratie von seinem Freund Robert Michels leiten. Robert Michels hatte 1911 seine Studie „Zur Soziologie des Parteiwesens in der modernen Demokratie" publiziert, in der er seine Erfahrungen als SPD-Mitglied verarbeitete und das „eherne Gesetz der Oligarchie" formulierte: Die Inhaber parteiinterner einflussreicher Ämter seien vor allem bestrebt, durch innerparteilich wirkende bürokratische Hürden unliebsame, nicht dem eigenen Gesinnungsnetzwerk angehörige Bewerber auszuschalten. Bürokratie und die damit einhergehende Komplexität und Intransparenz beschrieb er als Machtmittel, die die Parteieliten zur Absicherung ihrer Macht förderten und nutzten. Der Einsatz intransparenter bürokratischer Komplexität und die Kooptation von Wunschkandidaten gleicher Gesinnung stellen nach Michels zwei Verfahrensweisen der Stabilisierung von Machteliten innerhalb von Parteien, vor allem der Sozialdemokratie, dar. Die Demokratie innerhalb der Partei werde dadurch eliminiert. Robert Michels verfügte über SPD-Erfahrungen durch seine Arbeit im Ortsverein Marburg, durch Teilnahme an Parteitagen und einen Briefwechsel mit prominenten Repräsentanten der Partei. An diesen Kenntnissen partizipierte Max Weber, solange die Freundschaft zu Michels anhielt.[99]

Weber konstatierte, dass bislang im Reichstag – anders als in den Parlamenten in England und in Frankreich – nur langweilige, vorzensierte Reden gehalten würden. Auch darin kommt für ihn zum Ausdruck, dass weder der Reichstag noch die Parteien bislang geeignet waren, politische

---

99 Vgl. Robert Michels: *Zur Soziologie des Parteiwesens in der modernen Demokratie. Untersuchungen über die oligarchischen Tendenzen des Gruppenlebens.* 4. Aufl. Stuttgart 1989; siehe auch Christiane Bender/Elmar Wiesendahl: „‚Ehernes Gesetz der Oligarchie‘: Ist Demokratie möglich?", in: *Aus Politik und Zeitgeschichte (APuZ)*, 61. Jg., 44-45/2011, S. 19-24.

Führer hervorzubringen. Und die Chancen dafür seien aufgrund der Führungsfeindlichkeit aller Parteien gering.

Politiknahe Berufe

Daher empfiehlt Weber Aspiranten auf eine politische Karriere, die gezwungen wären, „von der Politik" zu leben, eine Laufbahn in korporatistischen Interessenorganisationen oder im Journalismus zu suchen.

> „Für den, der ‚von' der Politik zu leben durch seine Vermögenslage genötigt ist, wird wohl immer die Alternative: Journalistik oder Parteibeamtenstellung als die typischen direkten Wege, oder eine der Interessenvertretungen: bei einer Gewerkschaft, Handelskammer, Landwirtschaftskammer, Handwerkskammer, Arbeitskammer, Arbeitgeberverbänden usw., oder [werden] geeignete kommunale Stellungen in Betracht kommen." (S. 226)

Dem Journalismus räumt er für die Verbreitung der Politik eine wichtige Rolle ein. Da Weber die politischen Entwicklungen seiner Zeit mit der Veröffentlichung von Artikeln in Tageszeitungen begleitete und von der „Frankfurter Zeitung" sogar einen Raum zur Abfassung seiner Beiträge erhielt und in der Redaktion an Diskussionen teilnahm, gewann er einen tieferen Einblick in den damaligen Journalismus und die politische Urteilskompetenz vieler Journalisten. Er verweist aber auch auf viele Vorurteile, die den Inhabern solcher Positionen wie auch den Politikern, die von ihrer Arbeit lebten, (zu Unrecht) entgegengebracht wurden.[100]

> „Jetzt ist infolge des gewaltigen Zusammenbruchs, den man Revolution zu nennen pflegt, vielleicht eine Umwandlung im Gange. Vielleicht – nicht sicher." (S. 222)

Weber hofft, dass die Parteien vor dem Hintergrund einer neuen Verfassung begabten Politikern künftig eine Chance geben, politisch einflussreiche Ämter im Staat besetzen zu können. Dazu müssten die Parteien aber bereit sein, die Herrschaft des „Klüngels" (Max Weber) zu überwinden und ihre Kräfte auf die Unterstützung ihrer aussichtsreichsten Kandidaten zu

---

100 Die gesellschaftliche, aber auch die im engeren Sinne kulturelle Entwicklung im Kaiserreich lässt sich nicht pauschal als konservativ oder rückständig bezeichnen. Darauf wurde schon mehrfach hingewiesen. Aber in vielen bildungsbürgerlichen Milieus herrschten doch sehr starke Vorurteile gegen eine Öffnung der politischen Kultur vor, vermutlich aus Besorgnis um die Bewahrung der eigenen Privilegien und aus Furcht vor freiheitlicheren Lebensformen.

konzentrieren. Auch hier rekurriert Weber auf das amerikanische Vorbild, Wahlkämpfe zu organisieren. Es gäbe nur die Entscheidung zwischen:

> „Führerdemokratie mit ‚Maschine' oder führerlose Demokratie, das heißt: die Herrschaft der ‚Berufspolitiker' ohne Beruf, ohne die inneren, charismatischen Qualitäten, die eben zum Führer machen." (S. 224)

Weber bringt seine Vorstellung zum Ausdruck, dass die Programmatik, der kandidierende Politiker und seine Partei in einer engen Beziehung miteinander verbunden sein müssen. Bis heute stellt eine solch enge Bindung einen großen Vorteil dar, um Wahlen zu gewinnen. Allerdings finden heutzutage auf Parteitagen demokratische Abstimmungen statt, auf denen die Kandidaten sich bewähren müssen. Das Bild von der Partei als einer „Maschine" ist nicht mehr zeitgemäß. Trotzdem sind Parteien nach wie vor für „Klüngelwirtschaft" beziehungsweise für intransparente Netzwerke anfällig.[101] Außerdem gibt es viele Beispiele, wie Parteien versuchen, zumeist mit zusätzlich teuer eingekaufter Fachkompetenz, eine Strategie für einen erfolgreichen Wahlkampf auf den Spitzenkandidaten auszurichten und umzusetzen – und trotzdem kläglich scheitern.

Die Stellung des Reichspräsidenten

Weber wendet sich nun der Gegenwart und Zukunft der Zeitenwende 1918/19 zu. Auf diesen Ausblick hat das Publikum vermutlich schon lange gewartet. Dem Publikum dürfte bekannt gewesen sein, dass Weber schon seit längerer Zeit am Diskurs über die einzuschlagende Politik teilnahm. Obwohl er zu den Eingeweihten gehörte, die die neue Verfassung im Dezember 1918 entworfen hatten, verdeutlicht diese Passage dennoch Webers Ungewissheit über die künftige politische Entwicklung.

> „Es ist daher heute noch in keiner Weise zu übersehen, wie sich äußerlich der Betrieb der Politik als ‚Beruf' gestalten wird, noch weniger infolge-

---

101 Vgl. dazu den Klassiker von Erwin K./Ute Scheuch: *Cliquen, Klüngel und Karrieren. Über den Verfall der politischen Parteien: eine Studie.* Reinbek 1996. Schwer zu verkraften ist die Lektüre der Darstellung des immensen SPD-Netzwerks, welches die Energiepolitik in Deutschland und das freundschaftliche Verhältnis zu Russland in den letzten beiden Jahrzehnten gesteuert und mit dazu beigetragen hat, dass weder die entstandene energiewirtschaftliche Abhängigkeit Deutschlands noch die zunehmende Aggressivität Russlands erkannt und angemessen beurteilt wurde. Vgl. Reinhard Bingener/Markus Wehner: *Die Moskau-Connection. Das Schröder-Netzwerk und Deutschlands Weg in die Abhängigkeit,* a. a. O.

dessen: auf welchem Wege sich Chancen für politisch Begabte eröffnen, vor eine befriedigende politische Aufgabe gestellt zu werden." (S. 225 f.)

Die Beratung und die Verabschiedung der Verfassung in der Nationalversammlung standen noch bevor. Selbst wenn der Entwurf so verabschiedet werden würde, wie Weber es sich wünschte, war er sich darüber im Klaren, dass ein neu verabschiedeter Verfassungstext keinen sofortigen Wandel der politischen Kultur und keinen völligen Austausch der Eliten herbeiführen würde. Welche Fähigkeiten würden Politiker im Hauptberuf qualifizieren, ein Spitzenamt in der neuen Republik auszufüllen? Würden sie nun ein persönliches und nicht mehr ein traditionsvermitteltes Charisma benötigen, um die Wähler zu begeistern? Nun präsentierte er, der allseits gefragte Ratgeber und Experte, seine Ideen dem neugierigen Publikum.

> „Das einzige Ventil für das Bedürfnis nach Führertum könnte der Reichspräsident werden, wenn er plebiszitär, nicht parlamentarisch, gewählt wird." (S. 225)

Legitimiert durch das für die parlamentarisch ausgerichtete Weimarer Koalition überwältigende Ergebnis der Wahl zur Nationalversammlung am 19. Januar 1919, konnte vierzehn Tage nach Webers Vortrag Friedrich Ebert am 11. Februar in Weimar zum Reichspräsidenten gewählt und Philipp Scheidemann von ihm als Reichskanzler mit der Bildung einer neuen Regierung beauftragt werden. Die neue Verfassung mit Webers Vorstellung bezüglich des Spitzenamtes der Republik, des plebiszitär zu wählenden Reichspräsidenten, wurde vorläufig angenommen. Ebert war übergangsweise vom Parlament und nicht, wie in der künftigen Verfassung vorgesehen, vom Volk zum Reichspräsidenten gewählt worden. Diesem Vorgehen lag eine für den Übergang verabschiedete Gesetzesgrundlage (10.02.1919) bis zur endgültigen Verabschiedung der Verfassung im Spätsommer (11.08.1919) zugrunde.

Walter Mühlhausen, der Autor einer mehr als 1000 Seiten langen Biographie über Friedrich Ebert, schreibt dazu:

> „Anscheinend hatte Ebert selbst keine klaren Vorstellungen, wie das Amt ausgestaltet sein sollte. So ließ er sich in den ersten Wochen nach seiner Wahl zum Reichspräsidenten von Max Weber, dem renommierten Professor für Nationalökonomie und Soziologie, über das amerikanische und französische Präsidentschaftssystem informieren. Weber hatte neben Preuß als einer der Anwärter auf den Posten des Innenstaatssekretärs

gegolten, war nicht zum Zuge gekommen, hatte aber an den vorbereitenden Beratungen der Verfassung in dem von Preuß berufenen Beirat teilgenommen und dabei mit Vehemenz für den starken volksgewählten Präsidenten plädiert und schließlich Preuß für dieses Modell gewonnen."[102]

Weber konnte also ziemlich sicher sein, dass sich seine Verfassungsvorstellungen hinsichtlich der Einführung der politischen Spitzenposition in der künftigen Republik durchsetzen würden. Seine weiteren Überlegungen sind von Hoffnungen auf einen Wandel der politischen Kultur in Deutschland geprägt. Das würde bedeuten, dass die Bevölkerung absehbar in direkter Wahl den Reichspräsidenten wählen würde. Für die Wahl kämen dann Kandidaten, wie es einer Demokratie entspricht, nicht mehr nur aus der Oberschicht infrage, sondern auch aus den breiteren Schichten des Volkes. Der gewählte Politiker in Leitungsfunktion und erst recht der künftige Amtsinhaber an der Spitze, der Reichspräsident mit seinen verfassungsgemäß definierten außerordentlichen Vollmachten gegenüber den Parteien, dem Parlament, der Regierung und als Oberbefehlshaber der Streitkräfte, würde eine sehr starke Position einnehmen. Es wäre eine Position an höchster Stelle, in welcher der Amtsinhaber eine hohe Legitimität besitzt. Er steht nicht über der Verfassung, sondern agiert innerhalb ihres Rahmens und verfügt, herausgehoben durch seine Direktwahl, über eine unmittelbare Verankerung in der Bevölkerung.

Weber machte sich zunächst über typische Merkmale des Profils einer Persönlichkeit Gedanken, die eine derart hervorgehobene Stellung in der

---

102 Walter Mühlhausen: *Friedrich Ebert 1871-1925*, a. a. O., S. 193. Mühlhausen verweist zum Beleg auf das Buch von Wolfgang J. Mommsen: *Max Weber und die deutsche Politik 1890-1920*. a. a. O., S. 364. Er ergänzt, dass Friedrich Ebert beim „Spiritus Rector der plebiszitären Staatsspitze" nähere Unterrichtung erfahren wollte und dass daraufhin der Vertreter des Auswärtigen Amts bei den Beratungen, Kurt Riezler, den Kontakt Eberts mit Max Weber vermittelt hätte. Beide, Riezler und Weber, hätten sich verabredet, im Sinne des amerikanischen Modells auf Ebert einzuwirken. Aber als Ebert gefragt habe, ob in diesem Modell die Ämterpatronage nicht das Berufsbeamtentum bedrohe, hätte Weber die Korruptionsanfälligkeit des amerikanischen Systems herausgestellt. Weber hatte ja wiederholt darauf hingewiesen, dass der Financier („der Boss") des Wahlkampfs des Präsidenten mit seiner Mannschaft nach dessen Sieg Positionen um das Präsidentenamt im Weißen Haus zur Belohnung besetzt. Allerding gäbe es auch dort eine Verschiebung von reinen Dilettantenstäben zum dauerhafteren Beamtentum. Webers Ausführungen hätten so das Gegenteil der getroffenen Vereinbarung bewirkt. Weber, auch darauf weist Mühlhausen hin, war zu jener Zeit prominent mit Zeitungsbeiträgen zu seiner Idee des volksgewählten Reichspräsidenten öffentlich präsent.

Politik ausfüllen kann. Während er sonst in seinen Schriften über die Motivationen von Individuen im Sinne kulturell beeinflusster Handlungsimpulse nachdachte, thematisierte er nun psychologische Antriebsquellen jenseits von schichtspezifischen Zuordnungen. Gerade diese Betrachtungen sind bis in die Gegenwart populär.

7. Sozialpsychologie der Macht

Weber reiht sich nun mit seinen Überlegungen, wenn auch nicht explizit, in die Tradition der klassischen Tugendlehre der Politik seit Aristoteles ein.[103] Für eine besondere Berufung zur Politik in Abgrenzung zu Wissenschaft und Kunst qualifiziert nach Aristoteles die *Klugheit* (griech. *phronesis*).[104] Jede menschliche Tätigkeit ist zweckbezogen. Die Wissenschaft widmet sich dem Zweck der Erforschung allgemein geltender Gesetze, die Kunst bezweckt die Herstellung (griech. *poiesis*) von Dingen; im Unterschied dazu ist die Politik eine Praxis in der *Polis* (dem guten Staat) und damit eine besonders sinnstiftende Tätigkeit, die bereits in ihrem Vollzug Ziel und Zweck verwirklicht. Aristoteles, in der Frühen Neuzeit folgt ihm darin Johannes Althusius, geht von der Vorstellung aus, dass Menschen nur in der Gemeinschaft überlebensfähig sind, aber erst die Politik der Polis verwandelt diese Notwendigkeit in die Praxis einer guten und erfüllenden Lebensweise der Bürger. Politik ist daher die Praxis der Verwirklichung eines guten Lebens (griech. *eudaimonia*) der Bürger.

Die Polis, die durch die Politik geprägt wird, unterliegt jedoch vielen Einflüssen. Deshalb bedarf es für Politiker der oben genannten besonderen Tugend, der Klugheit, den Staat sowohl aufgrund von tiefen Einsichten in die allgemeinen Bedingungen der menschlichen Existenz als auch des Verständnisses für die konkreten, der Veränderung unterliegenden Gege-

---

103 „Und beim Einzelnen wie beim Staat gibt es ohne Tugend und Einsicht keine gute Leistung. Tapferkeit, Gerechtigkeit und Einsicht haben dieselbe Wirkung und Gestalt im Staate, wie man es sagt, daß ein einzelner an ihnen teilhat und darum gerecht, klug und besonnen ist." Aristoteles: *Politik*. Buch VII, übers. u. mit erklärenden Anmerkungen und Registern versehen v. Eugen Rolfes. Hamburg 2012, S. 33-36. Der guten Verfassung entsprechen die tugendhaften gerechten, klugen und besonnenen Politiker und umgekehrt, hofft Aristoteles. Vgl. Christiane Bender: „Aristoteles", in: *Politische Soziologie. Handbuch für Wissenschaft und Studium*, hrsg. v Martin Endreß, Benjamin Rampp, Baden-Baden 2024.
104 Vgl. Aristoteles, Nikomachische Ethik, Buch VI, übers. u. hrsg. von Olof Gigon, 3. Aufl. München 1978.

benheiten zu führen. Der kluge Politiker regiert maßvoll in der Ausübung seiner Macht (zwischen Tyrannis und Demokratie) und der Verteilung der Güter, er vermeidet Extreme und bewahrt das erreichte Glück.

Die politische Ethik des Aristoteles weist viele Überschneidungen mit Webers Verständnis von Verantwortungsethik auf. Aber Weber nähert sich diesem Thema durch sein Geschichtsbewusstsein, welches durch das Zeitalter von Ideologien und Ideologen geprägt wurde. Er fragt daher nach den herausragenden Eigenschaften des Politikers, „seine Hand in die Speichen des Rades der Geschichte legen zu dürfen".

Webers Beurteilung, wer „seine Hand in die Speichen des Rades der Geschichte legen" darf, sind von seinen Erfahrungen und Beobachtungen geprägt. In Laufe seiner Lebenszeit nahmen die latenten und später offenen Kämpfe um die ideologische und politische Vorherrschaft zu, Politik und Geschichte zu bestimmen. In organisierter Form traten Parteien und soziale Bewegungen mit entsprechenden Leitfiguren am Ende des 19. und zu Beginn des 20. Jahrhunderts hervor. Nach psychologisch-persönlichkeitsbezogenen Betrachtungen, versehen mit starken machtkritischen Anmerkungen, entwickelt Weber typische Muster des Politikverständnisses im Umgang mit Macht. Auch dabei rekurriert er auf sein Anschauungsmaterial über die um Macht und Einfluss kämpfenden Fraktionen seiner Zeit. Letztlich trägt er damit zu einer politischen Tugendlehre bei, die bis heute zur Qualifizierung von Politkern und ihren durch ihre Politik öffentlich zutage tretenden Persönlichkeiten herangezogen wird. Dreh- und Angelpunkt, und damit gelangt Weber wieder zum Anfang seines Vortrags zurück, ist der Umgang der Politiker mit der Macht, die sie innehaben oder nach der sie streben, auf legitime Weise über die Gewaltmittel zu verfügen. Die Frage, die er sich stellt, ist, ob Politiker verantwortlich mit der ihnen verliehenen Macht umgehen – eine klassische Frage der politischen Ethik und Tugendlehre:

> „Was vermag sie (die Politik – CB) nun an inneren Freuden zu bieten, und welche persönlichen Vorbedingungen setzt sie bei dem voraus, der sich ihr zuwendet? Nun, sie gewährt zunächst: Machtgefühl. Selbst in den formell bescheidenen Stellungen vermag den Berufspolitiker das Bewußtsein von Einfluß auf Menschen, von Teilnahme an der Macht über sie, vor allem aber: das Gefühl, einen Nervenstrang historisch wichtigen Geschehens mit in Händen zu halten, über den Alltag hinauszuheben. Aber die Frage ist nun für ihn: durch welche Qualitäten kann er hoffen, dieser (sei es auch im Einzelfall noch so eng umschriebenen) Macht und also der Verantwortung, die sie auf ihn legt, gerecht zu werden? Damit

betreten wir das Gebiet ethischer Fragen; denn dahin gehört die Frage: was für ein Mensch man sein muß, um seine Hand in die Speichen des Rades der Geschichte legen zu dürfen." (S. 226f.)

Politiker verfügen zumeist über Machtinstinkt. Darin sieht Weber zunächst kein Problem. Es bestehe aber die Gefahr, dass Politiker aufgrund ihrer Macht eine Politik betreiben, in der „Macht lediglich um ihrer selbst willen, ohne inhaltlichen Zweck" (S. 229) benutzt, angestrebt und ausgeweitet werde. Eine solche Politik dient dem Mächtigen zur „Selbstbespiegelung in dem Gefühl der Macht" oder gar der „Anbetung der Macht". Gerade dieses Verhalten, führe „ins Leere, ins Sinnlose" (ebd.). Machtausübung werde somit zum Kult verklärt. Weber richtet sich bei diesen Worten unmittelbar an sein Publikum und spricht es unmissverständlich („wir") an:

„An dem plötzlichen inneren Zusammenbruche typischer Träger dieser Gesinnung haben wir erleben können, welche innere Schwäche und Ohnmacht sich hinter dieser protzigen, aber gänzlich leeren Geste verbirgt. Sie ist Produkt einer höchst dürftigen und oberflächlichen Blasiertheit gegenüber dem *Sinn* menschlichen Handelns, welche keinerlei Verwandtschaft hat mit dem Wissen um die Tragik, in die alles Tun, zumal aber das politische Tun, in Wahrheit verflochten ist." (ebd.)

Diese schwere Anklage erhebt Weber gegenüber der herrschenden Elite in den letzten Kriegsjahren. Zur Erläuterung: Deren Kriegspolitik, der autoritär gewordene Regierungsstil und das Festhalten an der Macht hat Weber vielfach kritisiert. Der innenpolitische Wandel wurde zu lange blockiert, aggressive Kräfte erhielten Oberwasser.

Leidenschaft, Verantwortungsgefühl und Augenmaß

Machtpositionen sollten daher solche Persönlichkeiten innehaben, die in der Lage sind, ihren Machttrieb zu zügeln und zum Wohle von Staat und Gesellschaft verantwortlich zu handeln.[105] Verantwortung wird nun die entscheidende Kategorie aller weiteren Überlegungen, Weber nennt drei Verhaltensdispositive, die typische Persönlichkeitsmerkmale eines der Aufgabe

---

105 Der „Wille zur Macht" ist ein Topos, der in der Philosophie von Friedrich Nietzsche im Anschluss an Arthur Schopenhauers „Die Welt als Wille und Vorstellung" eine große Rolle spielt. Schopenhauer zielt auf eine Ethik, die diesen Willen bricht und umkehrt, während Nietzsche in ihm die Bedingung der Stärke zum Leben und Überleben sieht. Weber macht hier deutlich, dass er keiner bloßen Machtpolitik das Wort redet.

gewachsenen Politikers darstellen: *Leidenschaft, Verantwortungsgefühl und Augenmaß*.[106] Gerade, so ist zum Verständnis des Kontextes hinzuzufügen, ein Politiker, der ein Spitzenamt, etwa das des Reichspräsidenten, innehat und damit besonders mächtig sein wird, den Kanzler zu ernennen und zu entlassen, das Parlament aufzulösen und der als Oberbefehlshaber der Reichswehr fungiert, sollte über diese Eigenschaften verfügen.

Der Begriff *Leidenschaft* meint im Allgemeinen eine tief in der Persönlichkeit eines Menschen verankerte Antriebskraft. Sie stellt eine emotionale Ressource der Selbstidentifikation dar, um Wünsche und Interessen für eine gewisse Zeit oder dauerhaft im eigenen Leben zu verwirklichen. Als besondere Energiequelle hilft Leidenschaft dabei, Enttäuschungen, Widerstände und Niederlagen bei der Erfüllung erstrebter Ziele zu überwinden und erneut Kraft zu sammeln. Ein leidenschaftlicher Politiker strahlt Authentizität aus. Ihm ist anzumerken, dass er mit seinem Tun Gefühle verbindet und leidet, wenn seine Politik scheitert. Leidenschaft wird aber auch mit Distanz- und Kritiklosigkeit, Besessenheit und Blindheit (nicht nur in der Liebe) verbunden. Daher weist Max Weber ausdrücklich auf seinen Begriff von Leidenschaft „im Sinne von *Sachlichkeit*" hin. (S. 227)

Sachlichkeit bedeutet alltagssprachlich zumeist das Gegenteil von Leidenschaft. Weber versteht darunter, dass ein Politiker zwar seine Arbeit mit einer Leidenschaft ausübt, die ihn veranlasst, seine Kräfte darauf zu konzentrieren, sich darin zu vertiefen, um genaue Kenntnisse zu erlangen, und erst dann „loszulassen", wenn er eine durchdachte Lösung gefunden hat. Wenn er den Beruf des Politikers jedoch mit Leidenschaft im Sinne von Sachlichkeit ausübt, ist er zugleich befähigt, von persönlichen Erwartungen, Gefühlen und Vorlieben, im Grunde von sich selbst abzusehen und erst dann, wenn er eine „der Sache selbst" entsprechende Aufklärung und Vorgehensweise gefunden hat, die Arbeit zu beenden. Hierzu gehört ein aufmerksames, waches Beobachten, um etwa ein angemessenes und umfassendes Lagebild zu erhalten, kluge Berechnungen anzustellen, Erfahrungen auszuwerten, verschiedene Perspektiven einzunehmen, um daraus

---

106 Seine drei zentralen Begriffe *Leidenschaft, Verantwortungsgefühl, Augenmaß*, die hoffentlich nicht nur bei einer älteren Bevölkerung auf ein gehaltvolles Verständnis treffen, sind aus verschiedenen Perspektiven interpretationsbedürftig und -fähig. Weber hat sie offensichtlich aus seinen Erfahrungen heraus formuliert. Es ist jedoch eine Stärke dieser Begriffe und ihres kulturellen, mit vielen Assoziationen verbundenen Sinngehalts, dass sie immer noch eine übergreifende orientierungsstiftende Funktion haben.

zu lernen, sich zu verbessern, den vorgegebenen und selbstgestellten Aufgaben gerecht zu werden.

Sachlichkeit ist für Weber das Gegenmittel, um nicht der Eitelkeit zu verfallen, der „Todfeindin aller sachlichen Hingabe und aller Distanz", auch „der Distanz sich selbst gegenüber." Eitelkeit ist eine Form der Selbstüberschätzung und Kritiklosigkeit gegenüber eigenem Handeln. Sie verhindert Lernprozesse und die Bildung von sachgemäßen Urteilen. Letztlich meint Weber, dass ein Politiker zwar leidenschaftlich Politik betreiben soll, aber mit der Fähigkeit zur Selbstdistanzierung und der Betonung des Dienstes an der „*Sache*". (S. 230) Gerade weil Politik in die Lebensverhältnisse der Bürger eingreift und Ziele selten wie geplant erreicht werden, bedarf es neben der Leidenschaft bei der Ausübung der Tätigkeit auch der Sachlichkeit für eine nüchternen Betrachtung:

> „Aber deshalb darf dieser Sinn: der Dienst an einer *Sache*, doch nicht fehlen, wenn anders das Handeln inneren Halt haben soll." (S. 230)

Weber hat im Text bereits an früheren Stellen deutlich gemacht, dass Politik im Zuge der durch die Wissenschaft vorangetriebenen gesellschaftlichen Rationalisierung Wissen erfordert. Professionelle Stäbe als Teile des „Apparats" in Parteien und Ministerien unterstützen Politiker.[107] Aber letztlich kommt ihnen allein die Verantwortung für die Ausrichtung ihrer Politik zu. Sie, und nicht ihre Berater, müssen und sollen entscheiden.

> „Denn mit der bloßen, als noch so echt empfundenen, Leidenschaft ist es freilich nicht getan. Sie macht nicht zum Politiker, wenn sie nicht, als Dienst einer ‚Sache‘, auch die *Verantwortlichkeit* gegenüber ebendieser Sache zum entscheidenden Leitstern des Handelns macht. Und dazu bedarf es – und das ist die entscheidende psychologische Qualität des Politikers – des *Augenmaßes*, der Fähigkeit, die Realitäten mit innerer

---

107 Hier wird auf das Verständnis von Beruf und Professionalität als besondere Rationalisierungsmuster moderner Gesellschaften rekurriert. Die damit verbundene reflexive (wissensvermittelte) Distanz ermöglicht eine weitreichende Versachlichung von Abläufen, alternative Lösungen für Probleme zu finden und zu testen, Vergleiche anzustellen: Gerade die zweite Hälfte des 19. Jahrhunderts hat zu einem außergewöhnlichen Aufschwung der Natur- und Geisteswissenschaften geführt, darunter auch der Geschichtswissenschaft, und dadurch für ein erhebliches Wissen über politische Handlungskonstellationen in der Geschichte gesorgt. Die großen Geschichtswerke von Theodor Mommsen, Eduard Meyer, Heinrich von Treitschke, Hermann Baumgarten etc. entstanden in dieser Zeit.

Sammlung und Ruhe auf sich wirken zu lassen, also: der *Distanz* zu den Dingen und Menschen." (S. 227)

Augenmaß ist ein wunderbarer, wenn auch unmodern gewordener Begriff, seit die Wahrnehmung von Menschen so stark von Medien bestimmt wird, die räumlich Ferngelegenes in die Nähe rücken und die Aufmerksamkeit für Naheliegendes verringern. Der Begriff stellt eine Metapher dar und bringt das Gemeinte bildhaft zum Ausdruck: den Überblick zu behalten, Übertreibungen und Überforderungen zu vermeiden. Politik mit Augenmaß zu betreiben bedeutet, nur die Ziele anzustreben und die Mittel zu verwenden, die innerhalb der begrenzten Fähigkeiten des Menschen bzw. des Politikers überblickt und verantwortet werden können. Damit verbunden ist eine Absage an revolutionäre Politik, an das Streben nach utopischen Zielen und an die Inkaufnahme unüberschaubarer Risiken. Politik mit Augenmaß zu betreiben meint, den Maßstab der Nachvollziehbarkeit zu beachten. Webers Überlegungen stehen hier in der weiter oben beschriebenen Tradition der Lehre von der vernünftigen Mitte (griech. *mesotes*) des Aristoteles. Aristoteles empfiehlt darin, den Weg zwischen den Extremen zu wählen. Ihre Politik nach Maß und Mitte auszurichten, so lauten heute noch häufig geäußerte Erwartungen an Politiker. Politik mit Augenmaß zu betreiben ist zugleich die Erwartung an eine Politik, die von der Bevölkerung aufgrund ihrer Erfahrungen nachvollzogen werden kann.[108]

Unsachlichkeit und Verantwortungslosigkeit bezeichnet Weber dagegen als Todsünden eines von Eitelkeit geleiteten Politikers, sie führen meistens in „eine ins Leere laufende ‚Romantik des intellektuell Interessanten', ohne alles sachliche Verantwortungsgefühl".[109] Hier adressiert er Führungsfiguren der Rätebewegung, die zwar Ideen huldigten, die sie leidenschaftlich

---

108 Politik ist Macht und Herrschaft über die Lebensbedingungen der Menschen in einem Staat. Das bedeutet, dass Politik in die scheinbar unveränderlichen, aber im Grunde fragilen Lebensbedingungen eingreift. Daher gibt es keine Regeln, die absolut gelten und konkretes Handeln anleiten können. Es kommt darauf an, dass Politiker die Besonderheiten der Lebensverhältnisse der Menschen verstehen, sich in sie hineindenken können und diese im Rahmen ihrer allgemeinen Überzeugungen sachgerecht bei Entscheidungen berücksichtigen. Sachen sind immer konkret.

109 Am Vortragsabend, dem 28. Januar 1919, war die Gewalt keineswegs beigelegt, und die Rätebewegung verfolgte ihr antiparlamentarisches Programm an vielen Orten, so auch in München. Weber hatte also allen Grund, in seinem Vortrag die Politiker der extremen Linken vehement zu kritisieren, die sich für Frieden, Sozialismus und Rätemacht einsetzten, dabei aber Straßenkämpfe entfachten und eine Diktatur des Proletariats nach russischem Vorbild anstrebten.

propagierten, deren Umsetzung aber weder aufgrund der Kräfteverhältnisse im Reich noch auf parlamentarischen Weg zu erreichen war.[110] Sie redeten während der schwierigen Lage, in der sich das Reich befand, von Wunschvorstellungen, die bereits in Russland zu Gewaltexzessen und Bürgerkriegen geführt hatten.

Dem stellt Weber die Erwartung an Politiker entgegen, verantwortlich zu handeln. Worin ein solches Handeln besteht, erläutert er mit dem Begriff *Verantwortungsethik*. Aber er warnt: Die Verwendung ethischer Begriffe eigne sich auch hervorragend zur Kaschierung der eigentlichen Absichten.

Kaschierung von Interessenspolitik

Nachdem Max Weber Politiker kritisiert hat, die von der Ausübung ihrer Macht besessen waren und ihren Verbleib an der Macht erhalten wollten, ohne dass sie das gesellschaftliche und institutionell vorhandene Reformpotenzial nutzten und dadurch erst recht das Kaiserreich in den Untergang trieben, analysiert er weitere typische politische Handlungsmuster, deren Protagonisten während der Zeitenwende um Einfluss und Wählervoten kämpften. Diese Politiker lebten zumeist bereits *für* die Politik und *von* ihr.[111] Er stellt nun die Frage: Welches sind die ethischen (die Sittlichkeit betreffenden) Kriterien, von denen sich Politiker bei der Ausübung ihres Berufs – und das bedeutet: beim Umgang mit der Macht – leiten lassen? In seinen Worten:

> „Welchen Beruf kann sie (die Politik – CB) selbst, ganz unabhängig von ihren Zielen, innerhalb der sittlichen Gesamtökonomie der Lebensführung ausfüllen? Welches ist, sozusagen, der ethische Ort, an dem sie beheimatet ist?" (S. 230)

Zur Erläuterung: Menschliches Handeln ist sinnbestimmt. Es beruht auf Werten und Normen, nach denen Handelnde ihr Verhalten mehr oder weniger reflektiert ausrichten. Häufig geben Krisen und Konflikte Anlass, sich prägender Wertgrundlagen bewusst zu werden, um Entscheidungen

---

110 Er meint die Intellektuellen, die leidenschaftlich überzeugt waren und überwiegend der USPD oder der KPD angehörten. Sie strebten dennoch danach, die Massen zu mobilisieren.

111 Einen Hinweis darauf, dass immer mehr Politiker *von* der Politik lebten, gibt der Wandel in der sozialstrukturellen Repräsentanz der Abgeordneten im Reichstag zwischen 1871 und 1912 und in der Nationalversammlung von 1919. Die dominierende Repräsentanz des Adels, der überwiegend über auskömmliche Vermögen verfügte, ging immer mehr zurück.

herbeizuführen, sich neu zu orientieren oder tradierte Handlungsmuster beizubehalten. Wechselseitige Erwartungen von Handelnden, besonders wenn sie nicht oder schwer zu vereinen sind, führen zur Begründung oder Rechtfertigung von Handlungsorientierungen. Dabei werden Werturteile geäußert, nicht nur, um Auskunft über eigene Motive zu geben, sondern oftmals auch – aus Sicht der Psychoanalyse und Ideologiekritik gedeutet –, um eigenes Tun mit nachgeschobenen Rechtfertigungen zu rationalisieren oder die eigentlichen Handlungsimpulse vor sich und anderen zu kaschieren. Weber erwähnt diese Funktionen.

Persönliche oder öffentlich artikulierte und propagierte ethische (Lepsius: sozialmoralische) Orientierungen können demnach in Abhängigkeit von sozialen Kontexten, den Absichten von Individuen und im Zuge der Umsetzung in politische Handlungen verschiedene Bedeutungen annehmen.[112] Allein das Postulat von ethischen Werten seitens eines Politikers, von denen er angeblich ausgeht, reicht demnach keineswegs für die Beurteilung seines tatsächlichen politischen Handelns aus.[113]

Jedem Beruf liegen ethische Prinzipien zugrunde, die, vermittelt durch Bildung und Ausbildung, an die künftigen Berufsinhaber weitergegeben

---

112 Ein Beispiel für die mehrdeutige Verwendung ethischer Bezeichnungen ist die Formel von der „wertgebundenen Außenpolitik" im Kabinett der Regierung Scholz. Der Begriff kann im Interesse eines Signals an die eigene Wählerschaft verwendet werden, als Leitidee, der jedoch keine Praxis entspricht, oder als Handlungsgrundlage einer faktischen, maßnahmengestützten Politik, etwa gegenüber einer Theokratie wie im Iran, wo täglich Menschenrechtsverletzungen gegenüber Frauen und Oppositionellen von staatlicher Seite stattfinden.

113 Ethik hat mit Regeln zu tun, denen Menschen in ihrem Handeln folgen. Sie handeln weitgehend nach überlieferten Sitten und Gewohnheiten. Keine Generation kreiert sämtliche Handlungsmuster neu. In modernen Gesellschaften sind zumeist jüngere Generationen die Trägerschichten eines Wandels in den Arbeits- und Lebenswelten. Fragen der Ethik beziehen sich auf die Sittlichkeit von Sitten: Welche Bedeutung haben Regeln und Werte des Handelns? Was spricht für ihre Geltung, was dagegen? Zur Klärung dieser Fragen werden die Bedeutung von Regeln (Normen) und die damit verbundenen Wertvorstellungen (Werturteile) erörtert. Werte beruhen auf Vorstellungen von anzustrebenden Sachen, Handlungen, Inhalten, Zielen, Ausdrucksformen. Sie verbinden sich mit sozialen Handlungen und sind dann Gegenstand der Ethik. Werte wie Freiheit, Menschenrechte, Menschenwürde sind Leitvorstellungen (Ideen), die oftmals für Generationen, Gruppen und Individuen Leitbilder darstellen und für sie von lebenslanger Bedeutung sind. Im Rechtsstaat sind diese Werte Teil der gesetzlichen Grundlagen der Rechtsordnung geworden. Ihre konkrete Umsetzung ist jedoch nicht mit dem Absolutheitsanspruch, der häufig mit ihnen verbunden wird, einzulösen. Jede Umsetzung ist konkret, konkrete Situationen, können es auch erforderlich machen, geltende Regeln der Umsetzung zu verletzen.

werden. Die Beschäftigung mit der Ethik des Berufspolitikers gehört daher zum allgemeinen Themenbereich der Bedeutung und Quellen des Berufsbegriffs für die europäische Geschichte. Es verwundert daher, dass es in der Forschung an solchen soziohistorischen Untersuchungen mangelt.

Webers Absicht liegt jedoch nicht darin, die Werte, denen Politiker in ihrer Politik folgen oder vorgeben zu folgen, unter theoretischen Gesichtspunkten (etwa nach Kriterien der Begründung, Verallgemeinerungsfähigkeit oder Kohärenz) zu analysieren. Werturteile beruhen seiner Meinung nach auf tieferliegenden Überzeugungen und Vorlieben, die sich einer rationalen Argumentation entziehen. Sein Fokus liegt vielmehr auf der Besonderheit politischen Handelns unter Einbeziehung der Mittel, die sie zur Durchsetzung ihrer Ziele benötigen. Dazu gehört die Herrschaft über die Gewaltmittel, die Politikern (legitimerweise) zur Verfügung stehen oder nach deren Verfügung sie streben. Politik ist – in der Tradition Webers formuliert – Macht- und Interessenkampf und gerade deshalb eine folgenreiche Praxis, durch die die Lebensverhältnisse der Menschen ermöglicht, verändert, gestaltet, zerstört oder geschützt werden. In diesem Sinne widmet er sich dem „Ethos der Politik als Sache"[114] und der Erfüllung ihrer eigengesetzlichen Aufgaben. Mit der rhetorisch gestellten Frage macht er darauf aufmerksam:

> „Sollte es wirklich für die ethischen Anforderungen an die Politik so gleichgültig sein, daß diese mit einem sehr spezifischen Mittel: Macht, hinter der *Gewaltsamkeit* steht, arbeitet?" (S. 233)[115]

Weber gibt nun ein Beispiel dafür, wie Politiker seiner Zeit für ihr Programm mit einer vorgeblich „neuen Ethik" (S. 234) werben. Mit der „neuen

---

114 Ein Beispiel ist das bereits an früherer Stelle erwähnte Verhalten des bayrischen Ministerpräsidenten Kurt Eisner, mit der Veröffentlichung von geheimen Dokumenten die Schuld Deutschlands am Krieg belegen zu wollen. Eisner betonte sowohl die Friedens- als auch Wahrheitspflicht seiner Politik. Er glaubte, mit dem Schuldeingeständnis die Verhandlungsposition verbessern zu können und hat, nach Weber, eher das Gegenteil bewirkt.

115 Die Antwort wurde bisher aus dem Gang seiner bisherigen Erläuterungen deutlich, in denen Max Weber immer wieder betont hat, dass es in der Politik um Macht geht und dass Macht in der Politik letztlich die Verfügung über die Gewaltmittel bedeutet. Hierauf richtet sich der Fokus der Analyse. Ethik ist daher nicht im Bereich völliger Machtlosigkeit relevant, denn dort ist auch kein Handeln möglich, sondern dort, wo jemand auf das Leben anderer Menschen Einfluss nimmt, wo Politiker ihre Hände „in die Speichen des Rades der Geschichte" legen und dafür Anerkennung und Gefolgschaft erwarten.

Ethik" meint er die sozialistisch-kommunistischen Versprechungen, wie beispielsweise soziale Ungleichheiten abzuschaffen, die Ausbeutung zu beenden und die Herrschaft des Volkes zu etablieren. Daran kritisiert er: In der politischen Praxis haben sich deren Protagonisten, um an die Macht zu gelangen, des Mittels der „Gewalt aus den Maschinengewehren" bedient (und nicht etwa des Wahlkampfs und ausschließlich der Überzeugungsarbeit). Sie rechtfertigten ihr Tun mit ihrer zugrundeliegenden „edle(n) Absicht" (S. 234). Weber hält dagegen, dass sie mit dem Einsatz von militärischen Gewaltmitteln (etwa zur Errichtung der Räterepublik) ebenso Schaden angerichtet hätten wie „irgendein militaristischer Diktator":[116]

> „Sehen wir nicht, daß die bolschewistischen und spartakistischen Ideologen, eben weil sie dieses Mittel der Politik anwenden, genau die *gleichen* Resultate herbeiführen wie irgendein ein militaristischer Diktator? Wodurch als eben durch die Person der Gewalthaber und ihren Dilettantismus unterscheidet sich die Herrschaft der Arbeiter- und Soldatenräte von der eines beliebigen Machthabers des alten Regimes? Wodurch die Polemik der meisten Vertreter der vermeintlich neuen Ethik selbst gegen die von ihnen kritisierten Gegner von der irgendwelcher anderer Demagogen? (S. 233 f.) [117]

Diese Passage ist provokativ formuliert.[118] Und doch brachte Weber den Widerspruch ihrer Politik auf den Punkt: ethische Überlegenheit gegenüber

---

116 Ein Beispiel ist der blutige Kampf, den die Spartakisten im Januar 1919 gegen die Durchführung von Wahlen auf den Straßen begonnen haben. Ihre um die Jahreswende 1918/19 gegründete Partei, die KPD, lehnte eine Wahlbeteiligung ab. Die ihr nahestehende USPD bekam bei der Wahl zur Nationalversammlung am 19. Januar nur 7,6 Prozent der Stimmen. Obwohl dort die Parteien des „Interfraktionellen Ausschusses" die Mehrheit erlangten, also eine eher linke Parteienkoalition den Sieg errungen hatte, die sich dazu bekannte, den parlamentarischen Prozess weiterzuführen, kam es in München zu weiteren paramilitärischen Versuchen, eine Räterepublik zu errichten – mit blutigem Ausgang.
117 In der *MWG* wird zur Erläuterung auf ein von Rosa Luxemburg verfasstes Programm des Spartakusbundes hingewiesen, in dem es heißt, „daß die proletarische Revolution zwar keineswegs ‚die Welt mit Gewalt nach ihrem Ideal modeln' wolle, daß aber der sich ihr entgegengesetzte Widerstand ‚Schritt für Schritt mit eiserner Faust, mit rücksichtsloser Energie gebrochen werden' müsse", in: *MWG*, Abt. I, Bd. 17, a. a. O., S. 233, Fn. 113.
118 Die Liste der Gewalttaten und Menschenrechtsverletzungen, die im Namen der „guten Absichten" von Vertretern der sozialistisch-kommunistischen Revolutionen und der von ihnen errichteten Herrschaftssysteme verübt wurden, ist lang. Einen solchen Überblick hatte Weber damals nicht. *Statista* gibt folgende Opferzahlen im

den „Machthabern des alten Regimes" (des Kaiserreichs) zu reklamieren und gleichzeitig den Machtanspruch mit den Mitteln der „Maschinengewehre" durchsetzen zu wollen. Sein Resultat: Hehre Versprechen, künftig eine bessere Welt zu errichten, und Bekundungen von guten Absichten machen noch keine Ethik der Politik als Beruf aus. Der tatsächliche Umgang mit der Macht wird ausgespart oder, wie Weber noch zeigt, schöngeredet. Bedenkt man aber die Umsetzung und Folgen einer Politik, die zwar in guter Absicht und mit respektablem Ziel auf den Weg gebracht wird, jedoch zu großen Verwerfungen führt, so stehen auch die in Anspruch genommenen ethischen Prinzipien infrage, geeignet zu sein, eine politische Agenda zu begründen.

Kritik an der Doppelmoral des Pazifismus

Politiker, die ihre Programme aus religiöser oder weltanschaulicher Literatur ableiten, attestieren sich oftmals ein „höheres" Realitäts-, Geschichts- und Selbstverständnis. Sie fühlen sich daher bei ihrem politischen Handeln im Recht, sich über den gesellschaftlichen Rahmen hinwegzusetzen. Webers Beispiel ist die christliche Friedensethik. Sie beruft sich auf die Ethik der Bergpredigt. Sie wird oftmals als Ethik des Evangeliums aufgefasst, die absolut, ohne Ausnahme gilt. Als Kritik an der Fortführung des Kriegs erhielt sie vor allem von Anhängern der USPD große Zustimmung. Max Weber hat häufig mit engagierten Pazifisten diskutiert.[119] Eine absolute Friedensethik gestattet seiner Meinung nach keine Einschränkungen. Ihr Anspruch gilt ausnahmslos und lässt den Gebrauch von Gewaltmitteln auch nicht in Ausnahmefällen und bei Angriffen zu. Demnach stehen auch Selbstverteidigung, Streik und die Durchführung von Kampfhandlungen

---

Russischen Bürgerkrieg vom 7. November 1917 bis 25. Oktober 1922 an: schätzungsweise 5.000.000 Zivilisten, 819.000 Verluste der Roten Armee und 806.000 Verluste der Weißen Armee, ca. 300.000 Opfer durch den roten und 50.000 durch weißen Terror, (https://de.statista.com/statistik/daten/studie/1177130/umfrage/todesopfer-im-russischen-buergerkrieg)

119 Auf Burg Lauenstein fanden 1917, veranstaltet von dem Verleger Eugen Diederichs, Tagungen über die Neuordnung Deutschlands nach dem Krieg statt, Prominente Vertreter verschiedener Fachrichtungen, Politiker und engagierte Intellektuelle nahmen daran teil. Entwickelt wurden die „Ideen von 1917". Es kam zu intensiven Gesprächen zwischen Max Weber und den gesinnungsethisch engagierten „Literaten", vor allem mit Ernst Toller. Ernst Toller wurde Vorsitzender der bayrischen USPD und Kämpfer für die Münchner Räterepublik. Auf die Beziehung von Weber zu ihm wurde bereits eingegangen. Vgl. dazu auch Joachim Radkau: *Max Weber. Die Leidenschaft des Denkens*. München 2005, S. 781.

zur Durchsetzung der Politik gegen Widerstände (seitens des Klassenfeindes oder Andersdenkender) mit den Geboten einer absoluten Ethik der Friedenspflicht oder der Nächstenliebe in Widerspruch.[120] Hier deckt er den Widerspruch bei manchen Pazifisten auf, Anhänger einer Friedensethik zu sein und gleichzeitig Revolution zu propagieren.

Die Auffassung Webers ist, dass das absolut geltende christliche Gebot, dem Übel in der Welt nicht zu widerstehen – also auch nicht, um es im Kontext heutiger Probleme zu formulieren: durch die Erhaltung der Wehrfähigkeit der Gesellschaft innere und äußere Gewalt einzudämmen – für Politiker nicht gelten kann: Deren Aufgabe bestehe gerade darin, so Weber, das Übel zu bekämpfen und nicht darin, es hinzunehmen und zu erdulden. Dafür werden Politiker gewählt. Die Folgen des Nichthandelns vergrößern die Gefahren oder die Weiterentwicklung (heutzutage: die Eskalierung) von Gewalt. Wenn es heißt, so formuliert Weber unmissverständlich,

---

120 Die heutige Sicht des Völkerrechts orientiert sich, wie dargelegt, keineswegs an einer absoluten Friedenspflicht. Die Bedrohung eines souveränen Staates oder die Gewaltanwendung gegen einen souveränen Staat stellen Verletzungen des Völkerrechts dar und dürfen vom angegriffenen Staat mit Selbstverteidigung beantwortet werden. Dazu darf er auch mit Waffen unterstützt werden, um seine Selbstverteidigungsfähigkeit zu erhöhen. Das alleinige Unrecht des Ausbruchs eines Kriegs liegt beim Aggressor. Gegen die Einführung einer absoluten Friedenspflicht in einem Land spricht auch, dass nicht alle Bürger das Menschenbild teilen und sich freiwillig unterwerfen. Die Durchsetzung müsste also gesetzlich erfolgen und letztlich unter Androhung oder Anwendung von Gewalt durchgesetzt werden.
Ein Gedankenexperiment: Das Land, das über keine Verteidigungsfähigkeit verfügt, kann auch keinem anderen Land zu Hilfe kommen, etwa durch Ausbildungstraining, Entsendung von Soldaten oder durch Waffenlieferungen. Damit kann es aber auch nicht Teil eines Bündnisses werden, in welchem sich die Mitglieder wechselseitig im Fall von Angriffen beistehen. Dazu müsste das Land dafür gesorgt haben, dass es selbst verteidigungsfähig ist. Hat das Land aufgrund seines Pazifismus darauf verzichtet, verteidigungsfähig zu sein, steht es in Gefahr, Opfer von aggressiven Staaten werden, die sich durch dessen Verteidigungsunfähigkeit siegesgewiss fühlen, es anzugreifen. Ein Land, welches aufgrund seines Pazifismus oder seiner Absicht, eine Friedensdividende zu realisieren, bewusst darauf verzichtet hat, seine Verteidigungsfähigkeit aufzubauen, kann, moralisch betrachtet, nicht verlangen, dass andere Staaten es verteidigen. Seine Untätigkeit wird für andere zu einer Belastung.
Eine ähnliche Konstellation wird schon von Thomas Hobbes warnend beschrieben: Wenn alle Akteure in einem Vertrag versprechen, auf Gewaltmittel zu verzichten, aber keine Schutzmacht die Einhaltung des Vertrags kontrolliert und den Vertragsbrüchigen bestraft, dann rechnen sich die Vertragspartner, die entweder dem allgemeinen Frieden nicht trauen oder insgeheim Angriffspläne schmieden, Erfolgschancen aus.

„´dem Übel nicht widerstehen mit Gewalt`, – so gilt für den Politiker umgekehrt der Satz: du *sollst* dem Übel gewaltsam widerstehen, sonst – bist du für seine Überhandnahme *verantwortlich*." (S. 235)

Max Weber nahm als Sachverständiger der deutschen Delegation an den späteren Friedensverhandlungen in Versailles teil, konnte jedoch auf den Verlauf kaum entscheidenden Einfluss nehmen. Er hatte den Krieg zwar zunächst begrüßt, die weitere Ausweitung jedoch verurteilt und nach Wegen gesucht, ihn auf die für Deutschland bestmögliche Weise zu beenden. Nachdem deutlich wurde, dass die siegreichen Parteien Gewinne einfahren würden, hoffte er darauf, dass in den Verhandlungen die schwer zu tragenden wirtschaftlichen Auflagen für Deutschland vermieden werden können. Die Forderung pazifistischer Strömungen, die Waffen „fortzuwerfen" und die Schuld Deutschlands einzugestehen, kritisierte Weber.

„Denn jene (christliche – CB) Ethik will doch wohl nicht lehren: daß gerade der Bürgerkrieg der einzig legitime Krieg sei. Der nach dem Evangelium handelnde Pazifist wird die Waffen ablehnen oder fortwerfen, wie es in Deutschland empfohlen wurde, als ethische Pflicht, um dem Krieg und damit: jedem Krieg, ein Ende zu machen. Der Politiker wird sagen: das einzige Mittel, den Krieg für alle *absehbare* Zeit zu diskreditieren, wäre ein status-quo-Friede gewesen. Dann hätten sich die Völker gefragt: wozu war der Krieg? Er wäre ad absurdum geführt gewesen, – was jetzt nicht möglich ist." (S. 235 f.)

Nicht der Krieg, sondern der Frieden würde diskreditiert, prognostizierte Weber. Hier spielt Weber auf Kurt Eisners Verhalten an, dem pazifisch-sozialistischen Ministerpräsidenten von Bayern, der bereits weiter oben im Text vorgestellt wurde. Dieser übergab nach dem Gebot der absoluten Friedens- und Wahrheitspflicht den Alliierten geheime Dokumente, die die alleinige Schuld Deutschlands belegen sollten. Die Verhandlungsposition des Landes konnte dadurch nur verschlechtert und die Möglichkeiten verbaut werden, zu einer differenzierteren Lagebeurteilung zu gelangen und dabei auch die Mitverantwortlichkeit anderer Länder mit einzubeziehen. Eine politische Beendigung mit einem Status-quo-Frieden hätte dagegen den Krieg delegitimieren können.[121] Ein einseitiges Schuldbekenntnis am

---

121 Die Schuldfrage beschäftigt die Gemüter in Deutschland bis in die Gegenwart. Die Feststellung der Alleinschuld Deutschlands im Versailler Vertrag stieß in der Bevölkerung auf Ablehnung und belastete die Weimarer Republik. Vor allem, und dies nicht nur bei rechten politischen Kräften, bildete sich eine revanchistische

Kriegsende mit den dann zu tragenden Lasten erzeugten revanchistische Sehnsüchte, den Krieg wiederaufzunehmen. Das sah Weber voraus. Er forderte eine neutrale Instanz, die die Schuldfrage aufarbeitet.[122]

Tatsächlich verbreitete sich das revisionistische Denken im Verlauf der Weimarer Republik, welches den Frieden verurteilte, wie Weber es befürchtet hatte. Allerdings hätte es nicht so weit kommen müssen, wenn nicht die reaktionären Kräfte innenpolitisch ihre Macht zurückerlangt und den Frieden, die Demokratie und die Entwicklung einer ungewöhnlichen kulturellen Vielfalt als eine von Amerika aufgezwungene Politik bekämpft hätten.

8. Gesinnungs- und Verantwortungsethik

Weber hegte keine Illusionen, dass die Zeitenwende seiner Gegenwart in eine „rosige" Zukunft einmünden würde. Vermutlich ging er davon aus, dass unter republikanischen Bedingungen unversöhnliche Machtkämpfe um die Ausrichtung der Politik stattfinden würden. Zwar konnte ihn das Ergebnis der vorangegangenen Wahl mit großer Wahlbeteiligung und

---

Haltung heraus. In der Erinnerungskultur verstärkte es eine globale Ablehnung des Kaiserreichs bei den Nachkriegsgenerationen. Christopher Clarks Buch „Die Schlafwandler" hat die Diskussion darüber erneut belebt, die mit den Thesen des Historikers Fritz Fischer über Jahrzehnte beendet zu sein schien. Clark analysiert den Beginn des Ersten Weltkriegs als europäisches Problem, für das viele Länder Mitverantwortung tragen, ohne die erhebliche Schuld der damaligen deutschen Staatsführung abzustreiten. Auch fordert der in Cambridge lehrende Historiker, den Fokus der Debatte auf die Ursachenforschung zu legen und weniger auf die Schuldfrage, ohne sie herunterzuspielen. Schon Weber forderte eine Analyse der Ursachen.

122 Wolfgang J. Mommsen stellt die schwierige Situation dar, eine angemessene Stellungnahme zu den Friedensverhandlungen abzugeben. „In erster Linie, um dem öffentlichen Kampf gegen die Kriegsschuldthese eine breitere Basis zu schaffen, wurde Anfang Februar 1919 auf Anregung des Prinzen Max v. Baden in Webers Hause in der Ziegelhäuser Landstraße die ‚Heidelberger Vereinigung für eine Politik des Rechts' gegründet." (S. 338) Sie verlangte die „Einsetzung einer unparteiischen, neutralen Untersuchungskommission zur objektiven Klärung der Frage der Schuld am Kriege; sie gab ihrer Überzeugung Ausdruck, daß eine *gemeinsame Schuld* aller kriegführenden Großmächte Europas' bestehe. ...Einzig mit einem auf Anregung des Prinzen Max v. Baden hin von Max Weber verfaßten Appell, die deutschen Akten zu publizieren und gleichzeitig eine Vernehmung der beteiligten Persönlichkeiten durch einen unabhängigen, in jeder Weise unparteiisch zusammengesetzten Untersuchungsausschuß herbeizuführen, hatte die Heidelberger Vereinigung einen gewissen Erfolg." In: Wolfgang J. Mommsen: *Max Weber und die deutsche Politik 1890-1920*, a. a. O., S. 339.

dem Erfolg der „Weimarer Koalition" erfreuen – aber würden sich diese politischen Reformkräfte stabilisieren? Er beendete seinen Vortrag damit, Kriterien zur Identifizierung und Differenzierung der Politik und der Verantwortlichkeit der Politiker für die Politik zu benennen, die künftig von Bedeutung sein könnten. Es ist die typologische Unterscheidung zwischen Gesinnungs- und Verantwortungsethik.

Pointierte Kritik an der Gesinnungsethik

„Wir müssen uns klar machen, daß alles ethisch orientierte Handeln unter *zwei* voneinander grundverschiedenen, unaustragbar gegensätzlichen Maximen stehen kann: es kann ‚gesinnungsethisch' oder ‚verantwortungsethisch' orientiert sein." (S. 237)

Keineswegs sollte jedoch der Eindruck entstehen,

„daß Gesinnungsethik mit Verantwortungslosigkeit und Verantwortungsethik mit Gesinnungslosigkeit identisch wäre". (ebd.)

An späterer Stelle formuliert er, dass die Protagonisten der jeweiligen Ansätze in ihren programmatischen Vorstellungen durchaus von subjektiven, oftmals aufrichtig gehegten Überzeugungen ausgingen.[123] Aber es bestehe „ein abgrundtiefer Gegensatz" (ebd.), ob es ihnen um die Propagierung der „gesinnungsethischen Maxime" gehe oder ob sie verantwortungsethisch auch „für die (voraussehbaren) Folgen" ihres Handelns aufkommen und diese in ihren Vorhaben berücksichtigen würden. Gesinnungsethiker dagegen richteten ihre Aufmerksamkeit vor allem auf die Verbreitung von politischen Zielen, die sie aus allgemeinen Maximen ableiteten und für unbedingt geboten erachteten. Der Zustand der „Welt", in die sie eingreifen wollen und der zumeist von Menschen geprägt ist, die ihnen nicht folgen wollen, bringt sie nicht davon ab, ihr Handeln oder die Angemessenheit

---

123 Webers Kritik zielt, und das dürfte bereits deutlich geworden sein, nicht darauf ab, Gesinnungen zu verurteilen oder gar Gesinnungslosigkeit zu rechtfertigen. Auch verantwortungsethisch handelnden Politikern unterstellt Weber „Gesinnungen". Es geht ihm lediglich darum, deutlich zu machen, dass die „gute" Gesinnung nicht zwangsläufig zu einer guten Politik führt und oftmals die Funktion hat, politisches Unvermögen, Oberflächlichkeit oder sogar ungehemmten Machtwillen zu kaschieren. (S. 249 f.). Schließlich empfiehlt er den Gesinnungsethikern, sich auf den Bereich „Mensch zu Mensch" (S. 251) zu beschränken. Viele sozialstaatliche Einrichtungen, die gegen Ende des 19. und Anfang des 20. Jahrhunderts entstanden sind, benötigten ein ethisches Engagement. Auf Wählerstimmenfang sind in einer Demokratie sowohl die Gesinnungs- als auch die Verantwortungsethiker!

ihrer Erwartungen zu überdenken. Sie konzentrieren sich auf Argumentationsketten zur Rechtfertigung, von ihrem Vorhaben nicht abzulassen. Verantwortlich fühlen sich Gesinnungsethiker nur „für die Flamme der reinen Gesinnung" (S. 238), sie sprechen sich frei von der Verantwortung für die Folgen ihrer Politik, wenn sie nicht dem Eintreten der versprochenen Verhältnisse entsprechen, und lasten dies der widrigen Welt an. Aus dieser Haltung resultieren die von Weber kritisierten gesinnungsethischen Konzepte, die in der Praxis bei der Wahl der Mittel zur Erreichung der Ziele und bei deren Umsetzung und bei der Berücksichtigung der Folgen scheiterten.

Zum vertieften Verständnis sei daran erinnert, dass es in Deutschland erst im Zuge der Nationalstaatenbildung im 19. Jahrhundert zur Durchsetzung politischer Rechte (allgemeines Wahlrecht, Versammlungsfreiheit, Vereinsrecht als Basis der Parteienbildung) kam. Vor dem Hintergrund der Etablierung dieser Rechte entstanden Organisationen, die religiöse, politische und weltanschauliche Ideen, zumeist mit Wurzeln aus früheren Epochen, in Ideologien transformierten. Sie konkurrierten miteinander um Mitglieder, Einfluss (auf die „Massen") und Organisationsmacht. Anschauliche Beispiele sind die „Verkirchlichung" der christlichen Religion zu zwei organisierten Mächten im Staat und der Aufschwung einiger Parteien von Vereinen zu organisierten Massenbewegungen. In der ersten Hälfte des 20. Jahrhunderts erhielten politische Organisationen die Chance, ihre Vorstellungen von einer Verbesserung der Welt umzusetzen. Globale Deutungen der Welt stießen auf ein enormes Interesse. Das betraf den Begriff der Geschichte als Gegenstand von Gesamtbetrachtungen, im Christentum mit seiner Heilslehre (Chiliasmus), im Idealismus mit seinem geistes- und kulturbezogenen Fortschrittsbegriff und in den beiden letztlich menschenverachtenden ideologischen Richtungen: Die eine Richtung verkündete den zukünftigen Sieg der überlebensfähigen Rasse und die andere den zukünftigen Sieg der gewaltbereiten Klasse im Kommunismus als dem Ende der Geschichte.

Für die Praxis der Politik bestand daher für Weber ein erheblicher Unterschied, ob Politiker gesinnungsethisch die Verbesserung der Welt versprechen und möglicherweise sogar Gewaltmittel dafür anwenden, sich aber von der Verantwortung für die daraus resultierenden verheerenden Folgen freisprechen, oder ob sie verantwortungsethisch ihre Ziele bereits in Hinblick auf realistische Möglichkeiten der Einlösung, des kalkulierten Einsatzes der Mittel und der Kontrolle von erwartbaren Folgen (und der Vermeidung von Opfern) formulieren.

Aus heutiger Sicht formuliert: Die politischen Ziele der Verantwortungsethiker entsprechen einer „Pfadabhängigkeit"[124] der zugrundeliegenden gesellschaftlichen Entwicklung. Ihre Umsetzung erfordert keinen vollständigen „Systemwechsel", und ihre Realisierung ist mit den verfügbaren Mitteln
und absehbaren Folgen, etwa hinsichtlich der Eingriffe in die Lebensverhältnisse der Bevölkerung, zu erreichen. Politik im Sinne der Verantwortungsethik ist geprägt von Vorsicht und Risikobewusstsein, von Augenmaß
und kluger Einsicht in die Realität. In einer entwickelten Demokratie wie in
Deutschland sind verantwortungsethische Politiker bemüht, die Interessen
der Bevölkerung zu berücksichtigen und den politischen Anspruch der Regulierung nicht zu überdehnen. Scheitert die in Angriff genommene Politik,
so sollten Politiker die Verantwortung dafür übernehmen.[125] Und werden
hier die jüngsten Lehren aus der Identifizierung von großen Sicherheitslü-
cken im Zusammenhang der Zeitenwende in Betracht gezogen, so ist festzuhalten, dass der „rote Faden" von Webers Vortrag, Politik als Verfügung
über die Mittel der legitimen Gewaltsamkeit zu definieren, bedeutet, dass
verantwortungsethische Politik in erster Linie darin besteht, Vorkehrungen
zu treffen, die Gesellschaft vor Gewalt zu schützen – denn dazu sind nur
Politiker legitimiert und befähigt.

Dagegen liegen der Politik von Gesinnungsethikern religiös, literarisch
oder weltanschaulich motivierte Überzeugungen zugrunde. Diese Überzeugungen lassen sich nicht „pfadabhängig" umsetzen, weil sie nicht aus
der Erfahrung stammen, sondern aus Ideologien. Sie gehen daher einher
mit erheblichen Eingriffen in die Lebensverhältnisse der Menschen, sie
entfachen letztlich Revolutionen mit weitreichenden und unkalkulierbaren
Folgen innerhalb der gesellschaftlichen Gegebenheiten. Gesinnungsethiker
fühlen sich daher oftmals nicht verantwortlich, wenn ihre guten Absichten
auf Widerstand seitens der Bevölkerung stoßen oder gänzlich scheitern.[126]

---

124 Der Begriff der Pfadabhängigkeit wird in den Gesellschafts- und Geschichtswissen-
    schaften verwendet. Weber gebraucht ihn nicht. Der Begriff trägt aber dazu bei, zu
    veranschaulichen, worum es Weber damals ging.
125 Eine Form der Verantwortungsübernahme ist der Rücktritt. Zwei Politiker verschie-
    dener Parteien aus Hamburg erhielten bei der letzten Bundestagswahl nicht die
    benötigten Stimmen, um als Abgeordnete erneut ins Parlament einzuziehen. Sie
    beschrieben in einem Interview mit dem „Hamburger Abendblatt" ihr Schicksal
    ernsthaft als „Entfremdung" und „Fremdbestimmung". Beides, gewählt und abge-
    wählt zu werden, sind zutiefst demokratische Prozesse.
126 Gesinnungsethische Ansätze besaßen und besitzen einen großen Einfluss in der
    bildungsbürgerlichen Welt.

Weber widmet sich vor allem der Kritik der Gesinnungsethik, und es ist bedauerlich, dass kaum Beispiele für verantwortungsethisches Handeln in seinem bearbeiteten Vortragstext überliefert sind. Dafür bringt er noch einmal seinen grundlegenden Gedanken zum Ausdruck, dass für Politik das „entscheidende Mittel: die Gewaltsamkeit" (S. 238) ist und dadurch eine „Spannung zwischen Mittel und Zweck" (ebd.) gegeben ist, oftmals von ethisch erheblicher Tragweite. Zwei Kritiken führt Weber aus:

1. Er wiederholt seine Kritik an den „revolutionären Sozialisten": Sie hatten sich 1915 in Zimmerwald (in der Nähe von Bern) zwar auf ein international geteiltes Antikriegsprogramm geeinigt, versprachen sich dann aber vom Verlauf des Kriegs zunehmend Chancen, sozialistische Revolutionen, Umstürze herbeizuführen. Das Mittel der Gewalt war demnach für sie durch das Ziel der Revolution geheiligt. Weber stellt sie damit politisch auf eine Ebene wie die „,Gewaltpolitiker' des alten Regimes". (S. 239)

Typische Gesinnungsethiker, die als Politiker bereits im Besitz von Mitteln der Gewaltsamkeit sind, fühlen sich berechtigt, ihre religiös oder geschichtsphilosophisch angeblich gebotenen Visionen mit Gewalt durchzusetzen: Kriege zu führen, Bürgerkriege anzuzetteln, mit Waffengewalt zu streiken, Generalstreiks auszurufen, um das angestrebte Ziel einer besseren Welt zu erreichen, da ihr guter Zweck angeblich den Einsatz von Gewaltmitteln rechtfertigt. Auch wenn sie Krieg und Gewalt verurteilen, rufen manche von ihnen dennoch zu Krieg und Gewalt auf mit dem Slogan „Auf zum letzten Gefecht!" (wie die Kommunisten). Die Vorstellung, dass der Klassenkampf, letztlich der Bürgerkrieg, die Voraussetzung für die Etablierung einer gerechteren Gesellschaft ist, passt dazu: Ein hehres Ziel wird um jeden Preis verfolgt, gegebenenfalls unter Einsatz von Gewaltmitteln und mit einem hohen Blutzoll.

2. Dass radikale gesinnungsethische Positionen in Konfrontation mit der Geschichte in willkürliche, billigend in Kauf genommene Gewalt umschlagen können, gehört zu der bis heute bemerkenswerten und aktuell zu würdigenden Kritik Webers. Das Christentum, welches auf der Friedensbotschaft aus der Bergpredigt beruht,[127] hält dennoch viele historische Bei-

---

127 Für Kant ist der „ewige Frieden" (im Unterschied etwa zum „ewigen Krieg") eine vernünftige Idee: Vernünftige Menschen streben nach ihrer Umsetzung. Einer Politik, die sich auf Frieden als Ziel richtet, schließen sich die meisten Menschen auch außerhalb christlicher Religiosität an. Die Idee des ewigen Friedens gibt einen Weg vor, ist aber wohl keine historische Realität. Zu dem Weg gehört die Fähigkeit, den erreichten Frieden verteidigen zu können – gegen seine Feinde. Allein die Gesinnung reicht nicht aus, um den Frieden zu erhalten und die friedlichen Lebensfor-

spiele sowohl der missionarischen Gewaltanwendung in den Kreuzzügen als auch der widerstandslosen Preisgabe seiner Gläubigen bereit.

Eine Variante, die Weber bereits vorher schon angesprochen hat, ist die Durchsetzung der Lehre mit „allen Mitteln", auch wenn es dadurch zu großen Verwerfungen kommt. Die Verantwortung dafür übernehmen die Gesinnungsethiker nicht selbst, sondern sie wird den Ungläubigen zugewiesen, die uneinsichtig waren und den richtigen Weg nicht erkannt haben. Mit anderen Worten: Die Opfer sind selbst schuld daran, dass sie zu Opfern wurden: Sie waren uneinsichtig oder durch Gegenargumente (etwa des Klassenfeindes) verführt, der „Lehre" nicht die nötige Gefolgschaft zu erweisen.[128]

> „Wenn die Folgen einer aus reiner Gesinnung fließenden Handlung üble sind, so gilt ihm (dem Gesinnungsethiker – CB) nicht der Handelnde, sondern die Welt dafür verantwortlich, die Dummheit der anderen Menschen oder – der Wille des Gottes, der sie so schuf." (S. 237)

Religiöse und literarische Deutung ethischer Probleme

Die hier angesprochenen Probleme betreffen nicht nur die Politik, sondern auch unterschiedliche Religionen (Christentum, Upanishaden, Karmalehre), denn auch deren Anführern geht es darum, bei ihren Anhängern regelkonformes Verhalten durchzusetzen: Sie fordern die Gläubigen auf, das Gute zu tun im Sinne einer religiösen oder kosmologischen Weltdeutung. Sie versprechen ihrer Gefolgschaft, am Heil teilzuhaben, obwohl die Anhänger eine diesseitige „irrationale Welt des unverdienten Leidens, des ungestraften Unrechts und der unverbesserlichen Dummheit" (S. 241) erleben und dieser Welt dann ausgeliefert sind, weil es ihnen verboten ist, Widerstand zu leisten. Weber gibt dazu das Beispiel der Quäker in Pennsylvania.

> „Die rein gesinnungsethischen, akosmistischen (überweltlichen – CB) Forderungen der Bergpredigt aber und das darauf ruhende religiöse Naturrecht als absolute Forderung behielten ihre revolutionierende Gewalt und traten in fast allen Zeiten sozialer Erschütterung mit elementarer Wucht auf den Plan. Sie schufen insbesondere radikal-pazifistische

---

men der Bevölkerung zu schützen. Die Bewahrung des Friedens durch militärische Vorbereitung auf mögliche Bedrohungsszenarien ist mit einer radikal-pazifistischen Denkweise nicht vereinbar.

128 Oftmals wird den Opfern ein falsches Bewusstsein unterstellt, oder es wird ihnen vorgeworfen, als „Charaktermasken" (Karl Marx) des Kapitalismus gehandelt zu haben.

Sekten, deren eine in Pennsylvanien das Experiment eines nach außen gewaltlosen Staatswesen machte, – tragisch in seinem Verlauf insofern, als die Quäker, als der Unabhängigkeitskrieg ausbrach, für ihre Ideale, die er vertrat, nicht mit der Waffe eintreten konnten." (S. 244)

Zur Unterstützung seiner Kritik am Pazifismus verweist Weber auf die Pointe der Erzählung „Der Großinquisitor" aus Fjodor Michailowitsch Dostojewskis Roman „Die Brüder Karamasow". (S. 240) Darin symbolisiert die plötzlich nach Jahrhunderten auftauchende Erscheinung von Jesus die Einstellung, Gutes zu tun und zu helfen, aber dem Bösen und der Verführung keinen Widerstand entgegenzustellen. Daher fürchtet der Großinquisitor, Jesus Christus könnte nun erneut auf die Gläubigen Einfluss nehmen. Denn in ihrem Streben, dem Vorbild Jesu zu folgen, durften sie sich ihren Feinden und Verfolgern nicht widersetzen. Sie konnten sich also nicht selbst vor Angriffen schützen. Die Gefolgschaft Jesu bedeutete für sie daher Selbstgefährdung und Vernichtung. Damit wäre auch die christliche Botschaft aus der Welt verschwunden. Erst mit der Herstellung einer machtvollen Organisation wie der Kirche konnten die Christen und ihre Lehre bewahrt werden – allerdings um den Preis, sich der tyrannischen, inquisitorischen Macht der Kirche zu unterwerfen. Bei Dostojewski repräsentiert die Figur des Großinquisitors daher die Schutzmacht, die sich zwar im Namen des Christentums der Gläubigen angenommen hat, die aber tyrannisch gegen sie vorgeht, wenn sie sich nicht regelkonform verhalten. In dem Roman verbannt der Großinquisitor Jesus, um die Herrschaft der Kirche zu bewahren. Er sieht sich dabei im Recht, da nur unter Aufrechterhaltung der Ordnung die Existenz der Menschen, ihr Leben in der christlichen Gemeinschaft und die Tradierung der christlichen Lehre sichergestellt wird. (S. 240)

Nach Max Weber haben in der Realgeschichte die Religionen für dieses von Dostojewski aufgezeigte Dilemma einen Ausweg gefunden: Die Lösung besteht darin, in der Lehre zwischen Handlungsebenen und Gruppen von Gläubigen zu differenzieren. In den meisten Religionen wird zwischen Gläubigen unterschieden, die weitgehend konsequent nach den Geboten der Lehre leben (etwa Mönche), und Gläubigen, die ihren Alltag gemäß weltlicher Anforderungen bestreiten und sich besonderen religiösen Ritualen nur begrenzt unterwerfen (etwa sonntags). Ein Beispiel dafür ist Luthers „Zwei Welten-Lehre": In der diesseitigen Welt des Staates gilt es, den politischen Regeln der Gewaltherrschaft zu folgen, in der religiösen Binnensphäre gelten die christlichen Gebote. Die Gläubigen, die sich im

Diesseits bewährt haben, vertrauen darauf, dass im Jenseits die Versprechungen der Religion eingelöst werden und ihnen der Gnadenstand zuteilwird.[129] Außerdem behelfen sich die Religionen mit der Propagierung von Sonderethiken, die jeweils für bestimmte Gruppen von Anhängern (Kasten, Laien, Kleriker, Märtyrer) gesonderte Verhaltensweisen des Sich-Einlassens mit den irdischen Handlungsregeln vorsehen, beispielsweise im irdischen Jammertal sogar den Glaubenskrieg mit Gewalt auszutragen, während besondere Schichten davon freigesetzt werden und weitgehend in einer abgesonderten Sphäre der Welt (etwa durch asketisches Dasein im Kloster) leben, in der den Maximen der religiösen Ethiken weitgehend kompromisslos entsprochen wird. (S. 243 ff.)

Aus diesen Erörterungen zieht Weber die Konsequenz, dass sich Heilserwartungen, die aus religiösen Ethiken abgeleitet werden oder ihnen auch im politischen Gewand ähnlich sind, sich in der Politik nicht erfüllen lassen. Auch wenn es zur Politik gehört, Ziele zur Verbesserung der Verhältnisse anzustreben, wird es nicht dazu kommen, dass eine ideale Welt jemals erreicht werden kann, in der solche gesinnungsethischen Zukunftsvisionen Realität werden können.

„Das spezifische Mittel der *legitimen Gewaltsamkeit* rein als solches in der Hand menschlicher Verbände ist es, was die Besonderheit aller ethischen Probleme der Politik bedingt." (S. 245)

Daraus folgt: Politiker, die in ein staatliches Amt gewählt werden und sich ihrer Verantwortung für ihre Aufgabe bewusst sind, benötigen „die geschulte Rücksichtslosigkeit des Blickes in die Realitäten des Lebens, und die Fähigkeit, sie zu ertragen und ihnen innerlich gewachsen zu sein." (S. 249). Sie müssen dann ebenfalls den gesinnungsethischen Anmutungen standhalten und deren Ideologie die sachlich nüchterne Analyse der Tatsachen entgegensetzen.

Tatsächlich besaß Max Weber diesen Blick. Er fordert sein Publikum auf, mit ihm in zehn Jahren Bilanz zu ziehen, fürchtet aber, dass dann

„aus einer ganzen Reihe von Gründen, die Zeit der Reaktion längst hereingebrochen und von dem, was gewiss viele von Ihnen und, wie ich offen gestehe, auch ich gewünscht und gehofft haben, wenig, vielleicht

---

129 In Preußen war der Protestantismus Staatsreligion. Davon profitierte die „organisierte Religion", die Kirche. In der Kirche als einer irdischen Macht stoßen die lutherischen „zwei Welten" aufeinander. Daher verlagerte sich die Welt der religiösen Gebote immer mehr in die „Innenwelt" der Gläubigen.

nicht gerade nichts, aber wenigstens dem Scheine nach wenig in Erfüllung gegangen ist". (S. 250)

Tatsächlich gelang es der Weimarer Republik nach dem Inkrafttreten ihrer Verfassung immer wieder, Krisen unter schwierigen Bedingungen zu bewältigen, Demokratiegeschichte zu schreiben und die revisionistischen Kräfte immer wieder in Schach zu halten. 1929 begann eine Phase, in der die wirtschaftliche und politische Instabilität kaum noch zu bewältigen war. Der Stabilitätsanker der Republik, die „Weimarer Koalition", zerbrach und es setzte eine, wie Weber es vorausgesagt hatte, „Polarnacht von eisiger Finsternis und Härte" ein. Doch bevor diese begann, setzte sich für kurze Zeit eine neue politische Kultur der Demokratie durch, in der die damaligen Zeitgenossen erfuhren, worum es bei dem Beruf zur Politik geht:

„Die Politik bedeutet ein starkes langsames Bohren von harten Brettern mit Leidenschaft und Augenmaß zugleich." (S. 251)

Für uns Heutige bleibt diese Zeit des Aufbruchs im kollektiven Gedächtnis lebendig.

9. Politische Führungsstile – Webers Beitrag zum Verständnis der politischen Kultur in Deutschland[130]

In „Politik als Beruf" hat Weber die Erfahrung seiner Zeit verarbeitet. Seine Begriffsbildung ist davon geprägt. Ihm ist ein Dokument deutscher Geschichte gelungen. Noch heute wird die von ihm entwickelte Typologie politischer Führungsstile als relevant angesehen. Wenn sich die damaligen Bedingungen auch von den heutigen erheblich unterscheiden, so ist doch der häufige Rekurs darauf vermutlich ein Hinweis darauf, dass auch in der Gegenwart ähnliche, zumindest vergleichbare politische Strömungen und Politiker die Politik prägen. Der Text gehört zu den wenigen sozial- und politikwissenschaftlichen Schriften, Kulturgütern, die über akademische Zirkel hinaus im Bewusstsein interessierter Zeitgenossen weithin verankert sind. Das Abschlusskapitel setzt sich daher zum Ziel, auszuloten, ob mit der

---

130 Dieser Abschlussteil verfolgt das Ziel, auszuloten, welche Erkenntnisse Max Weber mitzuteilen hat, die zum heutigen Selbstverständnis beitragen, und zwar sowohl in Hinblick auf die Deutung seiner Zeit mit seinen Kategorien als auch hinsichtlich der Frage, welche der von ihm beschriebenen Besonderheiten der Politik auch heute noch zutreffend sind.

Anwendung von Webers Führungstypologie auf die gegenwärtige politische Kultur die Verhaltensmuster und Dispositionen von Führung und Mobilisierung zu erfassen sind.[131] Möglicherweise regt die Beschäftigung damit zudem zur Vertiefung des Verständnisses von Kontinuitäten und Brüchen in der deutschen Geschichte an.

Skizze der drei Führungsstile

Die drei Führungsstile sind im Zuge der Analyse von „Politik als Beruf" in den vorhergehenden Kapiteln bereits ausgeführt worden. Hier werden sie noch einmal knapp zusammengefasst:

Erster Typus: Führungsstil von Politikern, „Macht lediglich um ihrer selbst willen" auszuüben und dafür Gefolgschaft zu erwarten. Das Kennzeichen derartiger Politiker ist ihre Machtbesessenheit. Sie richten ihre Politik danach aus, ihre persönliche Machtposition zu behaupten, zu festigen und – wenn möglich – zu erweitern. Zu geltenden Rechts-, Staats- und Gesellschaftsbegriffen, Werten, überkommenen Regeln haben sie ein instrumentelles Verhältnis: Sie verhalten sich konform, soweit es ihnen nützlich ist. Sie legitimieren ihre Handlungen, indem sie die Bewahrung von Ordnung, Stabilität der Gesellschaft und Sicherheit des Landes versprechen. Ihr Handeln führt aber tatsächlich bei einer längeren Herrschaftsdauer zum Gegenteil. Die unangenehmen Folgen werden ihren Gegnern oder der mangelnden Bereitschaft der Bevölkerung angelastet. Die Verfügung über die Gewaltmittel gehört zum zentralen Mittel ihrer Machtausübung, mit dem sie ihre Herrschaft absichern. Sie lassen keine Kritik an ihrem Führungsstil zu und reagieren mit latenter oder manifester Repression. Zwar werben auch Machtpolitiker mit Versprechungen für eine bessere Zukunft, aber sie lassen keine Kontrolle darüber zu, ob diese Ziele auch tatsächlich erreicht werden (können). Weber spricht hier den Stil autoritär sich verhaltender Führer an, die nicht durch die Organe der Gewaltenteilung und/oder durch eine kritische Öffentlichkeit „gebremst" werden.

In einem funktionierenden demokratischen Rechtsstaat kommt dieser Führungsstil in einer solch starken Ausprägung selbstverständlich nicht vor. Aber auch in einem funktionierenden demokratischen Rechtsstaat können Machtpolitiker in ein politisches Spitzenamt gelangen, in dem sie

---

131 Max Weber erhob keinen Anspruch auf eine „überhistorische" Generalisierbarkeit seiner Typisierungen und wies in seinen Texten zur Methodik darauf hin, dass keineswegs der Anspruch besteht, sie in der Realität dergestalt anzutreffen, wie sie in begrifflicher Reinform formuliert werden.

zwar die geltenden Regeln des Rechtsstaats einhalten. Sie nutzen aber die Spielräume, die sich ihnen bieten, im Sinne ihres Machterhalts aus und unterlaufen die vorhandene politische Kultur. Im Unterschied zum gesinnungsethischen Führungsstil werden weltanschauliche Motive vorwiegend instrumentell verwendet.[132]

Zweiter Typus: Führungsstil von gesinnungsethischen Politikern, die ihren Machtanspruch aufgrund ihrer Gewissheit ausüben, über die richtige Gesinnung zu verfügen und daher Gefolgschaft beanspruchen. Ihre Parteiprogramme setzen zumeist an weltanschaulichen Ideen mit religiösen und literarischen Wurzeln (beispielsweise Pazifismus, Kommunismus, Umweltrettung) an. Sie leiten daraus weitgehende, die gesamte Existenz betreffende sozialmoralische Erwartungen an ihre Anhänger ab. Deren Propagierung und Durchsetzung legitimieren sie mit einer ihnen zukommenden überlegene Sicht. Als Ziel versprechen sie eine bessere Welt (Frieden, Gerechtigkeit oder Gleichheit aller Menschen). Weber weist darauf hin, dass die Inanspruchnahme ethischer Prinzipien für die Begründung der Politik nicht unbedingt bedeuten muss, dass die wahren Absichten, Macht zu erhalten, keine Rolle spielen. Das Macht- oder Vorteilsstreben wird aber kaschiert, wenn der Politiker die guten Absichten und Ziele äußert. Suggeriert wird, dass Ziel und Zweck die Mittel bestimmen („heiligen"): Im Pazifismus werden alle Maßnahmen zur Ab- und Gegenwehr von Angriffen unterlassen, um den Frieden zu erhalten. Im Kommunismus wird der Einsatz der Gewaltmittel zum Klassenkampf und zur Unterdrückung des falschen Bewusstseins von Andersdenkenden benötigt, um eine klassenlose Gesellschaft zu erreichen. Die „gute" Politik rechtfertigt die Eingriffe in die Lebensverhältnisse der Menschen, da sie angeblich im allgemeinen Interesse liegt.

Die belastenden Folgen und Risiken für die Bevölkerung werden in Kauf genommen. Beispielsweise wird der Frieden mit friedlichen Mitteln erreicht, aber es wird unterlassen, den Friedenserhalt zu gewährleisten. Auf diese Weise werden oftmals Ziele einseitig verfolgt, weil die jeweiligen Mittel zu einer erfolgreichen Umsetzung „gesinnungswidrig" sind. Der persönliche Machtwille der jeweiligen Politiker wird allerdings durch den hohen moralischen Nimbus, nur dem guten Zweck dienen zu wollen, kaschiert.

---

132 In so unterschiedlich autoritär geführten Gesellschaften wie der VR China und dem Iran dienen Ideologien (Kommunismus und Islamismus) als Strategien der Rechtfertigung ihrer Machtpolitik und als Instrumente der Mobilisierung der Anhängerschaft.

Dritter Typus: Führungsstil von Politikern, die ihre Macht verantwortlich ausüben. Nach Weber gehören zu ihrem Charisma *Augenmaß, Leidenschaft, Verantwortungsgefühl* und ein hohes Maß an Fähigkeiten zur Selbstdistanzierung, also von den eigenen Vorlieben und Wünschen abzusehen. Ihr Denken unterscheidet sich gravierend von den Protagonisten der beiden vorher genannten Führungsstile. Verantwortungsethiker definieren die Ziele ihrer Politik in Hinblick auf die Mittel, die ihnen politisch zur Verfügung stehen. Dazu gehört in erster Linie, womit der Text beginnt, die Verfügung über die *Mittel der legitimen Gewaltsamkeit*. Nach Webers Erläuterungen besteht die Priorität allen politischen Handelns im Staat darin, für Schutz und Sicherheit der Bevölkerung zu sorgen.

Darüber hinaus ist aber der Bezug auf die Mittel (vor allem die Haushaltsmittel oder die Verabschiedung von Gesetzen und Verordnungen), die Verantwortungsethiker zur Durchsetzung ihrer Politik einsetzen können, von zentraler Bedeutung. Verantwortungsethik ist damit wesentlich bescheidener und von Weber auch nicht als Beitrag zur Revolution und zur Verbesserung der Welt schlechthin verstanden worden, sondern – wenn man ihn aufmerksam liest und seine Aktivitäten von damals berücksichtigt – zur Verbesserung der vorhandenen rechtsstaatlichen Legitimität. Fragen im Sinne der Verantwortungsethik lauten daher: Wie kann eine gefährliche, zerstörerische Entwicklung verhindert werden? Wie können erreichte Güter des gesellschaftlichen Zusammenlebens bewahrt und weiterentwickelt werden? Welche Folgen und Nebenfolgen, die sich gesellschaftlich auswirken, sind bei staatlichen Eingriffen zu erwarten? Wann ist Handeln und wann ist Unterlassen geboten? Welches sind gewünschte und unerwünschte Nebenfolgen? Persönliche Eitelkeiten sind nach Weber unangemessen.

10. Führungsstil des Machterhalts „lediglich um ihrer selbst willen" (Max Weber)

Knapp zwei Wochen vor seinem Vortrag „Politik als Beruf" und wenige Tage vor der ersten Wahl zur Nationalversammlung hielt Max Weber in Heidelberg eine Wahlkampfrede für die DDP.[133] Er äußerte sich darin unverblümt zum politischen Versagen der zuletzt autoritär regierenden Führungsschicht im Kaiserreich, die sich an die Macht klammerte, indem

---

133 Nach dem Antritt seiner Professur in München zum 1. April 1919 trat Weber wieder aus der DDP aus.

sie das Land durch Krieg und Aufrüstung unter Druck setzte nach dem Motto „Macht nach außen ist unsere Macht nach innen".[134] In „Politik als Beruf" spricht Weber von deren Machtbesessenheit. Der Verbleib in Machtpositionen war der Führung wichtiger als das Schicksal des Landes, dem sie nach Auffassung des verbreiteten „preußischen Ethos" dienen sollte. Erst der erhebliche Druck von außen (seitens der Siegermächte) und von innen (seitens der reform- und revolutionsorientierten Kräfte) erzwang ihren Rückzug.

Die autoritäre Variante: Putins Imperialismus im 21. Jahrhundert

Gegenwärtig lässt sich die Politik des Präsidenten der Russischen Föderation, der das autokratische Regierungssystem in eine Diktatur verwandelt hat, als „Macht lediglich um ihrer selbst willen" charakterisieren.[135] Die Führung im Kreml profitierte von ihrem Nimbus als „Nachlassverwalter" des sozialistisch-kommunistischen Projekts der Sowjetunion, den sie in sozialdemokratischen und linken Strömungen in Deutschland (seit Webers Zeiten) genossen hat und teilweise noch genießt. Die Beibehaltung dieses Nimbus setzte sich in Deutschland fort in den prorussischen Gefühlen der Freundschaft und Solidarität, der auserwählten Handelspartnerschaft auf dem Energiesektor und der latenten Disposition, über das russische Vorgehen gegen die Opposition hinwegzusehen. Nun müssen die Protagonisten dieser Haltung damit zurechtkommen, dass der russische Präsident eine solche Gesinnungsbrüderschaft verbal kaum noch belohnt und sich vielmehr den tendenziell rechtsextremen Bewegungen und Parteien in einigen europäischen Staaten als Partner durch ideologischen und finanziellen Support andient. Putins neue Waffenbrüder heißen Xi Jinping (VR China), Kim Jong Un (Nordkorea), Ebrahim Raisi (Iran), Baschar al-Assad (Syrien). Außerdem bemüht er sich, das wankelmütige NATO-Mitglied Türkei mit seinem Präsidenten Recep Tayyip Erdogan auf seine Seite zu ziehen. Putin erhofft sich Machtzuwachs, indem er die europäischen Staaten de-

---

134 „Der freie Volksstaat" (Rede am 17.01.1919, Bericht der „Heidelberger Zeitung"), in: *MWG*, Abt. I, Bd. 16, a. a. O., S. 468.

135 „An dem plötzlichen inneren Zusammenbruche typischer Träger dieser Gesinnung haben wir erleben können, welche innere Schwäche und Ohnmacht sich hinter dieser protzigen, aber gänzlich leeren Geste verbirgt." (S. 229) Das wird auch bei der jämmerlichen Führungsmacht im Kreml nicht anders sein. Sie schlugen bedauerlicherweise die Angebote des Westens, in erster Linie der USA, dann Deutschlands und vieler anderer Länder aus, eine Supermacht mit großartigen Innovationen, kulturellen Spitzenleistungen und „hippen" Lebensformen für junge Leute zu werden. Dazu hätte es der Freiheit bedurft.

stabilisiert und wieder als Präsident einer Supermacht zu spielen, auch wenn er nicht die Absicht hegt, aus Russland eine moderne Volkswirtschaft zu machen. Seiner Bevölkerung suggeriert er, um Zustimmung für seine Politik zu erlangen, der Westen würde Russland bedrohen und er stelle sich dieser Bedrohung entgegen. Sie wird aber für ihre Unterstützung Putins und des Kriegs gegen die Ukraine einen hohen Preis zahlen müssen. Die Freiheit zur Artikulation eines unabhängigen Willens wird ihr immer mehr entzogen.

Innerhalb der Föderation hatte Putin Tschetschenien mit brutalen Mitteln seinen Willen aufgezwungen. Innerhalb der GUS („Gemeinschaft Unabhängiger Staaten) bedroht er die (im Laufe des Jahres 2024 austretende) Republik Moldau durch Stationierung von Gruppenkontingenten in Transnistrien. In Georgien halten die völkerrechtswidrigen Besetzungen von Südossetien und Abchasien seit 2008 an und zielen auf eine völlige Übernahme durch Russland. Nach dem Beginn des Kriegs gegen die Ukraine 2014 mit der völkerrechtswidrigen Besetzung der Gebiete in der Ostukraine und der Annexion der Krim führt Putin nun einen aggressiven Angriffskrieg, um die Ukraine seiner Macht zu unterwerfen.

Auch wenn berichtet wird, dass nur noch wenige prominente Führungsmitglieder an Putins Seite stehen, so scheint die Gefahr eines Putsches nach der Auflösung der Wagner-Truppen und dem Tod ihres Anführers Jewgeni Prigoschin derzeit nicht gegeben zu sein. In der russischen Bevölkerung findet der Angriffskrieg gegen die Ukraine mit dem Ziel der Absetzung der legitimen demokratisch gewählten Regierung und der Einsetzung eines russlandfreundlichen Marionetten-Regimes noch weitgehend Zustimmung. Noch verfügt Putin innenpolitisch über genügend Trägerschichten, die ihn aktiv und passiv unterstützen. Nur die Ukraine kann derzeit seiner Machtbesessenheit Einhalt gebieten.

Exkurs: Rückblick auf die Jahre 1918/19

Der Kaiser und seine Getreuen wollten von ihrer Macht nicht lassen und sträubten sich gegen den gesellschaftlichen Wandel, der ihnen die Legitimität entzog, aufgrund von Familienzugehörigkeit und Tradition über privilegierte Zugänge zu Regierungsämtern zu verfügen. Die adligen Eliten des Kaiserreichs sind freilich nicht gleichzusetzen mit heutigen Diktatoren wie Putin und selbstverständlich auch nicht mit heutigen Politikern in demokratisch-republikanischen Gesellschaften. Deren Legitimität, politische Macht auszuüben, erlangen sie aufgrund von rechtsstaatlich verankerten Verfahren, vor allem über Wahlen. Ihr politischer Handlungsspielraum wird durch den Rechtsstaat definiert und unterliegt der Kontrolle durch die Organe der Gewaltenteilung.

Mit der im August 1919 verabschiedeten Weimarer Verfassung wurde die Machtpolitik der Politiker zwar demokratisch-rechtsstaatlich begrenzt. Ob die damals neu geschaffene Institutionenordnung mit ihren Organen der Gewaltenteilung künftig Grenzüberschreitungen im politischen Machtkampf verhindern würde? Webers Vortrag endet pessimistisch.[136]

Weber hatte für die Bildung seiner typologischen Unterscheidung zwischen Gesinnungs- und Verantwortungsethik die vielen politischen Strömungen und die Parteien seiner Zeit vor Augen. Bei den Wahlen im Januar 1919 kämpften sie um Mehrheiten für die Besetzung der höchsten Regierungsämter. Seine kritische Aufmerksamkeit galt besonders den linken Strömungen.[137] Deren Heilsversprechen von einer besseren Welt interpretierte er ideologiekritisch als „gegen den Strich", das heißt, er bezog die programmatischen Heilsversprechen auf deren realhistorische Vorbilder der Umsetzung (darunter auf den Verlauf der Februar- und Oktoberrevolution 1917 in Russland) und auf deren Aktivitäten in der Zeitenwende 1918/19. Er gelangte zu einem Urteil, mit dem er die damaligen Sympathisanten der Rätebewegung provozierte: An ihrem Umgang mit dem Mittel der Gewalt sei zu erkennen, dass gesinnungsethisch auftretende Politiker mit dem Heilsversprechen auf eine bessere Welt „die *gleichen* Resultate herbei-

---

136 Leider behielt er mit seiner pessimistischen Einstellung recht. Tragisch ist, dass die Position des Reichspräsidenten in der neuen Verfassung ab 1925 vom Nachfolger des verstorbenen ersten Reichspräsidenten Friedrich Ebert, von Generalfeldmarschall Paul von Hindenburg, ausgeübt wurde, der, wie Weber es sich für die Besetzung der Position gewünscht hatte, in direkter Wahl vom Volk gewählt wurde. Sukzessive machte Hindenburg von der Machtfülle des Amtes (Art. 25 – Recht zur Auflösung des Reichstags, Art. 47 – Funktion als militärischer Oberbefehlshaber, Art. 48 – Erlass von Notverordnungen) Gebrauch und handelte dem freiheitlichen Geist der Weimarer Verfassung entgegen, löste den Reichstag auf und ernannte Hitler am 30. Januar 1933 zum Reichskanzler.

137 Politisch war die Gründerzeit in Deutschland nicht vorbei: Die „Gruppe Internationale" wurde 1914 (ab 1916 umbenannt in „Spartakusgruppe", ab November 1918 in „Spartakusbund), die USPD 1917 und die KPD im Dezember 1918 gegründet. Auf dem Gründungsparteitag der KPD wurde der Boykott der Wahl zur Verfassunggebenden Deutschen Nationalversammlung beschlossen. Eine Internetseite der Rosa Luxemburg-Stiftung veröffentlichte einen vielsagenden Text von Rosa Luxemburg gegen den demokratischen Weg vom November 1918: „Der ‚Bürgerkrieg', den man aus der Revolution mit ängstlicher Sorge zu verbannen sucht, läßt sich nicht verbannen. Denn Bürgerkrieg ist nur ein anderer Name für Klassenkampf, und der Gedanke, den Sozialismus ohne Klassenkampf, durch parlamentarischen Mehrheitsbeschluß einführen zu können, ist eine lächerliche kleinbürgerliche Illusion."

führen wie irgendein militaristischer Diktator" (S. 233), der sich gewaltsam die Macht erkämpft und an ihr festhält. Weber war überzeugt, dass sich Gesinnungspolitiker in Machtpolitiker verwandeln (können), die sich in der politischen Praxis nicht von jenen unterscheiden, die „Macht um ihrer selbst willen" erstreben.[138]

Führungsstil des Machtpolitikers durch Adaption gesinnungsethischer Motive

Wenn sich gesinnungsethisch inspirierte Politiker in der Vergangenheit nicht durch ihre mit Verve vorgetragene Moral selbst davon abhalten, eine autoritäre, gewaltaffine und von persönlichen Machtinteressen geprägte Politik zu praktizieren, so lässt sich zum Selbstverständnis der Gegenwart fragen: Gilt auch die umgekehrte Beziehung? Haben Politiker im Rechtsstaat, die persönlich stark daran interessiert sind, Positionen in Spitzenämtern einzunehmen und die Ausübung ihrer Macht darin fortzusetzen, ein Interesse daran, sich – quasi instrumentell – gesinnungsethische Motive zu eigen zu machen, wenn diese bei den Wählern und konkurrierenden Parteien auf Zustimmung stoßen und dadurch Machtverlust drohen könnte? Interessant ist daher die Frage: Welcher Strategie bedienen sie sich, falls sie Amt bleiben wollen, wenn die Politik ihrer Partei, die sie ins Amt gebracht hat, bei Wahlen nicht zugkräftig genug agiert, um in den nächsten Wahlen Mehrheiten zu gewinnen?[139]

Dass bislang in der Bundesrepublik mit dem Wechsel von politischen Leitungsämtern keine tiefgreifende „Systemkrise" verbunden war, weist auf eine gefestigte Demokratie hin. Die Bürger vertrauen nach wie vor ihren institutionellen Verfahren. Sie verbinden das Gelingen der Demokratie nicht

---

138 Gesinnungsethiker werben beispielsweise für eine menschlichere Gesellschaft ohne Kampf. Wenn sie jedoch die Chance sehen, die Macht mit Gewalt zu erringen, dann rechtfertigen sie mit der Idee des Klassenkampfs den Einsatz von Gewalt, die Aufnahme des Kampfes und die Herbeiführung des gewaltsamen Sterbens von Menschen, die zum Klassenfeind erklärt wurden. Gesinnungsethiker mit zustimmungsfähigen Zielen verwandeln sich zu Machtpolitikern, die verabscheuungswürdige Bürgerkriege in Kauf nehmen, wenn diese sie und ihre Partei an die Macht bringen oder an der Macht erhalten. Für sie gilt, ebenso wie für manche ihrer Vorbilder (wie Karl Marx), dass der Zweck die Wahl der Mittel, etwa der Gewalt, rechtfertigt.
139 Heutzutage wäre eine öffentliche Rhetorik von Machtpolitikern unglaubwürdig, die dem Wahlvolk suggeriert, ihr persönliches Verbleiben im Amt oder ihr Aufstieg in die politische Einflusszone sei der einzige Garant für das Fortbestehen des deutschen Staates wie es die Kräfte taten, die sich am Ende des Kaiserreichs dem Wandel entgegenstellten.

nur mit einzelnen Personen oder Persönlichkeiten, sondern auch mit der Funktionsfähigkeit der Institutionen. Die langjährigen Kanzlerschaften von Konrad Adenauer, Helmut Kohl und Angela Merkel waren Ausdruck des Wählerwillens, die politische Stabilität des Landes während der Amtszeit durch drei- bzw. vierfache Wiederwahl der Amtsinhaber zu honorieren. Sie demonstrierten dennoch auch das Machtbewusstsein der Amtsinhaber, sich gegenüber der Opposition im Parlament, den Gegenkräften in ihren Parteien und schwankenden Zustimmungsverhalten in der Bevölkerung behaupten zu können. Die Parteiendemokratie hat sich trotz Mitgliederverlusts beider Volksparteien und deren abnehmender Milieuverankerung bewährt.[140] So schien zunächst auch das Ende der Kanzlerschaft Angela Merkels keine erhebliche Zäsur zu bedeuten. Die Kanzlerin symbolisierte Stabilität. Ihre Skandalarmut und ihr Kurs, die Bevölkerung bei der Bewältigung der Euro- und der Finanzmarktkrise vor einschneidenden sozioökonomischen Wohlstandsverluste bewahrt zu haben, steigerten ihr Ansehen. Die Bürger waren zumeist der Auffassung, dass Angela Merkel außenpolitisch die beste Politik für Deutschland verantwortete und international großen Respekt genoss. Kritische Stimmen aus dem Ausland, u. a. aus Polen, der Ukraine und den USA, fanden in Deutschland kaum Gehör.

Die politische Hinterlassenschaft der sechzehn Jahre währenden Politik unter Führung von Bundeskanzlerin Dr. Angela Merkel[141] ist bislang nicht aufgearbeitet worden. Neben der Würdigung ihrer Verdienste wird ihre Politik in Hinblick auf die derzeit schwierige Lage Deutschlands aber keineswegs nur als verantwortungsethisch gelobt. Rückblickend werden Spuren einer tiefen Krise der politischen Führungskultur im Zuge ihrer Kanzlerschaft sichtbar. Diese Krise der politischen Führungskultur wird als Resultat der „Asymmetrische Demobilisierung" beschrieben, einer die Kanzlerschaft Angela Merkels prägenden politischen Strategie. Was ist darunter zu verstehen?

---

140 Vgl. Elmar Wiesendahl: *Volksparteien. Aufstieg, Niedergang und Zukunft.* Opladen/Farmington Hills 2011.

141 Olaf Scholz gehörte dem Kabinett Merkel I von 2007 bis 2009 als Bundesminister für Arbeit und Soziales an und dem Kabinett Merkel IV von 2018 bis 2021 als Vizekanzler und Bundesminister der Finanzen.

„Asymmetrische Demobilisierung"[142] *– Führungsstil der Kombination von persönlicher Machtorientierung und Gesinnungsethik*

Dieser Führungsstil zielt vor allem auf den persönlichen Machterhalt und -zuwachs eines Politikers, der eine Machtposition, etwa das Kanzleramt, innehat. Bezweckt wird die Schwächung aller mit ihm im Wettbewerb stehenden Akteure, vor allem der Opposition, der koalierenden Bündnispartner und – das macht diesen Führungsstil besonders problematisch – der eigenen Partei.[143] Die Schwächung (Entmachtung) geschieht dadurch, dass der Amtsinhaber seine Regierungspolitik lediglich minimal an der Programmatik seiner Regierungspartei ausrichtet, die ihm zur Macht verholfen hat und deren Mitglied er ist. Zugleich greift er im Zuge seiner Amtsführung in Hinblick auf eine erfolgreiche Wiederwahl politische Themen seiner Konkurrenten auf.[144] Dadurch wird verhindert, dass das Profil der Regierungspartei (Weber: der „Apparat"), deren Unterstützung der Amtsinhaber weiterhin benötigt, um an der Macht zu bleiben, bei der kommenden Wahl Angriffsflächen bietet und Wähler sich deshalb von der Partei abwenden könnten. Auch einer Hinwendung der Wähler zu einer konkurrierenden Oppositionspartei, die die Wahlen durch Abwerbung von Wählern gewinnen könnte, wird dadurch entgegengewirkt, denn die Wäh-

---

142 Vgl. Markus Karp: „Christdemokraten – Das Ende der Einschläferungs-Taktik", in: *Cicero Online* vom 28.05.2021. Vgl. auch Samira El Ouassil: „Der Klimawandel des kleinen Mannes", in: *spiegel.de* vom 08.07.2021.

143 In der Literatur wird unter dem Terminus „Asymmetrische Demobilisierung" vor allem eine Wahlkampfstrategie behandelt. Die Entwicklung einer Wahlkampfstrategie ist immer abhängig vom Führungsverhalten der mächtigen Personen, die von ihrem „Apparat" (Weber) Gefolgschaft durchsetzen. Im Rahmen dieses Kapitels werden einige Aspekte des machtorientierten Führungsverhaltens der Parteivorsitzenden Angela Merkel (2002-2021) und Kanzlerin (2005-2021) identifiziert, die ihre Partei und die politische Landschaft prägten. Die Frage ist offen, inwieweit dieser Stil mit den spezifischen Merkmalen auch in anderen Ländern praktiziert wurde oder noch wird, oder ob er lediglich das politische Herrschaftsverständnis des „historischen Individuums" (Weber) Angela Merkels zum Ausdruck bringt, sich in einer bestimmten historischen Situation durchzusetzen und dafür Verwerfungen der politischen Kultur hierzulande in Kauf zu nehmen.

144 Marktwirtschaftlich ist ein solches Verhalten von Marktteilnehmern üblich, die Angebote der Konkurrenten ins eigene Programm (Modell IKEA) aufzunehmen, solange ein eigener Markenkern erhalten bleibt. Im politischen Wettkampf wird dadurch jedoch das Profil der eigenen „Firma" unterlaufen, sodass zwar die Wiederwahl der Partei erreicht werden kann, solange dieser Politiker kandidiert, nicht aber darüber hinaus.

ler würden die Partei wählen, deren Programm bereits vom Amtsinhaber in seine Regierungspolitik integriert wurde. Für viele Wähler ist es daher plausibel, dem Amtsinhaber ihre Stimme zu geben. Für manche Wähler sind in dieser Situation die unterschiedlichen politischen Ziele der Parteien kaum sichtbar, und sie enthalten sich daher. Diese Form des Gleichklangs ist jedoch nicht im Sinne des Erfolgsmodells der bundesrepublikanischen Demokratie.[145] Die Wähler reagieren mit Wahlmüdigkeit („alle wählbaren Parteien machen die gleiche Politik") und subkutanem Unbehagen an der Politik.

Gelingt die Strategie dieser Politik, verlieren die Parteien im bürgerlichen Spektrum an Mobilisierungsfähigkeit, da sie für viele Wähler nicht mehr klar zu unterscheiden sind. Als Folge sinkt die Wahlbeteiligung, und der Anteil der Nichtwähler steigt,[146] die Kräfte an den Rändern und außerhalb des parlamentarischen Lebens (Wutbürger) gewinnen als scheinbar einzige Alternativen Aufmerksamkeit und Stimmen. Rückgang der Wahlbeteiligung und Zugewinn von Protestparteien sind die Folgen. Gewinner ist lediglich der Amtsinhaber, der auf diese Weise nahezu „alternativlos" an der Macht geblieben ist – alternativlos für die Wähler der Mitte, die nicht zu Protestparteien wechseln. Verlierer ist vor allem die vitale Demokratie in der Bundesrepublik: Dort haben die drei dominierenden Parteien SPD, CDU/CSU und FDP (letztlich die Nachfolgeparteien der „Weimarer Koalition") – im Unterschied zu Parteienerosionen in Frankreich und Italien – über Jahrzehnte ihre politischen Differenzen und ihren Markenkern erhalten und sich dennoch – wenn es darauf ankam – kompromissbereit gezeigt.

---

145 Die vielgerühmte politische Kultur des Konsenses, etwa zwischen konsequent sozialdemokratischen und marktwirtschaftlichen Orientierungen einen Mittelweg einzuschlagen, war das nicht.

146 „Der Preis dafür ist, dass widersprüchliche Politikziele so abgeschliffen und verwässert werden, dass sie irgendwie vereinbar sind. Und der politische Friede, der mit diesem Vorgehen erreicht wird, führt dazu, dass die Partizipation am politischen Prozess schwindet. So, wie Demokratie durch ein Übermaß an Polarisierung beschädigt wird, schadet ihr deren Abwesenheit. Es entstehen Repräsentationslücken: Die Anhänger der Opposition erleben diese nicht mehr als kraftvollen Gegenpol, wohingegen es der Wählerschaft der Regierungspartei schwerfällt, sich in deren an den Zeitgeist angepassten Agenda wiederzufinden. Solche Repräsentationslücken können sich dann in politischen Eruptionen entladen, die sich im schlechtesten Fall auch noch skrupellose Demagogen zunutze machen." Markus Karp: „Christdemokraten – Das Ende der Einschläferungs-Taktik, a. a. O.; außerdem siehe Oliver Weber: „Asymmetrische Demobilisierung. Warum Parteianhänger zu Nichtwählern werden", in: *ResearchGate* vom 08.01.2018.

Obwohl ein materialreich begründetes Urteil über die Amtszeit Angela Merkels verfrüht ist, lässt sich die Anwendung einiger Aspekte des Führungsstils der „Asymmetrischen Demobilisierung" auf Merkels Kanzlerschaft plausibilisieren.[147] Die im Folgenden genannten drei Beispiele geben Hinweise auf die Themenverschiebung zwischen Regierungspartei und Opposition.

Verschiebung konservativer Politik durch die Übernahme gesinnungsethischer Leitbilder der Opposition: drei Beispiele

Erstes Beispiel: In ihrer zweiten Amtszeit machte die Kanzlerin in Erfüllung eines Wahlversprechens den von der Vorgängerregierung (SPD, Bündnis 90/Die Grünen) beschlossenen Ausstiegsplan aus der Atomenergie zugunsten einer Laufzeitverlängerung rückgängig. Nach dem Tsunami in Fukushima (2011) rückte sie jedoch überraschend von dieser Linie ab. In der Bevölkerung wurde eine vorgezogene Ausstiegsoption populär. Merkel machte sich daraufhin das Kernthema der Grünen, den Ausstieg aus der Kernkraft, zu eigen und sorgte damit, entgegen vorangegangener Vereinbarungen, für den Bundestagsbeschluss, bis 2022 aus der Atomenergie auszusteigen. Ein Schock für die konservativen Strömungen in der CDU/CSU. Bündnis 90/Die Grünen, damals in der Opposition, wünschten sich zwar noch mehr Zugeständnisse, aber bis heute feiern sie diesen Schritt als Erfolg ihrer Politik.

Zweites Beispiel: Ein eindrückliches Beispiel für eine Kursverschiebung von der eigenen Partei zur Opposition ist das handstreichartige Aussetzen der Wehrpflicht im Rahmen einer Bundeswehrreform mit Reduktion der Truppenstärke. Als unberücksichtigte Folge betraf die Aussetzung auch den Zivildienst, die sozialen Dienste erlitten durch dessen Wegfall einen erheblichen Nachteil. Der damalige Verteidigungsminister aus den Reihen der CSU, Karl-Theodor zu Guttenberg, tat sich hierbei hervor. Das Versprechen, die allgemeine Wehrpflicht auf jeden Fall beizubehalten, worauf sich die konservative Anhängerschaft der CDU und vor allem der CSU verlassen hatte, wurde gebrochen. Bedenken kamen kaum zur Sprache. Es handelte sich um eine Maßnahme, die einer „antimilitaristischen" Stimmung der Bevölkerung, Forderungen der Freien Demokraten, der linken

---

147   Zur Ära Merkels vgl. Robin Alexander: *Die Getriebenen. Merkel und die Flüchtlingspolitik. Report aus dem Innern der Macht.* München 2017; ders., *Machtverfall: Merkels Ende und das Drama der deutschen Politik: Ein Report.* München 2021.

Sozialdemokraten und der friedensbewegten Grünen entgegenkam.[148] Angela Merkel wurde nun auch für eine linke bzw. linksliberale Wählerschaft wählbar.

Drittes Beispiel: Die „Politik der Willkommenskultur" (2015/16), die von der Bundeskanzlerin („Wir haben so vieles geschafft – wir schaffen das!") propagiert und vor allem mit ihrer Person verbunden wurde,[149] bedeutete eine nahezu völlige Abkehr des gesetzeskräftig in Art. 16a Abs. 2 GG festgehaltenen Asylkompromisses, den Merkels Vorgänger im Amt, Bundeskanzler Helmut Kohl, 1992 ausgehandelt hatte. Die Öffnung der Grenzen führte zu einer weit über die vom Asylrecht gebotenen Aufnahme von Flüchtlingen hinaus. Der Nachweis von anerkennungsfähigen Fluchtursachen wurde vernachlässigt, es kam zu einer ungezügelten Einwanderung und zu einem erheblichen, in Kauf genommenen Kontrollverlust der Zuwanderung. Die Regierungsparteien CDU/CSU sahen sich halbherzig veranlasst, die Migrationspolitik der Kanzlerin entgegen ihrem konservativen Selbstverständnis zu unterstützen, während sich in Merkels Einlassungen besonders Bündnis 90/Die Grünen wiedererkannten. Sie unterstützten die Kanzlerin in vielen Debatten. Es entsprach dem Wunsch vieler ihrer Anhänger, die gesellschaftliche Öffnung weitgehend voranzutreiben. Da deren Mitglieder und Anhänger als privilegierte Akademiker zumeist der „urban class" angehören, die außergewöhnlich international vernetzt ist, besitzen sie wenig Gespür für die Grenzen kommunaler Belastungen. Dem gesinnungsethisch gut Gemeinten entsprachen keine handwerklichen Fähigkeiten in der Umsetzung. Der Begriff der „Belastungsgrenzen", über den jeder erfolgreiche (private, unternehmerische oder öffentliche) Haushalt verfügt, galt als „Unwort". Die Protagonisten dieser Politik bedienten sich dabei in ihrer Argumentation eines hohen Anspruchs an Humanität, der in den Medien vielfach zur

---

148 Kaum Erwähnung fanden damals die vielfältigen Leistungen, die beide Dienste für das Funktionieren von Staat und Gesellschaft erbrachten. Dazu gehören beispielsweise eine den Nachwuchs aus allen Bevölkerungsschichten umfassende Sozialisation für eine hilfreiche Bewältigung der „rites de passage", der Übergangsriten von jungen Menschen in die Welt der Erwachsenen, bereitzustellen sowie Kenntnisse in der Bevölkerung über unmittelbare Sicherheitsmaßnahmen im Falle von plötzlich sich ereignenden Krisen und Katastrophen zu verbreiten. Auch Bedenken, dass die Verankerung der Bundeswehr in der Bevölkerung, wie sie die Wehrpflicht leistet, einmal im Falle von Bedrohungslagen benötigt würde, spielten keine Rolle.

149 Angela Merkel sprach sich im September 2015 dafür aus, dass die Flüchtlinge, die über die Balkanroute nach Deutschland gekommen waren, zunächst bei uns aufgenommen werden sollten.

Sprache kam: Endlich stand Deutschland einmal auf der richtigen Seite, und dafür sollten und durften die Bürger „Haltung" zeigen.[150]

Die öffentlichen Debatten über die Migrationspolitik waren alsbald von der Dominanz einer starken Gesinnungsethik geprägt. Bedenken, kritische Überlegungen und Abwägungen, wie es für eine Verantwortungsethik auch und gerade in heiklen Politikfeldern in der Bundesrepublik vormals selbstverständlich war, wurden oftmals als menschenfeindlich, ausländerfeindlich oder gar als rassistisch abqualifiziert. Dieser Haltung lag allerdings kein realitätstaugliches Bild zugrunde, sowohl hinsichtlich der Leistungsfähigkeit der Institutionen hierzulande als auch der Menschen, deren Persönlichkeit bereits durch ihre Herkunft kulturell geprägt ist. Die Integration ist bis heute nicht nur als eine Erfolgsgeschichte zu betrachten. Verantwortungsethisch geäußerte Verweise auf die Grenzen der Umsetzung und auf die Überforderung von Einrichtungen und der Bevölkerung, auf die begrenzten Mittel von Staat, Ländern und Kommunen und auf die Grenzen der Integrationsbereitschaft der Ankommenden wurden in der Öffentlichkeit über einen langen Zeitraum als unmoralisch disqualifiziert. Eine bislang in der Bundesrepublik unbekannte Moralisierung von Politik setzte sich durch.[151]

---

150 Dieser Selbstdeutung der Deutschen standen freilich auch andere Meinungen gegenüber. Unvergessen ist, was der britische Politologe Anthony Glees schon am frühen Morgen des 8. September 2015 im Deutschlandfunk sagte: „Man mag über Ungarn denken, was man will. Aber wenn Deutschland sich nicht an die Regeln hält, fällt die ganze EU auseinander." Deutschland gebe sich im Moment als „Hippie-Staat, der nur von Gefühlen geleitet wird". Statt nur mit dem Herz, müsse man auch mit dem Hirn handeln, so wie es auch der britische Premierminister David Cameron gefordert hatte. Das Votum für den Brexit ist vermutlich durch die Ereignisse auf dem Kontinent beeinflusst worden. Bassam Tibi schrieb am 5. April 2018 einen Beitrag in der BaZ unter dem Titel „Wenn Europa so weitermacht, wird es zu Eurabia": „Europa benötigt eine Politik, die zwei Aufgaben erfüllt: einerseits die stattfindende Völkerwanderung von einer illegalen Migration in eine geordnete Einwanderung zu verwandeln. Zu dieser Regulierung gehören Kontingente und eine zahlenmäßige Restriktion der Aufnahmeländer je nach ihren Kapazitäten. Zudem muss jede Einwanderung von einer Integrationspolitik begleitet werden. Andernfalls werden Parallelgesellschaften entstehen, die langfristig dazu beitragen, dass Europa zu einem Eurabia wird." Er nimmt Bezug auf die von den Publizisten Bernard Lewis, Bat Ye'or und Walter Laqueur vertretene These von Europas Islamisierung.

151 Auch das Diktum des damaligen Bundespräsidenten Joachim Gauck (2015) wurde in weiten Kreisen kritisch kommentiert: „Unser Herz ist weit, doch unsere Möglichkeiten sind endlich. Unser Asyl- und Flüchtlingsrecht bemisst sich nicht nach Zahlen, und doch wissen wir unsere Aufnahmekapazität ist begrenzt, auch wenn wir nicht genau wissen, wo die Grenzen liegen." Fragen der Folgen dieser Politik von

In der Hochzeit der Willkommenskultur wurde deutlich, dass sich die begeisterten Trägerschichten der „Politik der Willkommenskultur" aus gesinnungsethischen Milieus (vor allem aus protestantischen Kreisen, zivilgesellschaftlichen Organisationen, Bündnis 90/Die Grünen, SPD-Linken) rekrutierten, in geringerem Maße aus der Anhängerschaft der Regierungspartei CDU/CSU und aus den Basismilieus der beiden Volksparteien. Trotz Kritik innerhalb ihrer Partei, Rebellionen und Aufforderungen, drastische Maßnahmen zur Begrenzung der Zuwanderung vorzunehmen, hielt die Kanzlerin an ihrer Politik fest, die auch in der EU nur wenig Zustimmung fand. Im Juni 2016 entschieden sich die Briten mit einer knappen Mehrheit (52 Prozent) für den Austritt aus der EU. In Deutschland nahm der Wandel der politischen Kultur Fahrt auf.

Machtpolitik einer Spitzenpolitikerin – allmählicher Niedergang ihrer Partei

Die Strategie der „Asymmetrischen Demobilisierung", mit der sich ein Amtsinhaber in der Demokratie den Erhalt seiner Macht sichert, beruht auf einem Führungsstil, der, wird er über einen längeren Zeitraum praktiziert, zulasten der Profile der Parteien geht, die sich in der Mitte des politischen Spektrums befinden: Der Spitzenpolitiker verkörpert die Linie seiner Partei immer weniger und übernimmt gleichzeitig in seiner Politik Inhalte der Konkurrenten. Das Wählerverhalten der Bürger wird dadurch „irritiert": Zwar gewinnt die Regierungspartei Stimmen hinzu, aber die Stammwähler werden verschreckt, enthalten sich oder reagieren als Kritiker der Regierungspolitik mit deutlicher Protestwahl. Den konkurrierenden Parteien gelingt es in dieser Situation aber auch nicht, Mehrheiten aus ihrem Wählerreservoir zu mobilisieren, die zur Ablösung der Regierungspartei führen könnten, denn deren politischen Erwartungen werden bereits durch die Regierungspolitik erfüllt.[152]

Das bedeutet, dass der Spitzenpolitiker seinen Machterhalt und -zuwachs nicht (nur) durch seine politischen Erfolge erreicht hat, sondern auch

---

Migration in Hinblick auf die Fähigkeit der Aufnahme der beteiligten Institutionen, die sozialen Sicherungssysteme, das Wohnangebot vor Ort, das Zusammenleben der Bevölkerung, die Bewahrung kultureller Freiheiten wurden mit gesinnungsethischen Argumenten zumeist tabuisiert, die „Bedenkenträger" desavouiert.

152 Vgl. Matthias Jung/Yvonne Schroth/Andrea Wolf: „Regierungswechsel ohne Wechselstimmung", in: *Aus Politik und Zeitgeschichte (APuZ)*, 51/2009, S. 12-19. In diesem Beitrag wird schon zu einem frühen Zeitpunkt der Fortsetzung der Kanzlerschaft bei erheblichem Stimmenverlust auf machtpolitisch geschicktes Verhalten der Kanzlerin Angela Merkel hingewiesen.

durch die Schwächung der Konkurrenten („Demobilisierung"), die programmatisch keine Gegenentwürfe aufbieten können. In der Literatur zur Strategie der „Asymmetrischen Demobilisierung" wird allerdings zu wenig betrachtet, dass es sich dabei um ein „Spiel mit dem Feuer" handelt, welches über längere Zeit unbemerkt bleibt. In Kauf genommen wird dabei ein nicht rasch wieder einzufangender Zugewinn von Kräften, die gefährlich weit außerhalb des verantwortungsethisch gebotenen Grundkonsenses der Bundesrepublik stehen.

Die Kanzlerschaft von Angela Merkel und die Auswirkungen auf die Zeit danach liefern dafür einige Anhaltspunkte: Die Regierungspartei verlor das Interesse, sich als Spezialistin für ihre traditionellen Themen zu profilieren. Die programmatische Kursverschiebung der Regierungspartei ließ sich jedoch nicht ohne personelle Gefolgschaft durchführen. Die These von Max Weber, dass Politiker, die politische Führungspositionen ausüben, der Gefolgschaft des „Apparats" ihrer Partei bedürfen, bezieht sich, insbesondere unter heutigen Bedingungen, nicht nur auf den Support aus dem bürokratischen Innenraum der Partei. Es geht dabei auch um die Unterstützung durch engagierte Politiker, die in den innerparteilichen Gremien und in den durch Parteimitglieder besetzten öffentlichen Ämtern bereit sind, den Kurs des Spitzenpolitikers mitzutragen, zumal wenn dieser auch den Parteivorsitz innehat. Angela Merkel gelang es, innerparteiliche Rebellionen ins Leere laufen zu lassen und eine Reihe von kompetenten Politikern, die den konservativen Markenkern weiterentwickeln wollten, in der Partei zu marginalisieren. Die lange Phase der dominierenden Stellung der Kanzlerin verringerte die Chancen für Nachfolge-Kandidaten erheblich, die ihre „Linie" nicht mittragen wollten. Das betraf zunächst die Besetzung des Parteivorsitzenden (2018) und dann die des Spitzenkandidaten im Wahlkampf des Jahre 2021. Angesichts wachsender parteiinterner Probleme fehlte dem von Merkel präferierten Armin Laschet die Überzeugungsfähigkeit und Glaubwürdigkeit. Weder mit einem „Weiter so!" gemäß Merkels Führungsverhalten noch mit einem Zurück zum konservativen „Markenkern" (Markus Söder, Friedrich Merz) war Deutschland künftig zu regieren. Zugespitzt formuliert: Am Ende der Ära Merkel war auch ihre Partei am Ende.[153]

---

153 Vgl. Andreas Rödder: *Konservativ 21.0: Eine Agenda für Deutschland*. München 2019. Der Ruf nach einer konservativen Partei wird unüberhörbar. Der Wahlforscher Karl-Rudolf Korte formuliert in einem Beitrag der „Welt am Sonntag" unter dem Titel: „Das Gefühl, dass die Bürger nicht mehr gehört werden": „Die CDU mobilisiert klug moderne Bürgerlichkeit: mit moralischem Ernst und gemeinwohlo-

Die erste Bundestagswahl nach der Ära Merkel gewann die konkurrierende Partei, die SPD, mit ihrem Spitzenkandidaten Olaf Scholz und mit einem geringen Vorsprung vor dem CDU-Kandidaten Armin Laschet. Die Nichtwähler wurden die stärkste „Partei". Die in Teilen rechtsextremistische Partei AfD, seit 2017 im Bundestag vertreten, lag mit 10,3 Prozent der Stimmen nur ca. zwei Prozentpunkte unter ihrem Ergebnis von 2017.

Der bayrische Ministerpräsident Markus Söder, der gelegentlich durch sein selbstgefälliges Auftreten die Gemüter in den Großstädten verärgert, hatte sich in seiner politischen Laufbahn vom Strauß-Fan zum Merkel-Follower und zurück zum Konservativen entwickelt. Darunter litt seine Glaubwürdigkeit. Dadurch blieb auch die CSU dem nicht treu, was Franz Josef Strauß der CSU und der CDU als Kurs, aber auch als Erfolgsrezept ins Stammbuch geschrieben hatte: „Rechts von der CDU/CSU darf es keine demokratisch legitimierte Partei geben!" Strauß fügte, in heutigen Worten ausgedrückt, hinzu, dass der Gewinn neuer Wähler nicht zulasten der Stammwählerschaft gehen dürfe und dass die Interessen des ländlichen Raums zu berücksichtigen seien. In jedem Falle müsse verhindert werden, dass eine andere „rechte" Partei die Fünf-Prozent-Hürde überspringt.[154]

Politik der Prokrastination: Machtpolitik durch Unterlassen und Verzögerung von Entscheidungen

Die Strategie der „Asymmetrischen Demobilisierung" weist auf Grundzüge eines am persönlichen Machterhalt orientierten politischen Führungsstils von Politikern hin. Zweifellos ist eine Beurteilung des Führungsverhaltens von Angela Merkel ausschließlich aus dieser Perspektive unzureichend. Daher bedürfen die hier genannten Aspekte einer weiteren, vertiefenden Untersuchung. Vorläufig erscheinen sie jedoch geeignet zu sein, eine begriffliche Brücke zur Anwendung von Kategorien aus Max Webers Führungsanalyse zu schlagen. Das starke Interesse an einer politik- und sozialwissenschaftlichen Aufarbeitung der „deutschen Vorgeschichte" wird durch einschneidende Ereignisse der unmittelbaren Gegenwart hervorgerufen, auf die Olaf Scholz in seiner Regierungserklärung mit dem Begriff der Zeitenwende eingegangen ist. Der Merkel-Nachfolger sah sich schon bald nach Amtsantritt mit einschneidenden innen- und außenpolitischen Krisen

---

rientiertem Kaufmannsgeist, immer integrativ. Diese Richtung wäre wirkungsvoller als ausgrenzendes Vokabular." *Welt am Sonntag* vom 08.10.2023, S. 4.

154 Franz Josef Strauß: „Rechts von der CDU/CSU ...", in: *SWR Kultur* vom 09.08.1987, Stand 09.09.2023, Strauß im Originalton: https://www.swr.de/swr2/wissen/archivra dio/franz-josef-strauss-1987-rechts-von-der-csu-100.html.

konfrontiert, die ihm seine Vorgängerin hinterlassen hatte und die seine Aussichten schmälerten, die Probleme verantwortungsethisch und für die Bevölkerung befriedigend zu lösen.

Dabei rückte vor allem die Vorgeschichte des russischen Angriffskriegs gegen die Ukraine in den Blick, in der die deutsche Kanzlerin als Friedensstifterin mit dem „neutralen" Putin verhandelt hatte. Unerklärlich ist, warum der Bruch des Minsker Friedensabkommens von 2015 – gerade erst war es unterzeichnet worden, da anerkannte Putin die Separatistengebiete Donezk und Luhansk und sandte reguläre Truppen in die Ostukraine – nicht zu deutlicheren Reaktionen seitens der westlichen Verhandlungspartner geführt hat, um Russland von weiteren Eskalationen abzubringen.[155] Warum wurde in Deutschland angesichts von Putins (kaum verdeckt) fortgesetzten Kriegshandlungen keine Politik der Verantwortungsübernahme eingeleitet, um schon damals strategische Maßnahmen zur Eindämmung einzuleiten und ein weiteres, auf militärische Eskalation zielendes Vorgehen Russlands zu verhindern?[156]

Im Nachhinein zeigen sich in der Unwilligkeit deutscher Politiker unter Merkels Führung, Putins Machtpolitik außenpolitisch entgegenzutreten, Züge einer Politik des Machterhalts im Sinne Webers „Macht um ihrer selbst willen", deren innenpolitische Ausprägungen bereits diskutiert wurden. Das Selbstbildnis Deutschlands als friedensliebender Staat und die florierende Ökonomie bei niedrigen Energiepreisen gingen einher mit der geringen Bereitschaft, das tradierte enggestrickte Netz freundschaftlicher Beziehungen zu Russland infrage zu stellen.[157] Die Beziehungen zu den

---

155 Christoph Heusgen war von 2005 bis 2017 außenpolitischer Berater von Angela Merkel und bei den Verhandlungen in Minsk dabei. Er schildert sehr glaubhaft, wie sehr sich die Kanzlerin bemühte, das Abkommen zustande zu bringen. In seiner Schilderung wird auch deutlich, dass der erste Angriff auf die Ukraine 2015 systematisch vorbereitet war, Heusgen nennt ihn ein „Meisterstück" (S. 187), und dass das Abkommen in keiner Weise eingehalten wurde. Die Frage ist: Welche Schlussfolgerungen wurden daraus für die deutschen Außen- und Sicherheitspolitik gezogen? Vgl. Christoph Heusgen: *Führung und Verantwortung. Angela Merkels Außenpolitik und Deutschlands künftige Rolle in der Welt*. München 2023, insbesondere S. 187-195.

156 Der Sicherheitsrat der UN hat auf seiner 7384. Sitzung mit der Resolution 2202 (2015) das Minsker Friedensabkommen gebilligt und begrüßt und die Unterzeichner zur Einhaltung aufgefordert. Aber er übernahm keine Initiativen, etwa die Entsendung von Friedenstruppen, als das Abkommen nicht eingehalten wurde. Durch Russlands Vetorecht waren ihm „die Hände gebunden".

157 „Deutschlands Lebensgefühl, dass alles gut wird, beruht ja auf drei Annahmen: günstigem russischem Gas, China als Exportmarkt und Amerika passt auf uns auf, militärisch. Alle drei Annahmen sind mindestens erschüttert." In dieser Passage

europäischen und transatlantischen Partnern wurden dagegen vernachlässigt.[158] Warum? Um sich nicht mit deren Kritik auseinandersetzen oder im eigenen Haus einiges verändern zu müssen? Denn Gespräche mit Kritikern, zumal in der EU, und mit den transatlantischen Bündnispartnern fördern die Selbstdistanzierungsfähigkeit. Wer zu Selbstdistanzierung nicht fähig ist, ist nach Weber ungeeignet, politisch verantwortlich zu handeln. Mit Zustimmung der Kanzlerin ging 2015 das Projekt Nord Stream 2 an den Start.[159] Auch die geringe Bereitschaft seitens der Regierung, der Bevölkerung „reinen Wein" einzuschenken, stellt sich im Nachhinein als problematisch heraus.[160]

Scheute die Kanzlerin den Widerstand ihres Koalitionspartners SPD, wenn sie ihre Zustimmung zum Bau der Pipeline verweigert hätte? Eine offen kritische Haltung und eine Abgrenzung zu Russland hätten möglicherweise bei gleichzeitig ablaufenden Nord-Stream-Initiativen der politökonomisch aktiven Sozialdemokraten zu Kontroversen in der Koalition geführt. Wollte Angela Merkel solchen Konflikten aus dem Weg gehen? Die Bevölkerung hätte eine Veränderung in der Russland-Politik, wie es im Ausland von Deutschland gefordert wurde, höchstwahrscheinlich mitgetragen. Zur Begründung hätte es genügend Argumente gegeben.

Problematisch ist aus heutiger Sicht zu bewerten, dass die Migrationspolitik, die in den Jahren 2014/15/16 zu vielen Problemen geführt hat und

---

wird die Äußerung Robert Habecks nur sinngemäß wiedergegeben. Daniel Zwick, „Der Rest ging im Beifall unter – Habecks erstaunlicher Punktsieg bei der Industrie", in: *welt.de* vom 29.09.2023, https://www.welt.de/wirtschaft/article247678498/I ndustrie-Der-Rest-ging-im-Beifall-unter-Habecks-erstaunlicher-Punktsieg.html.

158 Trump kritisierte das Trittbrettverhalten Deutschlands in der NATO, obwohl Putin ante portas stand, Großbritannien verließ die EU aufgrund der Einbußen an Autonomie zur Bewältigung der Migration, und Macron beklagte die Einsicht in die geostrategische Bedeutung Europas.

159 Christoph Heusgen erwähnt den Druck, die Zustimmung zu erteilen, der von den Sozialdemokraten, vor allem von Sigmar Gabriel, ausgeübt wurde. Gegendruck gab es aber auch.

160 Wie „fehlgeleitet" die politischen Diskurse in Deutschland angesichts einer Eskalation der russischen Politik gegenüber der Ukraine durch die völkerrechtswidrige Annexion der Krim und die Besetzung von ostukrainischen Gebieten verliefen, erlebte die Autorin, als sie gebeten wurde, innerhalb einer Untergruppierung der Evangelischen Kirche Vorschläge für einen Aufruf gegen die Militarisierung Deutschlands zu machen. Immerhin war die deutsche Politik unter Angela Merkel in Minsk gerade damit beschäftigt, ein Friedensabkommen zustande zu bringen. Die Bundeswehr hatte bereits Jahre der Verringerung ihres Personals und der militärischen Abrüstung hinter sich.

bis heute führt, völlig isoliert betrachtet wurde und nicht in Zusammenhang mit der Kriegsgefahr interpretiert wurde, der Europa durch Russlands Krieg in der Ukraine und möglicherweise noch darüber hinaus ausgesetzt sein wird. Fortgesetzte militärische Operationen Russlands hatten schon vorher Fluchtbewegungen nach Deutschland in Gang gesetzt. Verantwortungsethisch motiviertes politisches Handeln zum Wohle des Landes hätte anders ausgesehen. Verantwortliches Handeln hätte vielmehr darin bestanden, die veränderte Sicherheitslage in Europa ganz nach oben auf die politische Agenda zu setzen, mit den Bündnispartnern Strategien zur Abschreckung einer weiteren militärischen Eskalation durch die russische Führung zu forcieren, die Bevölkerung auf die drohenden Gefahren vorzubereiten, vor allen Dingen: einen sicherheitspolitischen Kurswechsel hierzulande herbeizuführen.[161]

Auch wenn der Kanzlerin keine enge Beziehung zu Putin unterstellt werden kann,[162] so schien das latente Programm ihres Regierungshandelns doch darin zu bestehen, den pazifistischen, an Freundschaft mit Russland orientierten „Vorlieben" innerhalb des hiesigen Parteienspektrums und bei einem Teil der Bevölkerung zu entsprechen und offene Auseinandersetzungen mit Putins Vorgehen zu vermeiden. Beide Vorlieben waren bereits typische Aspekte der Gesinnungsethik, die Weber vor Augen hatte.

Der politische Diskurs über die wichtigen Themen, in denen Kontroversen zu erwarten waren, wurde nicht geführt. Nebenschauplatzdebatten erhielten und erhalten bis heute erhöhte Aufmerksamkeit, die weder sicherheitspolitisch noch sozioökonomisch für die Zukunft des Landes von Bedeutung sind. Unangenehme Herausforderungen blieben liegen: die Ausarbeitung einer nationalen Strategie aufgrund der veränderten Sicherheitslage und die Einbeziehung des Stellenwerts aller politischer Ressorts, der Aufbau einer funktionsfähigen Verteidigungsindustrie, Abwehrmaßnahmen im Bereich der Cyberkriminalität, der Ausbau der erneuerbaren Energien, der Stromnetze und der benötigten Speicherkapazitäten, die Erneuerung der Infrastrukturen im Bereich Verkehr und Transport, die Ertüchtigung des künftig benötigten Arbeitskräftepotenzials, der Abbau der Bürokratisierung

---

161 Dass die Bevölkerung einen haushaltspolitisch ermöglichten Reformkurs der Bundeswehr wohlwollend begleiten würde, den verteidigungspolitischen Irrweg (Sparmaßnahmen, überbordende Bürokratie im Sinne eines „Verwaltens statt Gestalten" (Sönke Neitzel)) zu beenden und die Modernisierung der Armee voranzutreiben, dafür spricht in Umfragen der Aufstieg von Boris Pistorius schon kurze Zeit nach Antritt des Verteidigungsamtes zum beliebtesten Politiker.

162 Sie betont in Interviews glaubwürdig, dass sie ihn immer durchschaut habe.

und – last, but not least – die verantwortungsethische Steuerung der Migrationspolitik auf den verschiedenen involvierten Ebenen.

Die Bewältigung dieser schwierigen Probleme wurde durch eine Politik des Unterlassens und der Prokrastination „vertagt". Nun, in der Krise, treten die gesellschaftspolitischen Baustellen zutage. Sie können schwerlich alle auf einmal gelöst werden.[163] Verantwortungsethisches Handeln war das nicht. Es lässt sich eher deuten, dass machtpolitische und gesinnungsethische Aspekte der Politik zusammenwirkten – gesinnungsethisch im Verständnis von Max Weber, dass sich Gesinnungsethiker besonders gefallen durch das Formulieren von wünschenswerten Maximen, ohne zu bedenken, ob oder inwieweit sie realitätstauglich sind und welche Konsequenzen ihre Umsetzung zeitigen. Unpopuläre Entscheidungen, die Wunschbildern widersprechen, wie beispielsweise den Verteidigungshaushalt angemessen zu erhöhen, wurden unterlassen.[164]

Weber beobachtete während der Zeitenwende 1918/19, dass pazifistische, rätedemokratische und von der russischen Oktoberrevolution begeisterte Anhänger erhebliche Schnittstellen in den sozialen Bewegungen, Organisationen und intellektuellen Zirkeln seiner Zeit aufweisen. Pazifismus heute, Kritik an der militärischen Unterstützung der Ukraine und die Forderung nach Verhandlungsergebnissen um jeden Preis, gehen auch gegenwärtig mit einer Russlandfreundlichkeit in gesinnungsethisch gestimmten Kreisen der Sozialdemokratie und der Linken einher und treffen sich in dieser Haltung mit der in Teilen rechtsextremistischen AfD.

Im Endeffekt: Machtpolitiker und Gesinnungsethiker, die es besonders gut meinten und seit der Besetzung des Donbass und der Krim 2014 die deutsche Politik vor einem „Säbelrasseln" (Steinmeier, Schröder) warnten, die das Interesse der Ukraine an Souveränität und kulturellem Wandel verunglimpften, Verständnis für die Eroberung der Krim aufbrachten und dabei die russische Perspektive einnahmen, die die von der damaligen

---

163 Die Feinde des Friedens (vor allem Russland und China) werden sich vermutlich nicht so lange Zeit lassen mit einem gewaltsamen Vorgehen, bis Deutschland seine Sicherheitsprobleme gelöst hat. In dem sich wiederholenden Muster einer zögerlichen, verspäteten Waffenlieferung an die Ukraine, die eine erfolgreiche militärische Verteidigung gegen russische Angriffe immer wieder verringert, zeigt sich ein eigenartiges und sehr gefährliches Verhalten der deutschen Regierung. Es hat Geschichte.

164 Im Februar 2022 wurde der Bevölkerung die riskante Abhängigkeit der Energieversorgung von Russland verdeutlicht. Diese Abhängigkeit wurde von einem politökonomisch agierenden Machtkartell durchgesetzt. Dass Energiepolitik von sicherheitspolitischer Relevanz ist, wurde der Öffentlichkeit ebenfalls bewusst.

Verteidigungsministerin von der Leyen initiierte „Trendwende in der Bundeswehr" ins Leere laufen ließen, haben – im Nachhinein betrachtet – die Politik der Machtbesessenheit des Diktators im Kreml unterstützt. Die enge Verzahnung mit Russland bot ihnen Hoffnung auf Loslösung von den USA – die Projektionsfläche der Linken und der Rechten für alles Übel in Europa.[165]

Weber kannte die Gefahren, wenn politisches verantwortungsethisches Handeln vermieden oder aufgeschoben wird, um das „Heil der Seele" (S. 248) – ein Synonym für das Festhalten an gesinnungsethischen Moral- und Friedensvorstellungen – zu retten: Es werde allerdings dadurch verletzt, „auf Generationen hinaus, weil die Verantwortung für die *Folgen* fehlt" (ebd.), die dann die Nachfolgenden tragen müssen!

11. Traditionen gesinnungsethischer Politik in Deutschland bis heute

In „Politik als Beruf" entwickelt Max Weber seine typologische Unterscheidung zwischen Gesinnungs- und Verantwortungsethik und gibt Hinweise auf realgeschichtliche Hintergründe seiner Begriffsbildung. So verweist er auf die über lange Zeit bestehenden institutionellen Blockaden der Parteien der aufstrebenden Schichten im Deutschen Kaiserreich, trotz Wahlerfolgen nicht an der Regierung beteiligt zu werden. Diese Parteien konzentrierten sich daher auf die Propagierung ihrer „guten" Gesinnung und einer theoretisch begründeten Programmatik, ohne für deren politische Umsetzung Verantwortung übernehmen zu können.[166] Die gesinnungsethischen Protagonisten, die Weber darüber hinaus besonders kritisierte, gehörten zumeist zunächst der SPD und später der USPD (Haase, Eisner, Toller) an. Einige waren vom russischen Beispiel der Machtübernahme durch Arbeiterräte fasziniert. Sie entschieden sich in der Zeitenwende 1918/19 für die Revolution der Räte und gegen den Reformprozess der bürgerlichen Parteien

---

165 Putin wurde als ein Politiker mit verantwortungsethischem Potenzial gesehen, der Russlands Stabilität gewährleistet. Politiker, die im deutsch-russischen politökonomischen Netzwerk besessen ihre Machtbasis ausgebaut hatten, nahmen ihre Chance wahr, sich über die Staatsräson des eigenen Landes hinwegzusetzen und Deutschland von Russland abhängig zu machen – ohne Verantwortungsbewusstsein.

166 Nicht die Wahlen, sondern die Gunst des Kaisers entschied, wer mit der Regierungsverantwortung beauftragt wurde.

(MSPD, Zentrum, DDP) unter Führung des verantwortungsethisch handelnden Friedrich Ebert.[167]

Gesinnungsethische Politik weckte damals hohe Erwartungen durch ihre oft moralisch begründeten Zieldefinitionen, die sie aus literarischen Vorbildern generierte, so etwa aus den biblischen Überlieferungen des christlichen Menschenbildes mit seiner Liebes- und Friedensethik.[168] Das daraus abgeleitete Gebot der Feindesliebe spielte, wie bereits gezeigt, für die pazifistischen Strömungen während des Ersten Weltkriegs eine wesentliche Rolle.

Zwei Aspekte beurteilte Weber dabei besonders kritisch:

Erstens: Gesinnungsethiker nehmen für sich den Leitsatz „Der Zweck heiligt die Mittel" in Anspruch. Sie sind überzeugt, dass die von ihnen angestrebten Ziele die Wahl jeglicher Mittel zur politischen Umsetzung rechtfertigten – auch wenn die Folgekosten, die die Bürger dafür zahlen müssen, hoch ausfallen. Das bedeutete damals, dass die Anhänger der Räte-Revolution die Anwendung von Gewaltmitteln mit der Folge des Ausbruchs eines Bürgerkriegs billigend in Kauf nahmen.[169] Weber kritisierte zudem das Unterlassen oder Verschieben von dringenden Maßnahmen, wenn

---

167 Weber artikulierte oftmals eine misstrauische Haltung gegenüber Friedrich Ebert und der Mehrheitssozialdemokratie. Er fürchtete, dass sie eines Tages doch sozialistische Ideale, wie die Verstaatlichung von Unternehmen, umsetzen würden.

168 Die Vorstellung des „Mensch gewordenen Gottes" im Neuen Testament trug mit zu dem Verständnis bei, Menschen aufgrund ihrer Befähigung zur Liebe sowie ihrer Abhängigkeit von der Liebe, vom Geliebtwerden, zu begreifen. Der humanistische Impuls wird hier überdeutlich. Aber er ist nicht ohne Tücken: Projiziert auf Geschichte und Gesellschaft wird daraus eine Aufteilung von Menschen in eine hervorgehobene „Klasse" von Menschenfreunden, die die anderen liebt und sie dafür auch beherrschen darf, während die „Klasse", die geliebt wird, zur Klasse der Almosenempfänger wird. Ist das human? Außerdem wird nun, zwei Jahre nach dem brutalen Angriffskrieg gegen die Ukraine, den meisten von der Liebes- und Friedensethik beeinflussten ehemaligen Gesinnungsethikern klar, dass ihre ehemalige tiefe Überzeugung einhergeht mit schwerwiegenden politischen Fehleinschätzungen.

169 Heutzutage schließen die meisten gesinnungsethisch argumentierenden Protagonisten die Anwendung von Gewalt für ihre Zielsetzungen aus, aber sie neigen dazu, den Opfern von Gewalt – wie im Falle der Ukraine – das Recht zur Selbstverteidigung abzusprechen oder das angegriffene Land aufzufordern, der Gewaltanwendung friedliche Mittel entgegenzusetzen und damit das Risiko des Souveränitätsverlusts oder zumindest des Verlusts von großen Regionen in Kauf zu nehmen.

diese nicht mit dem zugrundeliegenden Weltbild in Einklang zu bringen sind.[170]

Zweitens: Die Protagonisten deduzierten aus ihren Zielen für sich als Politiker ein höheres „moralisches Recht", vorhandene Rechtsgüter zu missachten, um mit allen verfügbaren Mitteln ihre propagierten Ziele durchzusetzen. Mit dieser Art der Selbstermächtigung, so lässt sich Webers Kritik zuspitzen, begründen sie ihren persönlichen Machtanspruch, sich über geltende Regeln hinwegzusetzen, eine politische Führungsrolle im Staat einzunehmen oder als Anführer einer mit Gleichgesinnten gegründeten Organisation die Massen auch ohne Amt im Staat gegen diesen zu mobilisieren.

Webers Hinweis ist bis heute aktuell, in dieser „Haltung", mit der Gesinnungsethiker ihren Machtanspruch begründen, eine Schnittstelle zu einem autoritären Politikverständnis zu erkennen. Zum Verständnis der soziokulturellen Wurzeln der Gesinnungsethik trägt abschließend nochmals ein kurzer Blick auf den starken Einfluss des Protestantismus zu Webers Zeiten bei.

Gesinnungsethik durch Säkularisierung protestantischer Bildungsgüter

Zur soziokulturellen Vorgeschichte ist die starke Identifizierung der Trägerschichten des damaligen Protestantismus mit dem preußisch dominierten Staat und seiner Politik zu berücksichtigen.[171] So war Kaiser Wilhelm II. als preußischer König auch oberster Bischof (*Summus Episcopus*) Die preußische Führungsschicht im Staat und in der Bürokratie, in der Großindustrie und im Militär war protestantisch sozialisiert. Zwar prägten schon damals Tendenzen der „Versachlichung" (Max Weber) und der Säkularisierung den Umgang mit der Religion. Aber die sozialisatorische Vertrautheit der Eliten mit dem religiösen Kulturgut bestand weiterhin und bildete den protestantischen Deutungshorizont zur Entwicklung säkularer Moralangebote jenseits des strikt religiösen Kontextes, die im Zuge des Ersten Weltkriegs politisch in pazifistischen Einstellungen und Bewegungen ihren Ausdruck fanden.[172]

---

170 In der Zeitenwende 1918/19 nahmen die Revolutionäre den Ausbruch eines Bürgerkriegs in Kauf. Karl Marx bezeichnet Bürgerkriege als Klassenkampf und verbindet damit eine Rechtfertigung, sie herbeizuführen.

171 Die basisdemokratischen Einflüsse des reformierten Protestantismus spielten in der preußischen Oberschicht eine immer geringere Rolle.

172 Ein Beispiel für die „Politisierung" religiöser Texte in pazifistischen Bewegungen ist die Bergpredigt des Matthäus-Evangeliums. Sie stellt einen Text von außerordentli-

Bereits im Kaiserreich kristallisierte sich eine Kultur von subsidiären religiös, anthroposophisch, weltanschaulich, genossenschaftlich und reformpädagogisch ausgerichteten Vereinen als Trägerorganisationen von spezifischen Gesinnungsethiken heraus, die ihren Anhängerschaften Orientierungen zur Bewältigung und Gestaltung des Lebens boten. Ein begrenzter, aber dennoch vorhandener Einfluss auf das Schulwesen und die Erziehung war beispielsweise durch die Reformpädagogik vorhanden. In der Weimarer Republik und in der Bundesrepublik Deutschland hat sich dieser subsidiäre Kulturraum als Domäne der Bürger- und Zivilgesellschaft innerhalb des rechtsstaatlichen Rahmens weiterentwickelt. Mit immer wieder neuen Initiativen nahm und nimmt dessen Vielfalt bis heute zu.

Wie an anderer Stelle bereits ausgeführt, ist dieser Bereich jedoch deutlich von der weltanschaulichen Neutralität des Staates in der Weimarer Republik und in der Bundesrepublik zu unterscheiden. Der deutsche Staat fördert die bürgergesellschaftliche Vielfalt nach seinem grundgesetzlichen Auftrag, bleibt aber in seiner Politik neutral.[173] Auch wenn Parteien im Deutschen Bundestag aus Arbeiter- oder Bürgerbewegungen entstanden sind – wie beispielsweise die Sozialdemokratie bzw. Bündnis 90/Die Grünen –, so sind die Abgeordneten im Parlament „als Vertreter des ganzen Volkes" zu betrachten, wie es das Grundgesetz (Art. 38 Abs. 1) vorsieht und dabei „nur ihrem Gewissen unterworfen".[174] Das Parlament ist in seiner gesetzgebenden Funktion nicht dazu da, die gesinnungsethische Vielfalt als solche in der Gesetzgebung zum Ausdruck zu bringen, sondern seine Aufgabe besteht darin, sich von den zugrundeliegenden Zielen des Staats und den demokratisch erzielten Mehrheiten, unter Berücksichtigung der

---

chem Einfluss auf die europäische Geschichte und auf das sozialmoralische Selbstverständnis westlicher Länder dar, lässt sich aber nicht unmittelbar in politisches Handeln umsetzen. Vor allem die Gebote der Bergpredigt, dem Bösen nicht zu widerstreben, den Frieden zu wahren und den Feind zu lieben, sind politisch nicht unmittelbar umsetzbar. Weber replizierte, dass es die Aufgabe der Politik sei, das Böse zu bekämpfen. Wer sollte denn, wenn Gemeinschaften bedroht werden, tätig werden, wenn nicht der Staat mit seinem Gewaltmonopol?

173 In der DDR hatte eine Partei (die SED) den Staat gekapert. Das Politbüro war das höchste Organ des Zentralkomitees der SED, das die Funktion einer staatlichen Machtzentrale für Grundsatzentscheidungen und für die verbindliche Geltung der materialistisch-marxistischen Weltanschauung des Sozialismus innehatte.

174 Im Idealfall bringen sie dabei die Programme der Parteien ein, für die sie gewählt wurden; aber sie sollten berücksichtigen, dass die Bevölkerung nicht nur ihre Partei gewählt hat. Sie sind daher gehalten, in ihrer Funktion als „Volksvertreter" im Bundestag als dem Organ der Gesetzgebung Kompromisse einzugehen und nicht verengt Parteipolitik zu betreiben.

Rechte von Minderheiten, bei der Verabschiedung von Gesetzen leiten zu lassen.

Staatstheoretiker wie Udo Di Fabio warnen davor, das Grundgesetz mit der Aufnahme immer neuer Staatszielvorgaben (etwa Art. 20a GG) zu überfrachten, auch wenn sie dem Zeitgeist als äußerst bewahrenswert erscheinen mögen.[175] Das Verhältnis von rechtsstaatlicher Kontinuität und politischer Gestaltungsmacht werde dadurch verschoben. Zudem wird außer Acht gelassen, worum es den Müttern und Vätern des Grundgesetzes ging, nämlich darum, wenige, aber unabweisbare Grundwerte des Rechtsstaats, der Demokratie und der politischen Kultur zu formulieren, die den kommenden Generationen genügend Freiheit bieten, ihre eignen politischen Akzente zu setzen.

Bündnis 90/Die Grünen – eine Partei mit gesinnungsethischem Politikverständnis

Besonders Bündnis 90/Die Grünen verfügen seit ihrer Gründung über ein buntes bürgergesellschaftliches, stark innenpolitisch ausgerichtetes Repertoire. Ihnen geht es – in der Tradition der Romantik – um die Pflege und Bewahrung der Natur in ihrer Ursprünglichkeit und Artenvielfalt, die Verbreitung (früherer und neuer) alternativer Stil-, Kommunikations- und Lebensformen, die Ermöglichung sexueller Diversität, die Propagierung alternativer Heilmethoden und Ernährungsgewohnheiten. Damit verbunden sind Welterklärungsmuster und Menschenbilder, die von der Anhängerschaft in den jeweiligen weltanschaulich geprägten Milieus in hohem Maße als sinnstiftend empfunden werden. Diese Überzeugungen werden in Deutschland nicht unterdrückt, sie kommen zudem, wie bereits betont, in einer regen bürgergesellschaftlichen Vereins- und Verbandstätigkeit zum Ausdruck und repräsentieren dort die Vielfalt von Lebensentwürfen einer freien Gesellschaft. Aber deren Verallgemeinerung durch Politik und Gesetz schränkt die Freiheit der Menschen ein, die diese Lebensvorstellungen nicht teilen. Die Grünen gefährden ihr Ansehen, wenn sie versuchen, durch Gesetze, bürokratische Regulierung, Subventionierung und moralischer Aufrüstung ihr Weltbild durchzusetzen.

Außerdem ist zu berücksichtigen: Der Grundrechtekatalog des Grundgesetzes listet bereits eine Reihe sozialmoralischer Verpflichtungen auf, die in Deutschland als Basis für ein menschenwürdiges Zusammenleben

---

175 Vgl. Udo Di Fabio: „Die haltbare Verfassung", in: *Frankfurter Allgemeine Zeitung* vom 29.09.2023, S. 2.

gelten und deren Achtung und Schutz „die Verpflichtung aller staatlichen Gewalt" (Art. 1 Abs. 1 GG) darstellen. Dazu gehört auch das Recht auf die freie Entfaltung der Persönlichkeit, sofern dabei nicht „die Rechte anderer" (ebd.) verletzt werden. Das Bild des Menschen, das hier zugrunde liegt, betrachtet ihn als ein zur Freiheit und zur Einsicht in die Grundrechte und insgesamt die rechtsstaatliche Ordnung befähigtes Wesen. Darüber hinaus aber bleiben die Gestaltung des Nahbereichs jedes Einzelnen, sein Zusammenleben mit anderen sowie seine Bedürfnisse nach Abgrenzung und Unterscheidung ihm selbst überlassen. In freiheitlichen Gesellschaften ist davon auszugehen, dass im Zusammenleben, in der Nachbarschaft oder am Arbeitsplatz Abgrenzungs- und Konfliktverhalten mit Zuwendungs- und Harmoniestreben einhergehen. Es ist nicht die Aufgabe der Politik, hier mit Auflagen einzugreifen. Es steht – wie bereits betont – den Menschen ein großes Angebot an basisnahen Non-Profit-Organisationen (beispielsweise kirchliche Gemeinden) und professionellen Dienstleistungen zur Verfügung, ihren Vorlieben nachzugehen oder mit Eigeninitiativen neue Angebote zu schaffen.

Menschen mit unterschiedlichen Weltanschauungen finden in Deutschland ein hohes Maß an Rechtssicherheit und öffentlicher Akzeptanz, nach ihrer Überzeugung zu leben. Aber sie schränken die Freiheit anderer Menschen dann ein, wenn sie Verhaltensmuster, Meinungen und Sprachregelungen als verbindlich für die Bürgergesellschaft einführen wollen, und provozieren Kritik, Ablehnung und Protest, wenn die Bürger das Gefühl bekommen, sich öffentlich nur dann äußern zu dürfen, wenn sie sich den Vorgaben fügen, die nur in der Wahrnehmung einer Minderheit geboten erscheinen. Größere Teile der Bevölkerung, die nur wenige Möglichkeiten haben, sich in den akademisch und medial geführten Diskurs einzubringen, wenden sich von der Politik ab und schließen sich den Propagandisten eines autoritären Gegenentwurfs zur Demokratie an. Diese Entwicklung ist derzeit zu beobachten.

Zurzeit hat Webers typologische Unterscheidung zwischen Gesinnungs- und Verantwortungsethik im öffentlichen Diskurs Hochkonjunktur. Nach dreizehn Jahren haben die Grünen 2021 wieder Regierungsverantwortung in einer Bundesregierung übernommen und bemühen sich dort um einen neuen Führungsstil. Die Schwächen der Grünen liegen in ihrem gesinnungshaften „unpolitischen" Ansatz, Politik zu betreiben. Sie vermitteln – zumindest rhetorisch und mithilfe der Medien – Ideale, die einem großen Teil der Bevölkerung fremd sind. Politisch umgesetzt werden sie als nicht akzeptable Eingriffe in ihr Alltagsleben empfunden. Das führt zu konfrontativen Spaltungen in Gesellschaft und Politik und nicht zur Bildung von demokratischen Mehrheiten. In ihrem eigenen Interesse ist von den Grünen als Mitglied der Regierung zu erwarten, Prioritäten zu setzen und sich auf zentrale Politikfelder, insbesondere auf die schrittweise Durchsetzung der ökologischen Transformation zu konzentrieren. Für eine Politik der ökologischen Transformation bringt die überwiegende Bevölkerung in Umfragen immer wieder ihre Zustimmung zum Ausdruck. Allerdings kann es unter den gegenwärtigen Krisenbedingungen nicht bedeuten, die industrielle Basis Deutschlands nicht weiterzuentwickeln. Größtmögliche Technologieoffenheit statt ideologische Tabuisierungen einzelner hier vorhandener technologischer Innovationspfade ist hier zu empfehlen, um die Umstellung auf eine nichtfossile Energiebasis zu erreichen.[176]

Das handwerkliche Scheitern der Grünen, verantwortungsbewusst eine Politik der ökologischen Wende zu praktizieren, die in der Lage ist, die prinzipielle Unterstützungsbereitschaft großer Teile der Bevölkerung zu nutzen, ist bedauerlich. Außenpolitisch haben sie die Gefahr, die von Russland für die Ukraine ausging, schon früh erkannt. In der Frage der Waffenlieferung an die Ukraine haben sie ihre pazifistischen Prinzipien aufgegeben und sich verantwortungsbewusst der Realität gestellt, die Ukraine im Interesse des Friedens militärisch zu unterstützen.

Kaiserreich, Bonner und Berliner Republik – Aspekte der Zähmung der Gesinnungsethik linker Provenienz

Ein gesinnungsethisches Politikverständnis spielte in der Nachkriegszeit in Bundesrepublik keine große Rolle. Die Bevölkerung war verunsichert, und die ersten Schritte zur Umsetzung der Demokratie des Grundgesetzes erfolgten mit Vorsicht und jenseits jeglicher Versuchung, politisch wieder in die Nähe von menschenverachtenden Ideologien zu geraten und einen politischen Irrweg einzuschlagen. Bis zu Beginn des 21. Jahrhunderts prägte ein eher verantwortungsethisches Selbstverständnis die offizielle bundesrepublikanische Politik. Dazu eine kurze Erläuterung:

Bis zur ersten rot-grünen Regierungskoalition, die 1998 ins Amt kam, regierten auf Bundesebene nur die Nachfolgeparteien der „Weimarer Ko-

---

176 Wie am Habeck-Skandal deutlich wurde, spielt auch bei den Grünen die Günstlingswirtschaft eine große Rolle. Wie bekannt wurde, verzichtete der Wirtschaftsminister bei der Amtsübernahme darauf, einen erfahrenen Mitarbeiter zu behalten und ließ sich offensichtlich bei der Ausarbeitung von Gesetzen von seinem unerfahrenen Stab leiten.

alition" (Zentrum, SPD, DDP), nämlich CDU/CSU, SPD und FDP. Damals standen, knapp zusammengefasst, Maßnahmen zur Bewältigung der Kriegsfolgen, zur Forcierung des wirtschaftlichen Aufschwungs, zur Überwindung und Linderung der Armut mittels sozialstaatlicher Reformen sowie zur Herstellung der verteidigungsmäßigen Sicherheit des geteilten Landes im Kalten Krieg im Mittelpunkt der Politik. Die Standpunkte der führenden Politiker und ihrer im Profil sehr unterschiedlichen Parteien erschienen unversöhnlich. Kontroversen wurden mit einer heute kaum vorstellbaren Härte im Parlament ausgetragen. Das führte aber im Großen und Ganzen zu Kompromisslösungen im Sinne der Verantwortungsethik, pragmatisch und mit Augenmaß zu handeln. CDU/CSU und SPD entwickelten sich zu Volksparteien, wozu sich 1959 auch die Sozialdemokraten in ihrem Godesberger Programm bekannten. Intern gelang es den Volksparteien, ihre „Flügel" zu integrieren, nach außen war ein klar voneinander unterscheidbares verantwortungsethisches Profil zu erkennen.

Zur SPD gehören seit dem Ende des Kaiserreichs innerparteiliche Auseinandersetzungen mit einem linken gesinnungsethischen Flügel. Er spielte jedoch für die offizielle Parteipolitik lange Zeit keine allzu große Rolle. Auch nicht während der Kanzlerschaft von Willy Brandt und einer Politik der Entspannung zwischen West und Ost, die keinerlei Zweifel an der Fortsetzung der Sicherheits- und Verteidigungspolitik und der Westbindung der Bundesrepublik aufkommen ließ.[177] Allerdings wirkten sich die Mentalitäten der 68er-Studentenbewegung im Zuge der Bildungsexpansion ein bis zwei Jahrzehnte später auch innerhalb der Partei aus und hielten den linken Flügel am Leben: antikapitalistisch, sozialistisch, antiamerikanisch und russlandfreundlich. Politiker der SPD begannen ihre Karriere in den Jugend- oder Studentenorganisationen der Partei und setzten sie beim „Marsch durch die Institutionen" fort.[178]

Im Protestverhalten der Studentenbewegung entluden sich, sozialpsychologisch und generational bedingt, tiefe Konflikte, vor allem ein Misstrauen gegenüber den Vätern, die damals die Autoritäten im Land auf allen Ebe-

---

177 Vgl. Willy Brandt: „Wenn schon Entspannung, dann machen wir es", in: ders., *Erinnerungen*. Frankfurt a. M. 1989, S. 185-195. Die Bildungsexpansion war ein sozialdemokratisches Politikfeld, das im Großen und Ganzen von beiden Strömungen in der Partei getragen war. Dadurch erhielten die Nachkommen aus den unteren Schichten, woraus damals die SPD-Stammwählerschaft kam, soziale Aufstiegschancen.

178 Da ich diesen Zusammenhang schon mehrfach beschrieben habe, hier nur eine kurze Rekapitulation.

nen (Politik, Bundeswehr, Kultur, Bildung, Familie) repräsentierten.[179] Der in vielen Familien unaufgeklärte Verdacht, die Väter seien persönlich in die Verbrechen des Nationalsozialismus verstrickt gewesen, vermutlich sogar als Täter, wurde vor allem im studentischen Milieu zum Generalverdacht erhoben, der sich gegen eine ganze Generation und insgesamt gegen ein ganzes Land, gegen den Staat, seine Organe, seine Bevölkerung und seine Geschichte richtete. Der soziokulturelle Lebensentwurf, für den sich die jungen aufstrebenden und aufsteigenden Generationen (mehr oder weniger bewusst) entschieden, zielte darauf ab, auf keinen Fall am Vorhergehenden anzuknüpfen. Er ging einher mit einem Bedürfnis, sich weitgehend vom eigenen Herkunftsmilieu und oftmals sogar von allem „typisch" Deutschen zu distanzieren. Mit der üblichen Kritik am Nationalismus setzte sich vorwiegend in den akademischen Milieus der Babyboomer-Generation die Überzeugung durch, der Nationalstaat sei am Ende und Politik im Land müsse sich global ausrichten. Der Heilsweg bestand für sie zunehmend darin, ihre Vorstellungen von Politik – wie schon von Weber beschrieben – aus der Literatur und Theorie zu generieren. Strikt vermieden sie es dabei, an die gesellschaftspolitische Empirie ihrer Zeit anzuknüpfen. Sie wandten sich hehren Maximen mit (scheinbar) universalistischem Anspruch zu.[180]

Der gesinnungsethische Führungsstil, den schon Weber beobachtete, bekam neue Nahrung: Politik an Wünschenswertem, moralisch Eindrucksvollem, an Minderheitenprojekten auszurichten und nicht an Naheliegendem, Machtbarem und an Zieldefinitionen, in denen Mehrheiten die Verbesserung ihrer Lebensverhältnisse wiedererkennen können. Allerdings kam dieser Wandel politischer Akzente erst nach dem Ende des Kalten Kriegs und nach der ersten Phase der Bewältigung der deutschen Wiedervereinigung zum Ausdruck. Die „alte" Bundeshauptstadt Bonn lag in der Mitte des Landes, in Nachbarschaft von halbsouveränen Bundesländern, deren Repräsentanten alle eigenen Perspektiven folgten und darüber im

---

179 Vgl. hierzu auch den V. Teil mit der dort angegebenen Literatur.

180 Die ersten Generationen, die kaum noch die materiellen Auswirkungen des Kriegs erfahren hatten, zeichneten sich durch einen starken Willen zur Abgrenzung von ihren Eltern und ihrem Herkunftsmilieu aus, zumal wenn es ländlich, kleinstädtisch oder kleinbürgerlich geprägt war. Die Fähigkeit zur Selbstdistanzierung, die Max Weber für Verantwortungsethik einforderte, war freilich nur gering vorhanden: Der Kritik am Rechtsradikalismus entsprach keine Kritik am Linksradikalismus, die Rassenlehre wurde durch Klassenkampf-Dogmatik ersetzt, Sozialisation durch Bestrafen wurde ein Grenzen missachtender Laissez-faire-Erziehungsstil gegenübergestellt, und – wenn die Gesinnung stimmte – waren nun wieder gewaltsame Aktionen (Straßenkämpfe, Häuserbesetzungen, Vorlesungsstörungen) „erlaubt".

Bundesrat stritten. Bis in die 1980er-Jahre gab es eine hohe Wahlbeteiligung. Politik funktionierte damals bodenständig. Die Illusion, Großmachtpolitik zum Wohle der Menschheit betreiben zu wollen, kam im „spießigen" Bonn nicht auf.

Der Typus des Verantwortungsethikers – (noch) nicht konsequent genug?

Die Regierungserklärung zur Zeitenwende mit einer politischen Programmatik, die nichts von ihrer Aktualität eingebüßt hat, wird auch nach zwei Jahren noch als Messlatte verwendet, um das Regierungshandeln des Bundeskanzlers und seines Kabinetts zu würdigen. Inzwischen wird der Begriff der Zeitenwende verstanden als eine grundlegende Neuorientierung der Politik, um einen gesellschaftlichen Reformprozess anzutreiben. Er trägt zu einer kommunikativ-kognitiven Evolution bei, in der die politischen, individuellen und kollektiven Akteure mit neuen und überkommenen Realitätsdefinitionen um ihren Einfluss kämpfen und eine nicht zu unterschätzende Dynamik im Politikbetrieb und in den ihn tragenden Institutionen und Organisationen entfalten.[181] Politik beruht zwar, wie es in der Tradition von Max Weber zutreffend formuliert wird, auf Interessen, Ideen und Institutionen.[182] Deren Zusammenspiel ist jedoch gebunden an Personen und Organisationen und damit eben auch und vor allem an Politiker und Politikerinnen, denen für ihre Ziele in Ausübung ihres Amtes nur ein begrenztes Zeitfenster zur Verfügung steht.[183] Bundeskanzler Olaf Scholz, der *Primus inter Pares*, mit Richtlinienkompetenz ausgestattet, versprach,

---

181 Es gilt also nicht nur, Teile innerhalb des gegebenen Rahmens zu verändern, sondern auch den gesamten Rahmen strategisch als Voraussetzung für eine veränderte Prioritätensetzung neu zu rekonstruieren, um Politikfelder anzupassen und zu bearbeiten. Dabei darf nicht aus dem Auge verloren werden: Der Präsident der Russischen Föderation, Wladimir Putin, hat nach fast zwei Kriegsjahren unzweifelhaft deutlich gemacht, dass er nicht gewillt ist, zu den Verhaltensmustern einer regelbasierten europäischen Ordnung für eine Beilegung von Konflikten zurückzukehren. Sein Vorgehen im Krieg gegen die Ukraine und innerhalb der weltweiten Krisenherde stellt ein immenses Risikopotenzial dar, dessen Eindämmung viele Anstrengungen erfordert und das zugleich schwer zu kalkulieren und noch schwerer nachhaltig zu minimieren ist.

182 Diese drei Begriffe sind für sozialwissenschaftliche Analysen in der Tradition Webers grundlegend. Vgl. die Beiträge in: M. Rainer Lepsius: *Interessen, Ideen und Institutionen.* 2. Aufl. Wiesbaden 2009.

183 In Zeiten von Krise und Krieg kommt die Verwendung des Begriffs System, womit ein stabiles, personenunabhängiges Struktur- und Funktionsmuster der gesellschaftlichen Reproduktion unterstellt wird, aus der Mode. Die Abhängigkeit von Handlungen, Entscheidungen und schließlich von politisch verantwortlichen Personen

die vor ihm liegenden Aufgaben führungsstark anzugehen. Diese Aufgaben gehören wohl zu den schwierigsten Herausforderungen, seit Helmut Kohl die Wiedervereinigung bewerkstelligt hat.

Die Frage, ob Olaf Scholz der „richtige" Bundeskanzler dafür ist, der Führungsstärke nicht nur beansprucht, sondern auch zeigt und umsetzt, begleitet seine Kanzlerschaft. Gelegentlich wirkt er wie eine zögernde und zaudernde Führungskraft, die dem Streit in seinem Kabinett zu lange zusieht und zu wenig berücksichtigt, dass politisches Handeln in Zeiten eines Angriffskriegs den Kriegsverlauf mit einbeziehen muss, um die sich verteidigende Ukraine zu unterstützen. Nachdem der Gegenangriff der Ukraine gescheitert ist, u. a. auch aufgrund zu langer Debatten um finanzielle Unterstützung und verzögerter Waffenlieferungen und Ausrüstung aus Deutschland, konnte sich Russland auf die Weiterführung des Kriegs vorbereiten. Das Ziel der Ukraine, ihr Territorium zurückzuerobern und die russische Armee zum Rückzug zu zwingen, rückt in weite Ferne.

Zu bedenken ist: Olaf Scholz' Kabinett ist mit einem deutlich jüngeren Personal im Vergleich zu den Vorgängerregierungen Ausdruck eines längst überfällig gewordenen Generationswandels. Damit zieht – im Unterschied zur Ära Merkel – ein neuer Politikstil ein. Olaf Scholz verkörpert Kontinuität, wie sein journalistischer Beobachter vom „Hamburger Abendblatt", Lars Haider, betont.[184] Darauf hatte er seinen letzten Wahlkampf aufgebaut und bei den Wahlen ein bescheidenes Ergebnis erzielt, das ihm zum Wahlgewinn jedoch gereicht hat.[185] Aber der „neue" Politikstil in der Ampelkoalition ist durch lange Debatten, geringe Transparenz, handwerkliche Fehler, Defizite in der Prioritätensetzung, wenig klare Ansagen und fehlende Erläuterungsbereitschaft gekennzeichnet.

Als führender Politiker der Zeitenwende sieht der Kanzler sich gezwungen, die Versäumnisse der Merkel-Kabinette sicherheitspolitisch nachzuarbeiten. Mit den Beschaffungsmöglichkeiten, die ein Sondervermögen von 100 Mrd. € bietet, hat er die deutsche Verteidigungsfähigkeit erhöht, während er als Finanzminister im letzten Merkel-Kabinett die erforderliche Erhöhung des Wehretats verweigert hatte. Er übernimmt nun Verantwor-

---

tritt dagegen in das Zentrum der allgemeinen Wahrnehmung und Gesellschaftsanalyse.

184 Vgl. Lars Haider: *Olaf Scholz. Der Weg zur Macht. Das Portrait.* Essen 2021.

185 Geht man von einem „ehrlichen" Ergebnis der Wahl von 2021 aus, so haben von 60,4 Millionen Wahlberechtigten nur 24,10 Millionen die Ampel gewählt. Von 76,6 Prozent der Wahlberechtigten, die zur Wahl gegangen sind, entfielen nur 25,7 Prozent der Stimmen auf die SPD.

tung für die Herstellung der Landes- und Bündnisfähigkeit in Deutschland, wofür ein großer Teil der politischen Klasse in vier Merkel-Kabinetten die Verantwortung vermutlich nicht einmal erkannt hatte. Dazu kommen große kommunikative Herausforderungen, die Lockerungen im Verhältnis zu diversen Bündnispartnern zu überwinden, die Angela Merkel nicht besonders wichtig waren.

Aber auch Olaf Scholz' politische Biographie ist in seiner Juso-Zeit von Antiamerikanismus und antikapitalistisch-sozialistischen Illusionen geprägt gewesen, die trotz seiner Hamburger Tradition des politischen Pragmatismus zumindest persönlich nachwirken. Außerdem ist Scholz von Sozialdemokraten umstellt, die ihre pazifistischen Illusionen nicht überwunden haben, wie der Fraktionsvorsitzende Rolf Mützenich und Ralf Stegner.[186] Beide sind Mitglied der „Parlamentarischen Linken (PL) in der SPD-Bundestagsfraktion", ebenso wie Generalsekretär Kevin Kühnert, die Bundestagspräsidentin Bärbel Bas, die Co-Parteivorsitzende Saskia Esken sowie die Regierungsmitglieder Svenja Schulze und Karl Lauterbach. Auch die ehemalige Verteidigungsministerin Christine Lambrecht war Mitglied dieses einflussreichen Netzwerks der SPD-Fraktion. Kaum vorstellbar ist, dass von einem so machtbewussten Netzwerk kein parteiinterner Druck auf den Kanzler ausgeübt wird, kaum vorstellbar, dass davon nicht auch seine Politik beeinflusst wird.

Die SPD verliert gegenwärtig als enger Bündnispartner der Grünen an Zustimmung. Es gelingt ihr nicht, nach dem Ende der Merkel-Jahre ein eignes Profil zu etablieren. Sie ist in der „alten" Bundesrepublik die Partei gewesen, die Lösungen für die „soziale Frage" entwickelt und umgesetzt hat und sich dabei auch – darauf wurde schon mehrfach hingewiesen – verantwortungsethisch gegen Gesinnungsethiker in der eigenen Partei durchgesetzt hat. Im Zuge der Merkel-Jahre und als enger Bündnispartner der Grünen büßte die SPD jedoch ihre Kompetenz für eine fortschrittliche Politik im Interesse der Arbeitnehmer, der Entwicklung des Arbeitsmarkts und der Wirtschaft ein. Dabei hat sie einen Ansehensverlust innerhalb der unteren und mittleren Einkommensschichten erlitten. Sie hat deren dringender Erwartung, einen Beitrag zur Begrenzung der Migration zu leisten,

---

186 2020 wurde der kompetente und beliebte Wehrbeauftragte der Bundeswehr Hans-Peter Bartels, vermutlich auf Betreiben von Rolf Mützenich, durch Eva Högl abgelöst. Darin kam vermutlich das Bestreben zum Ausdruck, dass die Bundeswehr keine parlamentarische Stimme habe, die von Sachverstand und Zustimmung durch die Truppe unterstützt wird.

vor allem zur Unterbindung der irregulären Zuwanderung nach Deutschland, nicht entsprochen. Die Lebensverhältnisse dieser Schichten werden zudem von drei weiteren Problemen tangiert: dem geringen Angebot an preiswerten Wohnungen, einhergehend mit einer darniederliegenden Bauwirtschaft, der unzureichenden Förderung von Schülerinnen und Schülern in „Brennpunktschulen" in den größeren Städten und schließlich der gestiegenen Unsicherheit in öffentlichen Räumen. Alle drei Problemfelder haben sich zu „sozialen Fragen"[187] entwickelt. Für Menschen, die nicht in privilegierten Wohngebieten leben, die ihre Kinder nicht auf Privatschulen schicken können und die den öffentlichen Raum zur Freizeitgestaltung benötigen, gilt die SPD nicht mehr als verlässliche Partei, die sich ihrer Sorgen im Bund und in den Bundesländern annimmt. Sie verliert dadurch ihren Charakter als Volkspartei. Die Wähler, deren Interessen nicht mehr durch die Politik einer der beiden Volksparteien abgedeckt werden, die sich aber weder von den Grünen noch von der FDP angesprochen fühlen, suchen nach einer Alternative!

Die Koalitionäre der Ampel stehen bis zum Ende der Legislaturperiode unter einem erheblichen Entscheidungs- und Handlungsdruck. Gesinnungs- und Verantwortungsethiker behindern sich gegenseitig. Die ökologisch-ökonomische Transformation des Modells einer leistungsfähigen, exportorientierten Industrie zu bewerkstelligen, stößt auf Herausforderungen für die Herstellung von geeigneten Rahmenbedingungen, die bei den Bürgern Vertrauen schaffen.[188] Zwar funktionieren die vorhandenen sozialstaatlichen Absicherungen noch auf hohem Niveau, aber die infrastrukturelle Basis, auf die Deutschland einst stolz war, wird derzeit durch Modernisierungsdefizite auf allen Ebenen gefährdet. Zudem wird die Leistungsbereitschaft von einer soziokulturell differenzierten Bevölkerung bestimmt, die einen hohen älteren und niedrigen jüngeren Anteil aufweist und nur wenige Tendenzen erkennen lässt, einheitlichen Linien der Politik zu folgen.

„Deindustrialization", „De-Risking" und „Decoupling" bezeichnen zum inneren gesellschaftlichen Wandel hinzukommende erhebliche Verände-

---

187 Die „alte" soziale Frage, die sich auf die Ausgestaltung der Erwerbsarbeit der Arbeitnehmer und die Vermeidung von Arbeitslosigkeit bezog, ist zurzeit beantwortet. Aber wie lange hält diese Antwort vor, wenn die rezessiven Tendenzen der deutschen Wirtschaft berücksichtigt werden.

188 Als Bundesminister für Arbeit und Soziales von 2007 bis 2009 handelte Scholz rasch und gezielt durch die Einführung des Kurzarbeitergelds, um die Belastungen der damaligen Finanzmarktkrise abzufedern.

rungen und Verwerfungen für ein Land, das seinen Wohlstand in den letzten zwanzig Jahren der Globalisierung, dem Export und dem Welthandel zu verdanken hat.[189] Scholz sieht sich veranlasst, europäische und internationale Formen der Zusammenarbeit zu intensivieren. Aber schon die Beziehungen zu den unmittelbaren Nachbarländern wie Frankreich und Polen bedürfen in Zeiten großer Krisen wie dieser viel mehr Aufmerksamkeit.

Ein sozialdemokratischer Kanzler hat immer wieder das Problem, seine Politik verantwortungsbewusst im Interesse des Landes, seiner Sicherheit und der Stabilität seiner Verhältnisse auszurichten und die gegebenen Chancen zu nutzen, durch gezielte Reformen schrittweise zu einer Verbesserung zu gelangen. Die Führung der Sozialdemokratischen Partei, die sich seit ihrer Gründung durch weitgefasste Gesellschaftsentwürfe auszeichnet, hat Pragmatismus, historische Klarsicht und die Kraft zu Reformen bereits auf dem Weg zur Weimarer Republik immer wieder gegen heftigste Kritik – auch aus den (ehemals) eigenen Reihen – verteidigen müssen. Sie hatte mit Friedrich Ebert einen Politiker, dem damalige Zeitgenossen das Charisma im Sinne Webers absprachen, der aber *Verantwortungsgefühl, Augenmaß und Leidenschaft* besaß. Die Vernunft zur Sicherung der Verteidigungsfähigkeit der Bundesrepublik im Kalten Krieg hat Helmut Schmidt[190] gegenüber seiner Partei unbeirrt umgesetzt. Eine dringend erforderliche Arbeitsreform (Agenda 2010) setzte Gerhard Schröder gegen parteipolitische Uneinsichtigkeit vieler Genossen durch. Olaf Scholz stellt sich in die Tradition einer verantwortungsbewussten Politik. Sein Zögern und Zaudern mögen oftmals zu einer klugen Politik der Mitte und Besonnenheit (Aristoteles) gehören, aber in Zeiten des Kriegs sind sie vermutlich eher ein Zeichen für eine Politik der verpassten Chancen.

---

189 Gelegentlich wird der Begriff „Deindustrialisierung" hinzugefügt. Hohe Steuern, hohe Energiekosten und überbordende Bürokratie schrecken ab, in Deutschland zu investieren. Dazu ist es ungewiss, ob und wann hierzulande die ausreichende Versorgung mit alternativen Energien erreicht wird.

190 „Wer Visionen hat, sollte zum Arzt gehen", pointierte Helmut Schmidt einmal sein pragmatisches Verständnis von Politik.

V. Erosion von Autorität in Bildung und Sozialisation?

Die Bekanntgabe der international vergleichenden Schulleistungsuntersuchungen (PISA) erschreckt alle drei Jahre die deutsche Öffentlichkeit: Zu viele Schüler versagen beim Lesen und in der Mathematik, einen ihrer Stufe entsprechenden Nachweis erlernter Fähigkeiten erfolgreich zu erbringen. Doch auch Sozialisationseinrichtungen (Kitas, Universitäten, Berufsschulen und Betriebe des dualen Berufsausbildungssystems), die weniger im Fokus der öffentlichen Aufmerksamkeit stehen, setzen vielerorts ihre Bildungs- und Ausbildungsziele nicht mehr erwartungsgemäß um. Funktionsdefizite zentraler Einrichtungen zeigen den dringenden Handlungsbedarf auf, mehr in die Bildung der nachwachsenden Generationen zu investieren und ihnen Fähigkeiten zu vermitteln, künftig in der Gesellschaft Verantwortung zu übernehmen.

Resilienz – Begriff der Zeitenwende

Gelingende Sozialisation und Bildung sind die Voraussetzung für einen guten Start der jungen Erwachsenen in ein eigenständiges, selbstbestimmtes Leben und für die Gesellschaft insgesamt zur Erhaltung oder gar Verbesserung der Arbeits- und Lebenswelt. Gegenwärtig erhält der Begriff der Resilienz große Aufmerksamkeit. Er stammt aus der Psychologie und wird auf die Fähigkeit von Individuen bezogen, mit Krisen und anderen schwierigen Lebenssituationen umgehen zu können. Zunehmend wird von Resilienz auch mit Bezug auf die Fähigkeiten von Gesellschaften, Organisationen und Institutionen gesprochen, Herausforderungen anzunehmen und Krisen zu überstehen. Die Zeitenwende, von der vor zwei Jahren viele Zeitgenossen hofften, sie würde vorübergehen und keine Auswirkungen auf individuelle Lebensläufe haben, erweist sich immer mehr als langfristig anhaltende, risikoreiche Veränderung des Alltagslebens. Es bedarf daher nachwachsender Generationen, die eine gute Bildung und Ausbildung erworben haben, die sie befähigt, künftig Verantwortung zu übernehmen.

Der folgende Beitrag beschäftigt sich mit der Frage: Worin liegen die Ursachen für gegenwärtige Defizite der Vermittlung von Fähigkeiten? Zur Beantwortung dieser Frage hilft Max Webers Einsicht, dass Autorität eine Voraussetzung für die Ausübung von Verantwortung ist, also auch im Bereich von Bildung und Sozialisation. Daher beginnt der Beitrag mit Erläuterungen zu diesem Zusammenhang. Daran schließt sich ein Rückblick auf den durch Autoritätskritik herbeigeführten Wandel der ehemals „dichten" Sozialisation in der „alten" Bundesrepublik an, wozu die Wehrpflicht gehörte. Die Rebellion gegen die Dominanz der Väter spielte, so die These, eine große Rolle dabei, autoritätsbewusst auftretenden Personen zu misstrauen. Abschließend erfolgt ein Ausblick auf Autorität als Dreh- und Angelpunkt der Resilienz in Bildung und Sozialisation.

1. Amorphe Macht, legitime Herrschaft und Autorität

Max Weber hinterließ der Nachwelt ein gewaltiges Werk mit Studien zur Geschichte von Organisationen und Institutionen, zu sozial wirksamen, sinnstiftenden Ideen und zu sozialen Trägerschichten, die gesellschaftliche Entwicklungen vorantreiben oder aufhalten. Im Unterschied zu prominenten Theorien des sozialen Wandels, etwa von Jürgen Habermas oder Niklas Luhmann, hat Max Weber weder in der Kommunikation noch in Funktionssystemen das Primat der Gesellschaft gesehen. Ihm ging es um konkrete Analysen historischer Konstellationen, die durch das Handeln der Akteure zur Verwirklichung ihrer Absichten und Pläne sowie durch die regulierende Kraft institutionalisierter Normen zustande kommen. Nach Weber sind die Beziehungen zwischen individuellen und kollektiven Akteuren von Macht und Herrschaft geprägt.

Macht ist für Weber „amorph", das heißt, sie nimmt verschiedene Ausdrucksformen an, je nachdem, welche Güter in einer sozialen Beziehung ungleich verteilt sind und von Mächtigen eingesetzt werden, um Schwächere gegen ihren Willen zu unterwerfen. Verfügen Akteure über genügend Macht, so können sie Abhängige zwingen, dass sie auch gegen ihren Willen Anweisungen befolgen und Befehle ausführen. Sie erreichen aber selten, dass sich die Unterworfenen auch die Ideen und den Sinn dieser Handlungserwartung zu eigen machen. Letztere befolgen den Willen lediglich, solange sie den Zwängen zur Unterwerfung ausgesetzt sind. Nachhaltige Bildungsprozesse beruhen auf der Bereitschaft, sich Fähigkeiten anzueignen und zu verinnerlichen.

Neben materialreichen Untersuchungen historischer Konstellationen ging Max Weber in seiner Gesellschaftsanalyse nicht reduktionistisch an die Betrachtung sozialer Zusammenhänge heran. Er gab immer zu bedenken, dass jedes Handeln innerhalb bereits institutionell geregelter Kontexte stattfindet. Die sinnhaft handelnden Akteure können diese Regeln befolgen, weiterentwickeln oder auch verändern und dadurch Institutionen abschaffen. In modernen, durch den Rechtsstaat regulierten Gesellschaften werden die meisten Machtpositionen als Form von legitimer Herrschaft im Rahmen von (mehr oder weniger) bürokratischen Verfahren errungen, vergeben und definiert.

Die Ausübung von Herrschaft ist nach Weber daran gebunden, dass die „Beherrschten" nicht vorwiegend durch Zwang und wider ihren Willen genötigt werden, Anordnungen zu befolgen, sondern weil sie selbst über den Glauben und das Vertrauen verfügen, dass die an sie gestellten Erwartungen rechtmäßig sind. Dazu benötigt der Vorgesetzte oder der Lehrer Autorität. Autorität ist zumeist an eine entsprechende Position innerhalb einer Institution oder Organisation gebunden.[1] Durch die Autorität seiner Persönlichkeit erzeugt er den Glauben an die Rechtmäßigkeit seiner Erwartungen.

Sozialisation – die Kernfunktion jeder Gesellschaft

Der Erhalt, die Entwicklungsfähigkeit und somit die Zukunft der Lebensverhältnisse hängen – wie bereits betont – davon ab, dass Sozialisation gelingt. Der Begriff der Sozialisation bezeichnet die Kernfunktion jeder Gesellschaft, ihre immateriellen Ressourcen, das vorhandene Wissen und die Werte und, darüber vermittelt, auch die materiellen Güter an die nachfolgende Generation weiterzugeben. Zwar gibt es in einer freiheitlichen Gesellschaft wie Deutschland aus guten Gründen keine zentrale staatliche Instanz, der die Gestaltung und Kontrolle dieser Kernfunktion zugeordnet wird. An der Sozialisation sind verschiedene Institutionen (wie private Haushalte, Bildungseinrichtungen, kulturelle Träger und Betriebe) beteiligt, die über Freiheitsspielräume für die Durchsetzung ihrer sozialisatorisch bedeutsamen Ziele verfügen. Es obliegt jedoch den verantwortlichen Akteuren, auf den unterschiedlichen Ebenen der Politik für günstige Rahmenbedingungen in öffentlichen Infrastrukturen zu sorgen, sodass der Erzie-

---

1 Vgl. Max Weber: „Soziologische Grundbegriffe", in: ders., *Wirtschaft und Gesellschaft*. Besorgt v. Johannes Winkelmann. 5. Aufl. Tübingen 1976, S. 1-30, insbesondere auf S. 28 f. die Definition der Begriffe Macht und Herrschaft mit dem Hinweis: „Der Begriff ‚Macht' ist soziologisch amorph." Der Begriff der Autorität wird in vielen Passagen verwendet, um historisch eingeordnete Herrschaftsbeziehungen zu charakterisieren. Autorität ist darin als Fähigkeit des legitimen Herrschers, zu verstehen, die Beherrschten freiwillig zu veranlassen, gehorsam zu sein. Explizit verantwortungsethische Überlegungen enthält Webers Vortrag „Politik als Beruf".

hung, Bildung, Aus- und Weiterbildung des Nachwuchses hohe Priorität eingeräumt werden kann und Sozialisation gelingt.[2]

Daher erregen die Klagen über die Schwierigkeiten von Institutionen Besorgnis, die in Deutschland mit der Sozialisation der nächsten Generation befasst sind. In Universitäten wird bei den Erstsemestern oftmals eine mangelnde Hochschulreife diagnostiziert, wofür als vorbereitende Einrichtungen die Schulen verantwortlich gemacht werden. In Schulen zeigt sich häufig eine fehlende Schulreife der Schulanfänger, wofür die Verantwortung den vor- und außerschulischen Einrichtungen (Familien, Kindertagesstätten, Sprachkursen) zugeschrieben wird. Im Bereich der beruflichen Bildung werden gravierende Defizite der Einstellung, Disziplin und des Wissens von jungen Erwachsenen festgestellt, wofür diese zumeist die Schulen und die Familien verantwortlich machen. Es ist also nicht übertrieben, von einer hierzulande beobachtbaren Krise der Sozialisation zu sprechen. Daher ist zu befürchten, dass essenzielle, die Kultur, das Arbeitsleben und das gesellschaftliche Leben tragende Bildungsgüter nicht weitergegeben werden.[3]

Auswege aus der Krise versprechen zwei Vorschläge, nämlich, das jeweilige Anforderungsprofil an die Leistungen der Lernenden anzupassen und/oder vermehrt digitale Medien und Künstliche Intelligenz beim Lernen einzusetzen. Viele Untersuchungen zeigen jedoch, dass die Umsetzung des

---

2 Herfried Münkler und Marina Münkler verweisen auf „den Rückzug eines erheblichen Teils der konservativen Mittelschicht bis hin zur unteren Mittelschicht mit Aufstiegsorientierung aus dem öffentlichen Schulsystem". Nach den Erfahrungen der Autoren trifft das ebenso für Eltern aus linken und grünen Milieus zu. „2015 besuchte von den 10,8 Millionen Schülern in Deutschland jeder Elfte eine Privatschule. Den höchsten Anteil bildeten daran mit 23,8 Prozent die Grundschulen. Wie das Statistische Bundesamt in einer Presseerklärung vom 8. Januar 2019 angab, ist der Anteil der Privatschulen seit 1992 um 81 Prozent gestiegen", in: Herfried Münkler/Marina Münkler: *Abschied vom Abstieg. Eine Agenda für Deutschland.* Berlin 2019, S. 249. Die im Namen der Überwindung der Chancenungleichheit durchgeführten Maßnahmen, etwa die Klassenlehrerrolle in eine Lernbegleiterfunktion zu transformieren, haben die Chancenungleichheit in Deutschland noch erhöht. Die Reihe mahnender Stellungnahmen zum Schulsystem, u. a. von Manfred Spitzer und Josef Kraus, füllen Bibliotheken. Pars pro Toto sei die Schrift des ehemaligen Vorsitzenden des Deutschen Lehrerverbandes genannt: Josef Kraus: *Wie man eine Bildungsnation an die Wand fährt: Und was Eltern jetzt wissen müssen.* München 2017.

3 Bei vergleichenden Untersuchungen zur vorschulischen und schulischen Sozialisation schneiden die skandinavischen Länder besser ab als andere europäische Länder. Sie haben die Einsicht in die Bedeutung der Sozialisation, vor allem der Bildung, für ihren gegenwärtigen und künftigen Wohlstand und für den Erhalt von freiheitlichen Lebensformen tief verinnerlicht.

ersten Vorschlags die Lernkurven weiter nach unten treibt, während die Argumente für den zweiten Vorschlag nicht überzeugen, warum ausgerechnet die verstärkte digitale Wissensvermittlung die jüngeren Generationen, die ohnehin schon viel Zeit mit der Mediennutzung verbringen, dazu motivieren könnte, mehr und nachhaltiger zu lernen und Defizite im selbstständigen Verstehen von Aufgaben und im Schreiben von Aufsätzen zu beheben. Nicht zu vergessen ist dabei auch der Bereich des sozialen Lernens.[4] Das Internet hält bekanntlich für viele Arbeitsaufgaben vorgefertigte Lösungen bereit.

Zudem ist auffällig, dass selten über Eltern, Erzieher, Lehrer und Vorgesetzte gesprochen wird – so als ob die einzelnen Phasen der Sozialisation in unkontrollierten Räumen stattfinden würden, in denen niemand die Verantwortung für Kinder, Schüler, Auszubildende, Studierende, junge Arbeitnehmer trägt. Eher selten wird der Stellenwert der Autorität dieses Personals für die Ursachenanalyse der geschilderten Probleme oder für die Suche nach Lösungen in Betracht gezogen. Wenn dennoch über Autorität nachgedacht wird, dann geht es zumeist um Überlegungen, wie man Autorität und damit die Gestaltungsspielräume derjenigen, die innerhalb der Sozialisationsprozesse Verantwortung tragen, einschränken könnte.[5] Aber wenn junge Leute, die sich durch sehr gute Leistungen hervorgetan haben, befragt werden, wodurch sie dazu angeregt wurden, so verweisen sie auf inspirative, kompetente und zuverlässige Lehrkräfte oder Vorgesetzte mit fachlicher und persönlicher Autorität, die ihr Interesse geweckt und sie zum Durchhalten motiviert haben. Dem Bedürfnis von Lernenden kommen offensichtlich Vorbilder, denen sie „voll vertrauen" können, die sie in „wachsamer Sorge" (Haim Omer) begleiten, am meisten entgegen. Lehrkräfte hingegen, die sich als machtlos inszenieren oder empfinden, wenn sie auf Widerstände treffen, erzeugen bei vielen Lernenden Ängste, Unsicherheit

---

4 Vgl. Christiane Bender: „Die Vorlesung – Ein Auslaufmodell?" in: *Glanzlichter der Wissenschaft – Ein Almanach*, hrsg. v. Deutschen Hochschulverband, Heidelberg 2016, S. 11-24, hier S. 12. Die Visualisierung von symbolischen Tatbeständen im Unterricht mit den neuen Medien geht, wie die Autorin betont, keineswegs damit einher, dass sie auch begriffen werden.
5 Aus Vorlesungen von Professoren werden von Tutoren betreute Seminare, aus dem Klassenunterricht von Lehrern werden individualisierte Lernsituationen oder Gruppenarbeiten mit Lernbegleitern an der Lerntheke, aus Gottesdiensten, ehemals von Pfarrern durchgeführt, werden Oberseminare für Eingeweihte mit Gesangseinlagen. Vgl. Christiane Bender: „Autorität – eine Kategorie der Hochschullehre", in: *Forschung & Lehre*, 2/2021, S. 13-14.

und Aggressionen. Sie fühlen sich in einem solchen Setting überfordert oder sehen sich dem Druck von Mitgliedern der Gruppe ausgesetzt, die dann das Vakuum der Führungslosigkeit besetzen.[6]

Autorität im Rahmen von Sozialisation auszuüben, wird, in Anlehnung an die oben gegebenen Definitionen Webers, als Erzeugen und Gestalten konkreter Lern- und Bildungssituationen (Beispiel: Unterricht) durch die legitimen Positionsinhaber (Beispiel: Lehrer/Lehrerin) in Hinblick auf die kulturell und institutionell definierten Bildungsziele verstanden, die von den anvertrauten Adressaten (Beispiel: Schüler/Schülerin) durch den Glauben an die Rechtmäßigkeit ihres Tuns vollzogen werden. Zur Autorität gehören sachliche (fachliche), charismatische (persönliche) und traditionelle Verhaltensmuster (beruhend auf der Vertrautheit mit den Normen des kulturellen Umfelds). Hinzu kommt die Funktion des Lehrers/der Lehrerin, die Institution (die Schule) zu repräsentieren, die zugleich den Rahmen der Gemeinschaft (die Klasse) mit ihren spezifischen Regeln bildet, die befolgt werden müssen. Mit der Chance der Lehrkraft, von sich zu überzeugen, übernehmen die Schüler zugleich die Vorstellung von einem Kulturraum, in dem sie ihren Platz einnehmen.

Wie anfänglich erwähnt, weist Weber darauf hin, dass Macht aufgrund ihres amorphen Charakters in sozialen Beziehungen virulent ist und von den beteiligten Akteuren bewusst oder unbewusst eingesetzt wird. Autorität des verantwortlichen Akteurs in der Sozialisation besteht darin, das vorhandene Machtgefälle zwischen ihm und denjenigen, die von ihm abhängig sind, im Sinne eines erfolgreichen Lernens zu transformieren. Kontrollierbare Lernschritte im Interesse eines gelingenden Lernprozesses tragen sukzessive dazu bei, die Selbstwahrnehmung der Lernenden zu erhöhen und die Etappen im Lernprozess als Wegmarken zu begreifen, deren Erreichen ihnen neue Chancen eröffnet, ihnen hilft, Eigenständigkeit und Selbstbewusstsein (also auch Macht im Sinne von Können) zu erwerben. Der französische Soziologe Pierre Bourdieu spricht mit Betonung auf den Aspekt, über Bildung Macht zu erlangen, vom Erwerb beziehungsweise von

---

6 Die Strukturanalogie zwischen gesellschaftlichen Prozessen, in denen die rechtsstaatlich legitimierte Führung versagt und darüber das Entstehen autoritärer Gegenmacht begünstigt wird, und Lernsituationen, in denen die verantwortlichen Lehrpersonen passiv sind und nicht gegen Regelmissachtung vorgehen, drängen sich auf. A. S. Neill reagierte wiederholt auf kritische Einwände, in seiner demokratischen Schule Summerhill im englischen Leiston würde auf die Einhaltung von Regeln nicht bestanden. Es sei dort um eine freie Erziehung und nicht um Freiheit von Erziehung gegangen.

der Internalisierung von Bildungskapital, welches die Grundlage für eine selbstbestimmte Lebensführung darstellt.[7]

Autorität innerhalb der Sozialisation auszuüben, lässt sich somit als Fähigkeit verstehen, das Auftreten „amorpher" Macht zu verhindern und das Machtgefälle etwa zwischen Lehrer und Schüler hin zum Guten für eine hinsichtlich des erstrebten Lernerfolgs geglückte Beziehung zwischen beiden umzuwandeln.

Autorität im Mittepunkt geglückter Sozialisation

„‚Das Bedürfnis nach Autorität ist elementar' – nicht in Form von Unterdrückung und Repression, sondern als Instanz, die anleitet, orientiert und Sicherheit gibt." Die Journalistin Hannah Bethke zitiert in dieser Passage aus ihrem Artikel „Autorität ist ein Grundbedürfnis"[8] eine Behauptung des amerikanischen Soziologen Richard Sennett. Der Begriff der Autorität sei zwar „angestaubt" und werde oftmals im Zusammenhang einer schwarzen Pädagogik („Besenkammerpädagogik") verwendet. Aber in der „Zuwendungspädagogik", die nicht auf der Bewertung von Leistungen, sondern auf diffuser Gefühlsnähe und scheinbarer Egalität beruht, üben Lehrkräfte über ihre Position hinaus unkontrolliert Macht aus, urteilen willkürlich auf eine für Schüler wenig nachvollziehbare Weise. Eine gute Autorität von Lehrkräften bestehe dagegen, so legt Bethke nahe, nachvollziehbar im Setzen von Grenzen, wofür sachliche (fachliche) begründbare Bewertungen (Benotungen) wesentlich seien. Zweifellos, so ist Hannah Bethke zu ergänzen, wird es Lehrkräften im Unterrichtsraum nicht leicht gemacht, diese Haltung in einer Zeit einzunehmen, in der die meisten beteiligten Akteure (Bildungspolitiker, Eltern, Medien) der Auffassung sind, ein gültiger Fächerkanon beziehungsweise verbindliche Maßstäbe der Beurteilung seien gegenüber dem Einzelnen ungerecht und unangemessen und daher abzulehnen. Was hier für die Beziehung zwischen Lehrer und Schüler festgestellt wird, trifft, wie bereits angesprochen, in ähnlicher Weise auch auf andere Sozialisationsbereiche (etwa auf die Berufsbildung oder die Universitäten) zu.

---

7 Vgl. Pierre Bourdieu: *Die feinen Unterschiede*. Frankfurt a. M. 1982.

8 Hannah Bethke: „Autorität ist ein Grundbedürfnis", in: *Frankfurter Allgemeine Zeitung* vom 24.01.2019, S. 9.

Sozialisation ist ein Oberbegriff, der alle Formen von Erziehung und Bildung umfasst.[9] Sozialisation findet in der Familie, im Kindergarten, in der Schule, in der Universität, im Freiwilligen Jahr, innerhalb der beruflichen Bildung, Ausbildung und Weiterbildung oder am Arbeitsplatz statt. Die ältere Generation (Eltern, Lehrer/Lehrerin, Ausbilder/Ausbilderin oder Vorgesetzte) leitet die jüngere (Kindergartenkinder, Schüler/Schülerin, Studierende, Auszubildende oder junge Erwerbstätige) über die Vermittlung von Kenntnissen und Fähigkeiten (Regelwissen) dazu an, ihren künftigen Platz in der Gesellschaft einzunehmen. Je höher das zivilisatorische Niveau der Gesellschaft entwickelt und je dynamischer ihre Funktionsweise ist, desto länger und intensiver müssen Anstrengungen von der älteren Generation aufgebracht werden, um die nachfolgende Generation mit den gesellschaftlichen Regeln vertraut zu machen, und desto schwieriger, komplexer und riskanter ist der Vorgang für alle Beteiligten.[10]

Beide Seiten, die ältere und die jüngere Generation, haben ein existenzielles Interesse an einem erfolgreichen Verlauf von Sozialisation. Scheitert die Sozialisation, so verschlechtern sich die Chancen für die Jüngeren, sich zurechtzufinden, ein möglichst selbstbestimmtes Leben zu führen und ihrerseits der ihnen nachfolgenden Generation, vermittelt wiederum über Sozialisation, bestmögliche Lebensperspektiven zu eröffnen. Sie spüren, wenn ihnen für ihr weiteres Leben unverzichtbare Ordnungs- und Orientierungskompetenzen vorenthalten wurden, und sehen die Ursachen dafür im Verhalten der für sie verantwortlichen älteren Generation. Aber auch die ältere Generation sieht sich mit einem für sie außerordentlich wichtigen Problem konfrontiert, nämlich mit der Unsicherheit, ob die Jüngeren die Verpflichtungen des gesellschaftlich gültigen Generationsvertrags erfüllen können oder wollen, besteht doch der essenzielle Inhalt eines solchen Vertrags in der Übernahme wechselseitiger lebensphasenspezifischer Schutz-

---

9 Diese begriffliche und vielfach auch institutionelle Unterscheidung zwischen Bildung und Erziehung, die sich im Angelsächsischen nicht abbilden lässt, ist in der Praxis nicht mehr durchzuhalten. Der Sog des englischen Internatssystems für die deutschen Oberschichten hängt damit zusammen, dass dort der Nachwuchs zu starken Persönlichkeiten gleichermaßen erzogen und gebildet wird.

10 Vgl. Hermann Veith: *Sozialisation*. München/Basel 2008. Im Folgenden verwende ich den Begriff der Sozialisation als Sammelbegriff (Kollektivsingular), der viele verschiedene Bereiche und Vorgänge subsummiert und Funktionen und Bezüge festhält, die allen Vorgängen gemeinsam sind. Das heißt aber nicht, dass die daran beteiligten Akteure immer im Bewusstsein dieser Zusammenhänge handeln.

funktionen – der Erwachsenen für die jüngeren Nachkommen und der dann erwachsenen Nachkommen für die Älteren.[11]

Unsicherheit und Aggressionen prägen das Miteinander in der Gesellschaft, wenn Sozialisation nicht funktioniert. Das daraus resultierende Unbehagen macht sich im Kohäsionsverlust der Gesellschaft bemerkbar – das Zusammengehörigkeitsgefühl lässt nach. Organisationen erstarken, die einen politischen Gegenentwurf verfolgen und Mitglieder rekrutieren, die sich vom Auseinandertriften der Gesellschaft hinsichtlich ihrer Zukunft besonders bedroht fühlen. Der Sozialstaat in Deutschland funktioniert nur, wenn die ältere Generation auf ihrer Verantwortung für die Weitergabe der Bildungsgüter an die jüngere Generation besteht und die jüngere Generation veranlasst, sich auf den Lernprozess einzulassen, die Bildungsgüter zu verinnerlichen. Nur dann kann die jüngere Generation im Rahmen des Generationenvertrags für die ältere Generation den vorgesehenen Beitrag auf innovative Weise leisten, der auch ihr einmal zugutekommen wird.[12]

Autorität wird in Deutschland, ganz gleich ob in der Familie, der Schule, im Verein oder in der Arbeitswelt, zumeist in Positionen (grund-)rechtlich legitimierter Herrschaft ausgeübt. Auch Eltern unterliegen gesetzlichen Regelungen (Art. 6 GG, § 1666 BGB – Gerichtliche Maßnahmen bei Gefährdung des Kindeswohls), die ihnen bestimmte Pflichten auferlegen und abweichende Verhaltensweisen unter Strafe stellen. Die Ausübung von Autorität – Definitionen zum Verständnis dieses Begriffs werden immer wieder aufgegriffen, sukzessive vertieft und erweitert – besteht in der fachlichen und persönlichen Fähigkeit der Lehrer, Lernschritte zu initiieren und durchzusetzen und die Schüler mit einem Wissen auszustatten, das sie ihrem angestrebten Bildungsziel näherbringt. Es handelt sich dabei immer

---

11 Clevere Jugendliche weisen darauf hin, dass sie nicht gefragt wurden, ob sie in den Generationenvertrag einsteigen wollten. Clevere Ältere könnten dem entgegenhalten, dass sie durch den Nutzen, der aus der Realisierung des Generationenvertrags erwachsen ist, diesem durch ihr Verhalten längst zugestimmt haben. Die Artikulation mangelnder Bereitschaft ängstigt die Älteren aber dennoch. Das zunehmende Unsicherheitsgefühl in der Gesellschaft, das durch eine Allensbach-Untersuchung belegt wurde, hat hier ihren Ursprung. Vgl. Renate Köcher: „Erosion des Vertrauens", in: *Frankfurter Allgemeine Zeitung* vom 20.11.2019, S. 10.

12 In einer modernen Industriegesellschaft wie Deutschland sind sowohl die Sicherstellung der Wirtschaftsleistung des Landes als auch die sozialstaatlichen Leistungen, die in einem nur scheinbar unpersönlich funktionierenden Wohlfahrtsstaat erbracht werden, „systemisch" miteinander verbunden. Da geht es nicht nur um monetäre Leistungen, die an die privaten Haushalte (Kindergeld, Rente etc.) transferiert werden, sondern auch um Institutionen mit ihren Versorgungsaufträgen hinsichtlich Bildung, Ausbildung, Betreuung, Gesundheitsversorgung und Pflege.

um die Bewältigung eines Machtgefälles, wenn im Rahmen von Sozialisation Wissen, handwerkliche Fähigkeiten und soziale Verhaltensmuster
weitergegeben werden. Autorität auszuüben bedeutet, das fachliche und
persönliche Vermögen der Lehrer und ihre Macht, die bereits den Regeln
der legitimierten Herrschaft unterliegt, für gelingende Lernschritte der
Schüler einzusetzen und deren Mitwirkung zu erreichen. Da die Schüler die
Bedeutung der einzelnen Lernschritte nicht völlig überschauen (können),
ist die Autorität der Lehrer zugleich ein „Hebel" für sie, vertrauensvoll
eigene Anstrengungen zu erbringen, ohne deren Nutzen bereits zu erfassen.
Beide Seiten, die verantwortlichen Akteure und diejenigen, die sozialisiert
werden, haben daher, wie der oben zitierte Satz von Richard Sennett aus-
sagt, ein elementares Bedürfnis nach Autorität.

Generationenbeziehungen

Elementar ist daher eine auf Autorität beruhende Interaktion innerhalb der
Sozialisation, auch wenn Autorität als legitimierter und kontrollierter Ausdruck eines Machtgefälles herausgefordert wird und umkämpft ist. Schon
in ihrem soziologischen Klassiker „Die Konstruktion der gesellschaftlichen
Wirklichkeit", in dem die Bedeutung der Sozialisation als Vermittlung, Aneignung, Tradierung und Habitualisierung gesellschaftlichen Wissens beschrieben wird, weisen die Autoren Peter L. Berger und Thomas Luckmann
darauf hin, dass es in einer modernen Gesellschaft keine vollkommen erfolgreichen Sozialisationsprozesse geben kann.[13] Nicht alle Werte, die eine
Generation geschaffen hat, werden an die nächste Generation weitergegeben. Und nicht alle Abkömmlinge der nachfolgenden Generation lassen
sich auf vorhandene Sozialisationsangebote ein; manche scheitern, andere machen aus ihren abweichenden Verhaltensweisen ein Geschäft.[14] Zur

---

13 Vgl. Peter L. Berger/Thomas Luckmann: *Die gesellschaftliche Konstruktion der Wirklichkeit.* Frankfurt a. M 1970. Die Beurteilung von Sozialisationsdefiziten zeigt sich im
Zusammenhang einer Rückschau. Keine Entwicklung einer Gesellschaft kann durch
eine Generation vollständig geplant werden. Wo das versucht wurde, ist es gründlich
gescheitert oder schlimm ausgegangen. Sozialisation kann immer nur nach „bestem
Wissen und Gewissen" erfolgen.
14 Zumeist haben „schöpferische Zerstörer" (Joseph A. Schumpeter) eine anregende
Sozialisation durchlaufen, was ihnen auf einer bestimmten Stufe ihrer Entwicklung
ermöglichte, einen eigenen ungewöhnlichen Weg zu gehen. Die Stars aus dem Silicon
Valley haben zumeist studiert, oft jedoch ohne Abschluss. Ihr Erfolgsrezept bestand
in einer intelligenten Kombination von verschiedenen Talenten mit einem guten
Gefühl für den amerikanischen Traum und einer Menge Risikokapital, das ihnen
anvertraut wurde.

Sozialisation gehört es, Kämpfe um Aufmerksamkeit und Anerkennung zwischen den Generationen auszutragen. Wenn jedoch die gesellschaftliche Tiefenstruktur in ihren normativen Grundlagen und die damit verbundenen Ordnungs- und Orientierungsfunktionen zwischen den Generationen nicht weitergegeben werden, ist die Gefahr groß, dass sich autoritäre Gegenbewegungen bilden, die kein Verständnis für die Gepflogenheiten einer rechtstaatlich legitimierten demokratische Kultur haben.

Die vielfältigen Klagen der Akteure in Deutschland, die an der Sozialisation verantwortlich beteiligt sind, deuten bereits auf einen Konsensverlust in der Gesellschaft hin.[15] Frustrationen bei der älteren und der jüngeren Generation scheinen mancherorts darauf hinauszulaufen, dass sich auf beiden Seiten Menschen von tradierten Formen der Aushandlung, der Kompromissfindung, des Ausgleichs abwenden. Die Älteren wenden sich ab, weil ihre Angebote an Ordnung und Orientierung belächelt werden, und die Jüngeren, weil sie von Zukunftsängsten geplagt werden, nachdem die einen „anstrengungslos" ihren Bildungsweg mithilfe der Eltern im Hintergrund geschafft haben und die anderen, weil sie sich in unstrukturierten Bildungsräumen der „Null-Bock"-Fraktion aufhalten. Sozialisation benötigt Autorität, und Gesellschaft benötigt gelingende Sozialisation. Autoritäre Bewegungen entstehen dort, wo Autorität fehlt.[16]

Zu berücksichtigen ist, dass Sozialisation in Deutschland im Zuge der Liberalisierung und der sozioökonomischen und -kulturellen Differenzierung der Gesellschaft an Dichte verloren hat: Allgemeine Standards der Erziehung und Bildung, die als milieuübergreifend gelten und als solche von Jugendlichen erfahren werden, fehlen. Die Erziehungsstile und Bildungsideale variieren in Abhängigkeit vom milieuspezifisch geprägten Selbstverständnis der Eltern.[17] Beispielsweise interagieren Eltern, die sich als freund-

---

15 Vor allem in öffentlichen Sozialisationseinrichtungen wird geklagt, weniger in privaten, die sich eines steigenden Zuspruchs erfreuen. Dennoch sollte beachtet werden, dass die flankierenden Rahmenbedingungen von Sozialisation wie Gesundheit, Wohlstand, Partizipation an Bildungs- und Weiterbildungsprozessen bislang so günstig wie noch nie in der Geschichte dieses Landes waren.

16 Es ist schon merkwürdig, dass in Analysen zum Rechtspopulismus der Gegenwart so selten über die Bedeutung der Sozialisation geforscht wird, sind es doch Sozialisationsprozesse, in denen die ältere Generation der jüngeren Generation Habitus und Haltung vermittelt – oder auch nicht. Die an Kurt Lewin ansetzende Erziehungsstilforschung bietet Anknüpfungen, die jedoch vor dem Hintergrund gegenwärtiger Erziehungsprobleme weiterentwickelt werden müssen.

17 Vgl. Christiane Bender: „Diversität – ein Beitrag zur Förderung oder Schwächung des Zusammenhalts in Gesellschaft und Organisationen?", in: *GWP – Gesellschaft.*

schaftliche Berater ihrer Kinder begreifen, autoritätsarm. Patriarchal struk-
turierte Eltern, die von ihren Kindern Unterordnung in Hinblick auf die
künftige Tradierung der vorgegebenen Vater- und Mutterrollen einfordern,
agieren eher autoritär. Die Anerkennung der familialen Macht des Vaters
geht vielfach einher mit der Anforderung an die Söhne, dessen autoritäre
Stellung (in ihren künftigen Familien) einzunehmen. Von den Töchtern
wird die Akzeptanz ihrer geschlechtsspezifisch definierten Inferiorität erwartet.

Die nachfolgenden Sozialisationsinstanzen, wie z. B. die Schule, sehen
sich dadurch mit großen Problemen konfrontiert, die daraus resultieren,
dass die Lernenden bislang in ihrem Alltag unterschiedliche, ja gegenläufige Erwartungshaltungen verinnerlicht haben. Die öffentlichen Schulen haben daraufhin eine Zeitlang versucht, nach dem Motto „Individualisierung
des Unterrichts" zu reagieren, um die Leistungserwartungen den vorhandenen Fähigkeiten der Schüler und Schülerinnen anzupassen. In der beruflichen Sozialisation brachen aber die Konflikte um Leistungsstandards und
Leistungsbereitschaft wieder auf.

2. Aspekte des Kulturwandels in Deutschland durch Autoritätskritik

In Deutschland schwingt im Diskurs über Autorität und Führung, anders
als in den meisten modernen Gesellschaften, der Vorbehalt mit, die Ausübung starker Autorität und Führung innerhalb der Sozialisation könnte zu
einer Wiederbelebung autoritärer Verhaltensmuster aus der NS-Zeit führen.
Daher setzte sich in Westdeutschland mit Zustimmung großer Teile der
Bevölkerung sukzessive eine autoritätskritische Sichtweise durch. Sie wurde
vor allem von der 68er-Studentenbewegung propagiert. Die Ablehnung von
Autorität und Führung war damals eine Reaktion der Nachkommen im
Konflikt mit der Vätergeneration, der noch Mitläufer und Täter angehör-
ten, die im Nationalsozialismus Verbrechen ausgeübt hatten.

Die Verallgemeinerung der damaligen Autoritäts- und Gesellschaftskri-
tik bezog auch die Entwicklung des sich allmählich demokratisierenden
Deutschlands mit ein. Hinzu kam und kommt die Illusion, dass der Abbau
von Autorität das „amorphe" Auftreten von Macht verschwinden lässt –

Wirtschaft. Politik. Jg. 66, 1/2017, S. 95-105. Die Trägerschicht dieser Entwicklung
war die Babyboomer-Generation. Historisch ist aber noch nicht entschieden, ob die
nachkommenden Generationen die dazugewonnene Freiheit zum Vorteil für sich
und für das Land werden nutzen können.

eine Ansicht, die hierzulande auch heute noch verbreitet ist und der Weiterentwicklung des Selbstverständnisses Deutschlands nach der Wiedervereinigung und Übernahme von Verantwortung im Bündnis innerhalb der internationalen Beziehungen im Wege steht. Nun werden gesellschaftliche Repräsentanten auf viele Weise innen- und außenpolitisch herausgefordert, Orientierungen zu geben, Bündnispartner zu überzeugen und zum gemeinsamen Handeln zu veranlassen. Weder eine autoritätsarme Sozialisation noch die dadurch Aufwind erhaltenden autoritären Sehnsüchte bieten günstige Voraussetzungen für die Bewältigung der großen Anforderungen, die an die nächsten Generationen gestellt werden.

Im Folgenden wird an die Bedeutung der Wehrpflicht und der Bundeswehr als „Schule der Nation" in der Bundesrepublik erinnert. Dabei wird deutlich, dass sie einst an einer „dichten Sozialisation" junger Erwachsener großen Anteil hatte.[18] Sie garantierte die hohe Wehrhaftigkeit des Landes – gegenwärtig besteht eine kurzfristig unerfüllbar gewordene Erwartung an gesellschaftliche Resilienz, diese Wehrhaftigkeit wiederherzustellen – und besaß eine zusätzliche sozialisatorische Bedeutung für junge Männer, den Schritt aus dem Elternhaus in die Welt der Erwachsenen zu machen.

Wehrpflicht als Teil dichter Sozialisation

Trotz der Proteste gegen die „Wiederbewaffnung der Bundesrepublik" genoss die Bundeswehr nach ihrer Gründung 1955 Wertschätzung und hohes Ansehen in der westdeutschen Bevölkerung.[19] Noch bis in die 1980er-Jahre hinein empfahlen im Adel und in den gehobenen bürgerlichen Schichten (auch als Folge damals noch wirksamer Familientraditionen) sowie in den kleinbürgerlichen Milieus Väter ihren Söhnen, sich bei der Bundeswehr für eine sichere Laufbahn zu bewerben, auf jeden Fall aber den Wehrdienst zu leisten. Auch die Alternative des Zivildienstes (seit dem Jahr 1961) wurde von den Eltern als förderliche Ergänzung zur schulischen Sozialisation

---

18 Den Begriff „dichte Sozialisation" habe ich nach Clifford Geertz' Buch „Dichte Beschreibung" gebildet. Geertz verwendet ihn als methodisches Prinzip zur Erforschung von Kulturen, in denen die Individuen im Alltagsleben strikt durch allgemeingültige Regeln sozialisiert werden, also mit wenig Toleranz gegenüber Abweichungen.

19 Der Sozialhistoriker Hans-Ulrich Wehler schildert die Konflikte bei der Gründung der Bundeswehr als „heftiges Duell zwischen militärischen Reformern und Traditionalisten" – Konflikte, die Jahrzehnte lang anhielten. Vgl. Hans-Ulrich Wehler: „Die Bundeswehr im Dauerkonflikt zwischen Reformern und Traditionalisten", in: ders., *Deutsche Gesellschaftsgeschichte 1949-1990*. München 2008, S. 303-310, hier S. 305.

ihrer Söhne begrüßt. Wehrpflicht und Zivildienst boten den jungen Leuten die Möglichkeit, sich mit anderen und für andere einzusetzen und Erfahrungen zu sammeln, bevor sie sich für erste berufliche Weichenstellungen entschieden.[20]

Schichtübergreifend waren Eltern, zumal Väter, der Ansicht, dass ihren Sprösslingen Disziplin, Dienstpflicht, Gemeinschaftssinn, korrektes Benehmen und politische Bildung nicht schaden könne. Die oberen Schichten legten Wert darauf, dass ihre Söhne neben der Fähigkeit der Unterordnung und Anpassung in der Bundeswehr lernten, Führung und Autorität auszuüben, während junge Männer aus den unteren Schichten vor allem darin geschult wurden, Autoritäten anzuerkennen und sich einer vorgegebenen Befehlsstruktur unterzuordnen. Gleichzeitig, und das darf nicht vergessen werden, bot jedoch gerade die Bundeswehr sichere, schichtenübergreifend zugängliche Arbeitsplätze und geregelte Aufstiegsmöglichkeiten, was für Eltern aus dem Kleinbürgertum als Perspektive für ihren Nachwuchs besonders attraktiv war.[21]

Die Generation, die nach dem Zweiten Weltkrieg bis in die 1960er-Jahre geboren wurde, wuchs mit einem sozialisatorisch eng gestrickten Netz von Verpflichtungen auf. Die meisten Familien muteten ihrem Nachwuchs einen durch zeitraubende Anforderungen gekennzeichneten Tagesablauf zu. Dazu gehörte es, sich dem ritualisierten Familienleben im Alltag anzupassen, erheblichen Herausforderungen in der Schule gerecht zu werden und den religiösen Sozialisationsprozess (Gottesdienstbesuche, Kommunion oder Konfirmation, Auswendiglernen von Gebeten, Liedern und Psalmen) in einer der beiden Kirchen zu durchlaufen. Damit aber nicht genug. Zumeist kam noch die Mitgliedschaft im Sport- und/oder im Schützenverein dazu.

Viele Familien sahen in der Wehrpflicht der Bundeswehr als „Schule der Nation" nicht nur Zwang, sondern auch ein Angebot, das sie für ihre Sprösslinge als besonders geeignet hielten, die „rites de passage", die Übergangsriten in das Leben eines zur Verantwortung fähigen Erwachsenen, sozialisatorisch zu vollenden. Es herrschte die Vorstellung vor, dass Sozialisation ein Vorgang des Erwachsenwerdens ist, der mit dem Erlernen der Familienregeln beginnt und der in immer größeren Kreisen schließlich

---

20 Vgl. Ute Frevert: *Die kasernierte Nation. Militärdienst und Zivilgesellschaft in Deutschland.* München 2001.
21 Bundeswehr, Schulen, Hochschulen und insgesamt der öffentliche Dienst waren/sind die bevorzugten Arbeitgeber des Nachwuchses aus dem Kleinbürgertum.

dazu führt, gesellschaftliche Erfahrungen zu sammeln – Aspekte einer Allgemeinbildung, wozu eben auch Einsichten in die Geschichte, den Aufbau und letztlich in die Identität des Landes gehören, dem die Soldaten und Soldatinnen dienen.[22] Auch die Chance, dass dem Nachwuchs besondere Fähigkeiten vermittelt werden, die im Zivilleben nützlich sein könnten, etwa in Krisen oder Katastrophen über Notfallstrategien zu verfügen, sprach dafür, dass sich Söhne für den Dienst in der Bundeswehr verpflichteten. Die Arbeitgeber honorierten es bei Einstellungen, wenn Bewerber „gedient", also bewiesen hatten, dass sie sich der Ausübung von Autorität fügen und diese gegebenenfalls auch selbst ausüben konnten.

Entfremdung zwischen Gesellschaft und Armee

Diese Wahrnehmungsmuster veränderten sich jedoch gravierend. Mit dem Ende des Kalten Kriegs büßten der gesellschaftliche Beitrag der Bundeswehr, die Verteidigungsbereitschaft und die Aufrechterhaltung der Sicherheit des Landes und seiner Bündnispartner an Bedeutung in der öffentlichen Wahrnehmung ein, und damit verschwand ein Bildungsverständnis, welches die Geschichte und Politik Deutschlands einbezog. Das „Ende der Geschichte", insbesondere die Beendigung der militärischen Auseinandersetzung zwischen einer zunehmend demokratischer sich entwickelnden Welt mit aggressiven, autoritär geführten Imperien, schien absehbar (Francis Fukuyama).[23] Die Gefahr von Kriegen und Angriffen durch Staaten, die die Sicherheit Deutschlands und seiner Bündnispartner bedrohten, galt zunehmend als unwahrscheinlich. Eine für viele moderne Staaten selbstverständliche sicherheitspolitische Leitlinie, das Militär als „letztes" Drohpotenzial der Politik und damit zur Eindämmung und Abschreckung von Kriegsgefahr bereitzuhalten, geriet in Deutschland in Vergessenheit. Das Autoritäts- und Führungsverhalten, wie es in der Armee gefordert und eingeübt wurde, galt plötzlich als unmodern. Teamarbeit und Kommunikation rückten in den Vordergrund – wobei zumeist ausgeblendet wurde, dass auch hier Autorität und Führung unumgänglich sind, um Resultate zu erzielen, verbindliche Regeln festzuhalten, einzufordern, zu überprüfen und um zu entscheiden. Die Aussetzung der Wehrpflicht wurde vom Bundeskabinett am 15. Dezember 2010 beschlossen. Der Beschluss trat zum

---

22 Die Gründung der Universitäten der Bundeswehr in Hamburg und München, die auf ihre zivile Eigenständigkeit von Anfang an pochten, war Ausdruck dieses Bildungsverständnisses.

23 Francis Fukuyama hat wiederholt erklärt, dass dieser Interpretation seines Buches „Das Ende der Geschichte" ein Missverständnis zugrunde liegt. Es nützte ihm nichts.

1. Juli 2011 in Kraft, und die Bundeswehr wurde in eine professionalisierte Einsatzarmee umgebaut.

Die zivile und die militärische Welt entwickelten sich weit auseinander, ja entfremdeten sich mehr denn je voneinander.[24] Diese Entfremdung entsprach allerdings der gesellschaftspolitischen Vision von einer „gewalt-, macht-, herrschafts- und autoritätsfreien" Gesellschaft, welche bereits die Protagonisten der 68er-Bewegungen, oftmals paradoxerweise mit Mitteln der Gewalt, anstrebten.[25] Diese Rebellion nahm ihren Ausgang an den Universitäten, spielte sich vor allem im akademischen Milieu ab und mobilisierte von dort aus ihre Trägerschichten, darunter viele Lehramtsstudierende. Sie leiteten aus ihren Erlebnissen politische Orientierungen ab, die sie auf ihrem „Marsch durch die Institutionen" in den von ihnen bevorzugten Berufsfeldern, nämlich in der Schule und insgesamt im öffentlichen Dienst, zu verwirklichen suchten.[26]

Unversöhnliche Generationenkonflikte

In Deutschland haben die Proteste der 1960er- und 1970er-Jahre eine im Vergleich mit anderen westlichen Ländern besondere Vehemenz erlangt. Der Anlass dafür lag in den damals wie noch heute unfassbaren Verbrechen, die während der Diktatur des Nationalsozialismus verübt worden waren und die zu einem Zivilisationsbruch geführt hatten, dessen Narben nicht heilen. Täter und Mitläufer beschädigten auf lange Zeit die

---

24 Emmanuel Todd bezeichnet in *Traurige Moderne. Eine Geschichte der Menschheit von der Steinzeit bis zum Homo americanus.* München 2018, den Vietnamkrieg als Zäsur für diesen Entfremdungsprozess zwischen der modernen zivilen Welt der Akademiker und dem amerikanischen Militär als Organisation, die vorwiegend Afroamerikaner und weiße Männer der unteren Schichten der Gesellschaft nach Vietnam schickte. Während im Zweiten Weltkrieg junge Männer ohne Rücksicht auf die Schichtzugehörigkeit eingezogen wurden, war das während des Vietnamkriegs anders. Viele Akademiker konnten trickreich verhindern, eingezogen zu werden. Gleichzeitig sympathisierten sie in medienwirksamen Protestaktionen offen mit dem Vietcong, also mit der Guerillaorganisation des Feindes. Dieser Graben in der amerikanischen Bevölkerung ist bis heute spürbar. Das damals entstandene Ungerechtigkeitsgefühl verstärkte die Ablehnung des demokratischen Establishments in Washington. Donald Trump konnte diese tiefliegenden Kränkungen in Zustimmung zu seiner Person ummünzen.
25 Diese Utopie spiegelte sich allerdings nicht in den Vorbildern der 68er (wie Mao Zedong, Ho Chi Minh, Che Guevara, Jassir Arafat, manche K-Gruppen schreckten auch vor Lenin und Stalin nicht zurück) wider, die rücksichtslos Gewalt anwandten, wenn sie sich für sich Nutzen davon versprachen.
26 Vgl. Rainer Geißler: *Die Sozialstruktur Deutschlands*, a. a. O. 1970 studierten 11 Prozent eines Jahrgangs.

zwischengenerationalen Brücken und Begegnungen innerhalb aller gesellschaftlichen Institutionen und selbstverständlich auch und gerade in Einrichtungen, die besondere sozialisatorische Funktionen erfüllen wie Familien, Schulen, Unternehmen, Universitäten.

Die Folge davon war ein tiefgreifender Generationen- und Sozialisationskonflikt, in den zunächst die nach dem Zweiten Weltkrieg geborene Generation hineingezogen wurde. Jugendliche konnten der moralisch-sittlichen Autorität der Verantwortlichen im Elternhaus und in den Sozialisationseinrichtungen nicht mehr auf selbstverständliche Weise Vertrauen entgegenbringen, da die Frage nach deren Anteil an den NS-Verbrechen zumeist unbeantwortet blieb. Dieser Sachverhalt wog umso schmerzhafter, als sich viele Zugehörige der Nachkriegsgeneration eingestehen mussten, dass sie, wie alle Kinder, zunächst einmal ihren Eltern, Verwandten und Lehrern „voll vertrauten", bis sie in ihrer späteren Entwicklung über mediale Aufklärung, couragierte Lehrer oder durch Lektüre die Integrität ihrer Eltern während des Nationalsozialismus anzweifelten.[27]

Der Hinweis auf die Bewältigung des oftmals sehr persönlichen Gefühls, einen Vertrauensbruch in der Familie zu erleiden, ist vermutlich eine Erklärung für die Heftigkeit und Gewaltsamkeit vieler massiver außerparlamentarischer Proteste. Schwer wiedergutzumachende Enttäuschungen und anhaltende Ungewissheiten über Täter und Mitläufer in der eigenen Familie erklären zudem die psychosoziale Disposition der Nachkriegsgeneration, die eine so nachdrücklich kritische Haltung gegenüber jeglicher Autorität einnahm und diese Haltung auch an die nächsten Generationen, vor allem an die Generation der Babyboomer, weitergab. Große Teile der Babyboomer trachteten danach, ihre pädagogischen Funktionen weitgehend ohne Autorität und Herrschaft auszuüben.

Allerdings richtete sich dieses „auf Dauer gestellte Misstrauen" gegenüber den Repräsentanten der älteren Generation auch gegen die sich im Aufbau befindliche Demokratie in Deutschland, gegen ihr Personal, ihre Institutionen und – last, but not least – gegen die gesamte Geschichte des Landes. Viele Protagonisten dieser Generationen, die den „Marsch durch die Insti-

---

27 Der Autoritätskonflikt bezog sich vor allem auf die männlichen Träger in verantwortlichen Positionen innerhalb der Gesellschaft und insbesondere innerhalb der Familie, Schule und Universität. Allerdings wurde wenig berücksichtigt, dass deren gesellschaftlicher Status nicht mehr mit den Verhältnissen übereinstimmte, in denen sie sozialisiert wurden und die ihre Rollenvorstellungen internalisiert hatten. Siehe dazu Alexander Mitscherlich: *Auf dem Weg zur vaterlosen Gesellschaft. Ideen zur Sozialpsychologie.* München 1973.

tutionen" antraten, waren lese- und theoriewütig, generierten ihre Erziehungs- und Bildungsziele aus der Literatur und blendeten dabei den realen Kontext der deutschen Gesellschaft aus. Ihre Erziehungsziele bezogen sich häufig auf Mündigkeit, Stärkung der Urteilskraft, Selbstbestimmung und Entwicklung zur freien Persönlichkeit.[28] Diese Ideen mobilisierten besonders die durch die Bildungsexpansion begünstigten jungen Erwachsenen, ihre kleinbürgerlichen Klassenbindungen hinter sich zu lassen und den sozialen Aufstieg zu wagen.[29] Manifeste Interventionen durch Autorität und Herrschaft brauchte es für diese Generation in geringerem Maße. Sie sahen ein ökonomisch und kulturell freieres Leben vor sich und suchten eifrig nach Wegen der Aus- und Weiterbildung, um es herbeizuführen.[30]

Aber in den 1990er-Jahren war die Mobilisierungsfähigkeit dieser Erziehungs- und Bildungsideen endgültig erschöpft. Der Nachwuchs entstammte bereits weitgehend einer gewachsenen Mittelschicht, die sich in ökonomischer und kultureller Hinsicht Individualisierung leisten konnte. Der „Laissez-faire"-Stil (Kurt Lewin) innerhalb der sozialisatorischen Praxis erschien dem Nachwuchs aus bildungsnahen Milieus vielerorts zwar als vertraut, aber dem aus bildungsferneren als „emotional kalt" und seitens des autoritätsarmen Lehrkörpers als ein Ausdruck von Desinteresse.[31]

---

28 Vgl. Pars pro Toto: Theodor W. Adorno: *Erziehung zur Mündigkeit*. Frankfurt a. M. 1971.

29 Unter Bildungsexpansion wird der Ausbau der sekundären und tertiären Bildungseinrichtungen (u. a. die Fachhochschulen) verstanden. Der Nachwuchs aus bislang bildungsferneren Schichten konnte mit höheren Abschlüssen die Schule verlassen, und die Studierendenzahlen stiegen.

30 Vgl. Christiane Bender: „Eine eigene Vorstellung von der Welt – Von der Lesewut der Wenigen zur Leseallergie der Vielen", in: *Forschung & Lehre*, 4/2018, S. 322-324.

31 Hier ist zu berücksichtigen, dass die Generation, die etwa zwischen 1940 und 1965 geboren wurde, selbst noch einen weithin gültigen „konservativen Bildungskanon" verinnerlicht hatte, da die Jugendlichen dieser Generation zumeist eine streng religiöse Sozialisation durchlaufen hatten: Die Jungen verbrachten beispielsweise den Sonntagmorgen als Messdiener in der Kirche, Mädchen wurden von Müttern an Haushaltstätigkeiten herangeführt, Sportvereine spielten eine große Rolle für die Freizeitgestaltung, und schichtübergreifend bestanden Eltern auf der Einhaltung von familiären Riten und Traditionen. Nachdem die jungen Erwachsenen jedoch Kenntnis von der Verstrickung der Eltern in die Verbrechen der NS-Zeit erhalten hatten, entzogen sie ihnen noch im Nachhinein die Legitimität zur Erziehung. Die Erziehungs- und Lebensstile der Nachkommen der kritisierten Elterngeneration wurden freizügiger, und der Anteil der Jugendlichen, die das Abitur ablegten, nahm zu, ohne der Akkumulation von Bildungskapital eine besonders motivierende, persönlichkeitsbildende Funktion einzuräumen. Insbesondere seit den späten 1990er-Jahren waren die Ideen der Autoritätskritik „verpufft"; der starke Zugriff der Familien auf

Antiautoritäre Praxis und Reformmodelle

Die Protagonisten der 68er-Bewegung propagierten eine „antiautoritäre Handlungsmaxime", die, vermittelt über den Einfluss auf die Generation der Babyboomer, im Sozialisationsverständnis bis heute nachwirkt.[32] Darin war die Fehldeutung enthalten, dass Macht innerhalb der Sozialisation durch den Abbau von Autorität minimiert werde. Wie bereits betont, wurde hier verkannt, dass Autorität gerade eine Form der Gestaltung von Macht im Interesse beider an der Sozialisation unmittelbar beteiligten Seiten ist; denn ohne Autorität tritt der „amorphe" Charakter der Macht von Handelnden im sozialen Gefüge als Machtkampf, Willkür, Verweigerung, Störung und manchmal sogar als Gewalt zutage.

Dazu zwei prominente Beispiele (Pars pro Toto), die vordergründig vom Versuch getragen waren, die herausgehobene Position und Autorität der Erzieher abzubauen, ohne dass jedoch das Ziel einer egalitären, durch Machtabbau gekennzeichneten sozialisatorischen Alltagssituation erreicht wurde:

1. Die antiautoritäre Pädagogik, umgesetzt in den Kinderläden, war eine Erziehungspraxis, in der die Erzieher nur selten Autorität ausübten, um Einfluss auf die Kinder zu nehmen. Eine angeblich „kalte" Kontrolle der Einhaltung von Regeln fand nicht statt, dafür eine enge Beziehung zwischen Kindern und Erziehern. Der amorphe Charakter der Macht zeigte sich darin, dass viele Kinder überfordert waren, ihr Verhalten selbst zu regulieren. Sie reagierten darauf mit Aggressionen gegen sich, gegen andere Kinder oder gegen die Erzieher. Zudem setzten sich die handlungsstarken oftmals gegen schwächere Kinder durch, die innerhalb dieses Settings, in dem das Einhalten von Regeln nicht kontrolliert wurde, selten ihre Position verbessern konnten. Später wurde bekannt, dass Schamgrenzen zwischen Erziehern und Kindern aufgehoben, für die Erziehung benötigte Distanzen

---

den Nachwuchs war verschwunden, flankierende sozialisatorisch wirksame Einrichtungen von Parteien, Kirchen und Vereinen konnten kaum noch Einfluss auf junge Leute nehmen. Im Rahmen von schulischer (durch PISA evoziert) und universitärer (durch den Bologna-Prozess ins Leben gerufen) Rahmenpolitik sahen sich viele Jugendliche mit Lehrkräften konfrontiert, die ihre „kritischen Ideen" kaum noch vermitteln konnten und als Autorität nicht ernst genommen wurden.

32 Die politisch engagierten Wortführer blieben der Politik, vor allem der SPD, erhalten. Viele der Babyboomer-Generation (ich bezeichne sie gern als Generation Bildungsexpansion), die durch ihren akademischen Abschluss sozial aufgestiegen waren, fanden eine Anstellung in Bildungsinstitutionen.

überschritten wurden und manche Erzieher ihre Macht „hemmungslos" ausgenutzt haben.[33]

2. In einigen reformpädagogisch basierten Schulen ging es darum, die als „kalt" empfundene Kontrolle der Schüler durch die Lehrer zu beseitigen und „Zuwendung", also Wärme, an deren Stelle zu setzen.[34] Dieses Konzept begrenzte aber, wie mittlerweile bekannt ist, die Macht des „Lehrkörpers" nicht. Im Gegenteil: Die Aufhebung der Grenze zwischen Lehrer und Schüler diente nicht dem Wohl der Schüler, sondern dehnte die Macht der „Reformpädagogen" auf die Persönlichkeit der Schüler aus und machte vor deren persönlicher Würde nicht halt. Im Namen einer Lehrer-Schüler-Beziehung auf einer angeblich gemeinsamen, egalitären Basis wurden Schüler der Willkür ihrer Lehrer ausgesetzt, die vor einem Missbrauch der Schutzbefohlenen nicht zurückschreckten.

Vater, Vater Staat, Vaterland, väterlich

Die Historikerin Ingrid Gilcher-Holtey hebt die damals leitende „antiautoritäre Handlungsmaxime" hervor. Diese Maxime richtete sich auf die Beseitigung der tatsächlichen oder vermeintlich autoritären Herrschaftsformen in Familien, Kindergärten, Schulen und Universitäten, aber darüber hinaus auch auf jegliche Repräsentation von Macht.[35] Wie schon in vor-

---

33 Vergleiche das wunderbare Buch von Andreas Flitner: *Konrad, sprach die Frau Mama...Über Erziehung und Nicht-Erziehung.* 10. Aufl. München 2000.

34 Ein prominenter Repräsentant der Reformpädagogik nach dem Zweiten Weltkrieg war Hartmut von Hentig mit seinem Slogan „Die Schule neu denken". Die Ansätze der Reformpädagogik waren nach der 68er-Revolte hoch willkommen und genossen in der Bildungspolitik vieler Bundesländer ein hohes Ansehen. Eines der bekannten Beispiele ist die Odenwaldschule unter der Leitung von Gerold Becker. Vgl. Jürgen Oelkers: *Eros und Herrschaft. Die dunklen Seiten der Reformpädagogik.* Weinheim/Basel 2011. Die starke Überzeugung mancher Reformpädagogen von ihren außeralltäglichen Methoden ging einher mit sexuellen Übergriffen des Lehrpersonals auf ihre Schüler.

35 In ihrer Studie „Die 68er Bewegung" formuliert die Historikerin Ingrid Gilcher-Holtey ein zentrales antiautoritäres Orientierungsmuster, welches im SDS einen Flügel bildete und über den SDS, die Gesellschaftstheorie der Frankfurter Schule und die Anhänger von Rudi Dutschke hinaus in der Bevölkerung auf Zustimmung stieß: „Antiautoritäres Handeln als permanenter Lernprozess: Zu verändern waren die Persönlichkeitsstruktur sowie die Strukturen der Institutionen, welche die Persönlichkeiten formten. Denn der Faschismus war, so Dutschkes These, nicht mehr manifest in einer Partei, sondern lag vielmehr in der tagtäglichen Ausbildung der Menschen zu autoritären Persönlichkeiten: in der Erziehung. Die antiautoritäre Handlungsmaxime entfachte eine einzigartige Mobilisierungsdynamik, ließ sich antiautoritäres Handeln doch in einer Vielzahl von Institutionen durchführen, angefangen von der Familie

hergehenden Jugendrebellionen, begehrten die Protestierenden gegen die Dominanz des Vaters in der Familie und der Gesellschaft auf. Für die Proteste der späten 1960er-Jahre in Deutschland kommt allerdings, wie bereits erwähnt, als ein verstärkendes psychosoziales Motiv hinzu, nicht nur die Rolle des Vaters in der patriarchal beherrschten Familie zu „hinterfragen", sondern auch seine für den Nachwuchs vielfach undurchschaubare Rolle im Nationalsozialismus aufzudecken. Tatsächlich gehörten der Generation der damaligen Väter Täter an, die Verbrechen während des nationalsozialistischen Regimes ausgeübt hatten oder Mitläufer waren. In den Augen ihrer Nachkommen hatten sie das Ansehen der Generation beschädigt, die, nun oftmals wieder in Amt und Würden, das Land aufbaute und Autorität in der Familie ausübte. Sie hatten damit die sittlich-moralische Autorität als Familienväter, als Repräsentanten von Institutionen, Verbänden und Vereinen, in denen sie Mitglieder waren, und schließlich des Landes, in dem sie Sozialisationsfunktionen ausübten, nach Ansicht ihrer Kritiker untergraben. Viele Väter, sprachlos und verunsichert, suchten Zuflucht in einem starren Rollenverständnis, griffen zu Gewalt, wenn sie ihre Überzeugungskraft schwinden sahen. Selten fanden sie sich zu Aufklärung und Gespräch bereit. Die aufmüpfigen 68er stellten die gesamte Generation der Väter als Trägerschicht des Nationalsozialismus und der ausgeübten Verbrechen unter Generalverdacht. Dieser Generalverdacht ließ allerdings auch bei der jüngeren Generation keine Bereitschaft zum Dialog erkennen.[36]

In diesen Generalverdacht wurden zudem die Institutionen einbezogen: Über die Proteste gegen die Väter als Familienvorstände hinaus galten Familien dann als „Terrorzusammenhang", zielten Schuldvermutung und Ablehnung auch auf den durch die Väter repräsentierten Staat, den „Vater Staat" und auf die mit dem „Vater Staat" identifizierten Berufsgruppen und (teilweise korporatistisch verfassten) Einrichtungen: die Lehrer als Vertreter einer strafenden und züchtigenden Pädagogik im Frontalunterricht der Schulen und des dualen Systems; die Pfarrer als Amtscharismatiker im Gottesdienst der beiden Amtskirchen; die Polizisten, die mit ihren Gewaltmitteln (als entmenschte „Bullen") die innere Sicherheit einer soge-

---

über den Hörsaal bis zum Gerichtssaal." Ingrid Gilcher-Holtey: *Die 68er Bewegung. Deutschland, Westeuropa, USA.* München 2008, S. 59 f.

36 In Hinblick auf heute ist interessant: Die Trägerschichten der überkommenen Machtverhältnisse waren männlich, die Frauen in der Rolle als Hausfrauen hatten wenig zu sagen, die Trägerschichten des Protests, zumindest die damaligen Influencer, waren fast ausschließlich Männer. Sie sind gemeint mit dem Stereotyp „alte weiße Männer", die heute kritisiert werden.

nannten repressiven Gesellschaft aufrechterhielten; die Bosse als „Charaktermasken" der Ausbeutung durch die Unternehmen (in der Sicht von Karl Marx-Apologeten); die Funktionäre der Verbände mit ihrer Aushandlungsdiplomatie im Hinterzimmer (so die damaligen Korporatismus-Kritiker); „der" Medienbesitzer (Axel Springer) als Propagandist des reaktionären Zeitgeistes; die Politiker als Interesseninstrumente der autoritären Bonner Republik und schließlich die Offiziere der Bundeswehr als Militaristen mit ihren Symbolen aus deutscher Tradition, mit den Befehlshierarchien, den Uniformen und dem Patriotismus, der Kameradschaft, der Disziplin etc. Zur Kritik waren das Personal und die Institutionen und Organisationen einer Gesellschaft freigegeben, deren rechtsstaatliche und demokratische Grundlage das Grundgesetz war, eine freiheitlichere Rechtsordnung hatte es in Deutschland nie zuvor gegeben.

Bis heute wirkt diese Betrachtung der Väter und der mit ihnen identifizierten Gesellschaft als repressiv oder „faschistisch" nach. Unterstützungsfunktion leisteten gesellschaftstheoretische Ideologeme wie sie der Slogan „Kapitalismus führt zum Faschismus" zum Ausdruck bringt. Nicht nur die Väter wurden als (wahrscheinliche) Repräsentanten des ehemaligen Nationalsozialismus betrachtet, sondern auch das „Vaterland" (ab 1949 immerhin das Deutschland des Grundgesetzes!) wurde in eine Kontinuitätslinie mit der NS-Zeit gestellt. Die Konsequenzen dieser Sicht sind bis heute gravierend: Ein Großteil der durch die 68er-Bewegung beeinflussten Babyboomer-Generation, vielfach in einflussreichen sozialisatorischen Berufsfeldern tätig, verfügte daraufhin kaum über Begriffe für die Realgeschichte des Neubeginns einer demokratisch und rechtsstaatlich legitimierten Ordnung auf deutschen Boden, deren freiheitssichernder Bauplan im Grundgesetz, der Verfassung der Bundesrepublik Deutschland, durch den Bundestag schon im Mai 1949 erlassen wurde.

Auch den nächsten Generationen (die Kinder der 68er-Generation und deren Kinder) wurde eher selten im Laufe ihrer Sozialisation in Familie, Schule, Universität, dualer Ausbildung ein positiver Bezug zur deutschen Gesellschaft und Geschichte vermittelt. Nahezu alle sozialstaatlichen Entwicklungen dieser Zeit wurden als repressiv abgewertet. Patriotismus galt lange Zeit als Haltung der „Ewiggestrigen".[37] Damit kam weder die sich in raschem Tempo modernisierende Gesellschaft Deutschlands noch deren

---

37 Erst spät hat Jürgen Habermas den Begriff des Verfassungspatriotismus bekannt gemacht. Siehe Jürgen Habermas: „Staatsbürgerschaft und nationale Identität", in: ders., *Faktizität und Geltung*. Frankfurt a. M. 1992, S. 632-660.

Geschichte als gültige Identifikationsfolie für die Babyboomer-Generation oder für die ihr nachfolgenden Generationen infrage. Das Bewusstsein der Zugehörigkeit zur Geschichte des eigenen Landes verschwand dementsprechend aus dem Selbstverständnis vieler an der Sozialisation verantwortlich beteiligter Akteure bis heute in einem Maße, wie vermutlich in keinem anderen westlichen Land.[38]

Wie bereits betont: Die Autorität der Väter fraglos anzuerkennen, war vielen Nachkriegsgeborenen im Laufe ihres Erwachsenwerdens nicht möglich. Die Reflexion des nationalsozialistischen Zivilisationsbruchs führte zu einer schwerwiegenden Zerstörung des für die Sozialisation benötigten Vertrauens zwischen den Generationen und mündete in einen tiefgreifenden Generationenkonflikt. Oftmals trat er umso schärfer zutage, je mehr die Söhne und Töchter den Vätern zunächst kindlich vertraut hatten. Da die Aufarbeitung der Verbrechen nicht auf eine Generation zu beschränken war, wurde der Bruch zwischen den Generationen auf nicht absehbare Zeit tradiert, sodass die Frage der Verstrickung von Individuen, Familien, Institutionen und Bevölkerungsteilen auch noch Enkel und Urenkel beschäftigt.

Dadurch verloren nicht nur das überwiegend männliche Personal, das die deutsche Gesellschaft damals repräsentierte, sondern auch die mit ihnen verbundenen Positionen in den Institutionen und die Institutionen selbst an Ansehen. Die 68er-Bewegung verortete sich als außerparlamentarische Opposition (APO), die dem Parlament nur ein geringes Vertrauen entgegenbrachte, obwohl sie in erheblichem Maße vom demokratischen Institutionengefüge der Bundesrepublik profitierte.[39] In autoritär organisierten Gruppen wie der RAF wurde von den Mitgliedern rücksichtslos Gefolgschaft eingefordert und vor Gewaltanwendung gegen Personen nicht zurückgeschreckt. Die Söhne, die durch die Autoritätskritik an der Generation der Väter auf sich aufmerksam machten, neigten selbst zu autoritären, machtbesessenen Verhaltensweisen.

---

38 Seit den Tagen der 68er-Bewegung wurde als rechtsstehend angesehen, wer sich lobend auf die Geschichte und Ordnung Deutschlands bezog. Als rechtsstehend tituliert zu werden, war und ist verletzend, weil es einen in die Nähe zum Nationalsozialismus rückt(e). Es sollte berücksichtigt werden, dass es in vielen Ländern des ehemaligen Sowjetimperiums als verletzend gilt, als linksstehend bezeichnet zu werden.

39 Die freiheitliche Rechtsordnung in Deutschland begünstigt Demonstrationen: (1) Alle Deutschen haben das Recht, sich ohne Anmeldung oder Erlaubnis friedlich und ohne Waffen zu versammeln. (Art. 8 Abs. 1 GG)

Dies erwies sich nicht nur deshalb als folgenreich für die Genese der Erziehungsstile in der Familie, in Kinderläden, Schulen und Universitäten, weil deren Personal vielerorts aus Anhängern dieser Bewegung bestand, sondern auch, weil auf lange Zeit tradierte sinnstiftende Inhalte verbannt wurden, die einen positiven Bezug auf das (Vater)Land und den (Vater)Staat, seine Sitten und Institutionen zum Ausdruck brachten.

Hinzu kommt: Die Kritik an den Vätern war oftmals so umfassend, dass damit auch der Dimension des Väterlichen der Garaus gemacht wurde. Zur Rolle des Vaterseins gehörte es, das Einkommen für den privaten Haushalt der Familie zu erwirtschaften, den Wohnort nach dem Arbeitsplatz zu wählen und auf den äußeren Rahmen des Familienleben Einfluss zu nehmen.[40] Im Idealfall gehörte dazu auch eine verlässliche, alle Erfolge und Niederlagen der Entwicklung der Familienmitglieder überdauernde emotionale Fürsorglichkeit und Interessiertheit. Die damalige Väterkritik trug mit dazu bei, dass die Ausübung von Funktionen in manchen Bereichen der Sozialisation für viele Männer fast zum Tabu wurde und erst in jüngster Zeit mit einem „neuen Männerbild" teilweise wieder zurückerobert wird.

3. Bürokratie statt Autorität – woher kommt die Fähigkeit zur Resilienz?

Der antiautoritäre Impetus vieler Lehrkräfte auf ihrem „Marsch durch die Institutionen" prägte die Ziele und Stile von Erziehung, schulischer und beruflicher Bildung und Weiterbildung über längere Zeit. Sie folgten zumeist einem emanzipatorisch-individualistischen und repräsentationsarmen Verständnis. Schon bald wurde daher sichtbar, dass positive Bewertungen von

---

40 Heutzutage wird von einer „Feminisierung" der Sozialisation gesprochen. Die Frauen haben ihre Stellung in der Familie ausgebaut, das Personal in der vorschulischen Sozialisation und im Grundschulbereich ist vorwiegend weiblich. Die Aussage einer Erzieherin in einer Hamburger Kita: „Wenn ein Handwerker in die Kita kommt, um Reparaturen vorzunehmen, ist es unmöglich, ein Programm mit den Kindern fortzusetzen. Alle Aufmerksamkeit ist dann auf den Mann gerichtet. Er wird angestarrt, als sei er vom Mond gekommen." Tatsächlich haben viele Frauen mit ihrer erfolgreichen Aufholjagd in den Bildungskarrieren ihren Einfluss auf die Sozialisationsinstanzen von den Familien bis hin zu den sozial- und geisteswissenschaftlichen Fächern in der Universität erobert. Das heißt aber nicht, dass sie deshalb in ihrer Mehrheit vom Haushalteinkommen ihres Mannes unabhängig geworden sind. Das Eineinhalb-Familien-Ernährer-Modell, welches schon vor Jahrzehnten in der Wohlfahrtsstaatsforschung für Deutschland verwendet wurde, gilt noch immer: Männer fungieren als Familienernährer, Frauen als Hinzuverdienerin.

tradierten Formen der Gemeinschaft dem sich entfaltenden, an Individuali-
sierungsprozessen orientiertem „linksliberalen Diskurs" fremd waren. Das
Interesse an der Erhaltung von überkommenen und nicht selbst geschaffenen Gemeinschaften wurde oftmals schon in den 1970er-Jahren als „rechts"
denkend zugeordnet. Es gelang, noch einen Teil der nachfolgenden Generation, geboren zwischen 1965 und 1985, mit emanzipatorisch-individualistischen Ideen bis zu Beginn der 1990er-Jahre zum Lernen und für das
Studium zu motivieren und bei dieser Generation teilweise noch eine kon-
fliktfrei erreichbare, intrinsisch motivierte hohe Leistungsbereitschaft anzutreffen. Danach veränderte sich innerhalb von Bildung und Ausbildung die
Interaktion zwischen Lehrern und Schülern, Hochschullehrern und Studierenden erheblich. Konfliktfreie Erziehung, Bildung und Ausbildung ließen
sich oftmals nur dann verwirklichen, wenn Lehrende und Vorgesetzte ihre
Leistungs- und Verhaltenserwartungen absenkten und die Bewertungs- und
Belohnungskriterien dem niedrigeren Niveau anpassten.[41] Trotz alledem
erreichen viele Jugendlichen die gesteckten Ausbildungsziele nicht.

Resonanzarmut

Die institutionellen Rahmenbedingungen der Ausgestaltung der Bildungs-
welten boten gegen Ende des 20. Jahrhunderts weitere Herausforderungen: Die meisten Universitäten waren längst Massenuniversitäten ohne
Exzellenzqualität geworden, das duale Berufsausbildungssystem galt als
unmodern, ohne optimale Karrieremöglichkeiten in der Dienstleistungs-
ökonomie zu eröffnen. Die jüngeren Generationen, die sich nicht mehr
der dichten Sozialisation von allgemein verbindlichen Verhaltensregeln
unterziehen mussten, verfügten nicht mehr über bislang selbstverständliche Zivilisations- und Kulturtechniken, auf die in Schule, Universität und
Betrieb zurückgegriffen werden konnte. Schüler, Studierende, Auszubildende und junge Arbeitnehmer kamen aus sozioökonomisch und -kulturell
sehr heterogenen Milieus und brachten unterschiedliche bildungsnahe bzw.
-ferne Haltungen mit. Nachdem über einige Jahrzehnte hinweg vielerorts
ein Vakuum an gemeinschaftsstiftenden, verpflichtenden Ordnungs- und
Verhaltensstrukturen in den Bildungs- und Ausbildungeinrichtungen entstanden und deren geringe Effizienz (insbesondere an den Universitäten

---

41 Übrigens ist ein solches Verhalten verantwortungsethisch nicht zu rechtfertigen. Die
   Bewertung von Leistungen ist kein Selbstzweck, sondern ein verantwortlicher Vorgang der Selektion in Hinblick auf spätere Zugangschancen zu bestimmten Aufgaben
   und Berufen, die die Fähigkeit zu verantwortlichem Handeln erfordern. Zugleich
   werden Leistungswillige enttäuscht und demotiviert.

und Schulen) öffentlich unter Druck geraten war, wurde ein bürokratisches Regelsystem (als Schlussfolgerung aus den PISA-Ergebnissen und der deutschen Version der Umsetzung des Bologna-Prozesses) etabliert. Dadurch wurden Entscheidungen von der Ebene der Lehrkräfte auf die Ebene der Verwaltung verlagert, und zugleich wurde eine bürokratische Regulierung von Abläufen vorgenommen, die einer weiteren Rationalisierung von Bildung und Ausbildung vorarbeitete.

Auf diese Strategie reagieren nun viele Zugehörige aus der Generation, die seit Ende des letzten Jahrhunderts geboren wurden, mit einer harschen Ablehnung von Anforderungen, die über die in Prüfungsordnungen vorgeschriebenen Leistungsanforderungen hinausgehen. Die Motivation, sich freiwillig Lerninhalte anzueigen und damit zu einer Vertiefung der eigenen professionellen Identität beizutragen, fehlt oftmals.[42] Hier kommen die neuen Medien als Beschleuniger ins Spiel. Zwar ermöglichen sie den Zugang zu einer Vielzahl von Informationen und Techniken und erweitern damit die autodidaktischen Chancen zum Selbststudium und zur Eigenarbeit. Aber sie dienen auch als Hilfsmittel, geforderte Aufgaben ohne eigene Leistung oder mit nur geringem Aufwand zu erledigen.

Ein Gegengewicht könnte durch die Intensivierung des unmittelbaren Lernens in Lernsituationen in Anwesenheit von Lehrkräften geschaffen werden oder durch mündliche Lernkontrollen. Die konkrete Umsetzung gelingt aber nicht ohne ein starkes subjektives Engagement, obwohl in den letzten Jahrzehnten hier eine erhebliche Einflussnahme durch bürokratische Auflagen, oftmals geschickt als Instrumente der Politik benutzt,

---

42 Die heutigen Jugendlichen lächeln nur müde, wenn ihnen ein „alter weißer Mann" mit der Vorstellung von der „Erziehung zur Mündigkeit" kommt. Viele denken, das mag zu seiner Zeit ja bedeutsam gewesen sein, aber heutzutage, im Zeitalter der nahezu unbeschränkten Zugänge zu Wissen qua Gerät, welchen Sinn sollte dieses Konzept noch haben? Mündigkeit und Emanzipation erscheinen der jüngeren Generation als selbstverständliche Verhaltensdispositionen, die sie „ererbt" haben. Ihre antiautoritäre Grundstimmung richtet sich gegen jene, die von ihnen ein Mehr an Anstrengung erwarten, um „zu sich selbst zu kommen". Die Frage ist jedoch, wie jemand „zu sich selbst" kommt, wenn er beim Zuhören nicht unterscheiden kann, ob der Redner lediglich einen Autor referiert oder ob er sich dessen Position zu eigen gemacht hat. Fehlt diese Unterscheidungsfähigkeit, scheidet der Zuhörer als mündiger Diskursteilnehmer aus, denn er ist beispielsweise als Zuhörer einer Vorlesung nicht in der Lage, drei Ebenen auseinanderzuhalten: zwischen der Rezeption eines Dozenten, der einen Autor (beispielsweise Habermas) referiert, der Michel Foucaults Strukturalismus-These kritisiert. Ein Ideal aus fernen Zeiten war noch die vierte Unterscheidung des Zuhörers, nämlich: das Verständnis der Strukturalismus-These von Foucault.

wirksam geworden ist. Vor diesem Hintergrund werden Lehrkräfte entmutigt, ihre Autorität ins Spiel zu bringen. Je seltener die persönlichen Begegnungen zwischen Lehrkräften und Lernenden stattfinden, desto niedriger ist das Verpflichtungsverhältnis, das Lernende verinnerlichen, um Regeln gegenüber konkreten Lehrkräften, der Institution und der Gesellschaft nicht nur vordergründig einzuhalten, sondern auch anzuerkennen. Darauf hinzuweisen, ist heutzutage keineswegs trivial, denn die autoritätsarmen Formen der Sozialisation, die viele junge Leute durchlaufen haben, tragen zu einer individualistischen Wahrnehmung der Anforderungen bei, die an sie gestellt werden. Sie blenden die Verantwortung zugunsten eigener Nützlichkeitserwägungen aus.[43]

Es ist zu hoffen, dass in Deutschland auch in Bezug auf das Nachdenken über Autorität eine Zeitenwende eintritt.

Führungsversagen und Verlust von Autorität

In ähnlicher Richtung argumentiert der Redakteur Eckart Lohse in einem Beitrag der „Frankfurter Allgemeinen Zeitung" unter dem Titel „Der Autoritätsverfall". Er diagnostiziert eine „strukturelle Erosion von Autorität", die nicht nur die schulischen, universitären und außerschulischen Bildungs- und Ausbildungseinrichtungen betrifft, sondern hierzulande auch in der Politik zu beobachten ist. „Es ist die strukturelle Erosion von Autorität, die ihren Ausgangspunkt vor fünf Jahrzehnten in einer gesellschaftlichen Entwicklung hatte und seit zehn Jahren auf eine smarte Technik trifft, die geeignet ist, den Prozess erheblich zu beschleunigen. Aus diesem Gemisch entsteht die Unfähigkeit oder der Unwille, eine durch Amt und Funktion verliehene Autorität auszuüben. Weniger freundlich gesagt, es findet sich immer öfter ein über individuelle Dispositionen hinausgehendes Führungsversagen."[44]

Als Beispiel aus der Politik verweist der Journalist auf die Führungsschwäche der SPD mit ihren „permanent wechselnden Vorsitzenden und Spitzenkandidaten". Damals war es Martin Schulz,[45] dem es als Spitzenkan-

---

43 Diese Darstellung beruht zwar auf eigenen Erfahrungen bei der Betreuung von Abschlussarbeiten, aber ich bin weit davon entfernt, hier deterministische Zusammenhänge zu sehen.

44 Eckart Lohse: „Der Autoritätsverfall", in: *Frankfurter Allgemeine Zeitung* vom 27.01.2018, S. 10.

45 Vgl. Markus Feldenkirchen: *Die Schulz-Story. Ein Jahr zwischen Höhenflug und Absturz*, a. a. O. Erschütternd zu lesen, wie ein in seiner Partei mit überwältigender Zustimmung gewählter Vorsitzender, dessen Aufgabe die Führung der Partei ist, sich

didaten und Vorsitzenden der Partei nicht gelang, wie Lohse betont, „das immerhin von Millionen Wählern erteilte Mandat in exekutive Macht umzusetzen". (ebd.) Das Führungsversagen von Schulz habe, so argumentiert der Autor, den „Nichtgeführten" Auftrieb gegeben, wie etwa dem politisch wenig erfahrenen damaligen Juso-Vorsitzenden Kevin Kühnert, einen Aufstand gegen die Parteiführung anzuzetteln. Die journalistische Analyse dieses Beispiels lässt sich verallgemeinern: Wenn zuständige Akteure darauf verzichten, ihre legitime Herrschaft durch die Ausübung von Autorität umzusetzen, entsteht ein Kontrolldefizit, das mit einem Orientierungsvakuum einhergeht. Beides, das Fehlen von Kontrolle und von verbindlichen, für jeweilige Organisationen geltenden Orientierungen, verhilft neuen Akteuren, die in diesem Vakuum leichtes Spiel haben, für sich um Aufmerksamkeit zu werben, Einfluss zu gewinnen und ihrem Willen zur Erringung der (Gegen)Macht Nachdruck zu verleihen. Nicht oder kaum exponierte Akteure wenden sich von der gesamten Konstellation ab, entziehen ihr Vertrauen zunächst den Personen, dann den Programmen und schließlich den Organisationen, hier der Sozialdemokratischen Partei und – das ist immer mehr zu befürchten – darüber hinaus auch den rechtstaatlich-demokratischen Institutionen (dem „politischen System").

Die strukturelle, Institutionen und Organisationen übergreifende Dimension dieses Zusammenhangs von Autoritäts-, Kontroll- und Orientierungsverlust wird von Eckard Lohse mit vielen Beispielen belegt. Akteure, die in verantwortungsvollen Positionen an der Sozialisation der nächsten Generation beteiligt sind, versagen, ihre Autorität wahrzunehmen: beispielsweise Eltern, die irgendwann feststellen, ihre Autorität gegenüber ihren Kindern nicht genügend zu deren Wohlergehen durchgesetzt zu haben; Lehrer, die sich bei der Bewertung der Leistungen ihrer Schüler von der Furcht vor unangenehmen Folgen (wie Sympathieverlust bei den Schülern oder Interventionen der Eltern) leiten lassen; Pfarrer, die in ihrer Gemeinde weniger durch christliches Gedankengut als durch Entertainment in Erscheinung treten.[46] Ironisch streift Lohse in diesem Kontext auch die ihn nicht überzeugende Führungspolitik der Bundeswehr. Der Autor schließt mit einem aufrüttelnden Hinweis auf die Dramatik dieser

---

methodisch und inhaltlich freiwillig von seinen Beratern beherrschen und keinerlei Führungskraft erkennen lässt.

46 Im Herbst 2019 wurde von der EKD angeregt, offen über den Fortbestand des Sonntagsgottesdienstes nachzudenken, was nicht erstaunt. Denn immer mehr Zuhörer begegnen Individuen mit Aggressionen, die über längere Zeit Aufmerksamkeit beanspruchen.

Entwicklung: Der Autoritätsverlust „rüttele an den Grundfesten einer seit Jahrzehnten gut funktionierenden gesellschaftlichen und politischen Struktur" und damit auch an den herrschenden Herrschaftsverhältnissen, die eben diese gesellschaftliche Ordnung stabilisieren. Zudem, so ist gegenüber Eckart Lohse zu ergänzen, wird jenen Kräften Auftrieb und Raum gegeben, denen man nicht wünscht, dass sie sich auf unterschiedlichen Ebenen Einfluss, Aufmerksamkeit und Macht verschaffen und dann so tun, als würden sie die Verantwortung für den Erhalt von Demokratie und Rechtsstaat tatsächlich mittragen. Autoritäre Gegenkräfte gewinnen an Zustimmung bei jenen, die den durch Autorität vermittelten Glauben an die Legitimität der Herrschaftsausübung in Deutschland nicht vermittelt bekommen oder verloren haben.

Gelingen von gesellschaftlicher Resilienz

Der Stil von Erziehungs- und Bildungseinrichtungen war in den letzten beiden Jahrzehnten in einem hohen Maße darauf gerichtet, Dominanzverhalten und das Entstehen von Konflikten zu vermeiden. Mittlerweile wird aber festgestellt, dass damit auch die Fähigkeiten, Konflikte zu bewältigen und Krisen zu ertragen, abgenommen haben. Die Nachfrage nach Kursen zum Erlernen von individuellen Strategien, die Jugendliche dabei unterstützen, schwierige Situationen zu bewältigen und zu verarbeiten, ist seit Langem hoch. Nun kommen welt- und europaweite Bedrohungen und Risiken hinzu, auf die Deutschland im Bündnis mit seinen Partnern eine Antwort finden muss. Das Grundvertrauen der Bevölkerung in die Zukunft nimmt gegenwärtig ab. In diesen Zeiten kommt es in der Politik auf eine überzeugende Führung an. Im Bereich von Sozialisation und Bildung zählt vor allem die Präsenz einschlägiger Bezugspersonen, die den Heranwachsenden aufgrund ihrer Autorität Selbstvertrauen und ein Grundvertrauen in die Institutionen und die Gesellschaft vermitteln.

VI. Zur Regierungserklärung des Bundeskanzlers (Olaf Scholz), zum Vortrag eines Klassikers (Max Weber) und zur Rede eines (ehemaligen) Bundespräsidenten (Joachim Gauck)[1]

Am 27. Februar 2024 jährt sich die Regierungserklärung, die der deutsche Bundeskanzler drei Tage nach Beginn des völkerrechtswidrigen russischen Angriffskriegs gegen die Ukraine abgegeben hatte. Sie wurde im In- und Ausland erfreut aufgenommen. In schwieriger Zeit fand Olaf Scholz klare Worte der Analyse und Verurteilung.

Die Regierungserklärung zur Zeitenwende

Sichtlich erschüttert beschrieb Scholz darin die verheerende Lage der ukrainischen Bevölkerung und die Konsequenzen für die Gefährdung, ja Zerstörung der europäischen Friedensordnung. Der Kanzler erkannte, allein mit den bisherigen Mitteln der deutschen Politik, mit Verhandlungen und Sanktionen, kann man den Vormarsch des russischen Aggressors nicht aufhalten. Er kündigte daher eine Zeitenwende der Regierungspolitik an: Außen-, Verteidigungs- und Energiepolitik Deutschlands sollen neu ausgerichtet werden. Die Ukraine wird mit Waffen unterstützt, und Deutschland setzt sich in der EU dafür ein, Russland zu sanktionieren. Außerdem soll der Bundeswehr ein zusätzliches Sondervermögen in Höhe von 100 Mrd. Euro für die nachholende Ausrüstung bereitgestellt werden, damit sie künftig den zentralen Aufgaben der Landes- und Bündnisverteidigung gewachsen ist.

Obwohl das skizzierte Tableau etliche Tabubrüche mit den bisherigen Leitlinien (keine Waffen in Krisengebiete zu liefern) und eine Abkehr von der russlandfreundlichen Entspannungspolitik nach der Wiedervereinigung enthielt, schuf Scholz Vertrauen in seine Handlungsfähigkeit, die schwierige Gratwanderung zu meistern, Deutschland mit seinen Bündnispartnern nicht zur Kriegspartei zu machen und sich dennoch dafür einzu-

---

1 Dieser Text entstand als Vorlage zu einem Podcast des „Hamburger Abendblatts" mit Lars Haider im Februar 2023. Eine überarbeitete Fassung von Christiane Bender: „Zeitenwende – Zeit der Verantwortung", Bundeszentrale für politische Bildung, Deutschland Archiv vom 10.05.2023, https://www.bpb.de/themen/deutschlandarchiv/520279/z eitenwende-zeit-der-verantwortung/

setzen, dass Russland diesen Krieg nicht gewinnt. Olaf Scholz wagte damals den Ausblick, dass sich Russland eines Tages wieder in eine friedensbewahrende Nachkriegsordnung einbinden lassen würde. Damit beruhigte er die besorgte und in Erwartung von eintreffenden ukrainischen Flüchtlingen hilfsbereite deutsche Bevölkerung. Es gelang dem Kanzler, für seine Politik sowohl die westlich orientierten als auch die Russland gewogenen Kreise seiner Partei zu gewinnen. Letztere bilden hierzulande über Generationen hinweg eine einflussreiche Trägergruppe, die eine weithin verbreitete Sympathie für Russland bei gleichzeitig großer Skepsis gegenüber den USA hegt. Außerdem bekam der Kanzler Zustimmung von den verantwortungs- und gesinnungsethischen Strömungen, die heutzutage die deutsche Politik prägen.

Kommunikationswissenschaftlich betrachtet war seine Regierungserklärung eine Meisterleistung: Mit einem gelungenen „Framing" (kommunikative Rahmung) durch den Begriff der Zeitenwende wurden Themen, Werturteile und Handlungsoptionen in einem nachvollziehbaren Zusammenhang verbunden. Die Zuhörerschaft machte sich den Begriff und seine verschiedenen Bedeutungen zu eigen. In vielen Debatten im Bundestag, in Talkshows, in Alltagsgesprächen wurde dieser Begriff kreativ weiterentwickelt und auf gesellschaftliche Bereiche angewandt, die ebenfalls ein Umdenken und ein entschlossenes Handeln erfordern. Als performative Sprachhandlung eines mit Richtlinienkompetenz ausgestatteten Bundeskanzlers handelte es sich nicht nur um eine Rede, sondern um den Beginn einer neuen Politik, einer neuen Ära. Zudem etablierte der Begriff in der mediengestützten Öffentlichkeit ein Deutungs- und Kommunikationsuniversum für Verständigung, Meinungs- und Willensbildung.

Bislang hat die Regierung in einer langen Phase, gekennzeichnet von diversen sich überschneidenden Krisenkommunikationen, einiges geleistet, um die Ukraine zu unterstützen, die Energieversorgung in Deutschland zu gewährleisten, die in der Bundeswehr seit Langem angestrebte Trendwende voranzubringen und Koalitionen in der EU und weltweit gegen den russischen Aggressor zu schmieden. Aber eine Sicherheitsstrategie, die über Jahrzehnte vernachlässigt, treffender ausgedrückt: als überflüssig erachtet wurde, unter dem Druck eines heißen Kriegs in Europa mit seinen nicht zu verleugnenden Ungewissheiten aus der Taufe zu ziehen, bekommt auch ein Kanzler Olaf Scholz nicht hin – auch wenn er Führungsstärke beansprucht und man ihm „ein starkes langsames Bohren von harten Brettern mit Leidenschaft und Augenmaß zugleich" (Max Weber in „Politik als Beruf") zutraut. Man erinnert sich, dass er als Arbeitsminister in der Finanzmarktkrise ein erfolgreiches Krisenmanagement betrieben hat. Aber angesichts der gewaltigen Umsetzungsschwierigkeiten der Politik verflüchtigt sich bisweilen das Charisma, das ihm mit seiner Regierungserklärung zur Zeitenwende zuteilwurde. Kritisiert wird, der Kanzler ließe die Öffentlichkeit darüber im Unklaren, welche Ziele er, und das heißt: Deutschland, mit der zögerlichen Unterstützung der Ukraine verfolge. Im Bündnis zu handeln, ersetze, so wird argumentiert, nicht die Verantwortung der Regierung, für das Land eine eigene Strategie in der Außen- und Sicherheitspolitik vorzuweisen. Solche Debatten drehen sich seit Längerem im Kreis. Hilft da der Blick des Kanzlers in seine „Lieblingslektüre", um die angekündigte Politik der Zeitenwende umzusetzen?

Verantwortung und Gesinnung – Max Weber und Olaf Scholz

Im Magazin „DER SPIEGEL" posierte der Kanzler mehrmals mit der Reclam-Ausgabe von Max Webers „Politik als Beruf" und vermittelte so den Eindruck, als wolle er der Leserschaft demonstrieren, dass dieses Büchlein für sein Politikverständnis von großer Bedeutung ist. Diese Interpretation würde insofern passen, als der Text den ausgearbeiteten und ergänzten Vortrag vom 28. Januar 1919 in München umfasst, den Max Weber während der heftig umkämpften Zeitenwende seiner Zeit hielt: Das Ende des Kaiserreichs war besiegelt, und die Etablierung der ersten Demokratie in Deutschland, die Weimarer Republik, nahm Fahrt auf.

Damals prognostizierte der Heidelberger Universalgelehrte, der bisherige traditionsgebundene (preußische) Führungsstil in der Politik würde der Vergangenheit angehören, die Zukunft gehöre Politikern, die sich entweder gesinnungs- oder verantwortungsethisch verhielten. Noch heute wird diese binäre Typologie gern zur Beurteilung von Führungspersönlichkeiten verwendet: Gesinnungsethiker versprechen dem Wahlvolk, sozialmoralisch anerkennenswerte Ziele und Werte zu erfüllen, aber sie verkennen oder ignorieren bewusst die Bedeutung von Mitteln und Methoden, die dabei zum Einsatz kommen. Verantwortungsethiker hingegen definieren ihre Ziele in Hinblick auf „das Monopol der legitimen physischen Gewaltsamkeit" (Max Weber), für die sie als Politiker zuständig sind. Sie ziehen Wechselwirkungen zwischen der Bestimmung von Zielen, dem Einsatz der Mittel und den lang- und kurzfristig zu erwartenden Folgen bei der Umsetzung ihrer Politik in Betracht. Olaf Scholz, der Protagonist der „Schuldenbremse", wird zumeist den Verantwortungsethikern zugeordnet, der nichts verspricht, was er auf eine für die Bürger annehmbare Weise nicht halten kann. Und so sieht er sich (nach den wilden Juso-Jahren) selbst.

Max Weber vertrat während der Zeitenwende 1918/1919 die Überzeugung: Wenn überkommene Institutionen und Gewissheiten den Menschen keine Orientierung mehr bieten, dann braucht es in der Demokratie einen politischen Führer, der auf die politische Willensbildung der Bürger Einfluss nimmt und dessen Stellung durch Rückhalt in der Bevölkerung gestärkt wird. Ein solcher Führer sollte auf keinen Fall machtbesessen sein, sich aber auch keinen machtvergessenen Anschein geben und dabei verdeckt eigene Ziele verfolgen oder gar Gewaltausbrüche im Namen der Gewaltfreiheit billigen. Max Weber kritisierte, das politische Spektrum seiner Zeit vor Augen, vor allem die seiner Meinung nach gesinnungsethisch agierende, teilweise pazifistische räterepublikanische und Bolschewiki-freundliche Abspaltung der SPD: Ihr Anspruch, einer Politik des Friedens zu dienen, kaschiere geschickt ihren eigenen Machtanspruch, den ihre Politiker wie ihre Vorbilder mit den gleichen Gewaltmitteln durchsetzen wollen wie „irgendein militaristischer Diktator" (Max Weber).

Von diesem Argument könnte sich Olaf Scholz bei genauerer Lektüre unangenehm berührt fühlen: In den letzten beiden Merkel-Kabinetten der Jahre 2014 bis 2021 dienten sozialdemokratische Minister in der Außenpolitik dem hehren Ziel, den Frieden in Europa zu erhalten. Die allmähliche Veränderung der Weltlage hat aber keineswegs dazu geführt, dass sie daraufhin in der Regierung oder in der Partei dafür eintraten, neben der Entspannungspolitik auch die sicherheitspolitischen Mittel (im Land, im Bündnis und in internationalen Organisationen) weiterzuentwickeln, um den Frieden gegebenenfalls zu schützen. Außenpolitisch wurde an der „Freundschaft zu Russland" als vorrangig probate Methode und wirtschaftspolitisch an der angeblichen Friedensformel „Wandel durch Handel" festgehalten. Spätestens ab 2014 arbeitete man damit dem „militaristischen Diktator" Putin in die Hände. Dieser verfolgte längst eine imperialistische Großraumpolitik, brach Verträge und hielt Verpflichtungen nicht ein. Es wurde klar, dass ihm die Bewahrung der europäischen Friedensordnung nichts bedeutete.

Das dichte freundschaftlich-privatwirtschaftlich-politische Russland-Netzwerk der SPD wurde dennoch erweitert, obwohl die Krim bereits völkerrechtswidrig annektiert worden war, viele Opfer durch die Eroberungen Russlands in der Ostukraine zu beklagen waren, mittel- und osteuropäische Staaten Alarm schlugen und Bündnispartner in der NATO vor weiteren Bedrohungen warnten. Als Finanzminister im Merkel-Kabinett erfüllte Olaf Scholz zwar die Budgetwünsche des SPD-geführten Ressorts „Arbeit und Soziales", dem Verteidigungsressort jedoch verweigerte er die dringend benötigten Finanzmittel zur Ausrüstung der Bundeswehr und damit zur Umsetzung der geplanten Trendwende. Das hat zur Folge, dass nun ein schwieriger Abwägungsprozess zwischen der Unterstützung der Ukraine und der Beibehaltung der ohnehin nicht vollumfänglich gegebenen Einsatzfähigkeit der Bundeswehr zu treffen ist.

Die besondere Bedeutung der Verantwortung des Politikers für die Gewaltmittel, vor allem für die innere und äußere Sicherheit, lässt sich auch auf die Situation der Zeitenwende anwenden: Wenn mehrere Kabinette hintereinander zwar gesinnungsethisch den Erhalt des Friedens propagierten, es tatsächlich aber darauf anlegten, die Friedensdividende durch Reduktion der Ausstattung der Bundeswehr zu erzielen (Reduktion der Waffensysteme, Abbau der industriellen Fertigungsanlagen, Aufgabe der übergreifenden logistischen Systeme, Abbau des einsatzfähigen Personals, Aussetzung der Wehrpflicht, Vernachlässigung der Innovations- und Forschungsförderung, Verdrängung militärischer Zirkel aus der Öffentlichkeit), dann hat die jetzige Regierung, die sich mit einem Krieg in Europa konfrontiert sieht, ein zentrales Problem, verantwortlich handeln zu können: Angesichts der schweren Bedrohungssituation fehlen ihr die Mittel für eine stabile, materialisierte und organisierte Verteidigungsfähigkeit und für eine Sicherheitspolitik, die auf den Angreifer abschreckend wirkt. Scholz muss nun die Suppe, die er sich eingebrockt hat, auslöffeln.

Einige SPD-Politiker handelten als Kanzler besonders verantwortungsethisch und nahmen dafür die Ablehnung ihrer Partei in Kauf: Der ehemalige Bundeskanzler Helmut Schmidt betonte stets, seine Politik sei auf Friedenserhalt ausgerichtet, aber er befürwortete klugerweise den NATO-Doppelbeschluss und verlor daraufhin den Rückhalt in seiner Partei. Ähnlich erging es Gerhard Schröder 2003 mit der Modernisierung der Arbeitsmarktpolitik: Sein an Deutschlands Wohlstand ausgerichtetes Reformprogramm „Agenda 2010" führte eine dringend benötigte Reform herbei, die in der Folge für Millionen von Menschen den Zugang zum Arbeitsmarkt erleichterte. Seine Partei demonstrierte wochenlang gegen ihn, aber als Protagonist einer forcierten Abhängigkeit der Energieversorgung Deutschlands von Russland konnte er auf ein aktives sozialdemokratisches Unterstützungsnetzwerk bauen.

In Anbetracht dessen wird Deutschland von ausländischen Beobachtern oftmals eine romantische Gesinnungsethik vorgeworfen, aber romantisch ist es auch zu glauben, dass Olaf Scholz von heute auf morgen die für die Zeitenwende erforderliche Neuausrichtung des politischen Selbstverständnisses für sich selbst, für seine Partei und für die Bevölkerung realisieren kann.

Verantwortung ohne Charisma?

Möglicherweise schätzt Olaf Scholz bei seiner Vorliebe für den Klassiker Max Weber auch dessen Persönlichkeit. Webers Biographie entspricht dem von ihm selbst entworfenen Typus eines Menschen mit Berufung, der sich mit seiner gesamten verfügbaren Leidenschaft lebenslang einer „Sache" hingibt – bei Weber war es die Wissenschaft, bei Scholz ist es die Politik –, nach den dabei zu erlangenden Weihen strebt und von seiner Umwelt Anpassung einfordert.

Allerdings verfolgte Max Weber am Ende des Kaiserreichs kurzzeitig einen anderen Karrierewunsch: Nachdem er all die Jahre kritisiert hatte, dass der seiner Meinung nach zu geringe Einfluss des Reichtags auf die Regierungspolitik Parteien hervorbringt, die vorwiegend Ämterpatronage und Gesinnungskämpfe betreiben, konnte er sich während des Aufbruchs in ein neues Zeitalter für sein persönliches Leben eine existenzielle Wende vom Schreibtisch in die Arenen politischer Kämpfe vorstellen. In der Zeitenwende 1918/19 war Weber daher mit Beratungen, Vorträgen, Artikeln und Wahlkämpfen für die linksliberale Deutsche Demokratische Partei (DDP) in der Öffentlichkeit präsent. Es gelang ihm jedoch nicht, in die Nationalversammlung abgeordnet zu werden.

In Friedrich Eberts Übergangskabinett ging die Position des Staatssekretärs im Reichsamt des Innern zur Ausarbeitung der neuen Verfassung, für die er im Gespräch war, an Hugo Preuß. Aber: Hugo Preuß holte Weber zu den entscheidenden Sitzungen im Dezember 1918 hinzu. Dort brachte er seine Vorstellung vom plebiszitär gewählten Reichspräsidenten ein, der über dem Parlament und über den Parteien stehen sollte. Dieses Konzept steht, wie nachzulesen ist, im Fokus seines Vortrags „Politik als Beruf". Darin schreibt Weber, dass der Politiker seine „Hand in die Speichen des Rades der Geschichte" legen darf. Das blieb ihm selbst zwar verwehrt, aber er galt als *Spiritus Rector* der plebiszitären Präsidentschaft. In der Weimarer Verfassung wurde festgehalten, dass der Reichspräsident den Kanzler bestimmt und weitreichende Vollmachten zur Durchsetzung seiner Politik erhält.

In diese Tradition kann und will sich ein mit Richtlinienkompetenz ausgestatteter Kanzler wie Olaf Scholz nicht stellen. Er braucht für seine Politik die mehrheitliche Zustimmung im Parlament, die Unterstützung seiner Koalitionspartner, am besten auch die der gesinnungsethischen Strömungen in seiner Partei und in der Bevölkerung. Außerdem ist Übereinstimmung mit Bündnispartnern in Fragen der Außenpolitik angebracht. In Zeiten eines in Europa stattfindenden Großkriegs ist die Geschlossenheit des Vorgehens besonders wichtig. Kompromissfähigkeit hilft dabei mehr als Charisma im Sinne von Weber. Ob allerdings ein verantwortungsethisches und auf keinen Fall überstürztes Handeln in knapper Zeit und großer Unsicherheit die sicherheitspolitischen Versäumnisse zu kompensieren vermag, bleibt ungewiss. Am Ende einer vorurteilsbehafteten pazifistischen Zeit, in der jemand, der sich mit militärischen Fragen beschäftigt hat, schon als „Militarist" galt, fehlt es heute hierzulande an den Universitäten (von wenigen Ausnahmen abgesehen) an diskursfähigem Wissen zur Analyse, Aufklärung und Beratung auf dem Gebiet der Außen- und Sicherheitspolitik, die Scholz nutzen könnte. Auch einem geläuterten Verantwortungsethiker werden die mehr oder weniger mitverschuldeten Versäumnisse der Vergangenheit zum Problem seines verantwortlichen Handelns in der Gegenwart.

Joachim Gauck – ein charismatischer, aber machtloser Bundespräsidenten und Verantwortungsethiker

Ausgerechnet ein ehemaliger deutscher Bundespräsident, der in bewusster Abkehr von der Position des Reichspräsidenten der Weimarer Republik als Staatsoberhaupt vor allem eine repräsentative Funktion besitzt, hat schon am 31. Januar 2014, wenige Wochen vor der völkerrechtswidrigen Annexion der Krim und der verdeckten Besetzung des Donbass, eine Kehrtwende in der deutschen Sicherheitspolitik angemahnt. Der damalige Amtsinhaber Joachim Gauck (von 2012 bis 2017), ein vom Eintreten für Freiheit und Verantwortung durchdrungener charismatischer Sympathieträger, eröffnete mit seiner Rede „Deutschlands Rolle in der Welt: Anmerkungen zu Verantwortung, Normen und Bündnissen" die 50. Münchner Sicherheitskonferenz. Wie keine andere öffentliche Persönlichkeit sprach Gauck von der Verantwortung, die Freiheit zu erhalten. Lebensgeschichtlich hat er selbst Freiheitsentzug während der DDR-Diktatur erlitten und den Aufbruch in die Freiheit während der Zeitenwende von der friedlichen Revolution bis zur Wiedervereinigung verantwortungsbewusst mitgestaltet. Nun gab er den Rat, mit Blick auf Deutschlands Außen- und Sicherheitspolitik, „...was wir heute zu verändern haben, damit morgen bleibt, was uns wesentlich ist".[2]

---

2 Alle Zitate aus der Eröffnungsrede des Bundespräsidenten zur Münchner Sicherheitskonferenz 2014 sind im Internet nachzulesen unter: https://www.bundespraesident.de/

Ausbalanciert und doch unmissverständlich wies Gauck die Bundesregierung darauf hin, dass sich ihre Beurteilung der Weltlage, ihr Selbstverständnis und ihr Beitrag zur Lösung der sich herauskristallisierten Bedrohungsszenarien nicht auf der Höhe der Zeit befänden. Trotz überdurchschnittlicher ökonomischer Globalisierung gebe Deutschland keine Antwort darauf, dass einige Weltmächte sich nicht an die regelbasierte Weltordnung halten. Hingenommen werde, dass die einzige noch verbliebene Supermacht ihr Engagement in Europa überdenke, aber Europa leite keine ernstzunehmenden Maßnahmen ein, sicherheitspolitisch mehr Eigenverantwortung zu übernehmen. An der NATO halte Deutschland fest, aber „ihrer finanziellen Auszehrung" werde nichts entgegengesetzt. Und die Probleme der Vereinten Nationen, Konflikte beizulegen und die globalen Akteure in ihr Regelsystem einzubinden, blieben ungelöst. Trotz vielfältigen Engagements fehle Deutschland die Entschlossenheit, mehr zu tun „für jene Sicherheit, die ihr von anderen seit Jahrzehnten gewährt wurde". Mehr Verantwortung in der Außen- und Sicherheitspolitik bedeute mehr Mitverantwortung. Dazu gehöre auch, eine angemessene Verteidigungsfähigkeit bereitzustellen. „Politiker müssen immer verantworten, was sie tun. Sie müssen aber auch die Folgen dessen tragen, was sie unterlassen." Und dass Deutschland zu viel unterlässt, daran zweifelte Joachim Gauck nicht.

Sein Hinweis, dass überhaupt nur „eine Handvoll Lehrstühle für die Analyse deutscher Außenpolitik" zuständig ist, bekommt Aktualität angesichts der gegenwärtigen Hilflosigkeit im öffentlichen Diskurs, strategische Ziele und taktische Schritte zu erörtern, abzuwägen und komplexer zu argumentieren, als sich in der „Panzerfrage" wichtigtuerisch zu positionieren.

Ohne den Begriff der Zeitenwende zu gebrauchen, forderte Gauck von den Deutschen, Bündnisverantwortung gleichberechtigt zu übernehmen und sich weder auf eine Sonderrolle mit einem „Recht auf Wegsehen" (Heinrich August Winkler) zu berufen noch sich durch ein letztlich bequemes Selbstmisstrauen zurückzuhalten. „Nur wer sich selbst vertraut, gewinnt die Kraft, sich der Welt zuzuwenden." Und nur der sei für seine Partner verlässlich.

Der damalige Bundespräsident hielt eine kunstvolle Rede voller Lob und behutsamen Tadels, seine Autorität war die des Wortes, nicht die des mit politischer Handlungsmacht ausgestatteten Amtes. Sein Publikum aus dem In- und Ausland verstand seine Botschaft, und auch die Rede der

---

SharedDocs/Reden/DE/Joachim-Gauck/Reden/2014/01/140131-Muenchner-Sicherheit skonferenz.html.

damaligen Verteidigungsministerin Ursula von der Leyen zielte auf der Konferenz in die gleiche Richtung. In außen- und sicherheitspolitischen Kreisen der EU und der NATO, die das russische Bedrohungsszenario bereits deutlich wahrnahmen, atmete man erleichtert auf: Der „Münchner Konsens" war geboren, voller Hoffnung auf eine Kehrtwende in der Landes- und Bündnisverteidigung. Der Verteidigungsministerin gelang 2016 dazu ein Programm, um wenigstens den weiteren Personalabbau in der Bundeswehr zu stoppen. Dann wechselte das Kabinett: Olaf Scholz wurde Finanzminister. Der Münchner Konsens platzte, und Deutschland stagnierte in der Bündnispolitik. Nun müssen Deutschland, sein Kanzler und die europäischen und internationalen Bündnispartner wieder an dem damals erzielten Geist ansetzen und ihn weiterentwickeln. „Mehr Verantwortung" hieß damals die Losung – von Max Weber zu lernen, heißt auch, zu bedenken: Wer zu lange zögert, Entscheidungen zu treffen und umzusetzen, gibt Gegenmächten Chancen, das Heft des Handelns zu ergreifen.

VII. Thomas Hobbes und Max Weber – Politik als Herrschaft über die Gewaltmittel[1]

Vielen Dank für die Einladung und das Engagement des Teams, die Tagung vorzubereiten und zu leiten. Es freut mich sehr, dieses Jahr wieder teilnehmen zu dürfen. In diesen schwierigen Zeiten sind solche Möglichkeiten des Austauschs kostbar, zumal die Ungewissheiten und Bedrohungsszenarien gegenwärtig noch zugenommen haben. Bei unserem letzten Zusammentreffen im April 2022 hatte Russland die Ukraine zwei Monate zuvor überfallen, die Kämpfe dauern bis heute an. Ein Ende, von vielen herbeigesehnt, ist nicht in Sicht. Bitte gestatten Sie mir zu Beginn ein paar persönliche Bemerkungen.

1. Zeitenwende – Umdenken in der Armee und in der Soziologie

Bei meinem Vortrag in Dubrovnik im letztem Jahr habe ich meine Erschütterung über diesen Angriffskrieg zum Ausdruck gebracht. Selbst einem weniger emotionalem Menschen wie dem deutschen Bundeskanzler Olaf Scholz war in seiner Regierungserklärung im Februar 2022 die emotionale Betroffenheit anzumerken. Und Außenministerin Annalena Baerbock äußerte, dass wir am Morgen nach dem Beginn des Angriffskriegs „in einer anderen Welt aufgewacht" seien. Betroffenheitsrhetorik sicherlich, aber durchaus ernst gemeint.

In meinem Vortrag mahnte ich an: Die politische Klasse in Deutschland wollte die sich anbahnende Bedrohung nicht wahrnehmen. Sie wollte ihre Politik gegenüber Russland nicht infrage stellen. Sie wollten die Öffentlichkeit nicht beunruhigen und vermied es daher, mit unangenehmen Fragen konfrontiert zu werden. So kam das Thema nicht oft genug in die Medien, geschweige denn ins Parlament. „La passion d'ignorance" (Jacques Lacan). Umso heftiger erschütterte dann die Erkenntnis, dass mit dem Beginn eines Großkriegs in Europa die Friedensordnung des Kontinents auf lange

---

1 Vorbereiteter Vortrag für die Tagung „Social Philosophy: Peace, War and International Ordering" unter der Leitung von Dragica Vujadinovic; David Rasmussen; Patrice Canivez; Hauke Brunkhorst am Inter-University Centre (IUC) Dubrovnik vom 15. bis 20. Mai 2023.

Zeit zwar nicht völlig zerstört, so aber doch erheblich zerbrochen war. Ohne Option, die Verhältnisse der letzten zwanzig Jahre wiederherzustellen. Und mit erheblichen Wohlstandseinbußen für Deutschland, das seine Innovationsschwäche auf dem Gebiet der Zukunftstechnologien nicht mit niedrigen Energiekosten, zumal im Zuge der ökologischen Transformation, wird kompensieren können. Viele Länder werden bei ihrer Partnerwahl künftig nicht in erster Linie an Deutschland denken.

In Deutschland geht es um den Umbau des Gesellschaftsmodells der letzten zwanzig Jahre und darum, Versäumnisse aufzuarbeiten, die ökologische Transformation voranzubringen, neue Prioritäten in der Industrie- und Wirtschaftspolitik zu setzen, die Außen-, Verteidigungs- und Sicherheitspolitik neu auszurichten, die militärisch-industriellen Beziehungen zu fördern und die weithin vernachlässigten Infrastrukturen zu modernisieren. Die jetzige Regierungskoalition sitzt nicht fest im Sattel. Die Umfragewerte für ihre Politik fallen stetig. Ein deutscher Führungsanspruch wird jetzt für Europa und in der EU erhoben, er hat jedoch an Glaubwürdigkeit verloren.

Das Mitleid der meisten demokratischen west-, mittel- und osteuropäischen Staaten und der USA mit Deutschland hält sich in Grenzen. Kein Land hat sich wie Deutschland derartig von der russischen Rohstoff-Oligarchie und dem autoritären Führer Putin abhängig gemacht. Andere Länder betreiben auch mit China eine vorsichtigere Wirtschaftspolitik. Schon Erstsemester im Studienfach Wirtschaftswissenschaften lernen die Bedeutung von Diversifizierung kennen, dass ökonomisch Handelnde zur Sicherung ihrer Marktposition möglichst einseitige Abhängigkeiten vermeiden sollen, vor allem mit riskanten Partnern. In Deutschland, beim Management vieler Unternehmen und in der Politik schien das unbekannt zu sein. Die größte Tragödie aber trifft gegenwärtig die ukrainische Bevölkerung.

Ukrainische Freunde aus Berlin äußerten, dass ihnen das Gerede deutscher Politiker von der Zeitenwende auf die Nerven gehe. Für sie sei 2014 das Jahr der beginnenden großen Erschütterung. Damals wurden der Donbass und die Krim von Russland völkerrechtswidrig besetzt. Seit dieser Zeit lebt die Ukraine im Kriegszustand. Zwar hatte schon 2014 der damalige deutsche Bundespräsident Joachim Gauck auf der 50. Münchner Sicherheitskonferenz von Deutschland gefordert, mehr Verantwortung zu übernehmen und an den Universitäten die Kompetenz für strategisches Denken in der Außenpolitik auszubauen. Doch daran mangelt es bis heute, von Ausnahmen abgesehen. Gauck kritisierte die bequeme deutsche Haltung, sich im Namen des Bündnisses vollständig auf die Verteidigungsbereitschaft der USA zu verlassen. Daraufhin bildete sich der „Münchner Konsens", militärisch mehr zu tun, um der Bedrohung Russlands etwas entgegenzusetzen. Viele Mitgliedsstaaten der NATO erhöhten ihre Verteidigungsfähigkeit, Deutschland nicht. Nun scheint auch die Führung hierzulande erkannt zu haben: Die Menschenrechte und Grundwerte verbal hochzuhalten, macht keinen Aggressor gefügig.

Seit 2014 waren viele mittel- und osteuropäische Staaten in Alarmbereitschaft vor russischen Übergriffen. Die NATO verstärkte ihre auf Verteidigung ausgerichteten Übungen im Baltikum (ohne Waffen mit großer Reichweite zu verwenden). Die USA trainierten ukrainische Soldaten mit modernen Methoden der Kriegsführung. In der Bundeswehr wurde eine Kehrtwende in Richtung Bündnis- und Landesverteidigung angedacht, aber der damalige Finanzminister Olaf Scholz stellte die benötigten Finanzmittel nicht zur Verfügung. Also blieb in Deutschland bis Ende Februar 2022 fast alles beim Alten. Vom „ewigen Frieden" (Kant) träumte es sich behaglich, und man war gesinnungsethisch auf der guten Seite. Sogar in der deutschen Armee.

Ich lehrte 18 Jahre an der Universität der Bundeswehr in Hamburg. In meiner Rückschau komme ich zu folgender pointiert dargestellten Auffassung: In der deutschen Politik und Bevölkerung, aber auch in manchen Einrichtungen der Bundeswehr, die mit Bildung und Ausbildung beschäftigt waren, herrschte in der Vergangenheit die Vorstellung (in der Tradition der Soziologie Ulrich Becks) vor: Die künftige Weltordnung werde bestimmt vom Rückgang staatlicher Gestaltungsmacht und vom Ende zwischenstaatlicher Konfrontationen, die militärisches Handeln erforderten. Die Staaten würden zunehmend auf ihre nationale Souveränität verzichten. Sie würden Bündnisse eingehen. Ökonomische Vernetzungen etablierten den Kapitalismus als bestimmendes Strukturmuster gegenseitiger Abhängigkeiten und Tauschbeziehungen – zulasten des globalen Südens. Der Begriff der Grenze sei nicht mehr zeitgemäß. Anlässe zu Großkriegen würden aufgrund der Verflechtung sukzessive wegfallen. Innerstaatliche Macht würde ebenfalls abgebaut. Krisen werde es, verschärft durch den Klimawandel, zwar immer geben, aber sie würden tendenziell durch die Aktivität von nichtmilitärischen und nichtstaatlichen Organisationsformen (NGOs) gelöst.

Der Plan für den Verbleib des deutschen Militärs in Afghanistan war wenig durchdacht. Als Baron Dahrendorf die Universität der Bundeswehr Hamburg besuchte, drückte er sein Unverständnis darüber aus: Was Alexander dem Großen nicht gelang, das werde auch der Bundeswehr mit ihrem Vorgehen nicht gelingen.[2] Die Bundeswehr stellte sich nach dem Ende des Ost-West-Konflikts darauf ein, mit nichtmilitärischen Einsätzen Konflikte zu lösen. Möglichst ohne Panzer. Erfolgsbilanz in Afghanistan: gering. Viele der von der Bundeswehr dort ausgebildeten Sicherheitskräfte haben inzwischen den Arbeitgeber (Regierung in Kabul) gewechselt und sind zu den Taliban übergelaufen.

Die Bundeswehr ist eine bildungsaffine Einrichtung: Das mittlere Management las soziologische Texte: In diesen Texten war die Rede von Gesellschaft als System, untergliedert in verschiedene, einander unverständliche Funktionssysteme. Der Ausbruch eines Kriegs durch die Macht eines autoritären Führers fand darin keine Erwähnung. In der Systemtheorie (Niklas Luhmann) kamen zwar autoritäre Systeme als „unterkomplex" vor. Aber dass sie von politisch agierenden Akteuren beherrscht würden, die einem revisionistischen Wahn verfallen und andere Gesellschaften militärisch angreifen könnten, ließ sich nach meinen Kenntnissen mit dem Funktionsparadigma nicht vereinbaren. Funktionalität, so wurde behauptet, wird durch Selbstbeobachtung gesteigert, aber die Bedeutung des gesellschaftlichen Schutzes durch Gewaltmittel, damit Aggressoren sich keine Hoffnung auf Erfolge durch Angriffskriege machen können, kam in der Theorie nicht vor. Das Objekt der Selbstbeobachtung eines Aggressors wie Putin ist nicht die Steigerung der Effizienz der russischen Gesellschaft, es ist auch nicht er selbst als „lupenreiner Demokrat", es ist der losgelöste, nicht durch Recht und Pflicht gebundene Machtmensch, der die Regeln für sein Reich definiert und dem das Wohl der Menschen nichts bedeutet.

Für viele Eliten aus der Babyboomer-Generation war Theorie ein Glaubensersatz. Die Systemtheorie versprach der Generation mit ihrer theoretisch geringen Sensibilität für Macht und Aggressionen eine friedliche Koexistenz ohne zerstörerische Bedrohungen. Alternativ waren Theorien der Gesellschaft als Kommunikation und Dialog verbreitet. Darin galt: Was in Verständigungsprozessen von Akteuren eingesehen wird, wird Wirklichkeit. Kommunikation folge den Regeln der friedlichen Verständigung und eliminiere dadurch Machtausübung. Seit der Antike sind uns viele Gegenbeispiele von Machtpolitik durch Kommunikationsverweigerung und Lügen überliefert. Kritik an der Verständigungsutopie in Deutschland wird

---

2 Den Satz zitiere ich aus meiner Erinnerung heraus. Vermutlich meinte Ralf Dahrendorf, die vielen Völker in Afghanistan lassen sich nicht einer Staatsmacht unterordnen. Sie folgen ihren eignen Land- und Warlords. Es wird nicht gelingen, das Land zu vereinheitlichen. Hinzu kommt: In Afghanistan, dem Land der Paschtunen, nimmt auch Pakistan seine Interessen wahr.

nicht gern gehört. In Russland findet seit Jahrzehnten kein öffentlicher Diskurs mehr statt. Eine Opposition gibt es nicht mehr. Die Mutigen, die das Regime zum Diskurs herausfordern, müssen um ihr Überleben fürchten. Desinformation und Lügen seitens des Aggressors bestimmten und bestimmen die Kommunikation vor und während des Angriffskriegs. Mit der Herausarbeitung gemeinsamer kontrafaktischer Unterstellungen (Wahrheit, Wahrhaftigkeit, normative Richtigkeit) als Motor zur Verständigung (Jürgen Habermas) ist dem Kriegsgeschehen nicht beizukommen. *Pacta sunt servanda.* Verhandlungen und Verträge über Friedenslösungen mit jemandem, dem Vertragstreue nichts bedeutet, werden den friedenswilligen Partnern keine Sicherheit geben, dass sie eingehalten werden. Voraussichtlich wird man mit Russland eines Tages zwar wieder verhandeln und neue Verträge vereinbaren können. Auf lange Zeit jedoch wird eine starke Abschreckungsfähigkeit des Westens beibehalten werden müssen.

Lehre und Rückbesinnung auf Thomas Hobbes und Max Weber

Auch der theoretische Versuch, die Bedeutung der Geltung des Rechts innerhalb demokratisch und rechtsstaatlich verfasster Gesellschaften auf die Weltgesellschaft zu übertragen, ging an der Realität vorbei. Im Rechtsstaat wird das Recht mit staatlicher und kontrollierter Macht durchgesetzt, wozu die Kräfte der inneren Sicherheit gehören, die über Gewaltmittel verfügen. Ohne den modernen „Leviathan" mit seinem rechtsstaatlich begründeten Gewaltmonopol scheitert die Aufrechterhaltung der Ordnung in der Gesellschaft. Diesem Thema widme ich mich mit Thomas Hobbes. Die Instrumentarien zur Durchsetzung eines völkerrechtlich begründeten Gewaltmonopols auf zwischenstaatlicher Ebene waren bislang schwach ausgeprägt und sind es nun noch mehr. Der Ausbruch eines Großkriegs in Europa ging einher mit der Lähmung des Sicherheitsrats der Vereinten Nationen, dem Organ, dem Hauptverantwortung für die Wahrung des Weltfriedens und der internationalen Sicherheit obliegt. Welche Rolle kann die UNO zur Beilegung des russischen Angriffskriegs spielen? Keine. Die Weltöffentlichkeit ist gegenwärtig Zeuge ihres Bedeutungsverlusts.

Nach dem Fall der Mauer beherrschte ein Mainstream das Denken in Deutschland, dass es nur noch regional begrenzte Konflikte in Europa geben würde, und diese würden vorwiegend auf dem Weg der Diplomatie gelöst werden können. Die europäische Friedensordnung sei unumstößlich. Auch die Einsätze in Ex-Jugoslawien änderten diese Sichtweise nicht. Sozialphilosophische Ansätze, die den Staat als Instanz der Monopolisierung von Gewaltmitteln deuten, wurden als obsolet betrachtet. Haben sie uns tatsächlich nichts mitzuteilen, was künftig zu berücksichtigen wäre? Denn: Eine europäische Sicherheitsarchitektonik wird – und das dürfte nun absehbar sein – über Jahrzehnte nicht im Vertrauen auf Russland etabliert werden können! Dazu braucht es Machtpolitik zur Sicherung des Friedens und einen als Drohpotenzial vorhandenen Vorrat an Gewaltmitteln zum Schutz von Freiheit und Völkerrecht.

2. Thomas Hobbes' Funktionsbestimmung des modernen Staats

Im Folgenden widme ich mich Thomas Hobbes (5. April 1588 in Westport/England bis 4. Dezember 1679 in Hardwick Hall/England). Thomas Hobbes schildert in seiner Biographie, seine Mutter habe aus Angst vor der Ankunft der spanischen Armada eine Frühgeburt erlitten. Dabei habe sie „Me and Fear" zur Welt gebracht. In England erlebte Hobbes den Kampf zwischen Krone und Parlament und auf dem Kontinent die konfessionellen Bürgerkriege. Er wusste aus eigener Betroffenheit, warum der Staat als höchste Instanz einer Gemeinschaft über die Gewaltmittel zur Abwehr von Angriffen verfügen sollte.

Max Weber (21. April 1864 in Erfurt bis 14. Juni 1920 in München) setzte meines Erachtens an Hobbes' Staatsverständnis an, ohne ihn ausdrücklich zu erwähnen. Er besaß nicht den neuzeitlich-aufklärerischen Impuls von Hobbes. Sein Interesse galt der historisch-typisierenden Analyse. Webers Blick ist daher auf die Analyse der Realgeschichte und Gesellschaft gerichtet. Interessant sind seine Überlegungen, weil er den Reflexionsrahmen erweitert und nicht nur nach dem Staatsbegriff und seinen institutionellen Grundlagen fragt, sondern auch auf die Bedeutung der Handelnden, der politisch Herrschenden eingeht. In seinem Vortrag „Politik als Beruf" nach dem Ende des Kaiserreichs und des Ersten Weltkriegs in der Zeitenwende 1918/19 wagte er auf einigen Seiten, in die Zukunft zu blicken. In der künftigen Republik würden charismatische Politiker gebraucht, die über Leidenschaft im Sinne von *Sachlichkeit, Augenmaß und Verantwortungsgefühl* verfügen, um Spitzenämter in der Politik einzunehmen. In Deutschland sind diese Passagen sehr bekannt. Bekannt ist auch seine typologische Differenzierung zwischen Gesinnungs- und Verantwortungsethik zur Qualifizierung politischen Handelns von Politikern. Hinzu kommt seine Kritik an Machtmenschen, die lediglich an der Macht bleiben wollen. Mit Letzterem kritisierte er die Politik und die Politiker im Kaiserreich im Zuge des Ersten Weltkriegs.

Bei näherer Betrachtung der Unterscheidung zwischen Gesinnungs- und Verantwortungsethik wird deutlich, dass damit zudem Tendenzen der politischen Kultur in Deutschland festgehalten werden, die auch noch heute einflussreich sind. Doch zunächst zu Thomas Hobbes:

Der Naturzustand: Freiheit ohne Frieden[3]

Thomas Hobbes' „Leviathan" geht nicht mehr von einem antiken Staatsverständnis aus. In ihm wurde der Staat als Teil einer kosmologisch-normativen Ordnung betrachtet. Auch die Tugendbegriffe bei Platon und Aristoteles, die das Verhalten der Menschen und die Politik des Staates miteinander verbinden, spielen keine Rolle. Er deutet den Staat auch nicht, wie das Mittelalter, aus einer religiösen Sicht. Hobbes' Denken beruht auf einem neuzeitlichen, durch die Mechanik geprägten Verständnis von Natur und Menschheit. Freiheit versteht er als Abwesenheit von äußeren Hindernissen, und in diesem Sinne ist Freiheit die Fähigkeit jedes Einzelnen, seine Interessen wahrzunehmen. Die Menschen sind die Produzenten ihrer Welt. Sie sind Erzeuger ihrer politischen Verhältnisse, also auch des Staates als eines von ihnen geschaffenen Artefakts.

Im 17. Jahrhundert entwickelten sich aus den Religions- und Bürgerkriegen allmählich Nationalstaaten als absolutistische und föderale Gebilde. Hobbes zeigt daher ein anregendes Gedankenmodell auf, die Bürgerkriege seiner Zeit durch einen überparteilichen Staat zu überwinden. Gleichzeitig soll dieser Staat seine Legitimität durch den Auftrag der Bürger erhalten, für die Erfüllung des Gesellschaftsvertrags zu sorgen, also Bürgerkriege zu beenden und die Bürger nach außen zu schützen. Meines Erachtens ist dieses Modell nicht auf Diktaturen anwendbar. Er gibt außerdem eine typisch liberale Empfehlung, die Sitten und Gebräuche der Bevölkerung zu akzeptieren und ihnen da nicht reinzureden. An Hobbes knüpfen John Locke und Jean-Jacques Rousseau an.

Hobbes skizziert, um seine Gedanken zu verdeutlichen, das Modell einer vorstaatlichen Welt im „Naturzustand". Dort gibt es ungeschriebene Regeln, deren Geltung als Rechtsgrundlage niemand bestreiten kann. Jeder muss sie in Anspruch nehmen, um zu überleben.

Das Naturrecht ist „die Freiheit, nach welcher ein jeder zur Erhaltung seiner selbst seine Kräfte beliebig gebrauchen und folglich alles, was dazu etwas beizutragen scheint, tun kann". (Leviathan, Kap. XIV, S. 118)

---

3 Meine Interpretation des Naturzustands ist von der aktuellen Bedrohungslage beeinflusst.

Im Naturzustand sind alle Menschen gleich. Jeder Einzelne strebt danach, sich selbst zu erhalten und sein Wohl zu fördern. Darin besteht ein natürliches Recht.

> „Eben daraus ergibt sich ferner, daß es in einem solchen Zustande keinen Besitz, kein Eigentum, kein Mein und Dein gibt, sondern was jemand erworben hat gehört ihm, solange er es sich zu sichern imstande ist." (ebd., Kap. XIII, S. 117)

Die Dominanz des Selbsterhaltungsinteresses führt dazu, dass Egoismus, Misstrauen, Konkurrenz, Selbstschutz und Gefährdung von Mitmenschen das Verhalten im Zusammenleben prägen.

> „Jeder ist befugt, sich durch Mittel und Wege aller Art selbst zu verteidigen." (ebd., Kap. XIV, S. 119)

Dieses Verhalten führt zu einem Kriegszustand aller gegen alle: *bellum omnium contra omnes*. Jeder kann jederzeit Opfer und Täter von Übergriffen und Angriffen werden. Warum? 1. Der eine verfügt über etwas, was seine Mitmenschen begehren. Sie versuchen mit allen Mitteln, es sich anzueignen. 2. Die Aneignung gelingt nur durch die Verfügung über mehr Gewaltmittel. Zugleich benötigen alle mehr Gewaltmittel, um sich vor der Gewalt der anderen zu schützen. Gerechtigkeit und andere kollektive Güter, die ein gemeinsames Interesse konstituieren, existieren nicht. 3. Die Freiheit im Naturzustand, den eigenen Interessen zu folgen und für die eigene Sicherheit zu sorgen, steigert die allgemeine Unsicherheit und Bedrohung der Menschen: Die Aufrüstung für die Sicherheit der einen beeinflusst die Aufrüstung der anderen. Der Naturzustand wird zum dauerhalten Kriegszustand. Die Gefahr von Gewaltausbrüchen ist unkalkulierbar und permanent gegeben. Allein das Gefühl, Bedrohungen zuvorkommen zu müssen, steigert die Angriffsbereitschaft.

Todesfurcht und Sehnsucht nach einem glücklichen Leben veranlassen die Menschen, nach Auswegen aus dem Kriegszustand zu suchen. Die Vernunft rät daher, nach Lösungen für die Herstellung von Frieden zu suchen. Wodurch? 1. durch Verzicht auf die Freiheit, sich ausschließlich an der eigenen Selbsterhaltung und der Steigerung seiner Wehrhaftigkeit zu orientieren; 2. durch den Abschluss von Verträgen zur Kooperation mit den Mitmenschen; 3. durch Regeln des Vertrags, die Gegenseitigkeit vorsehen und Angriffe verbieten.

Die begrenzte Bedeutung von Verträgen zum Friedenserhalt

Doch bleiben bei diesem Versuch viele Risiken bestehen, Kriegshandlungen auszuschließen. Es bleibt ungewiss, ob sich alle an die miteinander geschlossenen Verträge halten. Die Regeln der friedlichen Kooperation binden die einen zwar ein, machen sie aber zugleich unfrei, sich vor Angriffen zu schützen, falls die Mitmenschen sich nicht an dieselben Regeln halten. Diese könnten die Regeln des Vertrags eventuell nutzen, um sich verdeckt zu bewaffnen.

Um ein friedliches Zusammenleben zu sichern, muss es daher immer weitere Verträge geben, die das Handeln und die Sicherheit der einzelnen Menschen regulieren. Dadurch „kippt" die Anarchie des Naturzustands möglicherweise in eine Diktatur der Gemeinschaft. Einige werden beauftragt, die Einhaltung der Verträge zu überwachen. Aber wer überwacht die Vertragskonformität dieser Gruppe? Auch wenn Unsicherheiten durch Verträge abgebaut werden, bleiben Risiken bestehen, und es entwickeln sich neue Unsicherheiten: Einige Akteure halten sich an die abgeschlossenen Verträge, schränken sich ein, andere jedoch nutzen den Verzicht aus, um sich zu bereichern. Die Abrüstung von Einzelnen ermutigt andere, einen Angriff zu wagen.

Das aktuelle Beispiel ist der russische Angriffskrieg gegen die Ukraine, die ihre Nuklearwaffen 1994 an Russland abgegeben hat. Damit konnte sich Russland bei einem Überfall auf die Ukraine Erfolge ausrechnen. Die Verträge, die Russland unterzeichnet hat, die *Charta der Vereinten Nationen*, die *Schlussakte der Konferenz über Sicherheit und Zusammenarbeit in Europa* (KSZE/OSZE) sowie die *Charta von Paris*, sogar das *Budapester Memorandum,* haben nichts genützt.[4] Hinzu kommen die Vereinbarungen zur militärischen Abrüstung. Viele westliche Staaten, darunter die Ukraine und das vertrauensvolle Deutschland, haben abgerüstet. Autoritäre Staaten wie Russland und China haben darauf geachtet, angriffsfähig zu bleiben. Was würde Thomas Hobbes dazu sagen:

> „Und Verträge ohne das Schwert sind bloße Worte und besitzen nicht die Kraft, einem Menschen auch nur die geringste Sicherheit zu bieten." (Leviathan, Kap. XVII)

---

4 In den Vereinbarungen von 1994 gaben die Russische Föderation, das Vereinigte Königreich und die Vereinigten Staaten gemeinsam mit Kasachstan, Belarus und der Ukraine Sicherheitsgarantien in Verbindung mit deren Beitritt zum Atomwaffensperrvertrag als Gegenleistung für den Verzicht auf ein nukleares Waffenarsenal auf ihrem Territorium.

Es bedarf demnach einer Macht, die über den Kriegs- und Konfliktparteien steht und die aufgrund ihrer Ausstattung mit Machtmitteln fähig ist, den Bürgerkrieg zu beenden und die Konfliktparteien an die Einhaltung der Verträge zu binden:

> „Der alleinige Weg zur Errichtung einer solchen allgemeinen Gewalt, die in der Lage ist, die Menschen vor dem Angriff Fremder und vor gegenseitigen Übergriffen zu schützen und ihnen dadurch Sicherheit zu verschaffen, daß sie sich durch eigenen Fleiß und von den Früchten der Erde ernähren und zufrieden leben können, liegt in der Übertragung ihrer gesamten Macht und Stärke auf einen Menschen oder eine Versammlung von Menschen... es ist eine wirkliche Einheit aller in ein und derselben Person, die durch den Vertrag eines jeden mit jedem zustande kam, als hätte jeder zu jedem gesagt: *Ich autorisiere diesen Menschen und übertrage ihnen mein Recht, mich zu regieren, unter der Bedingung, daß du ihnen ebenso dein Recht überträgst und alle ihre Handlungen autorisierst*." (Leviathan, Kap. XVII)

Gesellschafts- und Staatsvertrag

Hier kommt der Gesellschafts- und Staatsvertrag ins Spiel. Er lässt sich als vertragliche Konstitution einer Gemeinschaft interpretieren, die den Willen hat, in Frieden zu leben und den bislang unvermeidlichen Bürgerkrieg untereinander zu überwinden. Mit dem Abschluss des Vertrags als Bekundung eines alle Individuen umfassenden einheitlichen Willens wird der Naturzustand verlassen. Zugleich wird eine Gesellschaft gegründet, die beschießt, „einen oder mehrere Menschen" zu beauftragen, den Krieg zu beenden und den Frieden herzustellen und zu sichern. Dieser Mensch oder diese Menschen handeln im Auftrag. Im Gegenzug sind die Bürger bereit, ihre Gewaltmittel abzugeben, mit denen sie sich gegenseitig beschädigen oder töten könnten. Dadurch erhält oder erhalten der oder die Auftragnehmer eine immense Macht. Dieser Macht gibt Hobbes den Namen des biblischen Ungeheuers „Leviathan". Zugleich werden die Menschen zu Bürgern eines Territoriums, das unter dem Schutz des Leviathans steht. Durch die vertragliche Beauftragung wird die diffuse Macht der Menschen, die sie im vorstaatlichen Naturrecht besaßen, transformiert zu einer Souveränität des Staates, dessen Bürger sie geworden sind.

> „Hier liegt das Wesen des Staates, der, um eine Definition zu geben, eine Person ist, bei dem sich jeder einzelne einer großen Menge durch gegenseitigen Vertrag eines jeden mit jedem zum Autor ihrer Handlungen

gemacht hat, zu dem Zweck, daß sie die Stärke und Hilfsmittel aller so, wie sie es für zweckmäßig hält, für den Frieden und die gemeinsame Verteidigung einsetzt. Wer diese Person verkörpert, wird Souverän genannt, und besitzt, wie man sagt, höchste Gewalt, und jeder andere daneben ist sein Untertan (subject)." (Leviathan, Kap. XVII)

Mit dem Besitzer der immensen Gewaltmittel, dem Leviathan oder dem Staat, ist nicht zu spaßen. Er ist fürchterlich, er tötet und bestraft. Aber er befreit auch die Menschen von ihrer zerstörerischen Kraft; denn diese war vorher gegen andere gerichtet und führte sogar zur Selbstzerstörung. Der Genuss, als Citoyen friedlich zu leben, war mit der uneingeschränkten Freiheit nicht möglich. Aber in der Übertragung der Freiheitsrechte auf den Staat, der die Verteidigung der Gemeinschaft gegen Angriffe übernimmt (Selbstjustiz beendet), und in der Bestrafung von Gewalttätern wird das Böse der Freiheit im Naturzustand zum Guten der Friedenserhaltung.

Weiterführend an Hobbes' Gedankenmodell ist, den Staat als ein von den Bürgern geschaffenes Machtkonstrukt zu begreifen. Als Vollzugsorgan des gemeinsamen Willens bezieht er von den Bürgern seine Legitimität, auftragsgemäß in die Gesellschaft einzugreifen und Gesetze zu erlassen. Eigentlich gehören die Gewaltmittel den Bürgern. Sie sind dem „Leviathan" zur Stiftung des Friedens nur geliehen. Falls der „Leviathan" sie nicht nutzt, um den Frieden zu sichern, sondern zur Durchführung von Über- und Angriffen einsetzt, muss er abgelöst werden. Ungelöst bei Hobbes ist die Frage: Wie entziehen die Bürger dem „Leviathan" ihre Machtmittel, falls er den Auftrag, Frieden zu stiften, nicht einlöst? Hobbes hat zwar keinen Staat vor Augen, der durchregiert, aber er lehnt Gewaltenteilung ab. Auch gibt es in seinen Vorstellungen keine rechtsstaatliche Verankerung von Grundrechten der Bürger und keinen Minderheitenschutz.

Das Problem zwischen Russland und der Ukraine ist ein Problem zwischen zwei souveränen Staaten. Als Einzelstaat ist der „Leviathan" in einer vergleichbaren Situation wie seine Bürger im vorstaatlichen Zustand. Einen „Leviathan", der mehrere Staaten befrieden kann, wird es auf lange Zeit nicht geben. Daher ist die Sicherheit für die Ukraine – wenn ihr nicht auf unabsehbare Zeit eine permanente Bedrohung zugemutet wird – nur durch Unterstützung der NATO und am sichersten durch ihre Mitgliedschaft zu gewährleisten. Da die NATO ein Verteidigungsbündnis ist, das nicht angreift, geht von ihr für Russland keine Bedrohung aus. Im Falle einer Mitgliedschaft könnte die NATO eine bedrohte Ukraine aber jederzeit verteidigen. Ihr Interesse an dieser Mitgliedschaft ist daher besonders groß.

Welche Rolle spielt die UN bei der Beilegung des russischen Angriffskriegs? Zwar verurteilten im März 2022 in der UN-Vollversammlung 141 Mitgliedsstaaten den Angriff Russlands auf die Ukraine und im November 2022 sogar 143 Mitgliedsstaaten die russische Annexion der besetzten ukrainischen Gebiete, aber deren Beschlüsse sind – anders als die des Sicherheitsrats – völkerrechtlich nicht verbindlich. Der Sicherheitsrat ist in diesem Konflikt jedoch durch das Veto seiner ständigen Mitglieder (Russland und China) beschluss- und handlungsunfähig. Die Weltöffentlichkeit ist daher gegenwärtig Zeuge eines rapiden Bedeutungsverlusts der UN. Nicht einmal zur Überwachung der Getreidelieferungen aus der Ukraine konnten die Vereinten Nationen tätig werden.

3. Max Weber – Verantwortung in der Politik

Thomas Hobbes hatte ein Modell zur Begründung der zentralen Aufgaben des modernen Staates entwickelt, in dem er die Machtstellung des Staates betont, wenn er auf seinem Gebiet den Frieden zwischen seinen Bürgern erhalten will. Max Weber analysiert dagegen mit sozialwissenschaftlichen Methoden der Idealtypenbildung historische Prozesse der Herausbildung staatlicher Macht als eigene gesellschaftliche Sphäre und mit Politikern als die dafür verantwortliche Gruppe. In seinem Vortrag „Politik als Beruf" macht Weber deutlich, dass erst mit den bürgerlichen Revolutionen die Besetzung staatlicher Positionen nicht mehr durch feudale Vorrechte geregelt wird. Daher widmete er sich in seinem Vortrag bürgerlichen Politikern, die nicht mehr über das Charisma aufgrund von Tradition verfügen, sondern die Interessenpolitik ihrer Parteien betreiben und wünschenswerterweise über eine charismatische Persönlichkeit verfügen.

Weber hielt seinen Vortrag in München am 28. Januar 1919 in einer der ereignisreichsten Zeit der deutschen Geschichte: Die Republik war im November 1918 ausgerufen worden. In Kiel hatten die Matrosen gegen einen erneuten Kriegseinsatz rebelliert. Mit ihren Waffen aus dem Weltkrieg kämpften die Heimkehrer auf den Straßen gegen ihre Wiedereingliederung in die Armee. Soldaten und Arbeiter gründeten Räte „mit Maschinengewehren" nach russischem Vorbild, besetzten Unternehmen und öffentliche Einrichtungen. Reaktionäre Kräfte bekämpften die angeblichen Verräter an der Heimatfront. Friedrich Ebert vereinbarte mit dem Chef der Obersten Heeresleitung, Wilhelm Groener, militärischen Schutz für die Arbeit der provisorischen Regierung. Für ihn stand die Umsetzung des parlamentarischen Weges an. Dazu gehörten vor allem die Durchführung von freien, gleichen und allgemeinen Wahlen als Legitimationsgrundlage für eine neu zu bildende Regierung und schließlich die Einberufung einer Nationalversammlung, die eine neue, demokratisch-republikanische Verfassung verabschiedet.

Max Weber beginnt seinen Vortrag mit akademischen Definitionen: Politik definiert er als Leitung oder Beeinflussung der Leitung des Staates. Politiker sind das damit beschäftigte Personal. Was aber ist der Staat? Weber argumentiert: Es gibt viele Aufgabe, die einzelne Staaten in der Geschichte irgendwann einmal bewältigt, andere aber niemals ausgeübt haben. Daraus kann keine Definition erfolgen. Das einzige zentrale Merkmal des Staates besteht nach Weber in der Verfügung über die legitimen Mittel der physischen Gewaltsamkeit innerhalb eines begrenzten Territoriums:

„Staat ist diejenige menschliche Gemeinschaft, welche innerhalb eines bestimmten Gebietes – dies: das ‚Gebiet‘, gehört zum Merkmal – das *Monopol legitimer physischer Gewaltsamkeit* für sich (mit Erfolg) beansprucht. Denn das der Gegenwart Spezifische ist: daß man allen anderen Verbänden oder Einzelpersonen das Recht zur physischen Gewaltsamkeit nur soweit zuschreibt, als der *Staat* sie von ihrer Seite zuläßt: er gilt als alleinige Quelle des ‚Rechts‘ auf Gewaltsamkeit. ‚Politik‘ würde für uns also heißen: Streben nach Machtanteil oder nach Beeinflussung der Machtverteilung, sei es zwischen Staaten, sei es innerhalb eines Staates zwischen den Menschengruppen, die er umschließt." (Politik als Beruf, S. 158 f.)

Dieses Verständnis des Staates als politischer Verband, der die Herrschaft über die Gewaltmittel ausübt, während alle anderen sozialen Verbände nur über Gewaltmittel verfügen, soweit der Staat ihnen dieses Recht gewährt, entspricht ungefähr dem Modell von Thomas Hobbes' „Leviathan". Allerdings ohne die Vorstellung eines von den Bürgern bestimmten Gründungsgeschehens (Abschluss des Gesellschafts- und Staatsvertrags), das dem Staat die Legitimation dazu verleiht. Weber konnte sich kein Staatsgebilde vorstellen, welches über einen längeren Zeitraum lediglich auf bloßer Macht und Unterwerfung der Bevölkerung beruht, denn Macht bedeutet für ihn, Gefolgschaft auch gegen Widerstand zu erzielen.[5] Macht ist amorph. Sie kann in allen Handlungskontexten ausgeübt werden. Staatliche Macht über längere Zeit auszuüben, verlangt die Bereitschaft der

---

5 Er kannte weder den Nationalsozialismus noch den Stalinismus noch den Maoismus.

Unterworfenen, zu gehorchen. Das setzt aber nach Weber den Glauben an den Sinn der Beziehung von Beherrschten und Herrschern voraus.

Die Ausübung von Herrschaft beruht daher auf dem Glauben an Legitimität, den die Beherrschten hegen. Folgende Legitimationsgründe spielen in Webers Analyse historisch die größte Rolle: der Glaube an die ewige Geltung von Tradition, an charismatische Heilsbringer und an das Recht als begründendes gesellschaftliches Ordnungsprinzip. Aufgrund dieses Glaubens sind die Beherrschten bereit, ohne Einsatz von Gewaltmitteln zu folgen. Konkret kommen zumeist noch materielle Interessen und Teilhabe an kulturellen Gütern wie Ehre und Anerkennung hinzu. Schon die Institutionenordnung des Deutschen Kaiserreichs war durch legale Herrschaft geprägt, allerdings mit Vorrechten der Monarchie und des Adels, vor allem in einzelnen Gliedstaaten wie in Preußen.

Kein Modelldenken, sondern historische Rekonstruktion

Weber erörtert die lange Geschichte der staatlichen Verfügung über die Gewaltmittel anhand vieler Beispiele aus dem Feudalismus und der Frühen Neuzeit. Er fragt außerdem nach dem dazu benötigten Personal und rekonstruiert die Herausbildung von Politikern, die die Staatsgeschäfte betreiben und Politik als Beruf ausüben. Die Entwicklung dahin beschreibt er als einen zunehmenden Prozess der Konzentration von Machtmitteln bei den herrschenden Dynastien, bis auch deren Besitz an Staatsgütern enteignet wird. Er stellt eine Analogie zur Enteignung der Enteigner her (analog zur Marxens Darstellung des Kapitalismus).

> „Überall kommt die Entwicklung des modernen Staates dadurch in Fluß, daß von seiten des Fürsten die Enteignung der neben ihm stehenden selbständigen ‚privaten' Träger von Verwaltungsmacht: jener Eigenbesitzer von Verwaltungs- und Kriegsbetriebsmitteln, Finanzbetriebsmitteln, und politisch verwendbaren Gütern aller Art, in die Wege geleitet wird: Der ganze Prozeß ist eine vollständige Parallele zu der Entwicklung des kapitalistischen Betriebs durch allmähliche Enteignung der selbstständigen Produzenten. Am Ende sehen wir, daß in dem modernen Staate tatsächlich in einer einzigen Spitze die Verfügung über die gesamten politischen Betriebsmittel zusammenläuft... Hier setzt nun die allermodernste Entwicklung ein und versucht vor unseren Augen die Expropriation dieses Exproprieateurs der politischen Mittel und damit der politischen Macht in die Wege zu leiten. Das hat die Revolution wenigstens insofern geleistet, als an die Stelle der gesatzten Obrigkeiten Führer getreten

sind, welche durch Usurpation oder Wahl sich in die Verfügungsgewalt über den politischen Menschenstab und Sachgüterapparat gesetzt haben und ihre Legitimität – einerlei mit welchem Recht – vom Willen der Beherrschten ableiten." (ebd., S. 165)

Dieser Schritt der endgültigen Abschaffung der noch verbliebenen Vorrechte traditionaler Herrschaft fand am 9. November 1918 mit der Abdankung des Kaisers, der Ernennung Friedrich Eberts zum Reichskanzler (für einen Tag) und mit Scheidemanns Ausrufung der Republik statt. Weber kritisierte gegen Ende seines Vortrags das Verhalten der politischen Führungsschicht in den letzten Kriegsmonaten, die ihre „Macht um der Macht willen" ausgeübt habe, ohne die Fähigkeit zur Selbstdistanzierung, zu Sachlichkeit und Augenmaß zu besitzen. Neun Tage vor seinem Vortrag, am 19. Januar 1919, fand die Wahl zur Deutschen Nationalversammlung mit einer hohen Wahlbeteiligung und einem überragenden Sieg der drei bürgerlichen Parteien (SPD, Zentrum, DDP) statt. Sie hatten seit Langem begonnen, ihr Personal für einen Elitewechsel ins Spiel zu bringen. Weber setzte nach seiner langjährigen Frustration über Parlament und Parteien (sein Vorwurf: Sie betreiben nur Gesinnungspolitik und Ämterpatronage) im Kaiserreich nun auf einen charismatischen Führer, der vom Volk in direkter Wahl in das Amt des Reichspräsidenten gewählt werden wird. Es war ihm gelungen, unter der Leitung des Staatsrechtlers Hugo Preuß diese Position in den Verfassungstext einzubringen. 14 Tage nach Webers Vortrag wurde Friedrich Ebert vom Parlament zum Reichspräsidenten gewählt. Bei der nächsten Wahl sollte der Reichspräsident verfassungskonform vom Volk gewählt werden. Der „Leviathan" besaß nun eine Verkörperung in der Person Friedrich Eberts, dem Reichspräsidenten mit Augenmaß, Leidenschaft und Verantwortungsgefühl.

Diese starke Position des Reichspräsidenten, der in seiner Machtpolitik von Partei und Parlament kaum gebremst werden konnte, hat Weber zum Abschluss seines Vortrags vor Augen. In Hinblick darauf fragt er nach der geeigneten Ethik eines solchen mächtigen Politikers. Eigentlich sieht er im Gebrauch von Werten im Alltag eine Rationalisierung der eigentlichen, eher verdeckten Motive eines Handelnden. Dennoch lassen sich Politiker typisierend danach unterscheiden, ob ihre Politik einer Ethik der Gesinnung oder einer Ethik der Verantwortung folgt. Das Kriterium für die

Unterscheidung ist vor allem der Umgang mit den Mitteln der Politik: den Gewaltmitteln.[6]

Gesinnungs- und Verantwortungsethik

Protagonisten der Gesinnungsethik versprechen dem Volk, sozialmoralisch zustimmungswürdige Ziele (Frieden, Gleichheit, Gerechtigkeit) anzustreben. Sie betonen die edlen Absichten, die Frage der Mittel, mit denen sie diese Ziele erreichen wollen, betrachten sie aber als untergeordnet. Auch die Folgen werden als nachrangig betrachtet. Aufgrund ihres Glaubens an sich selbst, das Gute zu bezwecken, legitimieren sie sich, in mancher Hinsicht politische Handlungen zu unterlassen und gefährden dadurch das Leben der Bürger. Oder sie setzen Gewaltmittel ein, wenn es darum geht, Macht zu erringen. Weber kritisiert den Pazifismus und die sozialistischen Strömungen seiner Zeit, die sich mit ihrem Ideal der Räteregierung an Russland orientierten. Er wirft ihnen vor, den Frieden zu propagieren, dafür aber Gewaltmittel einzusetzen.

> „Sehen wir nicht, daß die bolschewistischen und spartakistischen Ideologen, eben weil sie dieses Mittel der Politik anwenden, genau die *gleichen* Resultate herbeiführen wie irgendein militaristischer Diktator?" (ebd., S. 233)

Beispiele dafür sind die Oktoberrevolution in Russland 1917 und die Rätemacht in den Kommunen und Betrieben im November 1918, die vielerorts mit Maschinengewehren durchgesetzt wurde. Dieses Vorgehen, die Opfer und die Diktatorenmacht werden durch die Uneinsichtigkeit der Gegenwart und/oder ein irgendwann einmal zu erreichendes Ziel einer besseren Welt gerechtfertigt. Im Sinne der Kontextualisierung von Webers pointierten Bemerkungen sei darauf hingewiesen, dass Friedrich Ebert mit der provisorischen Regierung sukzessive den Weg zur Etablierung einer parlamentarischen Demokratie eingeschlagen hat, was die Linke (USPD, Spartakusbund und KPD) versuchte, mit Gewalt auf den Straßen zu verhindern. Bei der ersten Wahl zur Nationalversammlung am 19. Januar 1919, an der auch Frauen (und Soldaten) teilnahmen, wurden die radikalen Kräfte abgestraft. Die „Weimarer Koalition" (SPD, Zentrum DDP) erhielt 76,2

---

6 Der Typologie liegt kein komplexes theoretisches Modell zugrunde, sondern ein Versuch, die politischen Strömungen, die sich am Ende des Kaiserreichs gebildet haben, in ihren allgemeinen Zügen zu erfassen.

Prozent der Stimmen. Die Gesinnungsethiker hatten den Kampf gegen den parlamentarischen Weg in die Republik verloren.

Verantwortungsethiker hingegen definieren ihre Ziele in Hinblick auf die Mittel, insbesondere „auf das Mittel der legitimen (das heißt: als legitim angesehenen) Gewaltsamkeit" (Max Weber), wofür Politiker in staatlichen Spitzenämtern (und nur sie) zuständig sind. Sie ziehen Wechselwirkungen zwischen der Bestimmung von Zielen, den Einsatz der Mittel und die lang- und kurzfristig zu erwartenden Folgen der Umsetzung ihrer Politik in Betracht. Daher streben sie nicht nach Zielen, die die Lebensverhältnisse der Bürger gravierend verändern, sondern trachten nach Reformen und nicht nach Revolutionen. Sie schließen Bündnisse und setzen Prioritäten. Sie akzeptieren Konzessionen, die nicht in der „reinen Lehre" vorgesehen sind. Friedrich Ebert war der Prototyp eines verantwortungsethischen Politikers. Sein Nachfolger, Paul von Hindenburg, missbrauchte die Machtfülle seines Amtes und sein Anrecht auf die Verfügung über die Gewaltmittel im Interesse der Feinde von Rechtsstaatlichkeit und Freiheit.

VIII. Zeitenwende – auch ein Ende tradierter Geschlechterstereotypen?[1]

„Wir sind heute in einer anderen Welt aufgewacht", so formulierte die deutsche Außenministerin Annalena Baerbock ihre Erschütterung am Morgen des 24. Februar 2022 auf den völkerrechtswidrigen russischen Angriffskrieg gegen die Ukraine, den Bruch der elementaren Regeln der internationalen Ordnung und den Beginn eines nicht zu rechtfertigenden Blutvergießens. Wochenlange diplomatische Bemühungen waren gescheitert, aber die Hoffnung der Ukrainerinnen und Ukrainer auf Demokratie und Frieden, auf eine Zukunft ohne Unterdrückung werde er, Annalena Baerbock spricht den russischen Aggressor hier nicht mit Namen an, nicht zerstören.

Drei Tage später, am 27. Februar 2022, gab Bundeskanzler Olaf Scholz eine Regierungserklärung zur Zeitenwende ab. Auch er verurteilte die Invasion und versicherte der ukrainischen Bevölkerung die Solidarität Deutschlands. Er kritisierte die Verletzung der Friedensordnung und Russlands Blockierung der Beschluss- und Handlungsfähigkeit des UN-Sicherheitsrats. Putins Absicht sei es, geltendes Völkerrecht (etwa das basale Verbot der Gewaltandrohung und -anwendung zwischen Staaten) seinem revisionistischen Willen zur Macht zu unterwerfen und damit die Macht des Rechts durch das Recht der Macht zu ersetzen. Von diesen Gefahren, verstärkt durch permanente Eskalationsdrohungen, seien die Staaten in Europa und darüber hinaus betroffen. Auch in Deutschland seien die Sorgen groß.

Marie-Luise Beck, Rebecca Harms und Viola von Cramon, engagierte und der Öffentlichkeit aufgrund ihrer vielen wahrgenommenen Aufgaben und Ämter bekannte Frauen von Bündnis 90/Die Grünen, wiesen schon seit Langem auf die zunehmende Aggressivität der autoritären russischen Führung und die schwierige Lage in den an Russland angrenzenden Staaten hin. Sie haben schon früh darauf aufmerksam gemacht, dass aus osteuropäischer und vor allem aus ukrainischer Perspektive die Zeitenwende bereits 2014 mit den militärischen Übergriffen und den Gebietsvereinnahmungen begonnen hat, wenn nicht noch früher.

---

1 Vortrag auf der Tagung „Der Krieg hat kein Geschlecht, das Militär schon? Militär. Geschichte. Geschlecht" des Zentrums für Militärgeschichte und Sozialwissenschaften der Bundeswehr (ZMSBw) in Potsdam vom 16. bis 18. November 2022.

Für Deutschland hat Olaf Scholz mit seiner Regierungserklärung, flankiert durch einen Entschließungsantrag mit konkreten Umsetzungsschritten, eine Zeitenwende der deutschen Politik, insbesondere der Sicherheitspolitik, in Gang gesetzt. Kern dieser Neuausrichtung ist die nachholende Modernisierung der Bundeswehr. Dafür wurde ein Sondervermögen in Höhe von 100 Mrd. Euro für zusätzliche Investitionen zur Verfügung gestellt, um die Landesverteidigung und Bündnisfähigkeit weiter zu stärken. Scholz erwähnte mehrfach, dass mit dem Einhalten der Verpflichtungen innerhalb der NATO endlich ernst gemacht werde. Die NATO, ein Verteidigungsbündnis, ist nur so stark wie sie von ihren Mitgliedern stark gemacht wird. Schon zu Beginn seiner Rede kündigte er an, die Ukraine mit Waffen zu unterstützen. Nach Möglichkeiten der Diplomatie wird dennoch weiterhin gesucht.

Über viele ergänzende Maßnahmen hinaus wies der Kanzler – und darauf kommt es mir an – auf den unverzichtbaren Beitrag hin, den die Bundeswehr zum Schutz und zur Sicherheit von Frieden und Freiheit leistet – ein Beitrag, der künftig noch stärker eingefordert werden wird.[2] Endlich wurde unüberhörbar anerkannt, dass die Existenz einer im Bündnis integrierten starken deutschen Armee, die es im Ernstfall mit dem Kampfeinsatz zur Erhaltung oder Wiederherstellung des Friedens zu tun hat, (potenzielle) Aggressoren abhält, einhegt, bekämpft und damit unverzichtbare Dienste für das Wohl unserer Gesellschaft leistet. Diese Einsicht ist derzeit in der Bevölkerung angekommen. Ein Beispiel dazu aus meinem persönlichen Bereich: Von meinem Frankfurter Freundinnenkreis wurde mir nach dem „Große Zapfenstreich" für Angela Merkel 2021 vorgeworfen, dass diese behelmten Soldaten in der Öffentlichkeit ein Beispiel für die zunehmende Militarisierung Deutschlands seien. Entsetzlich. Sie schimpften auf die NATO und die USA. Nach der russischen Invasion waren solche Vorhaltungen vergessen, sie hatten weder Probleme mit den zusätzlichen 100 Mrd. Euro für die Bundeswehr noch mit der Rolle der NATO oder der USA und mit deren und unseren Waffenlieferungen an die Ukraine. Urplötzlich verstanden sie, wie der Gefahr der Ausdehnung dieses Kriegs und der Entstehung neuer Kriege zu begegnen sei.

---

2 Der Kanzler widmete sich daher ausführlich der Bundeswehr, ihrem Beitrag, den sie bereits in Litauen, Slowenien, Rumänien leistet und künftig verstärkt leisten soll, und einer nachholenden Modernisierung ihrer Ausrüstung, damit sie endlich wieder ihren im Grundgesetz verankerten Aufgaben der Landes- und Bündnisverteidigung nachkommen kann, so wie sie das während des Kalten Kriegs getan hat.

Auch nach dem ersehnten Ende des heißen Kriegs in der Ukraine wird die Gefährdung der Sicherheitslage in Europa weiter bestehen. Die Wiederherstellung der Fähigkeit zur Landes- und Bündnisverteidigung ist für Deutschland gegenwärtig vorrangig. Darüber hinaus benötigen wir eine neue, umfassende Sicherheitsarchitektur zur Stärkung der Resilienz unserer Gesellschaft. Hybride Kriegsführung, Cyberangriffe auf Kritische Infrastrukturen, Fake News, Versuche der Destabilisierung unserer Gesellschaft bleiben nicht aus. Wir haben auf diesen Gebieten nachzuarbeiten. Außerdem: Der „weiße Elefant" (VR China) steht groß und mächtig im Raum.

In der Bevölkerung ist m. E. das Verständnis für die Notwendigkeit einer Zeitenwende im Sinne dieser sicherheitspolitischen Neuausrichtung angekommen. Sie teilt das Verständnis, dass es ohne eine starke Armee absehbar keinen Schutz und keine Sicherheit für Frieden und Freiheit geben kann. Aber die Zeitenwende ist kein Selbstläufer ohne Rollback-Gefahr. Was wird nachhaltig erforderlich sein, dass auch unseren Kindern und Kindeskindern Schutz und Sicherheit gewährleistet werden kann? Welcher Konsens in der Bevölkerung wäre wünschenswert, der auch Einfluss auf die Politik der Zeitenwende hat, der Männer und Frauen erfasst? Im Namen von Frauen wird gegenwärtig Politik gemacht wie nie zuvor, und sie selbst sind zunehmend Trägerinnen von Politik. Aber sind sie auch aktiv an der Neuausrichtung der Sicherheitspolitik und des dringend benötigten Reformprozesses der Bundeswehr beteiligt?

Meines Erachtens braucht es eine selbstverständliche sozialmoralische Wertschätzung des Dienstes in der Bundeswehr als Ausdruck verantwortlichen Handelns, wie sie etwa den sozialen Diensten im sozialstaatlichen oder zivilgesellschaftlichen Bereich entgegengebracht wird. Tätigkeiten in diesen Bereichen gebührt eine hohe Wertschätzung. Eine das Militär integrierende Sicht ist in vielen Gesellschaften bei Frauen und Männern selbstverständlich, besonders in Ländern, die immer wieder unmittelbaren Angriffen ausgesetzt sind, wie Israel oder die baltischen und skandinavischen Staaten, die an der Grenze zu einem System leben, das ihre Werte nicht teilt. Auch in Ländern wie in den USA, in Kanada und Großbritannien genießt das Militär eine hohe Wertschätzung. (Diesbezüglich haben meine Studierenden der HSU nach Auslandsaufenthalten in den USA, in Kanada, Schottland immer wieder begeistert berichtet, welche Anerkennung ihnen dort im öffentlichen Raum begegnete und wie wichtig das für ihr Lebensgefühl war.)

Dass diese Wertschätzung im Bewusstsein von Frauen und Männern auch hierzulande ansatzweise Einzug hält (und der Vorwurf der Militarisierung beim Anblick von Soldatinnen und Soldaten hoffentlich verschwindet), ist u. a. das Verdienst von hervorragenden, militärkundigen Journalistinnen und Wissenschaftlerinnen aus Stiftungen und Think-Tanks. In den letzten Monaten wurden sie in den Medien zur militärischen Lagebeurteilung gehört und setzten die Männerwelt in Erstaunen. Sie haben gezeigt, dass die Zeit vorbei ist, in der nur Männer über Expertise in Bereichen wie internationale Politik, Krieg, Militärtechnologien und Waffensysteme verfügen. Noch vor Kurzem wurden am liebsten Männer interviewt, wenn es um Erklärungen komplexer Vorgänge und Sachverhalte (außer um Bildungs- und Erziehungsfragen) ging. Diese Zeit ist vorbei, und wir müssen uns dafür einsetzen, dass es auch so bleibt.

Frauen, die sich zu militärischen Fragen öffentlich äußern, sind Role Models, Vorbilder. Ihre Art und Weise, Zusammenhänge zu erläutern, trägt mit dazu bei, dass sich das Interesse für die Bedeutung des Militärs sowohl bei den Männern als auch bei den Frauen wandelt. Sie haben Anteil an einer kompetenten Meinungsbildung in der Gesellschaft. Daraus kann sich für die Bundeswehr ein Imagewandel entwickeln, der zu einem neuen Konsens in der Gesellschaft führt, dass dem Dienst in der Armee die gleiche Anerkennung entgegengebracht wird wie den Tätigkeiten im Sozialstaat, im Non-Profit- oder Umweltbereich. Immer geht es um Verantwortung für die Gemeinschaft. Die sozialmoralische Wertschätzung von geleisteter Arbeit wird immer bedeutsamer.

So ganz neu ist diese Sicht der sozialmoralischen Gleichwertigkeit von sozialem und militärischem Dienst freilich nicht: Ehemals trug die Wehrpflicht zur Verankerung der Bundeswehr in der Bevölkerung bei. Die sozialmoralische Gleichrangigkeit kam in der Wahlmöglichkeit zwischen „Wehr- oder Zivildienst" zum Ausdruck. Beide Dienste waren damals als unverzichtbare Tätigkeiten für die Gemeinschaft anerkannt. Leider wurde damals darauf verzichtet, die Wehrpflicht zu einem von Frauen *und* Männern ausgeübten Dienst zu modernisieren. Zum 1. Juli 2011 wurden die Wehrpflicht und der Wehrersatzdienst ausgesetzt. Und was einmal ausgesetzt wird, lässt sich nur schwer rückgängig machen. Aber wie kann der gegenwärtige Konsens in einer sehr milieuspezifisch ausdifferenzierten und medial stark in Anspruch genommenen Bevölkerung über längere Zeit erhalten und verstetigt werden? Eine allgemeine Dienstpflicht mit einer kürzeren Pflichtzeit für Männer und Frauen und, wenn gewünscht und geeignet, einer längeren freiwilligen Zeit könnte dazu beitragen, dass die oben geschilderte Politik der Zeitenwende nicht schon bald wieder hintangestellt wird.

Einen gesellschaftlichen Konsens für die Bundeswehr, ohne die Frauen einzubeziehen, wird es nicht geben. Dabei sind Soldatinnen, die jetzt in höhere Funktionen aufsteigen, besonders wichtig. Die Elektronikerin Tanja Kreil[3] brachte mit ihrer Klage über mehrere Stufen bis zum Europäischen Gerichtshof den Stein zur Öffnung aller Dienste für Frauen in der Bundeswehr ins Rollen. Diese Öffnung wurde also nicht aus dem Inneren der männlich dominierten Sicherheits- und Verteidigungspolitik angestrebt. Sie fiel in eine Zeit des sukzessiven Personalabbaus und der Mittelkürzung. Das war keine günstige Ausgangslage für die Umsetzung eines so großen Schritts. Auch wenn flankierende Maßnahmen eingeführt wurden, so wurden in Zeiten knapper Stellen auch im öffentlichen Dienst mithilfe von negativen Stereotypen gelegentlich Anerkennungskämpfe ausgetragen.

Heutzutage liegen junge Frauen mit guten schulischen und akademischen Abschlüssen insgesamt und in vielen Fächern vor denen der jungen Männer, und sie sind in allen Berufen sehr gefragt. Die Intelligenz von Frauen, ihre Leistungsbereitschaft und ihr Interesse werden also künftig in allen Laufbahnen der Bundeswehr und nicht nur im Sanitätsdienst benötigt. (Der Anteil der Frauen in der Bundeswehr variiert um ca. 10 Prozent.)

Zeitenwende bedeutet auch, dass manch liebgewonnenen Denkansätze der letzten 20 Jahre nicht mehr überzeugen. Ich denke dabei an das Argument, dass der Erlös der Friedensdividende, für den man die Einsparungen im Verteidigungshaushalt mit der Folge einer defizitären Ausstattung und Personalreduktion der Bundeswehr in Kauf nahm, angeblich insbesondere den Frauen und der Förderung sogenannter familiennaher Care-Tätigkeiten im sozialen Bereich zugutekam. Die Pazifizierung der Gesellschaft habe somit zur Verbreitung der sogenannten weiblichen Tugenden beigetragen. Ich nenne hier einige Geschlechterstereotypen, was Frauen angeblich besonders gut können: versorgen, sich kümmern, kommunizieren, beraten, Gefühle zeigen, für Männer das „social backing" leisten, erziehen, pflegen, die nahe Umwelt gestalten.

---

3 Mit der „Kreil-Entscheidung" schuf der Europäische Gerichtshof (EuGH) am 11. Januar 2000 die rechtliche Voraussetzung dafür, dass in der Bundesrepublik Deutschland auch Frauen im Militärdienst bei der Bundeswehr eingestellt wurden und werden. Zuvor war diesen lediglich eine Tätigkeit im Sanitäts- und Militärmusikdienst erlaubt. Voraussetzung war dabei die freiwillige Verpflichtung.

Tatsächlich war und ist die Gesellschaft von solchen Verhaltensweisen mehr denn je geprägt. Das hängt mit der Erhöhung der Erwerbsquote von Frauen im Zuge des Ausbaus von sozialen Dienstleistungen (Tertiarisierung) zusammen. Nur: Haben die an der Basis der Frauendomänen im Sozialstaat beschäftigten Frauen in Krankenhäusern, Pflegeeinrichtungen, sozialen Unterkünften, Kitas, Grundschulen von der Friedensdividende profitiert?[4] Während der Pandemie hat die Bevölkerung Einblicke in die Zustände im Gesundheitswesen erhalten. Es zeigte sich, dass die Friedensdividende dort keineswegs den vorwiegend weiblich ausgeübten Berufen an der Basis, der Pflege, Krankenversorgung und Betreuung zugutekam: Weder wurden die genannten sozialen Einrichtungen den Anforderungen entsprechend weiterentwickelt noch den vorwiegend weiblichen Beschäftigten auskömmliche Löhne gezahlt[5] noch ausreichende Vorkehrungen gegen den alltäglichen Stress, unter dem dort gearbeitet wird, getroffen. (Anmerkung: Auch in Schweden ist nicht das Militär, sondern der Wohlfahrtsstaat eine Frauendomäne, aber das Militär und der Wohlfahrtsstaat sind beide mit Reputation, Aufstiegsmöglichkeiten, auskömmlichen Einkommen und guten Arbeitsbedingungen ausgestattet.) Hierzulande erscheint mir dagegen die alte Bezeichnung „Ausbeutung des weiblichen Arbeitsvermögens", oftmals in Minijobs und Teilzeitstellen, nach wie vor gerechtfertigt. Spuren der Friedensdividende in den sozialen Diensten sind jedenfalls nicht sichtbar!

Dagegen sind die Arbeitsplätze in den industriellen Kernsektoren nach wie vor Männerdomänen. Nehmen wir beispielsweise die Energiewirtschaft und die rohstoffverarbeitende Industrie, in der durch verbilligte Einfuhren aus Russland große Gewinne erzielt wurden. Die Stammbelegschaft dort ist männlich, verfügt über ein überaus auskömmliches Einkommen und arbeitet in Vollzeit. Kleine „weibliche" Lichtblicke bestehen im Personalwesen. Nach den hierzulande verbreiteten Geschlechterstereotypen sprechen dafür angeblich die sogenannten männlichen Fähigkeiten: Führen, Beherrschen, Planen, Vorschreiben, Befehlen, Anweisen, Fahren und Steuern, Umgang mit Technik, Montagetätigkeiten, körperliche Belastungen aushalten, vom Familienhaushalt abwesend zu sein, Flexibilität und Mobilität, ökonomisches Denken, Verteidigung und Waffen bedienen. Humanisierungsgewin-

---

4 77 Prozent der Beschäftigten im Sozialwesen sind weiblich, 83 Prozent im Pflegedienst sind weiblich, allerdings sind 63 Prozent der Führungskräfte im Pflegeheim männlich.
5 Eine Pflegerin verdient ohne Schichtzulage 1.700 € netto (Steuerklasse 1).

ne durch mehr von Frauen ausgeübte Tätigkeiten in diesen Männerdomänen? Eher nicht.

In den letzten Jahren ist die Erwerbsquote von Frauen (2022: auf 75,3 Prozent) und Männern (2022: auf 83,5 Prozent) stetig gestiegen.[6] Dennoch bleibt ein Abstand von ca. 8 Prozent bestehen, und die Lebensläufe von Frauen und Männern unterscheiden sich nach wie vor erheblich: Die Lebensläufe von Frauen verlaufen diskontinuierlicher, sie verlassen den Arbeitsmarkt häufiger, insbesondere in der Familienphase, sie leisten mehr unbezahlte Familienarbeit, durch ihren hohen Anteil in Teilzeittätigkeiten und Minijobs erbringen sie ein geringeres Arbeitsvolumen und erwirtschaften ein niedrigeres Einkommen, sie nehmen seltener Führungstätigkeiten wahr, vor allem nicht dort, wo hohe Löhne zu erwarten sind. Nach wie vor verdienen Frauen in Deutschland im Schnitt 18 Prozent weniger als Männer. „Selbst bei gleicher formaler Qualifikation und ansonsten gleichen Merkmalen beträgt der Entgeltunterschied immer noch sechs Prozent".[7] Nach wie vor ernähren im Durchschnitt Männer die Familie, während die Verdienste der Frauen in vielen Familien lediglich als Zusatzeinkommen betrachtet werden. Eine Abhängigkeit der Frauen vom männlichen Familienernährer bleibt somit im deutschen Modell der Frauenerwerbstätigkeit als Hinzuverdienerinnen bis zum Beziehen ihrer (niedrigeren) Rente erhalten.

Die Zeitenwende konfrontiert uns mit einem hohen Anspruch. Unseren Anteil an einer forcierten Verteidigungsfähigkeit zu leisten, liegt im „nationalen Interesse" (von Dohnanyi) und im Interesse unserer Bündnispartner in der EU und NATO, der Grundlage unserer gemeinsamen Sicherheit in Europa. Zugleich müssen wir Lösungen finden, um den gewaltigen Problemen wie dem Fachkräftemangel, den rückläufigen Tendenzen in der Wirtschaft, der Modernisierung maroder Infrastrukturen, den Folgen des demographischen Wandels, der Rückständigkeit bei der Digitalisierung und der Implementation von Künstlicher Intelligenz (KI) und last, but not least den Herausforderungen des Klimawandels durch den Ausstieg aus fossilen Energien zu begegnen. (Der sozialmoralischen Verantwortung gegenüber den Klimaveränderungen gerecht zu werden, dazu gehört aber auch die Stärkung der Armee zur Abschreckung und Vermeidung von Kriegen mit ihren enormen Umweltzerstörungen, sichtbar traurigerweise gegenwärtig

---

6 Bundesagentur für Arbeit, *Berichte: Blickpunkt Arbeitsmarkt, Die Arbeitsmarktsituation von Frauen und Männern 2022*, Mai 2023, S. 5 f., https://statistik.arbeitsagentur.de/

7 Bundesministerium für Familie, Senioren, Frauen und Jugend, *Frauen und Arbeitswelt, Lohngerechtigkeit*, 29.09.2023, https://www.bmfsfj.de/bmfsfj/themen/gleichstellung/frauen-und-arbeitswelt/lohngerechtigkeit

in der Ukraine.) Jede und jeder wird gebraucht. Die Partizipation von Frauen am Arbeitsmarkt lässt sich noch steigern!

Die Bundeswehr bietet für qualifizierte Bewerberinnen gute Chancen, Familie und Beruf zu verbinden. Allerdings: Damit Frauen in der Lage sind, ihren Beitrag zu leisten, ihre Aufstiegsoptionen zu nutzen, ist eines wichtig: Ihre männlichen Partner müssen zur Überwindung der geschlechtsspezifischen Arbeitsteilung im Haushalt mehr Aufgaben übernehmen. Die Männer müssen es ertragen, wenn ihre Partnerinnen beruflich einen höheren Rang einnehmen, mehr Geld verdienen und sie bei längerer beruflicher Abwesenheit ihrer Partnerin die Hauptverantwortung im Haushalt übernehmen müssen.[8] Das würde dazu führen, dass Männer ihren (doch sehr geschwundenen) Einfluss als Väter in der Erziehung stärker geltend machen können, etwa, indem sie die Leidenschaft ihrer Töchter für die von ihnen ausgeübten Tätigkeiten im Handwerk, in der Industrie, in technisch und naturwissenschaftlich geprägte Berufen oder im Militär entfachen. Diese Männer, die ihren Anteil an der Hausarbeit leisten, werden dann auch dafür eintreten, dass Familienarbeit sozialmoralisch gleichrangig wertzuschätzen ist wie ihre Arbeit im Beruf.

Diese Zeitenwende als Auftakt zur Überwindung tradierter Geschlechterstereotypen muss gelingen!

Ergänzendes Thesenpapier

1. Die Politik der Zeitenwende, in deren Zentrum die Stärkung der militärischen Fähigkeiten zur Verteidigung von Frieden und Freiheit steht, braucht Frauen und Männer aus der Mitte der Gesellschaft, zum Diskurs in der Gesellschaft, zur politischen Unterstützung, in der Bundeswehr.
2. Dienste, ob sie nun in der Bundeswehr oder in sozialen Einrichtungen (Sozialstaat, zivilgesellschaftlich) erbracht werden, sind für unsere Gesellschaft unverzichtbar, sie sind sozialmoralisch als gleichwertig anzukennen; wer sie ausübt, übernimmt große Verantwortung.
3. Zeitenwende heißt, tradierte Geschlechterstereotypen (Frauen erhalten Frieden, Männer gefährden ihn) in den Köpfen und in der Realität zu überwinden.
4. Die Bundesrepublik Deutschland ist ein souveräner Staat. Zum Staat gehört es, das Monopol über die Gewaltmittel auszuüben. Sie sind im

---

8 Selbstverständlich leben wir heute in einer Zeit, in der es viele gleichgeschlechtliche Partnerschaften gibt. Dieses Merkmal einer Berufstätigkeit mit lange Abwesenheit vom privaten Haushalt trifft vorwiegend auf von Männern dominierte Berufe zu.

Rechtsstaat in die zweckgebundenen Organe zur Ausübung der inneren (u. a. Polizei) und äußeren Sicherheit (Bundeswehr, im Kern der Landes- und Bündnisverteidigung) transformiert. Militarisierung war früher! Die Bundeswehr als Parlamentsarmee ist zutiefst eingebunden in die rechtsstaatlich verankerte Demokratie. Militarisierung findet umso weniger statt, je mehr die diverse Mitte und die gesellschaftliche Basis in den Organisationen vertreten sind.

5. Frauen haben in den letzten Jahrzehnten in nahezu unvergleichlicher Weise tradierte Verhaltensmuster verändert und Neuland erobert. Vom ehemaligen „katholischen Mädchen vom Land" (Anfang 1960er-Jahre) fahren sie nun auf der Überholspur innerhalb der schulischen Bildungslandschaft, sie holen am Arbeitsmarkt auf, sie sind vor allem im Bereich sozialer Dienstleistungen vertreten und übernehmen Verantwortung in Familie und Beruf. Sie werden bei der Polizei und in der Bundeswehr für deren Verankerung in der Mitte und an der Basis der Gesellschaft dringend gebraucht.

IX. Tragödien der weltweiten Bedrohung von Frieden und Freiheit

1. Blick zurück auf verpasste Chancen

Die ersten Ausarbeitungen zu diesem Buch begannen, als die sich anbahnende „welthistorische Tragödie" (Timothy Garton Ash) im Februar 2022 durch die russische Offensive gegen die Ukraine offenbar wurde.[1] Die Betrachtung der Vorgeschichte ergab, dass die Führung im Kreml schon seit Ende der 1990er-Jahre schrittweise von ihrer Politik der Öffnung und Entspannung abgerückt war, die sie nach dem Fall der Mauer und der Auflösung der Sowjetunion für eine sehr kurze Zeit praktiziert hatte. Zunehmend begann sie, eine eskalierende revanchistische Machtpolitik zu betreiben. Mit diesem Großangriff auf die Ukraine verabschiedete sich Wladimir Putin endgültig davon, als ein Akteur weltpolitisch anerkannt zu werden, der sich verlässlich an Verträge, Abkommen und Kooperationen hält und damit in Europa und in der Welt zum Erhalt des Friedens beiträgt und kriegerische Auseinandersetzungen durch Deeskalation, Verständnisbereitschaft, faire Verhandlungen und Konsensorientierung vermeiden will.

Einst war Putin ein Hoffnungsträger zur Aussöhnung zwischen zwei ehemals verfeindeten Machtblöcken. Die Vorhaben, die die westliche Welt zusammen mit dem Nachfolgestaat der Sowjetunion in Angriff nahmen, schienen einst in eine nahezu grenzenlose Zukunft des Friedens und der Kooperation miteinander zu führen. Besonders Deutschland sah seine Verantwortung darin, mit der Fortsetzung der Ostpolitik für den Erhalt des Friedens zu sorgen. Der Kern der Ostpolitik war die Partnerschaft mit Russland. Der damalige Außenminister und Vizekanzler Frank-Walter Steinmeier propagierte im Jahr 2007, als Deutschland die EU-Ratspräsidentschaft innehatte, „Wandel durch Verflechtung" und setzte sich dafür

---

1 Bei der Aufführung von Tragödien im Theater besteht zumeist eine klare Trennung zwischen der Rolle des tragischen Helden auf der Bühne und den Betrachtern im Zuschauerraum. Das ist in der historischen Gegenwart einer „Zeitenwende" nicht der Fall. Das Ende der Tragödie ist nicht bekannt, und der künftige Handlungsverlauf wird auch Akteure einbeziehen, die die Bühne noch nicht betreten haben und sich im Zuschauerraum still verhalten.

ein, dass die Staaten der Europäischen Union ihre Handelsbeziehungen vor allem auf dem Gebiet der Energiewirtschaft intensivieren. Putin konnte demnach ökonomisch, kulturell und militärisch auf das Wohlwollen der Europäer, das ihm entgegengebracht wurde, vertrauen.[2] Am 24. Februar 2022 jedoch demonstrierte der russische Präsident mit der rücksichtslosen Gewaltanwendung gegen die Ukraine seine Position außerhalb der Gemeinschaft friedliebender Völker.[3]

Inzwischen ist die Erkenntnis, dass ein länger andauernder Krieg mit großem Eskalationspotenzial in Europa nicht nur möglich ist, sondern auch tatsächlich stattfindet, überall in Deutschland angekommen. Die Hoffnung, rasch wieder zur Tagespolitik zurückkehren zu können, ist verflogen. Eine Mehrheit der Bevölkerung geht inzwischen davon aus, dass Russland der Täter und nicht das Opfer einer zudringlichen Politik von NATO, Amerika und der EU ist. Das Opfer ist die Ukraine, die sich immer wieder erneut und besonders wahrnehmbar mit der Absetzung ihres russlandfreundlichen Präsidenten Janukowitsch im Zuge der Maidan-Ereignisse (November 2013 bis Februar 2014) auf den Weg machte, ihre Gesellschafts- und Staatsordnung an den Idealen nationaler Selbstbestimmung, Menschenwürde, Freiheit und Recht auszurichten. Nun sieht sie sich gezwungen, die Fortsetzung ihres Weges im Kriegszustand zu verteidigen.

Aber warum erkannte Deutschland die Gefahr für Europa so spät? Warum wurde nicht mit einer forcierten Politik der Abschreckung begonnen, als Russland 2014 völkerrechtswidrig die beiden ostukrainischen Gebiete Donezk und Luhansk und die Halbinsel Krim wenige Wochen nach den Maidan-Demonstrationen besetzte? Und als die Verhandlungen über einen Waffenstillstand in Minsk mit dem Aggressor in einer „Farce" endeten?[4]

---

2 Der Losung von Frank-Walter Steinmeier „Wandel durch Verflechtung" wurde mit Enthusiasmus gefolgt. Äußerungen von Helmut Schmidt, er bezeichnete Russland als „Obervolta mit Atomwaffen", oder von Barack Obama, der von Russland als einer „Regionalmacht" sprach, können nicht ernsthaft zur Begründung ins Gewicht fallen, Putin habe sich aus mangelnder Akzeptanz für die Anwendung von Gewalt als Mittel der Politik entschieden.

3 Auf dem G 20-Gipfel in Neu-Delhi im November 2023 schaltete sich der vom Internationalen Strafgerichtshof wegen Kriegsverbrechen gesuchte russische Präsident per Video zu und beklagte die Tragödie kriegerischer Handlungen, die man vermeiden müsse – ein Beispiel dafür, wie er die Weltgemeinschaft für dumm verkauft.

4 Die Verhandlungen waren eine Farce. Zunächst wurde die Vereinbarung auf Waffenstillstand seitens der Besatzer nicht eingehalten. Eine politische Lösung kam dadurch nicht zustande. Die von Russland unterstützten Separatisten behielten ihren Sonderstatus. Das konnte die Ukraine nicht akzeptieren. Sie hätte ihre Verfassung ändern

Der damals aufgebotene geringe Widerstand seitens des Westens konnte Putins Hoffnung Auftrieb geben, dass auch bei weiteren militärischen Übergriffen lediglich Sanktionen verhängt werden würden, die sich leicht umgehen ließen. Auch ging Putin nach den Erfahrungen mit der Okkupation der Krim und den Gebieten des Donbass davon aus, dass die Kampfkraft des russischen Militärs derjenigen der ukrainischen Armee weit überlegen und ihm ein weiterer Sieg gewiss sei. Die engen wirtschaftlichen Beziehungen zu Deutschland würden vermutlich davon nicht berührt, sondern noch verstärkt werden. Tatsächlich machte sich Deutschland mit der Vertragsunterzeichnung von Nord Stream 2 energiewirtschaftlich noch stärker von Russland abhängig.[5]

Für Putin war die Reaktion des Westens nach der Besetzung der Regionen in der Ostukraine – aus heutiger Sicht betrachtet – ein erfolgreich verlaufender Test für die Durchsetzungschancen seiner Pläne. Das Resultat ermutigte ihn offensichtlich, den Versuch zu wagen, nicht nur Teile, sondern das ganze Land mit einem offenen militärischen Großangriff von drei Seiten – unter Einschluss der Hauptstadt Kiew – zu erobern, um die Ukraine wieder eng an Russland zu binden.

Welche strategischen Überlegungen zur Übernahme von Verantwortung vor den erkennbaren Risiken erfolgten in Deutschland? Worin äußerte sich ein „Zug um Zug-Denken", eigentlich eine politische Selbstverständlichkeit seitens der Politik? Wo blieb die Politik des „doppelten Bodens", ein Plan B innerhalb der nationalen und europäischen Sicherheitsarchitektur, der in Kraft tritt, wenn Verhandlungen scheitern? Oder wenn Verhandlungen wie in Minsk nur den Vordergrund der Vorbereitung eines militärischen Angriffs im Hintergrund darstellen?[6] Die „alte" Bundesrepublik hat aus diversen Bedrohungsszenarien gelernt und entsprechend gehandelt: Die militärische Abschreckung gehörte zur Sicherheitsarchitektur der westlichen Welt und trug mit dazu bei, kriegsbereite Machthaber in die Schranken zu weisen, den Frieden durch die eigene Sicherheit zu bewahren, potenzielle

---

müssen, und Russland hätte verstärkt unmittelbaren Einfluss bekommen. Der Verursacher der Übergriffe wurde als neutrale Person behandelt. Außerdem wurde die Einhaltung der verhängten Sanktionen nicht kontrolliert. Auch aus dem Scheitern des Abkommens wurden in Deutschland keine politisch verantwortungsvollen Schlussfolgerungen gezogen.

5 Ohne Beendigung der Abhängigkeit in der Energieversorgung wäre Deutschland nach Inkrafttreten von Nord Stream 2 vermutlich bei ca. 70 Prozent des Gasimports aus Russland angelangt!

6 Diese Phase der deutschen, europäischen und amerikanischen Politik in Hinblick auf die Unterstützung der Ukraine bedarf einer dringenden Erforschung.

Aggressoren von Übergriffen abzuhalten und Konfliktlösungen durch Verhandlungen herbeizuführen. Diese Lehre hatte sich mit dem friedlichen Verlauf des Endes des Kalten Kriegs bewährt. Die Politik eines Willy Brandts wäre ohne die umfangreiche Einsatzfähigkeit der Bundeswehr im Rahmen einer engen Koordination mit den Bündnispartnern in der NATO nicht möglich gewesen.

Warum wurden diese Erfahrungen nicht berücksichtigt?[7] Diese Fragen stellten sich im Laufe der Bearbeitung dieses Themas immer wieder. Aber selbst bei vielen Experten und Politikern, die es besser hätten wissen sollen, war 2014 die Ansicht verbreitet, die Krim gehöre zu Russland, und daher sei die Welt auch nach deren völkerrechtswidriger Annexion noch völlig in Ordnung. Aus dieser Perspektive schien es keinen Anlass zu geben, das Konzept einer weiteren ökonomischen Verflechtung mit Russland zu überdenken. Eine Antwort auf all diese Fragen verweist auf das Versagen der politischen Kultur in Deutschland nach dem Fall der Mauer.[8] Die Trägerschichten dieser Kultur sahen sich mit ihrer Friedens- und Freundschaftspolitik im Aufbruch zu einem „neuen, weltoffenen Deutschland". Sie wollten vermutlich Lehren aus der Vergangenheit von zwei Weltkriegen ziehen. Nach dem Ende des Ost-West-Konflikts ergriffen sie ihre Chance, eine macht- und militärkritische Politik umzusetzen, die sich an dem gesinnungsethischen Bild einer vorwiegend friedensaffinen, vertrauenswürdigen Menschheit ausrichtete, zu der sie sich zugehörig zählten. Über Deutschland hinaus ging diese „Generation Frieden" von einem Rückgang der Bedeutung des Staates als Instanz militärischer Macht zugunsten von zivilgesellschaftlichen Einrichtungen und globalen Netzwerken der Friedensstiftung und der Lösung von Umweltproblemen aus. Verkannt wurde dabei

---

7 Könnte der Grund darin bestehen, dass der pazifistische Flügel der SPD die Deutungshoheit für die Erfolge der Entspannungspolitik Brandts für sich verbuchte?

8 Zweifellos war es eine Zeit der großen Hoffnungen: Wer an die Zeit des Mauerfalls und an die Wiedervereinigung zurückdenkt, als die Rockband „Scorpians" in ihrer Ballade „Wind of Change" die Hoffnung auf Frieden zwischen Ost und West zum Ausdruck brachte und Michail Gorbatschow die Band im Kreml empfing, wird wehmütig. Der Song und das dazugehörige Video erfreuen sich noch heute großer Beliebtheit, auch wenn die Sicht auf das Happy End darin verklärt und verkitscht klingt: „The world is closing in/And did you ever think/That we could be so close, like brothers?/The future's in the air/I can feel it everywhere/Blowing with the wind of change." Nach dem Überfall auf die Ukraine wurden Video und Anfangszeile des Songs verändert. Sie lautet nun: "Now listen to my heart/It says Ukraine, waiting for the wind of change". Ob Klaus Meine die VIP-Lounge von Hannover 96 wohl noch zusammen mit Gerhard Schröder und Gazprom-Promis besucht?

jedoch, dass die Trägerschichten der Politik in den meisten Regimen dieser Welt ihre oberste Priorität eben nicht in Frieden und Freundschaft, sondern nach wie vor in der Stabilisierung und im Zuwachs ihrer Macht sahen und sehen.

Die rasche Einleitung der Abrüstung, die Reduktion des Wehretats, der Personalabbau in der Bundeswehr über die Vertragsvereinbarung hinaus, die Verdrängung des Militärischen aus der Öffentlichkeit als Demonstration eines abzulehnenden Machtwillens bis hin zur sprachlichen Tabuisierung des Begriffs Krieg – etwa während des Afghanistan-Einsatzes der Bundeswehr – sowie der Verzicht auf eine Modernisierung der Standards der inneren und äußeren Sicherheit hängen damit zusammen. Dieser beschriebenen Politik lag die Überzeugung zugrunde, dass nicht geschehen kann, was nach dem zugrundeliegenden Weltbild nicht geschehen darf.

Die meisten Protagonisten dieser politischen Kultur in den Parteien, Medien und sozialwissenschaftlichen Fächern an den Universitäten entstammten einer im Zuge der Bildungsexpansion aufgestiegenen Generation. Sie traten dafür ein, an die Stelle einer staatlichen Politik der Landes- und Bündnisverteidigung globale Kommunikation und zivilgesellschaftliches Engagement als grenzüberschreitende Universen zu setzen, für die sie Zuständigkeit reklamierten und darauf ihren Machtanspruch im deutschen Kultur- und Staatsbetrieb rechtfertigten. Zwar begann der Einsatz der Bundeswehr in Afghanistan (2001 bis 2021) im Rahmen der Bündnisverpflichtungen mit den USA als Antwort auf den terroristischen Angriff auf das World Trade Center. Aber es gelang der Politik in der Zeit nach dem Tod Bin Ladens 2011 keine plausible verantwortungsbewusste Begründung für den Verbleib der Bundeswehr dort bzw. für eine stimmige Zieldefinition mit den dafür aufzuwendenden Mitteln: Der unklaren Zieldefinition entsprachen unangemessene Mittel der Durchsetzung.[9] Der schnelle Abzug der US-Truppen und der übrigen NATO-Verbände 2021 brachte die vorhergegangene Unsicherheit bei der Einordnung der Bundeswehr zwischen

---

9 Von der Bekämpfung der Taliban bis zur Emanzipation von Frauen wurden im Laufe der Zeit diverse Ziele kolportiert, aber es wurde selten bedacht, dass sich viele der verschiedenen Bevölkerungsgruppen überhaupt nicht mit der Regierung in Kabul identifizierten und dass daher ein staatliches Macht- und Gewaltmonopol überhaupt nicht vorhanden war, welches nach einem Abzug der Truppen im Land für Ordnung hätte sorgen können.

Blauhelm-Truppen nach dem Vorbild der Vereinten Nationen, Nichtregierungsorganisationen und militärischer Streitkraft zum Ausdruck.[10]

Auf der 50. Münchner Sicherheitskonferenz 2014 hatte der damalige Bundespräsident Joachim Gauck von Deutschland einen außen- und sicherheitspolitischen Paradigmenwechsel hin zu einer Politik der Verantwortung gefordert.[11] Es wäre ein günstiger Zeitpunkt gewesen, sich anbahnende Eskalationen noch zu verhindern. Mit großem Ernst sprach er von einer sich weltweit verändernden Sicherheitslage mit einem überkommenen Ordnungsgefüge, das an den Anforderungen scheiterte, „neue Spannungen und neue Kriege" zu befrieden. Er verwies auf die Gefahr eines Flächenbrandes im Nahen Osten, auf die Krise des Multilateralismus, auf die Zunahme des Terrorismus, auf die Aufrüstung vieler Staaten und auf die USA, die ihr außenpolitisches Engagement – schon damals ging es um Weichenstellungen in Hinblick auf den indopazifischen Raum – neu justiert. Gauck betonte, dass es angesichts der Bedrohungslage nicht überzeugt, wenn sich Deutschland aufgrund seiner Geschichte aus der militärischen Verantwortung heraushält und die Erhaltung der Wehrfähigkeit der friedlichen Staatengemeinschaft in Europa und der NATO den Bündnispartnern überlässt.

Dieses Unterlassen, das Erforderliche zu tun, kritisierte der damalige Bundespräsident unverblümt als Form einer Selbstprivilegierung, deren negative Folgen einmal verantwortet werden müssen. Dass sich in Deutschland eine Tendenz der Selbstbeschäftigung herausgebildet hatte, sah Gauck auch darin, dass es an den Universitäten „nur eine Handvoll Lehrstühle für die Analyse der deutschen Außenpolitik" gebe. Ohne eine bestmögliche Analyse der Realität ist jedoch kein verantwortungsbewusstes, den Frieden

---

10 Stimmt es, dass die von der Bundeswehr ausgebildeten Soldaten in Afghanistan nun im Dienst der Taliban stehen? Dass die Taliban auch diverse Waffensysteme der Bundeswehr übernommen haben? Dass Frauen, die vor allem in Kabul freier als vor dem Bundeswehreinsatz leben konnten, nun gezielt der Gewalt der Taliban ausgesetzt sind? Existieren noch Ausbildungsstätten, die unter dem Schutz der Bundeswehr gebaut wurden, oder sind sie inzwischen alle niedergerissen? Wie konnte so lange strategisch unberücksichtigt bleiben, dass Staatlichkeit überhaupt kein durchgängiges Ordnungsprinzip in Afghanistan war, an dem sich die Warlords und die vielen Völker orientierten? Zum Verständnis von Afghanistan gehört die Einsicht, dass die Paschtunen zwar einen erheblichen Führungsanspruch stellen, gleichzeitig aber bei anderen Völkern in Afghanistan keine Legitimität dafür haben. Ihre Stärke hat mit ihren Verbindungen nach Pakistan zu tun und der Chance, dieses Land als Rückzugsgebiet zu nutzen.

11 Joachim Gauck erkannte die europa- und weltweite Bedrohungslage kurz vor den russischen Besetzungen in der Ostukraine.

schützendes Handeln möglich – siehe rückblickend den Verlauf des Afghanistan-Einsatzes und das Ergebnis nach dem Abzug der Truppen im Mai 2021.

Gaucks Rede, die bei Deutschlands internationalen Bündnispartnern Hoffnung auf eine deutsche Kehrtwende nährte, war im Geiste der Verantwortungsethik aus Max Webers Vortrag „Politik als Beruf" (1919) gehalten. Die Beschäftigung mit dem Text und Kontext der Weber-Rede gibt Anhaltspunkte für eine verantwortungsethische Politik der Zeitenwende der Gegenwart; sie macht außerdem auf Tendenzen und Konstellationen der politischen Kultur in Deutschland aufmerksam, die sich während der Zeitenwende zu Beginn der Weimarer Republik, wenn auch in unterschiedlicher Weise, darstellten. Weber forderte damals von den gewählten Politikern der ersten Weimarer Generation einen politischen Führungsstil, getragen von *Leidenschaft, Verantwortungsgefühl* und *Augenmaß,* angelegt auf erreichbare Ziele und den Verzicht auf Ideale, für deren unerreichbare Verwirklichung der institutionelle Pfad der Entwicklung durch Umsturz und Gewalt verlassen werden würde. Wünschbare und nicht wünschbare Folgen des politischen Handelns seien in Betracht zu ziehen. Weber analysiert die damaligen Führungsstile hinsichtlich der Orientierung an bloßer Machtpolitik sowie an Gesinnungs- und Verantwortungsethik. Die Vertreter der Gesinnungsethik zeichneten sich auch damals schon durch Russlandfreundlichkeit und Amerikafeindlichkeit aus. Weber wirft ihnen ihre vordergründig menschenfreundliche Gesinnungsethik vor, die in eine autoritäre Haltung und in Gewalt umschlagen kann. Er deckt Schnittstellen zwischen Ideologien von links und von rechts auf.

Auch in der herablassenden Abgehobenheit eines Teils der kulturellen Elite am Ende des Kaiserreichs gegenüber der übrigen Bevölkerung lassen sich Ähnlichkeiten zu heute erkennen: Damals warf sie den politischen Repräsentanten aus den unteren Schichten Käuflichkeit oder mangelndes Stilempfinden vor, heute wird der Mehrheit der Bevölkerung eine mangelnde „Haltung" oder ein latenter Rassismus angelastet. Die Chancen, eine politische Spitzenposition in Deutschland auszuüben, stehen derzeit für Nichtakademiker schlecht.[12] Parteipolitische Eliten, mit Trägerschichten in Großstadtmilieus, rechtfertigen ihren Machtanspruch innerhalb der politi-

---

12 Vgl. Clemens Dörrenbergs Interview mit der Autorin: „Expertin kritisiert die Politik: ,Im Bundestag fehlen Pragmatiker', in: *Frankfurter Rundschau* vom 04.09.2023; vgl. auch meine Hinweise in dem Beitrag von Clemens Dörrenberg: *„Ständig lückenhafte Vertretung"* in: *taz* vom 14.07.2023.

schen Kultur mit ihrer freizügigen Gesinnung. Die medialen Artikulationsformen haben sich freilich gewandelt. Viele Kämpfe in der Geschichte der Sozialdemokratie bis in die Gegenwart lassen sich mit Weber als Kämpfe zwischen gesinnungs- und verantwortungsethischen Flügeln beschreiben. Friedrich Ebert bemühte sich seinerzeit darum, zwischen den Strömungen Balance zu halten, in schwieriger Lage hat er verantwortungsethisch Wahlen und rechtsstaatlich legitimierte Reformen durchgesetzt und der Revolutionsversessenheit, Räte nach sowjetischem Vorbild zu errichten, nicht nachgegeben.

Die „Zeitenwende", die Bundeskanzler Olaf Scholz am 27. Februar 2022 verkündet hat, bedeutet ein Eingestehen des Scheiterns des gesinnungsethischen Verständnisses der Politik der letzten 20 Jahre. Das ist in der Bevölkerung und in der politischen Klasse weitgehend angekommen, wird aber künftig aufgrund der politischen Kräfteverhältnisse – darunter finden sich nach wie vor noch Verteidiger des russischen Angriffskriegs und Protagonisten pazifistischer und anti-amerikanischer Strömungen – immer wieder zu innenpolitischen Auseinandersetzungen führen. Ungewiss ist: Führt die Abkehr vom Kurs der Politik vor dem 24. Februar 2022 auf absehbare Zeit zu einer forcierten und priorisierten Sicherheits- und Verteidigungspolitik in Deutschland? Wird das Land (wieder) einen Beitrag zu seiner Wehrfähigkeit leisten, der zu einer nachhaltigen Abschreckung in Hinblick auf künftige Bedrohungslagen in Absprache mit den Bündnispartnern führt? Eine überzeugende und in ihrer Klarheit eindeutige politische Führung, die den Kurs der Regierung immer wieder begründet und die erforderlichen Mittel und Maßnahmen durchsetzt, wird für Deutschland auf lange Sicht erforderlich sein. Zur Führung gehört auch die persönliche Fähigkeit, die Bevölkerung zur Unterstützung und zum Mitwirken zu motivieren. Führungsstärke, von Scholz in seiner Regierungserklärung vor fast zwei Jahren gezeigt, wäre dafür opportun.

Die gesinnungsethische Politik der Freundschaft und des Wohlwollens gegenüber Russland hatte auch eine machtpolitische Kehrseite, deren Scheitern nun Verwerfungen, vor allem aber ökonomische Einschnitte und einen politischen Ansehensverlust nach sich zieht. Die damals betriebene Politik ging einher mit einer Ignoranz der Besorgnis der mittel- und osteuropäischen Länder bei der Durchsetzung der Beziehungen zu Russland, um die für Deutschland günstige Rohstoff- und Energieversorgung sicherzustellen. Sie bestand in Empathielosigkeit gegenüber der um ihre Souveränität und die Etablierung von Rechtsstaatlichkeit und Unabhängigkeit von Russland ringenden Ukraine, die gelegentlich halböffentlich als

„faschistischer" Staat diskreditiert wurde. Sie ermöglichte die Abschöpfung einer Friedensdividende, die der Erhöhung von Transfereinkommen für die privaten Haushalt zugutekam. Sie ließ zu, dass sich Deutschland in einer „pubertären" Haltung gegenüber den Amerikanern einrichtete, die amerikanische Politik und ihren Präsidenten unentwegt tadelte, den Aufbau einer europäischen Sicherheitsarchitektur aber nicht mit ganzer Kraft vorantrieb und sich vor der Erfüllung der Bündnisverpflichtungen drückte.

Jede Beschäftigung mit der Aufarbeitung der Versäumnisse in der Vergangenheit bietet Chancen, aus der Geschichte zu lernen. Gegenwärtig nehmen die Schauplätze von tragödienhaften Entwicklungen zu.[13] Dabei darf der Abwehrkampf der Ukraine nicht aus den Augen verloren werden, er bedarf unserer Unterstützung. Verliert die Ukraine diesen Krieg, erlebt dieses Land eine entsetzliche Tragödie, die Anrainerstaaten eine für sie schwer verkraftbare Bedrohung und Europa das Ende seines Friedens- und Freiheitsprojekts und – so ist realistischerweise zu vermuten – auch seinen Zusammenhalt.

2. Blick nach vorn – Marshall-Plan für die Ukraine[14]

Die um ihre Freiheit und Souveränität kämpfende Ukraine verteidigt gegen Russland nicht nur das eigene Land, sondern auch das europäische Haus. Jeder territoriale Zugewinn der russischen Seite führt zu einer Erweiterung ihrer Einflusszone und damit zu einer immer größeren militärischen Bedrohung anderer europäischer Länder. Experten weisen darauf hin, dass Russland abflauende Kämpfe, einen Waffenstillstand oder Verhandlungszei-

---

13 Während im antiken Tragödien-Verständnis der Ablauf schicksalhaft determiniert ist und ausweglos erfolgt, interpretieren wir heute das tragische Geschehen als Resultat von Entscheidungen, die Täter getroffen und dabei Opfer in Kauf genommen haben. Die Täter tragen die Verantwortung für ihre Taten. Zwar findet jede Entscheidung innerhalb von überlieferten Deutungshorizonten statt, aber die Möglichkeit der Aufklärung durch Kriterien von Moral und Ethik ist heute gegeben. Schicksalhaft im antiken Sinn ist das Hineingeborenwerden in eine bestehende Welt, aber die Schlussfolgerungen, die der Einzelne aus seinen Handlungen im Laufe seiner Lebensgeschichte zieht, gehören zu seiner individuellen Freiheitsgeschichte, für die er überwiegend selbst verantwortlich ist. Wer den Frieden und die Freiheit anderer Menschen mutwillig bedroht, kann sein Handeln nicht als schicksalhafte Verstrickung rechtfertigen, die Täter müssen dafür zur Rechenschaft gezogen werden. Die Tragödie liegt bei den Opfern, die ihre Freiheit, ihren Frieden, ihr Leben verloren haben.

14 Diese Überlegungen drücken vor allem Zuversicht aus, fachlich hat ein Autor wie Marcus Keupp dazu mehr zu sagen.

ten, denen keine ukrainischen Eindämmungen des Angriffs entsprechen, unmittelbar dafür nutzen würde, seine Truppen für weitere Vormärsche erneut aufzurüsten. Wie gegenwärtig zu beobachten ist, kann Russland weltweit auf Staaten wie China, Nordkorea und den Iran zählen, die den Kreml mit Waffenlieferungen unterstützen und/oder den Handel mit Russland, vor allem im Bereich Energie und Rohstoffe, intensivieren. Außerdem gewinnen viele Länder, wie die Türkei, Indien, Brasilien und Südafrika, ein stärkeres Selbstbewusstsein, die Weltmachtposition der USA infrage zu stellen, nachdem sie erkannt haben, dass zwischen den USA und Russland die Beziehungen endgültig zerbrochen sind und die VR China Russland auf seine Seite zieht.

In jüngster Zeit wird damit gerechnet, dass nach einem Waffenstillstand zwischen der Ukraine und Russland, Russland maximal zehn Jahre benötigen wird, um die noch nicht erreichten Ziele militärisch erneut zu verfolgen.[15] Wenn sich die westliche Welt Versäumnisse leistet, die Ukraine angemessen zu unterstützen, werden die Nachbarstaaten Russlands künftig einer permanent sich eskalierenden Bedrohungslage ausgesetzt sein. Phasen des Kalten Kriegs wechseln sich dann mit schwer kalkulierbaren heißen Kriegsphasen ab. Schon jetzt ist ein latent geführter (dritter) Weltkrieg ohne unmittelbaren Einsatz militärischer Waffen im Gange: In vielen Ländern – so auch in Deutschland[16] – finden bereits heute hybride Kriegsführung, Unterwanderung, Cyberattacken auf Kritische Infrastrukturen, Propaganda- und Informationskriege, Steuerung von Flüchtlingsströmen (u. a. durch Grenzkonflikte an der russisch-litauischen und an der russisch-finnischen Grenze) statt.[17] Gegen heftigste russische Infiltrationen aller Art musste sich die Ukraine bereits seit Jahrzehnten zur Wehr setzen. Der Tag der russischen Invasion wurde begleitet von unzähligen Zerstörungen der Datennetze in der Kiewer Verwaltung.

Nach dem Ende der beiden Weltkriege fand in Deutschland auf Druck der Alliierten ein Regimewechsel statt. 1989 musste Russland seine Truppen zehn Jahre nach dem Einmarsch in Afghanistan sieglos wieder abziehen. Diese Niederlage hatte Auswirkungen auf den Zerfall der Sowjetunion.

---

15 Vgl. Christian Mölling/Torben Schütz: „Den nächsten Krieg verhindern", in: *Deutsche Gesellschaft für Auswärtige Politik*, Nr. 32 vom 08.11.2023.

16 Putin und Medwedew sprechen permanent Drohungen gegen Deutschland und andere europäische Länder, vor allem in den Grenzregionen, aus? Das ist völkerrechtswidrig und schon als Bestandteil einer Kriegsführung anzusehen.

17 Noch hat Deutschland nicht das Ausmaß erkannt, was damit auf die Bevölkerung zukommt: tägliche Verbreitung von Fehlinformationen.

Gegenwärtig ist ein Regimewechsel in Russland nicht in Sicht, der dem Westen (wie 1990/91) entgegenkäme. Die NATO hält sich zurück, um nicht als Kriegspartei in eine unmittelbare Konfrontation mit Russland verwickelt zu werden. Zudem gilt, unter den Bedingungen des Angriffskriegs gegen die Ukraine die Anlässe für eine Eskalation des Einsatzes von Nuklearwaffen seitens Russlands niedrig zu halten.[18] Die Bereitschaft für einen politischen Neuanfang, wie er in Deutschland mit der Weimarer Republik für kurze Zeit gelang und nach 1945 in der Bundesrepublik als Erfolgsgeschichte durchgesetzt wurde, ist gegenwärtig von Russland nicht zu erwarten.[19] Es gibt derzeit kaum Anzeichen, die auf einen wachsenden Unmut in der Bevölkerung über den Kriegsverlauf hinweisen. Putin arbeitet der Kritik an seiner Politik mit völkischer Rhetorik und repressiver Politik entgegen, worauf die russische Bevölkerung weitgehend mit „antrainierter Gleichgültigkeit" (zitiert nach einem Ausspruch von Rüdiger von Fritsch) reagiert. Der hegemoniale Anspruch des Kremls wird allerdings künftig durch Ablösungsbestrebungen von Nachbarstaaten (Moldau, Georgien)[20] und möglicherweise auch von Gliedstaaten der Russischen Föderation herausgefordert werden. Sollte in Russland eine oligarchengestützte, autoritäre Führung weiterhin an der Macht bleiben, dann werden die europäischen und weltweiten Friedenskräfte keine andere Wahl haben, als einen „Schutzwall" *vor* Russland zu errichten und eine starke Politik der Abschreckung zu betreiben, um dessen erneuten Expansionsbestrebungen entgegenzutreten.

---

18 Vermutlich stimmt Olaf Scholz der Lieferung des Waffensystems Taurus aus dem Grund nicht zu, um Russland nicht zusätzlich zu provozieren und Deutschland in den Fokus seiner Attacken zu rücken. Aber die Rolle, die von Deutschland jetzt erwartet wird, der Ukraine Waffen zu liefern und gleichzeitig die europäischen und transatlantischen Bündnispartner zu gemeinsamem Handeln zusammenzuführen, auch um die Versäumnisse der Vergangenheit wiedergutzumachen, kann nicht nur „hinter den Kulissen" geschehen und wird weltweit, also auch von Putin, wahrgenommen werden.

19 Um keine Missverständnisse aufkommen zu lassen: Nach den beiden verlorenen Weltkriegen waren es die Deutschen, die sich im 20. Jahrhundert eine neue Verfassung gegeben haben – dies jedoch nicht ohne Druck von Seiten der Alliierten.

20 „Unsere jungen Demokratien sind ernsthaft bedroht. Doch klammere ich mich an die Hoffnung, dass sich das Blatt vielleicht bald wenden wird. Eine neue, antirussische und proeuropäisch eingestellte Generation von Georgiern verschafft sich Gehör. Sie schien den Geist der Farbenrevolutionen heraufzubeschwören, als sie Anfang des Jahres auf die Straße ging, um gegen die von Moskau inspirierten Gesetze über „ausländische Agenten" zu protestieren. Diese jungen Menschen geben mir die größte Hoffnung, dass unser Kampf vor 20 Jahren nicht vergebens war." Vgl. der ehemalige, noch inhaftierte Präsident Micheil Saakaschwili: „Die Rosenrevolution ist noch unvollendet", in: *Frankfurter Allgemeine Zeitung* vom 22.11.2023, S. 8.

Jeglicher Schutz *vor* Russland wird auf lange Sicht für Europa höchste politische Priorität beanspruchen müssen. Und dazu gehört die militärische Unterstützung der Ukraine. Sie ist auch ein Gebot der Moral, zeugt aber mehr noch von politischer Klugheit: Mit Erfolgen, die den Appetit des Aggressors und weiterer imperial denkender Machthaber anregen, dürfen völkerrechtswidrige Angriffe nicht belohnt werden.[21] Würde die Ukraine durch ein Marionettenregime des Kremls regiert, gingen davon erhebliche Destabilisierungsauswirkungen auf die gesamte Region aus. Die militärische Unterstützung der Ukraine liegt daher im europäischen Interesse, ihr Recht auf ihre Existenz als souveräner Staat erfolgreich zu verteidigen und sie künftig als Mitglied in der einst als Friedensprojekt gegründeten Europäischen Union zu begrüßen. Die Ukraine wird darin ihren Platz als anerkanntes und geachtetes Mitglied erhalten, wofür sie bisher schon einen hohen Preis zahlen musste. Nun wird sie, und daran erinnert ihr Name, wieder Grenzland – Grenzland zwischen Demokratie und Diktatur.

Wünschenswert ist, dass sich eines Tages die Truppen einer reformierten Organisation der Vereinten Nationen am Schutz dieser Grenze beteiligen. Vorerst, solange der Beitritt der Ukraine zur NATO noch offen ist, werden die einzelnen Mitgliedsstaaten dazu beitragen müssen. Die europäischen Staaten müssen ihre Wehr-, Verteidigungs- und Kriegsfähigkeit gemäß dem Pflichtbeitrag, den sie als Mitglieder der NATO leisten sollen, ausbauen. Sie werden eine starke Fraktion europäischer Staaten in der NATO bilden müssen. Für die NATO wird es künftig darum gehen, ihre Kampfkraft und somit auch die ihrer europäischen Mitglieder auf das Niveau zu bringen, das Russland und seine möglichen Verbündeten gegen Europa aufbringen könnten. Deutschland wird die Steigerung seiner Verteidigungsfähigkeit

---

21 Man bedenke, wie strategisch geplant und bewusst die russische Führung die erreichte Friedensordnung mit ihren völkerrechtlichen Grundsätzen verworfen hat. Das war kein Ausrutscher, der sich nicht wiederholen kann. Polemisch gefragt: Welche Gebietserweiterungen und welche Aufgabe von Souveränitätsrechten der umliegenden Länder könnten Russland dazu bewegen, wieder als verlässlicher Partner in einer „werte- und regelbasierten Ordnung" in Europa zu agieren? Die Rückkehr auf die Ordnung des Jahres 1997, wie es Putin in seinem Schreiben an Joe Biden im Dezember 2021 forderte? Was wird dann aus den Ländern Moldau und Georgien, die sich weiter aus dem russischen Einflussbereich lösen wollen? Über die Köpfe der mittel- und osteuropäischen Länder hinweg will Putin frühere Verhältnisse wiederherstellen. Eine neue Version des imperialistischen Großmachtdenkens mit einer freiwilligen Unterwerfung der betroffenen Staaten ist derzeit und hoffentlich auch künftig undenkbar!

hinsichtlich eines engen Bündnisses mit den westlichen Nuklearmächten betreiben müssen.

Olaf Scholz sprach einmal von einem „Marshall-Plan" für die Ukraine zum Wiederaufbau und zur Etablierung einer modernen Ökonomie, ohne genauere Ausführungen zu machen. Finanziert würde dieses Vorhaben seitens der „Weltgemeinschaft",[22] wie Scholz meinte, auf jeden Fall von der EU, den USA, von Großbritannien, Frankreich und Deutschland. Dass Deutschland hierfür eine besondere Verantwortung übernimmt, ergibt sich aus den historischen Erfahrungen der Deutschen und aus dem gegenwärtigen Gebot der Vernunft, die Amerikaner nicht zu überfordern. Damit sollte möglichst rasch begonnen werden. Ein Ziel des Marshall-Plans für die Ukraine sollte darin bestehen, die verteidigungspolitischen Notwendigkeiten mit dem wirtschaftlichen Aufbau einer Rüstungsindustrie vor Ort eng zu verknüpfen, die sukzessive über die Ukraine hinaus von zentraler Bedeutung für das europäische Profil innerhalb der NATO wird.[23] Mit anderen Worten: Die engeren Maschen der industriellen Aufrüstung zwischen den west-, mittel- und osteuropäischen Ländern werden ein innovatives Wirtschaftszentrum für ein neues gemeinsames Europa begründen. Rüstungsunternehmen werden dabei eine große Rolle spielen, da sie die Produkte für die Selbstverteidigung der Region produzieren und eine ökonomische Basis für den industriellen Aufschwung bilden. Deren Dual-Use-Produkte kommen der zivilen High-Tech-Industrie zugute. Polen wird seinen starken Willen, sich von Russland nicht einschüchtern zu lassen, ebenfalls mit dem Aufbau einer starken Rüstungsindustrie zum Ausdruck bringen. Dabei tut Deutschland durch seine Unterstützung des Aufschwungs der neuen europäischen Wirtschaftszentren gut daran, eingebüßtes Vertrauen dort wiederherzustellen und, wenn möglich, das „Weimarer Dreieck" zwischen Polen, Frankreich und Deutschland politisch neu zu

---

22 Bei diesem Begriff besteht das Problem, dass zwar alle gemeint sind, sich aber keiner angesprochen fühlt.

23 Die Rüstungsindustrie war bereits früher ein Schwerpunkt der Ukraine. Angesichts der benötigten Abschreckungspolitik eignet sich das Land mit seinen Eisenerzvorkommen erneut als Standort für eine europäische Produktionsstätte, eng vernetzt mit den skandinavischen und baltischen Staaten sowie mit Polen und Deutschland, zum Aufbau einer modernen Rüstungsproduktion auf der Grundlage der ökologischen Transformation durch die Verwendung von fossilfreiem Wasserstoff und Stahl. Zentren zur Entwicklung hochmoderner, etwa lasergestützter Abwehrsysteme könnten hier entstehen. Auch sind bereits heute schon in der Ukraine IT- und AI-Fähigkeiten zur Entwicklung von Zukunftstechnologien vorhanden, an die angeknüpft werden kann.

beleben. Diese Beziehung ist nicht nur vor dem Hintergrund der Vergangenheit bedeutsam, sondern kann in der Zukunft eine Achse der Freundschaft zwischen West und Ost werden. Dazu gehört eine enge Verzahnung der Rüstungs- und Verteidigungspolitik aller drei Staaten.[24]

Die Ukraine verfügt außerdem über das begehrte Lithium für Batterien, die für die Förderung der Elektromobilität dringend benötigt werden. Hinzu kommen die großen landwirtschaftlichen Nutzflächen und die infrastrukturellen Chancen, die Ukraine mit ihren Pipelines, Flüssen und Meereszugängen als Transitland zu nutzen. Ergänzende Transferlinien der Bahn könnten die Metropolen westlich der Grenze zu Russland enger aneinanderbinden, etwa durch den Bau einer Transrapidstrecke zwischen Cherson über die Republik Moldau nach München. Im Sinne einer Zukunftsvision wird möglicherweise der Begriff des Westens obsolet. Allmählich werden dann auch im Osten faszinierende und boomende Zentren der freien Welt entstehen. Vielleicht, so wäre zu wünschen, fühlt sich Belarus eines Tages von den dann prosperierenden ukrainischen Industrieregionen mehr angesprochen als von der rückwärtsgewandten Politik der Führung im Kreml.[25]

Bei den Waffenlieferungen aus Deutschland an die Ukraine sind viele Aspekte zu berücksichtigen. Der Blick auf das hierzulande vorhandene militärische Gerät fällt nicht vielversprechend aus: Große Ausrüstungslücken müssen rasch geschlossen, Mängel, die bei gemeinsamen Übungen mit den NATO-Partnern offenbar wurden, beseitigt werden. Die Ertüchtigung der Bundeswehr gehe im „Zeitlupentempo" (Carlo Masala) voran, so lautet noch jüngst die Diagnose des Sicherheitsexperten. Nun scheint Verteidigungsminister Boris Pistorius Druck zu machen, um die bürokratischen und mentalen Blockierungen zu überwinden. Die Bundeswehr müsse wieder „kriegstüchtig" und „wehrhaft" werden, so das angestrebte Ziel. Das sind Vokabeln der Zeitenwende, und die Beliebtheit von Boris Pistorius

---

24 Dieses „Format" geht auf ein Treffen der Außenminister der drei Länder in Weimar am 28.08.1991 zurück und dient der Intensivierung der Beziehungen, des Austauschs und der politischen Zusammenarbeit dieser drei Länder. In der Zeitenwende kommt diesen Kontakten eine besondere Bedeutung zu (etwa hinsichtlich der militärischen Unterstützung der Ukraine). Hoffentlich weisen die mürrischen Mienen der Außenminister, wie es ein Bild (am 04.03.2022) vom letzten Treffen auf der Seite des Auswärtigen Amts eingefangen hat, nicht auf eine „Beziehungskrise" hin. Der Kanzler sollte rasch initiativ werden, die Beziehung zu Polen zu verbessern. Die neue Regierung dürfte sich darüber sehr freuen.

25 Das ist gar nicht so unwahrscheinlich, wenn man bedenkt, dass der derzeitige Präsident im Land unbeliebt ist und eigentlich schon 2020 abgewählt wurde.

trägt mit dazu bei, sie populär zu machen. Denn diese Vokabeln gehörten bislang nicht zum gebräuchlichen Alltagswortschatz, auch nicht beim Personal so mancher Einrichtung innerhalb der Bundeswehr. Es ist zu hoffen, dass die Prioritätensetzung im Verteidigungsministerium nicht zu einem Abwägen zwischen der nachholenden Ausrüstung und Modernisierung der Bundeswehr und der Unterstützung der Ukraine mit den von ihr benötigten Waffensystemen und der entsprechenden Munition führt.[26] In einem solchen Dilemma spiegelt sich die vorangegangene verantwortungslose Politik der Vernachlässigung und Verzögerung von Maßnahmen zur rechtzeitigen Vorsorge auf dem Gebiet der Landes- und Bündnisverteidigung wider.

Es gibt viele Gründe, warum das „Zaudern und Zögern", der Ukraine die benötigten Waffen zu liefern, dem Aggressor dient. Der ukrainische Verteidigungsminister Rustem Umjerow äußerte sich im „Economist", dass Verzögerungen von Waffenlieferungen für Russland Zeitgewinn bedeuten und damit Chancen zur Nachrüstung. Ein Angriffskrieg, der mit einem Sieg des Aggressors endet, erzeugt Nachahmer. In den Machtzentren der Welt wird die Aufrüstung beschleunigt. Weitere, mit dem Status Quo unzufriedene Potentaten werden durch erfolgreich verlaufende Eroberungskriege ermutigt, ebenfalls zu den Waffen zu greifen.[27] Der Eindruck, die einzig verbliebene Weltmacht, die USA, die auf der Seite der nach Freiheit und Frieden strebenden Nicht-NATO-Mitglieder steht, sei durch ihr vermitteltes oder unvermitteltes Engagement in mehreren Krisen- und Kriegsschauplätzen überfordert und erheblich geschwächt, erhöht die Angriffsbereitschaft abwartender Kriegsherren. Sie rechnen sich aus, ihre Interessen gewaltsam und in kürzerer Zeit durchzusetzen. Dazu zwei Beispiele:

1. Der chinesische Staatspräsident Xi Jinping schien sofort die Vorteile des russischen Kriegs gegen die Ukraine für seine Pläne darin zu erkennen, dass China eines nicht mehr allzu fernen Tages die USA als führende Weltmacht ablösen wird. In seinem Friedensplan zu Beginn des Kriegs rief

---

26 Prioritäten zu setzen, war in der Politik zu lange aus der Übung gekommen. Und nun ist weithin unbekannt, wie diese zu ermitteln sind.

27 Immer wieder kommt es zu Gewaltausbrüchen zwischen Serbien und dem Kosovo, erst kürzlich wieder. Da beide Staaten an einer Aufnahme zur EU interessiert sind, nehmen sie an Vermittlungsgesprächen teil, und die Hoffnung besteht, dass Ressentiments abgebaut werden können. Überaus grausam verlief die Vertreibung der Armenier aus Arzbach (Bergkarabach), ein Volk, an dem das Osmanische Reich, Verbündeter von Deutschland im Ersten Weltkrieg, einen Völkermord verübte und Deutschland mit wenigen Ausnahmen, wie dem engagierten Theologen Johannes Lepsius, hinwegsah.

er vordergründig beide Seiten auf, zu deeskalieren, auf den Einsatz von Nuklearwaffen zu verzichten und die Weltwirtschaft nicht zu beschädigen. Er brachte sich als Vermittler, etwa beim Gefangenenaustausch, ins Spiel. Tatsächlich nutzte er aber die Situation aus, den Handel mit Russland zugunsten Chinas auszubauen und mit Putin einen strategischen Partner zu bekommen, der die USA mit Krisen und Krieg bis auf Weiteres in Europa beschäftigt. Seinem Plan, in der Zwischenzeit Chinas Vorherrschaft im indopazifischen Raum auszudehnen, wozu die Durchsetzung einiger ungelöster Territorialansprüche über Inseln und Seegebiete, vor allem aber die baldige Eingliederung („reunification") Taiwans in die Volksrepublik gehört, käme das entgegen.[28]

Taiwans starke Stellung auf dem Weltmarkt im Bereich der Halbleiterproduktion wäre für die chinesische Führung ein besonders wirksamer Hebel, um seine schwächelnde Volkswirtschaft und Weltmarktposition zu überwinden. Hinzu kommt das Bestreben der chinesischen Führung, die Kontrolle über die Straße von Taiwan, einen internationalen Handelsweg, zu erlangen und damit seine Macht auch gegenüber Südkorea und Japan auszubauen. Seit einigen Jahren führt China vermehrt militärische Übungen seiner Luft- und Seestreitkräfte um die Insel herum durch. Zu leicht ist China die nahezu abgeschlossene Eingliederung des ehemals freiheitlichen Hongkongs geglückt. Falls der amerikanische Präsident Joe Biden sein Versprechen hält, Taiwan im Falle eines chinesischen Angriffs beizustehen, ist zu befürchten, dass die USA von zwei Atommächten bedroht werden: von China und von Nordkorea. So versuchen gleich zwei der freiheitlichen Lebensweise des Westens feindlich gesonnene Diktaturen, von Putins Krieg in der Ukraine zu profitieren. Die Spielräume der Staatswirtschaft werden aufgrund der gravierenden demografischen und ökonomischen Probleme gegenüber der Bevölkerung, die nun durch ein zunehmend repressiv agierendes Regime zur Gefolgschaft gezwungen wird, enger. Das führt aber nicht dazu, dass die ehrgeizigen Pläne zur Aufrüstung und zum nuklearen Aufschwung weniger forciert vorangetrieben werden. Im Gegenteil: China trachtet weiterhin danach, seinen regionalen Einfluss auszubauen, endlich zur führenden Weltmacht aufzusteigen und die USA von dieser Position

---

28 „Seit Beendigung des Ausnahmezustands 1987 hat Taiwan einen eindrucksvollen Weg zurückgelegt und sich zu einer lebhaften Demokratie entwickelt, in der die Bevölkerung in vollem Umfang die Möglichkeit zu politischer Partizipation hat, sowie Menschenrechte und Meinungsfreiheit geachtet werden." Vgl. den Artikel „*Taiwan: Politisches Portrait*" des Auswärtigen Amts vom 22.09.2023.

zu verdrängen. Auch Südkorea wird von dieser Entwicklung in eine sehr schwierige Lage versetzt werden.

2. Die Eskalation der Gewalt der Hamas gegen Israel, die schon Anfang des Jahres 2023 sukzessive mit dem Beschuss von Drohnen aus dem Gaza-streifen auf Israel begann, erfolgte in enger Abstimmung mit den reaktio-nären Kräften des Iran: Mehr als 2000 Raketen feuerte die Hamas allein bei ihrem Angriff auf Israel am 7. Oktober ab, der zu einem menschenver-achtenden Massaker an über 1200 israelischen Staatsbürgern und ausländi-schen Besuchern führte. Der Iran leistete dabei finanzielle und logistische Unterstützung. Die Hisbollahmiliz im Libanon, auch vom Iran finanziert, greift Israel von Norden her an. Weltweit geht derzeit eine Terrorgefahr von reorganisierten islamistischen Gruppen aus. Vor allem der Iran sieht in Israel und in den USA seine größten Feinde, die ihm seine schiitische Vormachtstellung im Nahen Osten auf dem Weg zu einer künftigen Atom-macht streitig machen könnten.

Mit der *Abraham Accords Declaration* (im September 2020) war tat-sächlich ein vielversprechendes, von den USA vermitteltes Abkommen zwischen den Vereinten Arabischen Emiraten und Bahrein mit Israel ge-glückt, das einen diplomatischen Austausch, Anerkennung und vor allem ein wechselseitiges Kennenlernen auf den Weg brachte. Für alle Seiten war es ein zarter Anfang vom Ende einer Feindschaft und nährte die Hoffnung auf zukunftsweisende wirtschaftliche Beziehungen. Auch Saudi-Arabien be-wegte sich im letzten Jahr. Die gemeinsame Entwicklung eines Luftabwehr-systems, ähnlich dem des von Israel verwendeten „Iron Dome", stand an, um weitere Länder in der Region vor Raketenangriffen aus dem Iran zu schützen. Viele Staaten wollten sich daran beteiligen. Die Projekte vorsich-tiger Entspannung sind nun ausgesetzt, bevor sie richtig in Gang kamen. An die Stelle von Zusammenarbeit und Fortschritt durch Entspannung Hass und Tod durch Terror zu setzen, daran hat vor allem der Iran ein gro-ßes Interesse. Mit dem brutalen Überfall auf Israel startete die Hamas einen erneuten Versuch der Zerstörung des einzigen freiheitlich-demokratischen Staates im Nahen Osten. Jetzt sieht Israel sich gezwungen, sein Recht, in Frieden und Freiheit zu existieren, zu verteidigen und wiederherzustellen.

Die Szenarien in Israel, Taiwan und in der Ukraine sind sehr verschieden und kaum miteinander vergleichbar. Aber dennoch: Diese Länder sind der-zeit großen Bedrohungen ausgesetzt und ihr „Schicksal", ihre Überlebensfä-higkeit als souveräne Staaten, die ihren Bevölkerungen Sicherheit geben, um in Freiheit und Freiheit zu leben, ist gefährdet. Israel und die Ukraine haben von ihren Gegnern brutalste Verbrechen gegen die Menschlichkeit erleiden müssen, die durch nichts zu rechtfertigen sind. Die Täter und ihre Förderer stehen miteinander in Kontakt. Sie profitieren von einer Schwächung der freien Welt, sie eint der Hass auf Menschen, die in Freiheit und Frieden leben wollen und die sich niemals dauerhaft einer undemokratischen Macht unterwerfen werden. In den Szenarien (Ukraine, Israel und Taiwan) sind Eskalationen denkbar, die weit über die bereits erreichte Stufe hinausgehen. Es geht dabei auch vor allem um die Fähigkeit der USA, dem Druck standzuhalten. Es geht aber auch um die Fragen: Wird Europa die Stärke zur Geschlossenheit gegenüber Aggressoren über lange Zeit hinweg aufbringen? Und werden die Europäer gemeinsam mit den Amerikanern „Durststrecken" überstehen?

Dabei geht es auch um die Positionierung weiterer Staaten im Nahen Osten, im südlichen Afrika, es geht um die Türkei, um Pakistan und Indien. Wollen sie „alte Rechnungen" mit dem Westen begleichen, wünschen sie sich – schadenfroh – einen Zusammenbruch der freien Welt, oder erkennen sie die Vorteile von Frieden und Freiheit für ihre Länder?

Die „welthistorische Tragödie" nimmt ihren Lauf. Doch es besteht auch Zuversicht, dass die Ukraine für ihren mutigen Widerstand eines Tages mit der ersehnten Freiheit belohnt wird und dass die mittel- und osteuropäischen Staaten, eng verbunden mit ihren westeuropäischen Partnern, Europa als wunderbares Friedensprojekt mit viel Verständnis füreinander neu beleben werden.

Literatur

Vorwort

Adler, Sabine: *Die Ukraine und wir. Deutschlands Versagen und die Lehren für die Zukunft*. Berlin 2022.

Fritsch, Rüdiger von: *Welt im Umbruch. Was kommt nach dem Krieg?* Berlin 2023.

Joachim Gauck u. Helga Hirsch: *Erschütterungen. Was unsere Demokratie von außen und innen bedroht*. München 2023.

Ischinger, Wolfgang: *Welt in Gefahr. Deutschland und Europa in unsicheren Zeiten*. Berlin 2018.

Einleitung

Bender, Christiane: „Bildung und Freiheit. Grundsätzliches zur Ideengeschichte des Bildungsbegriffs und Anmerkungen zur Ausbildung von Offizieren an der Helmut-Schmidt-Universität (HSU)", in: Angelika Dörfler-Dierken, Christian Göbel (Hrsg.): *Charakter – Haltung – Habitus. Persönlichkeit und Verantwortung in der Bundeswehr*. Wiesbaden 2022, S. 291-317.

I. Rückkehr von Geschichte und Politik

Bender, Christiane: „Das ‚in seine besonderen Kreise gegliederte Ganze'. G. W. F. Hegels Sicht auf Staat und Gesellschaft", in: *Jahrbuch Politisches Denken*, Bd. 30, 1/2020, S. 83-101.

Bender, Christiane: „Hegels Beitrag zum Verständnis von Familie, Gesellschaft und Staat im Deutschland der Gegenwart, in: Michael Spieker et al. (Hrsg.): *Sittlichkeit. Eine Kategorie moderner Staatlichkeit?* Baden-Baden 2019, S. 215-250.

Bösch, Frank: *Zeitenwende 1979. Als die Welt von heute begann*. München 2019.

Bundesministerium für Wirtschaft und Klimaschutz: „Europäische Wirtschaftspolitik", Plattform Industrie 4.0, https://www.plattform-i40.de/Redaktion/DE/Dossier/europaeische-wirtschaftspolitik.html.

Deutscher Bundestag: „Antrag der Fraktion Bündnis 90/Die Grünen mit dem Titel „Kurskorrektur in der Russlandpolitik – Menschenrechte, Demokratie und europäische Friedensordnung konsequent verteidigen", Drucksache 19/29313 vom 10.06.2021, https://www.bundestag.de/dokumente/textarchiv/2021/kw23-de-russlandpolitik-843426.

Gauck, Joachim: *Winter im Sommer – Frühling im Herbst: Erinnerungen*. München 2009.

Gauck, Joachim: „‚Ich habe eine Wahl!‘ Diktaturerinnerung in der Demokratie", in: Ulrike Poppe, Rainer Eckert u. Ilko-Sascha Kowalczuk (Hrsg.): *Zwischen Selbstbehauptung und Anpassung. Formen des Widerstandes und der Opposition in der DDR.* Berlin 1995.

Gerwarth, Robert: *Die größte aller Revolutionen. November 1918 und der Aufbruch in eine neue Zeit.* München 2019.

Haffner, Sebastian: *Von Bismarck zu Hitler. Ein Rückblick.* München 1987.

Köcher, Renate: „Regieren im Ausnahmezustand", in: *FAZ-Monatsbericht* vom 24.03.2022, Institut für Demoskopie Allensbach.

Lepsius, M. Rainer: „Machtübernahme und Machtübergabe. Zur Strategie des Regimewechsels 1918/19 und 1932/33", in: ders., *Demokratie in Deutschland.* Göttingen 1993, S. 80-94.

Mann, Thomas: *Der Zauberberg*, Frankfurt a. M. 1924.

Ostheimer, Andrea Ellen: „Der Block gegen Russland steht weiterhin: Sondersitzung der 77. Generalvollversammlung zur Ukraine", Konrad Adenauer Stiftung, Länderberichte vom 12. Oktober 2022.

Scholz, Olaf: *Hoffnungsland. Eine neue deutsche Wirklichkeit.* Hamburg 2017.

Tocqueville, Alexis de: *Der alte Staat und die Revolution.* München 1978.

II. Angriffskrieg gegen die Ukraine, Hintergründe und das Ende langgehegter Illusionen

Andruchowytsch, Juri: *EUROMAIDAN. Was in der Ukraine auf dem Spiel steht.* Berlin 2014.

Applebaum, Anne: *RED FAMINE. Stalin's War on Ukraine.* New York 2017.

ARD Mediathek, Putin kritisiert USA-Politik, Dokumentation vom 10.02.2007, https://www.ardmediathek.de/video/dokumentationen/10-02-2007-putin-kritisiert-usa-politik/phoenix/Y3JpZDovL3Bob2VuaXguZGUvMjUyNDU1Mw.

Austin, John L.: *How to Do Things with Words* (dt. *Zur Theorie der Sprechakte*). Stuttgart 1972.

Bahr, Egon: *Zu meiner Zeit.* München 1989.

Belovezha Accords, https://en.wikipedia.org/wiki/Belovezha_Accords.

Belton, Catherine: *Putins Netz. Wie sich der KGB Russland zurückholte und dann den Westen ins Auge fasste.* Hamburg 2022.

Bender, Christiane/Graßl, Hans: „Föderalismus und Subsidiarität. Frühe Wurzeln des föderalen Verfassungsstaats". Bundeszentrale für politische Bildung, Deutschland Archiv vom 22.10.2022, https://www.bpb.de/themen/deutschlandarchiv/508786/foederalismus-und-subsidiaritaet/.

Bingener, Reinhard/Wehner, Markus: *Die Moskau Connection. Das Schröder-Netzwerk und Deutschlands Weg in die Abhängigkeit.* München 2023.

Böckenförde, Stephan/Gareis, Sven Bernhard (Hrsg.): *Deutsche Sicherheitspolitik.* Opladen/Toronto 2021.

Charta der Vereinten Nationen, Kapitel 1: Ziele und Grundsätze, https://unric.org/de/charta/.https://unric.org/de/charta/.

Charta von Paris für ein Neues Europa vom 21.11.1990, https://www.bundestag.de/reso urce/blob/189558/21543d1184c1f627412a3426e86a97cd/ charta-data.pdf.

Chodorkowski, Michail: *Wie man einen Drachen tötet. Handbuch für angehende Revolutionäre.* München 2023.

Dohnanyi, Klaus von: *Nationale Interessen. Orientierung für deutsche und europäische Politik in Zeiten globaler Umbrüche.* München 2022.

Fritsch, Rüdiger von: *Zeitenwende. Putins Krieg und die Folgen.* Berlin 2022.

„Georgien fordert Abzug der Russen" in: *Münchner Merkur*, Nr. 182 vom 09.08.2023, S. 2.

Haftendorn, Helga: *Sicherheit und Stabilität. Außenbeziehungen der Bundesrepublik zwischen Ölkrise und NATO-Doppelbeschluss.* München 1986.

Hawes, James: *Die kürzeste Geschichte Deutschlands.* 5. Aufl. Berlin 2018.

Heinemann-Grüder, Andreas: „Russland-Politik in der Ära Merkel", in: *SIRIUS – Zeitschrift für Strategische Analysen*, Bd. 6, 4/2022, S. 359-372.

Heusgen, Christoph: *Führung und Verantwortung. Angela Merkels Außenpolitik und Deutschlands künftige Rolle in der Welt.* München 2023.

Jelzin, Boris: *Aufzeichnung eines Unbequemen.* München 1990.

Kappeler, Andreas: *Kleine Geschichte der Ukraine.* 6. Aufl. München 2022.

Kappeler, Andreas: „Revisionismus und Drohungen. Vladimir Putins Text zur Einheit von Russen und Ukrainern", in: *OSTEUROPA*, 71. Jg., 7/2021, S. 67-76.

Koenen, Gerd: „Russlands Kalkül", in: *Frankfurter Allgemeine Zeitung* vom 24.01.2022, S. 14.

Kramer, Andrew E./Erlanger, Steven: "Putin Moves to Push NATO out of Former Soviet Republics", in: *New York Times*, 18th December 2021.

Kramer, Andrew E./Erlanger Steven: "Russia Lays Out Demands for a Sweeping New Security Deal With NATO", in: *New York Times*, 17th December 2021.

Lejeune, Erich: Interview von mit General a. D. Dr. Klaus Dieter Naumann am 05.03.20022, https://www.muenchen.tv/mediathek/video/lejeune-general-a-d-dr -klaus-dieter-naumann.

Lielischkies, Udo: „Tschetschenien: Ein Krieg als Steigbügel für den neuen Mann im Kreml", in: ders., *Im Schatten des Kreml. Unterwegs in Russland.* München 2022, S. 64-94.

Posner, Alan: „Mordserie im Auftrag des Staates", in: *Zeit Online* vom 15. Dezember 2021.

Regierungserklärung von Bundeskanzler Olaf Scholz am 27. Februar 2022, https://www.bundesregierung.de/breg-de/aktuelles/regierungserklaerung-von-bundeskanzler-o laf-scholz-am-27-februar-2022-2008356.

Rödder, Andreas: *Geschichte der deutschen Wiedervereinigung.* München 2011.

Rosemann, Alexander: „Der russische Überfall auf die Ukraine – eine militärische Lageanalyse", in: *SIRIUS – Zeitschrift für Strategische Analysen*, Bd. 6, 3/2022, S. 253-270.

Rousseau, Jean-Jacques: *Betrachtungen über die Regierung Polens und über den Entwurf einer Verbesserung derselben: im April 1772*, Rellstabsche Buchdruckerey 1788.

Schattenberg, Susanne: „Das Ende der Sowjetunion in der Historiographie", in: *Aus Politik und Zeitgeschehen (APuZ)* vom 30.11.2011, Bundeszentrale für politische Bildung, https://www.bpb.de/shop/zeitschriften/apuz/59630/das-ende-der-sowjetunio n-in-der-historiographie/.

Schlögel, Karl: *Entscheidung in Kiew. Ukrainische Lektionen.* München 2015.

Schmid, Andreas: „Putin-Telefonat publik: Kremlchef würgt Macron ab – ‚ich will jetzt Eishockey spielen'", in: *Merkur.de* vom 28.06.2022, https://www.merkur.de/politik/u kraine-news-krieg-russland-frankreich-putin-macron-telefonat-biden-eishockey-usa -91634929.html.

Schröder, Gerhard: *Entscheidungen: Mein Weg in der Politik.* Hamburg 2006.

Selenskyj, Wolodymyr: „Ansprache auf der 58. Münchner Sicherheitskonferenz", in: ders., *Reden gegen den Krieg.* München 2022.

Snyder, Timothy: *Bloodlands. Europa zwischen Hitler und Stalin.* München 2010.

Thumann, Michael: *Revanche. Wie Putin das bedrohlichste Regime der Welt geschaffen hat.* München 2023.

Thumann, Michael: „Ahnengalerie. Warum die Putschisten von 1991 heute gesiegt haben", in: ders., *Revanche. Wie Putin das bedrohlichste Regime der Welt geschaffen hat.* München 2023, S. 41-54.

Ukraine. Chronik: 24. Februar bis 1. März 2022, Ukraine-Analyse 265. Bundeszentrale für politische Bildung, https://www.bpb.de/themen/europa/ukraine-analysen/nr-26 5/506913/chronik-24-februar-bis-1-maerz-2022.

Ukraine. Memorandum on Security Assurances, in: *Wikipedia,* https://wikisource.org/ wiki/Ukraine.

Vertragsentwurf des Außenministeriums der Russischen Föderation: Agreement on Measures to Ensure the Security of the Russian Federation and Member States of the North Atlantic Treaty Organization vom 17.12.2021, https://mid.ru/ru/foreign_policy /rso/nato/1790803/?lang=en.

Wiegrefe, Klaus: „Merkel und der Wolf", in: *DER SPIEGEL*, Nr. 38 vom 16.09.2923, S. 8-18.

Zelensky, Volodymyr. Big interview for CNN (2022) News of Ukraine, https://www.yo utube.com/watch?v=cQO7ij2IIxE.

III. Tragödien am Ende einer Friedensphase

Appell zum Dialog mit Russland: „Wieder Krieg in Europa? Nicht in unserem Namen!", in: *Zeit Online* vom 05.12.2014.

Ash, Timothy Garton: *Es ist das endgültige Ende der Nach-Mauer-Periode.* Interview von T. G. Ash mit Hans Rauscher, https://www.derstandard.de/story/2000134716362 /timothy-garton-ash-es-ist-das-endgueltige-ende-der-nach-mauer-periode.

Clark, Christopher: *Die Schlafwandler. Wie Europa in den Ersten Weltkrieg zog.* Berlin 2013.

Deutsche Presse Agentur (dpa): „Herr Clark, schlafwandeln wir gerade in einen neuen Weltkrieg?" In: *Zeit Online* vom 20. Mai 2022, https://www.zeit.de/news/2022-05/20/herr-clark-schlafwandeln-wir-gerade-in-einen-weltkrieg.

Institut für Demoskopie Allensbach: *Sicherheitsreport 2022*, veröffentlicht am 24.02.2022.

Ira Peter „Das unterschätzte Kriegsziel", in: *Frankfurter Allgemeine Zeitung,* Nr. 283 vom 05.12.2023, S. 11.

IV. Max Webers Politik der Verantwortung, Hintergründe und Aktualität

Alexander, Robin: *Machtverfall: Merkels Ende und das Drama der deutschen Politik: Ein Report.* München 2021.

Alexander, Robin: *Die Getriebenen. Merkel und die Flüchtlingspolitik. Report aus dem Innern der Macht.* München 2017.

Aristoteles: *Politik.* Buch VII, übers. u. mit erklärenden Anmerkungen und Registern versehen v. Eugen Rolfes. Hamburg 2012, S. 33-36.

Aristoteles, *Nikomachische Ethik,* Buch VI, übers. u. hrsg. von Olof Gigon, 3. Aufl. München 1978.

Bender, Christiane: „Aristoteles", in: *Politische Soziologie. Handbuch für Wissenschaft und Studium,* hrsg. v Martin Endreß, Benjamin Rampp, Baden-Baden 2024.

Bender, Christiane/Graßl, Hans: „Langersehnte demokratische Verfassung (1919-1933) und ihr brutales Ende (1933-1945)", in: „Föderalismus und Subsidiarität. Frühe Wurzeln des föderalen Verfassungsstaats", Bundeszentrale für politische Bildung, Deutschland Archiv vom 20.10.2022, https://www.bpb.de/themen/deutschlandarchiv/508786/foederalismus-und-subsidiaritaet/.

Bender, Christiane/Graßl, Hans: „Subsidiäre Organisationen, föderale Institutionen und zentralisierte Machtpolitik (1871-1918)", in: „Föderalismus und Subsidiarität. Frühe Wurzeln des föderalen Verfassungsstaats", Bundeszentrale für politische Bildung, Deutschland Archiv vom 20.10.2022, https://www.bpb.de/themen/deutschlandarchiv/508786/foederalismus-und-subsidiaritaet/.

Bender, Christiane/Graßl, Hans: „Losverfahren: Ein Beitrag zur Stärkung der Demokratie?", in: *Aus Politik und Zeitgeschichte (APuZ),* 64. Jg., 38-39/2014, S. 31-37.

Bender, Christiane/Wiesendahl Elmar: „Ehernes Gesetz der Oligarchie: Ist Demokratie möglich?", in: *Aus Politik und Zeitgeschichte (APuZ),* 61. Jg., 44-45/2011, S. 19-24.

Bender, Christiane: „Macht – eine von Habermas und Luhmann vergessene Kategorie?", in: *Österreichische Zeitschrift für Soziologie,* Bd. 23/1998, S. 3-19.

Bingener, Reinhard/Wehner, Markus: *Die Moskau-Connection. Das Schröder-Netzwerk und Deutschlands Weg in die Abhängigkeit.* München 2023.

Brandt, Willy: „Wenn schon Entspannung, dann machen wir es", in: ders., *Erinnerungen.* Frankfurt a. M. 1989, S. 185-195.

Breuer, Stefan: *Bürokratie und Charisma. Zur politischen Soziologie Max Webers.* Darmstadt 1994.

Bruhns, Hinnerk: *Max Weber und der Erste Weltkrieg.* Tübingen 2017.

Di Fabio, Udo: „Die haltbare Verfassung", in: *Frankfurter Allgemeine Zeitung* vom 29.09.2023, S. 2.

Di Fabio, Udo: „Deutschland im Herbst 1918 – zwischen Revolution und Implosion", in: ders., *Die Weimarer Verfassung. Aufbruch und Scheitern.* München 2018, S. 24-29.

El Ouassil, Samira: „Der Klimawandel des kleinen Mannes", in: *spiegel.de* vom 08.07.2021.

Feldenkirchen, Markus: *Die Schulz-Story. Ein Jahr zwischen Höhenflug und Absturz.* München 2018.

Funke, Albert: „Föderalismus in Deutschland. Vom Fürstenbund zur Bundesrepublik", Bundeszentrale für politische Bildung (Lizenzausgabe). Bonn 2010.

Geißler, Rainer: *Die Sozialstruktur Deutschlands.* Wiesbaden 2014.

Gerwarth, Robert: *Die größte aller Revolutionen, November 1918 und der Aufbruch in eine neue Zeit.* München 2019.

Gesetz betreffend die Verfassung des Deutschen Reiches vom 16. April 1871, http://www.documentarchiv.de/ksr/verfksr.html.

Green, Martin: *Else und Frieda – die Richthofen-Schwestern.* München 1976.

Haffner, Sebastian: *Von Bismarck zu Hitler. Ein Rückblick.* München 1987.

Haider, Lars: *Olaf Scholz. Der Weg zur Macht. Das Portrait.* Essen 2021.

Hawes, James: *Die kürzeste Geschichte Deutschlands.* 5. Aufl. Berlin 2018.

Heusgen, Christoph: *Führung und Verantwortung. Angela Merkels Außenpolitik und Deutschlands künftige Rolle in der Welt.* München 2023.

Jäckel, Eberhard: *Das deutsche Jahrhundert. Eine historische Bilanz.* Frankfurt a. M. 1999.

Jung, Matthias/Schroth, Yvonne/Wolf, Andrea: „Regierungswechsel ohne Wechselstimmung", in: *Aus Politik und Zeitgeschichte (APuZ),* 51/2009, S. 12-19.

Karp, Markus: „Christdemokraten – Das Ende der Einschläferungs-Taktik", in: *Cicero Online* vom 28.05.2021.

Kaube, Jürgen: *Max Weber, Ein Leben zwischen den Epochen.* 5. Aufl. Berlin 2020.

Korte, Karl-Rudolf Korte: „Das Gefühl, dass die Bürger nicht mehr gehört werden", in: *Welt am Sonntag,* Nr. 41, vom 08.10.2023, S. 4.

Lepsius, M. Rainer: *Max Weber und seine Kreise.* Tübingen 2016.

Lepsius, M. Rainer: *Interessen, Ideen und Institutionen.* 2. Aufl. Wiesbaden 2009.

Lepsius, M. Rainer: „Machtübernahme und Machtübergabe. Zur Strategie des Regimewechsels 1918/19 und 1932/33", in: ders., *Demokratie in Deutschland.* Göttingen 1993, S. 80-94.

Mai, Gunther: *Die Weimarer Republik.* 4. Aufl. München 2021.

Mann, Heinrich: *Der Untertan.* Leipzig 1918.

Michels, Robert: *Zur Soziologie des Parteiwesens in der modernen Demokratie. Untersuchungen über die oligarchischen Tendenzen des Gruppenlebens.* 4. Aufl. Stuttgart 1989.

Mommsen, Wolfgang J.: *Max Weber und die deutsche Politik 1890-1920.* 3. Aufl. Tübingen 2004.

Mühlhausen, Walter: *Friedrich Ebert 1871-1925. Reichspräsident der Weimarer Republik.* 2. durchges. Aufl. Bonn 2007.

Münkler, Herfried (Hrsg.): *Max Weber. Der Sozialismus.* Weinheim 1995.

Radkau, Joachim: *Max Weber: Die Leidenschaft des Denkens.* München 2005.

Radkau, Joachim: *Das Zeitalter der Nervosität. Deutschland zwischen Bismarck und Hitler.* München 1998.

Richter, Hedwig: *Demokratie. Eine deutsche Affäre.* 3. Aufl. München 2020.

Rödder, Andreas: *Konservativ 21.0: Eine Agenda für Deutschland.* München 2019.

Scheuch, Erwin K./Scheuch, Ute: *Cliquen, Klüngel und Karrieren. Über den Verfall der politischen Parteien: eine Studie.* Reinbek 1996.

Schluchter, Wolfgang: „Der Revolutionswinter 1918/19 als Zeit der Entscheidung", in: ders., *Mit Max Weber.* Tübingen 2020, S. 177-204.

Schluchter, Wolfgang, „Handeln und Entsagung. Max Weber über Wissenschaft und Politik", in: ders., *Unversöhnte Moderne.* Frankfurt a. M. 1996, S. 9-70.

Schöllgen, Gregor: *Max Weber.* München 1998.

Statista, Todesopfer im Russischen Bürgerkrieg vom 07. November 1917 bis zum 25. Oktober 1922, https://de.statista.com/statistik/daten/studie/1177130/umfrage /todesopfer-im-russischen-buergerkrieg.

Strauß, Franz Josef: „Rechts von CDU/CSU ...", in: *SWR Kultur* vom 09.08.1987, Stand 09.09.2023, https://www.swr.de/swr2/wissen/archivradio/franz-josef-strauss-1987-re chts-von-der-csu-100.html.

Tibi, Bassam: „Wenn Europa so weitermacht, wird es zu Eurabia", in: *Basler Zeitung* vom 05.04.2018.

Weber, Max: *Briefe 1918-1920, Max Weber-Gesamtausgabe (MWG)*, Abt. II, Bd. 10,1, hrsg. von Gerd Krumeich u. M. Rainer Lepsius in Zusammenarbeit mit Uta Hinz, Sybille Oßwald-Bargende u. Manfred Schön, Tübingen 2012.

Weber, Max: *Wissenschaft als Beruf 1917/1919 und Politik als Beruf 1919, Max Weber-Gesamtausgabe (MWG)*, Abt. I: Schriften und Reden, Bd. 17, hrsg. v. Wolfgang J. Mommsen u. Wolfgang Schluchter in Zusammenarbeit mit Birgitt Morgenbrod. Tübingen 1992.

Weber, Max: *Zur Neuordnung Deutschlands, Max Weber-Gesamtausgabe (MWG)*, Abt. I: Schriften und Reden 1918-1920, Abt. I, Bd. 16, hrsg. v. Wolfgang J. Mommsen in Zusammenarbeit mit Wolfgang Schwentker, Tübingen 1988.

Weber, Max, „Der freie Volksstaat" (Rede am 17.01.1919, Bericht der Heidelberger Zeitung, in: ders., *Zur Neuordnung Deutschlands, Max Weber-Gesamtausgabe (MWG)*, Abt. I: Schriften und Reden 1918-1920, Bd. 16, hrsg. v. Wolfgang J. Mommsen in Zusammenarbeit mit Wolfgang Schwentker, Tübingen 1988.

Weber, Max: *Wirtschaft und Gesellschaft. Grundriss der verstehenden Soziologie.* Besorgt von Johannes Winckelmann, 5. Aufl. Tübingen 1976.

Weber, Oliver: „Asymmetrische Demobilisierung. Warum Parteianhänger zu Nichtwählern werden", in: *ResearchGate* vom 08.01.2018.

Wiesendahl, Elmar: *Volksparteien. Aufstieg, Niedergang und Zukunft.* Opladen/Farmington Hills 2011.

Winckelmann, Johannes (Hrsg.): „Max Weber. Parlament und Regierung im neugeordneten Deutschland", in: *Max Weber. Gesammelte Politische Schriften*. Tübingen 1988, S. 306-443.

Winckelmann, Johannes (Hrsg.): „Die Berufsethik des asketischen Protestantismus", in: *Max Weber. Die protestantische Ethik. Eine Aufsatzsammlung*. 6. durchges. Aufl. Gütersloh 1981.

Winkler, Heinrich August: „Der Preis des Fortschritts. Die Revolution von 1918/19 und die Republik von Weimar", in: *Die Deutschen und die Revolution. Eine Geschichte von 1848 bis 1989*. München 2023, S. 63-84.

Zwick, Daniel: „Der Rest ging im Beifall unter – Habecks erstaunlicher Punktsieg bei der Industrie", in: *welt.de* vom 29.09.2023, https://www.welt.de/wirtschaft/article247 678498/Industrie-Der-Rest-ging-im-Beifall-unter-Habecks-erstaunlicher-Punktsieg. html.

V. Erosion von Autorität in Bildung und Sozialisation?

Adorno, Theodor W.: *Erziehung zur Mündigkeit*. Frankfurt a. M. 1971.

Bender, Christiane: „Autorität – eine Kategorie der Hochschullehre", in: *Forschung & Lehre*, 2/2021, S. 13-14.

Bender, Christiane: „Eine eigene Vorstellung von der Welt – Von der Lesewut der Wenigen zur Leseallergie der Vielen", in: *Forschung & Lehre*, 4/2018, S. 322-324.

Bender, Christiane: „Diversität – ein Beitrag zur Förderung oder Schwächung des Zusammenhalts in Gesellschaft und Organisationen?", in: *GWP – Gesellschaft. Wirtschaft. Politik*, Jg. 66, 1/2017, S. 95-105.

Bender, Christiane: „Die Vorlesung – Ein Auslaufmodell?", in: *Glanzlichter der Wissenschaft – Ein Almanach*, hrsg. v. Deutschen Hochschulverband. Heidelberg 2016, S. 11-24.

Berger, Peter L./Thomas Luckmann: *Die gesellschaftliche Konstruktion der Wirklichkeit*. Frankfurt a. M 1970.

Bethke, Hannah: „Autorität ist ein Grundbedürfnis", in: *Frankfurter Allgemeine Zeitung* vom 24.01.2019, S. 9.

Bourdieu, Pierre: *Die feinen Unterschiede*. Frankfurt a. M. 1982.

Feldenkirchen, Markus: *Die Schulz-Story. Ein Jahr zwischen Höhenflug und Absturz*. München 2018.

Flitner, Andreas: *Konrad, sprach die Frau Mama...Über Erziehung und Nicht-Erziehung*. 10. Aufl. München 2000.

Frevert, Ute: *Die kasernierte Nation. Militärdienst und Zivilgesellschaft in Deutschland*. München 2001.

Fukuyama, Francis: *Das Ende der Geschichte*. Hamburg 2022.

Geißler, Rainer: *Die Sozialstruktur Deutschlands*. Wiesbaden 2014.

Gilcher-Holtey, Ingrid: *Die 68er Bewegung. Deutschland, Westeuropa, USA*. München 2008.

Habermas, Jürgen: „Staatsbürgerschaft und nationale Identität", in: ders.: *Faktizität und Geltung*. Frankfurt a. M. 1992, S. 632-660.

Köcher, Renate: „Erosion des Vertrauens", in: *Frankfurter Allgemeine Zeitung* vom 20.11.2019, S. 10.

Kraus, Josef: *Wie man eine Bildungsnation an die Wand fährt: Und was Eltern jetzt wissen müssen.* München 2017.

Lohse, Eckart: „Der Autoritätsverfall", in: *Frankfurter Allgemeine Zeitung* vom 27.01.2018, S. 10.

Mitscherlich, Alexander: *Auf dem Weg zur vaterlosen Gesellschaft. Ideen zur Sozialpsychologie.* München 1973.

Münkler, Herfried/Münkler, Marina: *Abschied vom Abstieg. Eine Agenda für Deutschland.* Berlin 2019.

Oelkers, Jürgen: *Eros und Herrschaft. Die dunklen Seiten der Reformpädagogik.* Weinheim/Basel 2011.

Todd, Emmanuel: *Traurige Moderne. Eine Geschichte der Menschheit von der Steinzeit bis zum Homo americanus.* München 1918.

Veith, Hermann: *Sozialisation.* München/Basel 2008.

Weber, Max: „Soziologische Grundbegriffe", in: ders., *Wirtschaft und Gesellschaft.* Besorgt v. Johannes Winkelmann, 5. Aufl. Tübingen 1976, S. 1-30.

Wehler, Hans-Ulrich: „Die Bundeswehr im Dauerkonflikt zwischen Reformern und Traditionalisten", in: ders., *Deutsche Gesellschaftsgeschichte 1949-1990.* München 2008, S. 303-310.

VI. Zur Regierungserklärung des Bundeskanzlers (Olaf Scholz), Rede eines Klassikers (Max Weber) und eines (ehemaligen) Bundespräsidenten (Joachim Gauck)

Bender, Christiane: „Zeitenwende – Zeit der Verantwortung", Bundeszentrale für politische Bildung, Deutschland Archiv vom 10.05.2023, https://www.bpb.de/themen/deutschlandarchiv/520279/zeitenwende-zeit-der-verantwortung/.

VII. Thomas Hobbes und Max Weber – Politik als Herrschaft über die Gewaltmittel

Bender, Christiane: vorbereiteter Vortrag für die Tagung Social Philosophy: Peace, War and International Ordering unter der Leitung von Dragica Vujadinovic; David Rasmussen; Patrice Canivez; Hauke Brunkhorst am Inter-University Centre (IUC) Dubrovnik, 15.-20. Mai 2023.

VIII. Zeitenwende – auch ein Ende tradierter Geschlechterstereotypen?

Bender, Christiane: „Der Krieg hat kein Geschlecht, das Militär schon? Militär, Geschichte, Geschlecht". Vortrag auf der Tagung des Zentrums für Militärgeschichte und Sozialwissenschaften der Bundeswehr, Potsdam 16.-18. November 2022.

Bundesagentur für Arbeit: *Berichte: Blickpunkt Arbeitsmarkt, Die Arbeitsmarktsituation von Frauen und Männern 2022*, Mai 2023, S. 5 f., https://statistik.arbeitsagentur.de/.

Bundesministerium für Familie, Senioren, Frauen und Jugend: *Frauen und Arbeitswelt, Lohngerechtigkeit*, 29.09.2023, https://www.bmfsfj.de/bmfsfj/themen/gleichstellung/frauen-und-arbeitswelt/lohngerechtigkeit.

IX. *Zeitenwende – Tragödie und Zuversicht*

Auswärtiges Amt: Artikel „Taiwan: Politisches Portrait" vom 23. September 2023.

Dörrenberg, Clemens: „Expertin kritisiert die Politik: ‚Im Bundestag fehlen Pragmatiker'", in: *Frankfurter Rundschau* vom 04.09.2023.

Dörrenberg, Clemens: „Ständig lückenhafte Vertretung", in: *taz* vom 14. Juli 2023.

Mölling, Christian/Schütz, Torben: „Den nächsten Krieg verhindern", in: *Deutsche Gesellschaft für Auswärtige Politik*, Nr. 32 vom 08.11.2023.

Saakaschwili, Micheil: „Die Rosenrevolution ist noch unvollendet", in: *Frankfurter Allgemeine Zeitung* vom 22.11. 2023, S. 8.